田口 茂 Shigeru Taguchi

フッサールにおける〈原自我〉の問題

Das Problem des ‚Ur-Ich' bei Edmund Husserl

自己の自明な〈近さ〉への問い

法政大学出版局

目次◉

凡　例

一、フッサール全集（*Husserliana*, Den Haag/ Dordrecht 1950ff.）からの引用は、巻数をローマ数字で、頁数をアラビア数字で表示する（例：VI, 188）。

二、その他のフッサールの公刊済み著作・書簡から引用する際は、下記の略号を用いる（ローマ数字は巻数を表す）。

Dok　*Husserliana Dokumente*, Den Haag/ Dordrecht, 1977ff.

Mat　*Husserliana Materialien*, Dordrecht 2001ff.

UKL　Grundlegende Untersuchungen zum phänomenologischen Ursprung der Räumlichkeit der Natur („Umsturz der kopernikanischen Lehre“). Hrsg. v. Schutz, Alfred, in: Farber, Marvin (ed.): *Philosophical Essays in Memory of Edmund Husserl*, Cambridge (MA) 1940, 307-325.

EU　*Erfahrung und Urteil. Untersuchungen zur Genealogie der Logik.* Redigiert u. hrsg. v. Landgrebe, Ludwig, mit Nachwort u. Register v. Eley, Lothar, Hamburg 1972.

LV　Phänomenologische Methode und phänomenologische Philosophie. ‹Londoner Vorträge 1922›. Hrsg. v. Goossens, Berndt, in: *Husserl Studies* 16, 1999, 183-254.

三、フッサールの未公開草稿から引用する際は、Ms. と略記し、フッサール文庫の整理記号と原草稿の頁番号によって表示する（例：Ms. B II 22/4a）。ごく一部、トランスクリプションから引用した箇所は、Tr. という略号の後に頁数を付記した（例：Ms. B I 5/ Tr. III, 15）。未公開草稿の閲覧は、ケルン・フッサール文庫で行った。草稿原文については、ドイツ語拙著（*Das Problem des ‚Ur-Ich‘ bei Edmund Husserl*, Dordrecht 2006）に対応する原文があるので、適宜ご参照頂きたい。引用をご許可下さったルーヴァン大学フッサール文庫所長（当時）ルドルフ・ベルネ教授に感謝する。

四、二次文献は、著者名と出版年および頁数によって表示する。

五、引用文中の（　）は原著にあるもの、［　］は引用者による補足である。

序論

本書は、E・フッサールの最晩年のテキストに見られる「原自我」(Ur-Ich) 概念の理論的背景を跡づけ、関連テキストを精査しつつ、そこに告知されている問題次元を体系的に浮き彫りにすることを試みた論考である。フッサールの現象学は、すでに存命中から自我中心主義的であるとの批判を受けてきたが、後期フッサールが多面的に展開した間主観性(相互主観性 Intersubjektivität)の理論についての研究が進むにつれ、彼の現象学が超越論的間主観性を根本的な地盤的次元と見なしていることが明らかとなった。ところが、最晩年のフッサールは、この成果を覆すかのような発言を行っている。すなわち、間主観性もまた、「原自我」と呼ばれる次元から出発してのみ理解可能であるというのである。それゆえ従来、間主観性理論までは認めるが、最晩年の「原自我」については妥当な概念として認めない論者も少なくなかった。これに対し本論考は、最晩年のフッサールにおいて「原自我」概念が、間主観性理論においては本質的に見落とされてしまう次元、すなわち、われわれの経験の普遍的な自明的地盤である間主観性よりも、さらに「より自明的」な次元として発見されたことを明らかにする。それは、われわれが経験の普遍的構造としてただちに認める間主観性——複数主観の相互性——よりも、いわば「より手前」において、「より近く」生きられている次元であり、それゆえに哲学的思考の〈普遍化しつつ主題化する眼差し〉にとってはかえって見分けがたいのである。そこでは、自己と他者とを相互的な並列関係のうちに置き並べたときには、それ以上に自明的な前提としてすでに忘却されているような「唯一性」ないし「比較不可能性」がかろうじて問題化されている。ただし、この「唯一性・比較不可能性」は、「自己と他者」の現象的次元から隔絶した次元に成り立つわけではなく、自他関係のラディカルな非対称性によって、いつもすでに指し示されている。しかし、その主題化は、この問題次元を主題化する哲学的思考そのものの身分をも同時に徹底して問題化するような思考のスタイルを要求するがゆえに、フッサールにおいては、最晩年までの思考の深まりを待たねばならなかったのである。

一 「原自我」への問いとその方法論

フッサール現象学は、『論理学研究』における仮借ない批判的精神を一つの突破口として始まったといえるが、そのフッサール現象学の展開を一歩一歩最後まで辿ってみるとき、最後期において「原自我」という奇妙な概念に行き当たる。その異様さに面して、次のような疑問が生じてくる。この概念は、ある種の思弁的跳躍の所産ではないのか。そこでフッサールは、通例彼が行っている具体的で細を穿った経験分析を飛び越え、それを等閑視してしまっているのではないか。あるいはこの概念は、単なる付加的なアイデアにすぎず、フッサールの現象学的分析から問題なく切り離せるのではないか。それは、単なる独断的想定にすぎないのであって、現象学的な眼差しに対して「示される」ないし「与えられる」ことはできないのではないか。それは、場合によっては、外から現象学へと密輸入された一種の「理念」にすぎないのではないか。

本書は、これらの疑念をすべて斥けることになる。しかし、これらの問いは、ごく自然なものであって、フッサールの超越論的現象学の最終的次元を「モナド論的間主観性」に見定めていた十数年前の筆者自身も、こうした疑念を抱いていた。ところが、「原自我」をめぐるフッサールの叙述を一つずつ丹念に追っていくと、こうした疑念そのものが、ある種の「前提」に縛られた狭隘さから発しているのではないか、という逆の疑いが、どうしても否定しがたいものとなってきた。そこで本書では、「原自我」をめぐるフッサールの叙述を、一度徹頭徹尾「真に受ける」ことを試みた。それは、「原自我」が疑わしいものとして見えてくる際の、自らの眼差しそのものを、一度徹底して批判的に吟味する試みでもある。もちろん、そのような批判が本書で徹底しえたとは到底思えないが、少なくとも、フッサールが「原自我」の語と共に名指そうとしていた問題事象を、そのような試みによってわずかに垣間見ることは可能であるように思われる。

すなわち、「原自我」とは、なるほど極度に見透しにくいものではあるが、それでも現象であって、フッサールの「乾いた精神」[(1)]にしてはじめて、それを何重もの蔽いから解き放つことができたということを、本書では示していきたい。この「現象」を暴露していくことがとりわけ困難なのは、われわれが日常的生のみならず学問的生においても慣れ親しんでいる諸々の伝統的な思考の型が、反省されざる「自明性」として思考の足枷となるからであり、さらには、この「現象」について何らかの語を無批判に用いることがすでに、その語に関連する一切の「自明性」を共に妥当させてしまい、それによって当の「自明性」を反省不可能にしてしまうからである。「自我」という語に纏いつくそうした自明な理解の型を、陥穽として一歩一歩斥け、注意深く括弧に入れていくことなしには、われわれが「私……」と言うときに暗黙の裡に理解している何か、「私」と言えるためにつねにすでに知ってしまっている何かを、現象学的に「見る」ことはできない。たとえ「私と呼ばれているものなど存在しない」と言うとしても、「私」と言うときにそこで起こっている事態が、ただちに消えてなくなるわけではない。そこで起こっている事態を「見る」ためには、やはり上述のような括弧入れと眼差しの批判が必要になってくる。

注意すべきなのは、フッサールにおいて「原自我」なるものは、諸々の日常的な自明性の彼方にではなく、むしろ此方に、つまり日常的自明性よりもさらに手前に見出されるということである。「原自我」と呼ばれる事象が「目立たない」ものにとどまり、それを主題化しようとする働きに抵抗するのは、それが日常的な自明性より以上に自明的だからである。それゆえ、問題の現象に端的に対応する表現を、自然的な言語のうちに見つけることはできない。「原自我」というのは、何かまだ全く無規定であるような一般的なものではないし、かといって一般的なものの抽象的な反対物、すなわち（単に理念的極限として立てられるような）個体的なものでもない。どちらの場合も、ひとはいつの間にかお馴染みの思考図式の軌道上を動いているのであって、そうした思考図式は、問題となっている次元を見えるようにするどころか、むしろ隠蔽してしまうのである。

　そもそも「自我」という語には、過去の様々な哲学的精神たちを魅了し引き寄せていった暗黒の深淵が潜んでいる。しかしフッサールは、「自我」という語を、こうした暗闇ごと無批判に伝統から引き継いだのではない。彼はむしろ、この暗闇に潜む魑魅魍魎たち――多くの思索者を呪縛していた諸々の自明性――と意識的に闘いながら、この「暗い片隅を隅々まで照らす」（XVII, 244）ことを目指した。[2] 彼の好きなデューラーの銅版画『騎士と死と悪魔』（一五一三年）に描かれた馬上の戦士のように、周囲を取り巻く怪物たちをものともせずに、フッサールは「自我」という語を入り口とする巨大な問題圏に突き進む。その結果彼は、「自我」という語でわれわれが理解しているものにはもはや収まらないような次元、この語の自明な理解が崩壊を来すような特異な地点を、この概念の根底に見出す。「自我」の底を掘ることによって見出されるが、もはや「自我」とはいえないような次元、それを名指す本質的に――事柄の本性上――「失敗した」あるいは「成功しえない」呼び名、それが「原自我」であるとさしあたり言うことができよう。[3]

　「原自我」という標題は、それゆえ第一義的には、一つの問題を指し示している。「原自我」とは、われわれの生のある確固たる一部分――そこから他の一切が演繹されるような一部分――を意味するのではない。それはむしろ、われわれ自身の内部において、或る馴染みのないもの・異他的なもの（Fremdes）として出会われる。それを問題化する過程で、フッサールは、まずは繰り返し邪道や袋小路に迷い込むのであるが、まさしくそのことによって、これらの不適切な道がはじめてそれとして見えるようになり、現象学の地図上に「通行注意！」の目印と共に記載される。フッサール自身、こうした進み方に自覚的であったことは、以下の一節から読み取れる。「問われずにいた、それどころか気づかれずにいた諸地平から発してくる諸々の逆説、共に機能していながらも、さしあたり不可解さに包まれたまま立ち現われてくる諸々の逆説へと、何度も繰り返し落ち込むということが、現象学の宿命なのである（もちろんそれは、後から本質必然的なことであったとわかるようになるのであるが）」（VI, 185）。したがって、現象学においては、諸々の自明性に由来する仮象は、単純に回避されるべきではなく、むしろそれが経験の諸々の構造や布置を打ち明けてくるまで、注意深く吟味されねばならない。こうした方法論は、後で見るように、「原自我」の主題化に際して特別に重要な役割を果たしている。本書の論述においては、「原自我」問題へと接近する方法論が、事象の段階的開示と不可分の仕方で結び付いているさまを浮かび上がらせるよう努めていきたい。

先取りして言っておけば、自我性の根源を執拗に問う本書の考察は、最終的に、自我性の称揚礼賛に結びつくどころか、それが並ぶもののないほどの「無力さ」を意味すること、しかもわれわれがその「無力さ」から脱け出ることはできないということを露わにすることになるだろう。それは、そこから出発することによってしか、「哲学すること」の責任性も成り立ち得ないような原事実的状況としても解釈される。逆に言えば、単に言葉の表面から「自我」という語を拭い去ったとしても、哲学は自我の支配を克服しうるどころか、ただそれを目の届かないところに押しやることにしかならない可能性があるということである。本書の試みはまだ全く不十分であるが、自我的なものの支配力がどれほど深く及び、どこにどのように根を張っているのかを辿ることなしに、それと渡り合うのも難しいように思われる。

二　本書の課題と概要

次に、本書の課題をもう少し具体的に規定した上で、本書の概要を示しておきたい。

本研究は、フッサールの「原自我」の概念を、できるかぎりフッサール自身のテキストに即して理解可能にしようとする試みである。「原自我」に関してフッサールは様々な言明を残しているが、それらのうちできるかぎり多くが同時に理解可能となるような解釈を見つけ出すことが、本書の課題である。そのためには、フッサールの散発的な言明の背後にあって、それを可能にしている現象学的な思考方法や、彼の現象学が辿ってきた発展の道筋をも考慮に入れることが不可欠となる（これは主に第一部の課題となる）。また、フッサールは「原自我」について十分に練られた体系的な論述を残してはいないが、『ヨーロッパ諸学の危機と超越論的現象学』（以下『危機』と略す）は、公刊された著作のなかで唯一、「原自我」とその重要性に触れている。この叙述は、フッサールの「公式見解」として、貴重な手がかりとなる。まずはそこから、原自我問題のいくつかの文脈を読み取った上で（第二部第四章）、それにもとづいて、この問題をめぐるフッサールの思考をできるだけ体系的に再構成してゆくことにしたい（第五～七章）。それらの文脈の合流してゆく点に、「原自我」の概念が浮上してくるのである。

（1）第一部の概要――「自我」問題へと至る道筋

第一部ではまず、フッサールがやがてあの「自我」という見通しのきかない問題圏へと踏み込んでゆくことになる道筋を、年代的展開に沿って追跡する。その際の第一の目標は、この「自我」という問題系が、フッサール現象学全体の中でどのような意義をもつのかという点を明らかにすることである。第二の目標は、フッサールが自我の主題化へと向かう際の最初の動機、ならびにそうした主題化のなかで告知されてくる特有の「視方」（Sichtweise）を際立たせることである。そうした動機や視方を視野に入れておくことは、後期の「原自我」の概念を理解可能にするためにどうしても欠かすことができないからである。

第一章ではまず「自明性」の概念を問題とする。これにより、本研究全体の最も外枠を成す観点が提示される。ここで試みたいのは、「自明性」概念の主題的論究を通じて、ある〈視方の転換〉を浮かび上がらせることである。それは、あらゆる現象学的分析を根底から規定しているように思われる〈視方の転換〉である。フッサール現象学の中で問題となっているのは、一般に、生の諸々の目立たない自明性を、理解可能にすること（unscheinbare Selbstverständlichkeiten verständlich machen）であるように思われる。なぜそのような努力が要求されるかといえば、そうした自明性は、われわれの〈事象への眼差し〉をつねにすでに拘束しているにもかかわらず、自然的態度のうちで生き抜かれているかぎり、隠蔽されたままにとどまるからである。「自明性を理解可能にする」という現象学のこのような根本動向が、まず精確に際立たされねばならない。それによって、ある特徴的な点が明らかになってくる。すなわち、諸々の自明性は、自然的に遂行されているかぎり、生自身にとっては深く隠蔽されているので、それが殊更に露呈されたときには、かえって見慣れぬ・異様な（fremdartig）相貌を呈するのである。逆に言えば、現象学的に記述された事象が見慣れぬ・異様なものに思われるとき、それは、当の事象が、通常はいかに深く自明性の内に隠蔽されているかを知るための手がかり（指標）となる可能性がある。この手がかりを追って行くなかで、最終的には、次のような問いが迫ってくる。さしあたり見慣れぬ・異様なものに思われる「原自我」の概念は、実は「最も自明な自己」を言い表そうとしているのではないか。それは、自然的な生の遂行のなかでは——それどころか、ほとんどの場合、哲学的に思惟することのなかでさえ——完全な忘却に陥っているような、極度に自明な「自己」を言い表そうとしているのではないか、という問いである。この問いが、本研究全体を貫く主導的な問いとなる。

第二章からは、フッサール現象学の中に「自我」概念が浮上してくる経緯を、時期ごとに追ってゆく。まず第二章では、非自我論的性格を顕著に示している一九一〇年頃までの現象学の動向を際立たせる。この時期に主張される「経験的自我の遮断」は、現象学の方法的根本要求から必然的に帰結するものである。この点をまず最初に提示する。現象学的方法は厳しい明証批判に依拠している。この明証批判を検討するとき、「現象学的還元」の方法とは、経験する生の自明な「近さ」への還帰であることが見えてくる。そこには、現象学的「視」を、自然的‐客観化的な視線の方向から解放するという課題が含まれている。

現象学のこうした方法的動向は、まず最初、「経験的自我の遮断」を帰結したわけであるが、しかし、その同じ方法的動向がさらに徹底されると、むしろかえって、現象学の自我論的転回が避けえないものとなる。第三章はこの点に踏み込む。そこで示されるのは、「私」という方法的な一人称パースペクティヴが、現象学的な分析を最初から潜在的に規定しているという点である。その意義は、とりわけ間主観性の問題系に直面して、徐々に明らかになってくる。この観点から、さらに『イデーン』期以後におけるフッサールの「自我論的転回」を追ってゆく。そこで際立ってくるのは、いわゆる「現象学する自我」(das phänomenologisierende Ich)が、フッサールの思惟の展開においてますます重要度を増してくるという点である。この点について、第三章では、「純粋自我」の分析を手がかりに、その「原事実的」性格にとりわけ焦点を合わせて論じていきたい。

(2) 第二部の概要——「原自我」問題の主題的・多角的検討

第一部の研究を通じて、「現象学する自我」の特徴的な意義が前景に現われてくる。この点はそもそも、生の「自明な近さ」への還帰という現象学の根本動向と不可分に連関している。ここで注意しなければならないのは、現象学する自我とは特別な種類の——つまり現象学を行う——経験的自我であるわけではない、という点である。「現象学する自我」というとき、力点は、たくさんの活動のなかの一つとしての「現象学する」活動にあるわけではなく、「いまここに」「現に」生きている者の「アクチュアリティ」にある(第三章七二頁および三c参照)。そのような「何者か」は、現象学的反省のなかでは、まさしく現に現象学している「この」自己自身でしかありえない。というのも、現象学は、現に遂行されている「私」のパースペクティヴに、ある特殊な仕方で依存しているからである。

だが、このことが現象学者を、ある「独特の哲学的孤独」(VI, 187f.)へと導く。『危機』書の中で「原自我」という特有の概念が登場するのは、この文脈においてである。第二部では、この奇妙な概念が登場してくる必然性と意義を、フッサールの後期著作と遺稿を手がかりにしつつ、体系的に浮き彫りにしていきたい。以下、各章の概要を示しておく。

第四章では、「原自我」の問題が登場してくる特有のコンテクストを辿ってゆく。そこでは、この問題が第一に

「間主観性」の問題系と連関しており、第二に「現象学的に視る」自我をめぐる方法論的問いと密接に関わっていることが示される。同時に、原自我の概念を詳細に論究してゆくためのいくつかの手がかりを、『危機』書の叙述から読み取れるかぎりで、際立たせてゆくことにしたい。

こうした作業を基盤として、**第五章**では、原自我の主題的分析に踏み込む。そこで明らかになるのは、いわゆる「徹底化された還元」が、必然的に「原自我」と呼ばれる次元へと逢着するという点である。本章では、還元の徹底化という文脈に即して、「原自我」の様々な可能的解釈を吟味してゆく。まず「原自我」(Ur-Ich)を、発生的先段階としての「先自我」(Vor-Ich)から厳密に区別する必要がある。また、原自我を素朴な仕方で形而上学的に解釈してしまう危険を、注意深く排除してゆかねばならない[4]。そして、核心的な問いは、原自我のもつ独特の唯一性をどのように理解すべきかという問いである。還元の徹底化は、一見すると奇妙に思われる帰結へとわれわれを導く。それは、「原自我は一つであるとも多数であるともいえない」という帰結である。

第六章では、原自我のこうした独特の性格を、「志向的変様」論を手がかりとしてさらに究明してゆく。そこで中心的な役割を果たしているのは、変様態から原様態への、或る特徴的な「遡及的働きかけ」(Rückwirkung)の現象である。この変様の構造を追究するならば、次のような帰結へと導かれる。すなわち、いわゆる原自我の「モナド化」ないし「モナド的複数化」とは、唯一の根源から多数の所産が均等に生み出されてくるような「産出」(Produktion)ではない、という帰結である。このような「産出モデル」に対立するのは、自我の志向的変様に本質的に属している、乗り越え不可能なパースペクティヴ性である。これらの考察から際立ってくることであるが、志向的変様論——とりわけ「意味の二重化」論——は、主観性の唯一性と多数性とを、排他的な二者択一としてではなく、それらの「原分裂」と本質的な共属性において理解可能にするのである。

続く**第七章**では、「原自我」を明証論的観点から詳しく性格づけることを試みる。(1)フッサールによれば、〈私はある〉(das ,Ich bin') は意識生の根源的前提であるとされるが、これがどのような意味で言われているのかがまず究明されねばならない。フッサールの明証批判を検討してゆくなかで明らかとなるのは、最高の明証としての「必当然性」（Apodiktizität）という伝統的概念が、後期フッサールにおいて根本的な意味変更を蒙っているということである。「エゴ」（Ego）の「必当然性」を、何か意識内の「不動の」小領域に帰せられるような明証としてとらえることはできない。それはむしろ、あらゆる意識生の最も原始的な《プリミティヴ》——最も単純で最も自明的な——媒体として考えられうる。そしてこの媒体は、フッサールにおいて、結局のところ生の生動性そのものを意味していると考えられる。（2）このような考察を通じて、「私は私に先立つ」という、自我的必当然性に特有の奇妙な構造が露わになってくる。それにもとづいて、「原自我」のラディカルな先行性は、私自身が「私であること」のもつ、私自身にとっての内的な差異ないし克服できない異他性（Fremdheit）として解釈されることになる。（3）さらにその帰結として、一方では、私が「私であること」の必当然性を、哲学の「自己責任的」言明の最終的——絶対的という意味ではなく、行き止まりという意味での——審級として理解することが可能となり、他方では、「私自身の必当然性がどこまでも引き退くこと（退去性）」を、ある種の「自由」として解釈することが可能となる。その「自由」とは、客観的に確定されたいかなるものからも身を解き放ちうる自由であり、客観的に確定されたもの——たとえそれが私自身の考えや言明であったとしても——を、開かれた批判へと引き渡す自由である。

以上が本書の概要である。なお、本論に入る前に、本書全体の理解に関わる点について附論を差し挟みたい。

三　附論　形而上学について／直観について

「形而上学」という語を、本書ではもっぱら批判的な文脈で用いるが、それは、素朴な意味での経験論的な対象のみに思考を限定するといったことを意味しない。つまり、素朴に身の周りに見出せる事象だけに思考を限定するというつもりは毛頭ない。むしろ、現象学は、そのような「眼差しの制約」を、不断に乗り越えてゆく営みである。しかし、素朴な経験論の乗り越えは、伝統的に「形而上学的」と呼ばれてきた思考態度へと、ただちに導くわけではない。素朴経験論的でもなく、「素朴形而上学的」でもない思考態度と、それに対応する思考次元がありうるということが、現象学そのものの体現する主張である。この点に留意しつつ、まず本書で用いられる「形而上学的」という語の意味を多少とも限定しておきたい。

フッサールにとって「形而上学」という語は、しばしば「構築」と組み合わせて、「形而上学的構築」といった形で用いられるが、それが意味しているのは、ある事象について語るための明証的根拠を等閑視したまま、その事象を素朴な仕方で対象化・実体化し、想像的に措定された事象空間のなかで想像的に思惟を巡らすような態度である。

ここには少なくとも二つの意味が込められている。(1) 素朴な対象化的思惟の批判、(2) 明証的批判を欠いた思惟への批判である。

(1) 現象学はそもそも、素朴に対象へと向かう眼差しを、対象的なものから引き剝がし、まさしくその対象的なものが現われる際の媒体となる次元へと向け変えてゆく営みである。[5] (たとえば、単に「事物がある」という素朴な認識から、それを可能にしている多様な現出・経験次元へと眼差しを向け変えてゆく。) したがって、素朴に世界内の現象へと向かう眼差しを、世界内には端的に見出せない (「形而上学的」とされる) 事象へと向け変えたとしても、事象へと向かう眼差しが単に対象へと直行的に向かう眼差しであるかぎり、それはまだ現象学的ではない。現象学的眼差しは、対象へと向かう眼差しそのものを吟味する眼差しを含む。とすると、経験的に見出せない事象について、ただ直行的に、対象志向的に論ずるかぎり、それはまだ現象学的ではなく、一種の「形而上学的」「構築的」思惟として批判される。これは、自然的な対象没入的態度の批判を、非経験的な事象に関する対象的思惟に適用したものといえる。

(2) これに対応して、思惟の明証的根拠への問いが立てられる。ある対象がある対象として現われるとき、その対象はいかなる根拠にしたがってそのような対象として現われているのか。その対象がその対象として現われる根拠は何か。その根拠を、現象学は、原因的な、存在的根拠から説明するのではなく、明証的根拠として問題化してゆく。

それは、対象間の因果関係、論理的関係、演繹的導出関係などを明らかにするのではなく、現出の生きられた条件への問いである。この問いなしに、ただ素朴に非経験的事象について対象化的に（対象同士の連関を思考する形で）問うならば、それは、空想的な思考領域に空想的な因果関係を想定することにしかならない。そこには、明証的根拠が欠けているのである（vgl. I, 166）。

しかし、もしあるものが、経験的《エンピリッシュ》な所与を欠くにもかかわらず、必然的に想定されざるをえないのだとしたら、その「必然的に想定せざるをえないこと」が、生きられた事象として、一つの現出として、その「明証」に関して吟味されうる。この意味では、フッサールが言うように、現象学はいかなる形而上学的テーマをも排除しない。「現象学は、［……］矛盾した物自体を操作するあらゆる素朴な形而上学を排除するのみであって、決して形而上学一般を排除するわけではない」（I, 182）。「形而上学」という語を、フッサールは多くの場合批判的な意味で用いるが、そこで念頭に置かれているのは、「歴史的に堕落した形而上学」であって、本来の意味での形而上学、すなわち「第一哲学」としての形而上学ではない（I, 166）。むしろ、本来の意味での形而上学的諸問題を、直観的に（つまり、明証的根拠をもって）研究しうる具体的な作業問題へと転化することが、フッサールの目論見であったと言ってよい（vgl. Dok III/9, 83）。「現象学は、空虚に形式的な基体構築（Substruktion）の内を動いてゆくいかなる形而上学をも拒否するかぎりで、反形而上学的である。しかし、あらゆる真正な哲学的問題と同様に、あらゆる形而上学的問題も現象学的地盤の上に還ってくるのであり、ここに、直観から汲み取られた真の超越論的形態と方法とを見出すのである」（IX, 253; vgl. auch VIII, 458, Dok III/9, 83f.）。書簡のなかでフッサールは、現象学的方法の絶望的な回りくどさと労苦＝作業（Arbeit）を通してこそ、「主観性とそのうちに隠された『形而上学』との驚くほど深い秘密の数々」に辿り着けるという（Dok III/4, 292）。この書簡の宛先であるラントグレーベが言うように、「還元は彼［＝フッサール］にとって、形而上学の根本諸問題への通路以外の何ものでもない」（Landgrebe 1963, 26）。ケアンズの報告によれば、フッサールは私的な会話のなかで、「あらゆる現象学は形而上学である」（Cairns 1976, 46）とまで言っている。ただし、みずからが現象学であることを自覚している形而上学、あるいは、みずからが形而上学であることを自覚している現象学と言うべきだろう。それは、明証的地盤を失って空虚化した形而上学に生命を取り戻そうとする試みであったと考えることもできる。つまり現象学は、素朴形而上学的な方法論的態度を批判することによって、かえって形而上学的テーマに関して明証論的な根拠をもって語ることを可能にしようとするのであって、この意味で、形而上学の方法論的批判は、現象学の哲学的自己規定にとって重要な意義をもつのである。

最後に、「直観」をめぐる可能的誤解に対しても一言述べておきたい（明証については、第二章と第七章で詳述する）。フッサールの直観主義は、直観しうるものと直観しえないものとを眼の前に並べておいて見渡し、直観しえないものを捨て、直観しうるものだけを選び取るようなことを意味しない。フッサールの直観主義の「狭さ」を批判する人は、だいたい右のような図式を思い描いているようである。でなければ、フッサールを批判して自らは「直観しえないもの」を研究するなどと主張することはできないであろう。

フッサールにとっては、右記のような仕方で見渡された「直観しえないもの」も、やはりそれなりの直観にもとづく。素朴な見方では「直観しえない」と見なされるものも相応に直観されている、というのがフッサールの直観主義である。でなければ、われわれはそのような「直観しえないもの」について、そもそも語るべき機縁をまるでもたないはずである。「直観しえないもの」について、およそ有意味に語りうる以上、その語りは何らかの明証に依拠している。だからこそ、「直観しえないもの」の研究を主張することもできるのである。それを主張する者は、自己の主張の「正しさ」を直観しているからこそ、それを主張できる。でなければ、何の根拠もないランダムな言葉の羅列と選ぶところはなくなるだろう。「直観しえないもの」があることを、フッサールは十分承知している。ただ、それについて語る際にわれわれが何に依拠しているのか、どのような根拠にしたがってそれを主張しているのかに注目するとき、そこに最も広い意味で「直観」といえるような契機が見出される、ということである。周知の通り、フッサールのいう「直観」は感性的直観を遙かに超え出る射程をもつ。それは、「絶対に直観しえないものの直観」といったものでさえありうる。そもそも、フッサールのいう直観的明証を単なる内容的充実と同一視するなら、地平の理論や潜在性の理論、匿名性の思考全体が無意味なものとなってしまうだろう。

ただし、「直観しえないものの直観」を単に形式的に主張して満足するのは、現象学のやり方ではない。具体的な作業哲学（Arbeitsphilosophie）のなかで、言われたことが一つの「明証」の形をとるまで、対応する「洞察」――たとえミニマルであっても、およそ何らかの意味で「分かった」と言えるだけの、最も広義の洞察――を探り続けること、そこに現象学的な直観主義がある。そう考えるなら、伝統的な哲学に比して、さほど変わったことをしているとも思われない。現象学はただ、そのような直観的洞察の追求を、徹底した方法的自覚をもって先鋭化しようとしているのである。（直観の不可能性さえも、直観・洞察されねばならない。でなければ、譫言《うわごと》を語っているのと区別がつかなくなるからである。）

第一部　「原自我」論への準備的省察

――自明性・明証・視る者への問い――

第一章　「自明性」の学としての現象学

「現象学者は最初から、自明なものを疑わしく謎めいたものと見なさねばならないという逆説のうちに生きている」（VI, 184）。

一　「自明性」の「異様さ」——現象学的分析の特異性

「原自我」という概念は、見るからに普通の概念ではない。むしろ、現代哲学の一般的傾向からすれば、ただちに不審の念や懐疑を呼び起こすに十分である。だが、そのような素朴な反応にただちに身を任せることは、哲学的思考を深める契機にはなりえない。むしろ、習慣化した反応の経路が自分の中で自動機械のように働き始めることに対して、用心深く注意の眼差しを向けることこそ、哲学的思考に要求されることであろう。少なくとも、「原自我」の語に対して上記のような反応が生じる理由を、理解可能にする努力が必要である。

もし哲学が「驚き」（θαυμάζειν）から始まるとしたら、どんな哲学も、最初は何かしら異様な相貌を呈するはずである。というのも、「驚き」において、存在、時間、世界、自我といった、よく馴染まれたものごとが、その自明な見かけを失って、いまや「問題」として、「問い」として、あるいは「謎」として立ち現われてくるからである。(1) フッサールによれば、「最もありきたりな《トリヴィアル》ことのうちに、最大の問題を発見しなければならないということが、哲学の宿命」である（XXIV, 150）。「ありきたりな」「自明な」ものごとを解明するためにこそ、哲学はしばしば、馴染みのない異様な語り方を用いることを強いられる。

このことは、フッサール現象学にとりわけあてはまる。というのも、フッサール現象学は、居心地の悪い問題を理論的構築で覆い隠そうとはせず、むしろ「事象そのもの」によってみずからを「教え導かせ」(belehren lassen)(XVI, 9)ようとするからである。むりやり体系化された理論は、多かれ少なかれ現実を単純化することになるが、フッサール現象学は、それとは違って、オイゲン・フィンクが適切に表現しているように、「居心地の悪い、挑戦的な、骨の折れる哲学なのであって[……]、まず各人を、自分自身で熟考する道へと送り込むのである」(Fink 1976, 225)[3]。現象学が挑戦的で「居心地の悪い」性格をもつ理由は、とりわけ、ひとが疑うこともなく甘受しているものごとのなかに、心ざわめかせる問題を暴露する点にある。フッサールの現象学的分析は、諸々の奇妙な次元を発掘してゆくが、それらは「自明なもの」の彼方にではなく、まさしくその只中に見出される。あまりにもありきたりに思えるがゆえに、人々が普通は何ら問題を探し求めないような「自明性」のうちに、フッサールは様々な問題次元を露顕させてゆくのである[4]。

とはいえ、フッサール現象学は、単に経験的《エンピーリッシュ》(empirisch)な研究と混同されてはならない。後者は、客観的‐科学的世界理解を自明なものとして前提しており、自然的に馴染まれたものを、単に自然的に馴染まれたものとして研究するにすぎない。自明なものに直面して生じる哲学的な「いぶかしさ」は、単に経験的‐客観的に研究する者にとっては無縁のままにとどまる[5]。これに対し、フッサールの現象学的分析においては、自明なもの、日常的で最も馴染み深いものが、奇妙な問題へ、未知の「謎」へと変貌する。「つまり、私はいまや『何もわからない』という状態[……]にある。いいかえれば、何であれ私が理解しているものの底には、自明性と呼ばれる不可解さに満ちた地盤が広がっており、それゆえ私が理解しているものは、根底において、また根底から、不可解なのである」(XXXIV, 481)。

もう一度次のような問いに戻ろう。「原自我」という奇妙な概念は、実際――ひとがまず疑うように――フッサールの形而上学的な先入観の表現として解釈されるべきなのであろうか。むしろ、この概念のもつ「異様さ」は、そこで問題となっているのが、われわれの自然的生のうちでは全く気づかれずにとどまるような「自明性」であることを、暗に指し示しているのではないか。これが、本書を一貫して導く根本的な問いである。この問いに答えるために、まず第一に本章では、フッサールにおける「自明性」の概念をできるだけ精確に浮かび上がらせることを試みる。さらに、〈諸々の自明性を問題化することによって、それらをあらためて理解可能にしてゆこうとする関心〉が、フッサールの仕事全体を貫いていることを示したい。それにより、「原自我」の概念が纏う「異様さ」が、現象学の本道からの逸脱ではなく、むしろ現象学的方法への忠実さを証していることが明らかになるであろう。

なお、あらかじめ以下の点に注意を喚起しておきたい。上記の研究に際しては、「自明性」概念の二義性にとりわけ留意しなければならない。自然的意識において「自明」と呼ばれるのは、自然的意識がもつ素朴な前提、意識の自然的な遂行においては主題化されないような前提である。[6] しかし「自明性」は、単に否定的に、自然的な素朴性と見なされるだけではなく、哲学的に見るならば、生にとって欠かすことのできない根本的前提と見なすこともできる。生の注意は、普通、新しいもの、眼を惹くもの、際立ったものへと向けられるから、生が至るところでつねに関わっているものは、通例主題的意識に入ってこない。それゆえ、「自明性」を追跡してゆくことは、気づかれぬままいつもすでに妥当していた、意識生のより深い層へと還帰してゆくことを意味する。このような「自明性」の含意は、以下の叙述において、具体的に明らかになってゆくであろう（この点に関しては、第七章二e（二）も参照）。

二　「自明性への還帰」というモチーフの出現

a　「自明性の学」としての哲学

「自明性を問い直す」というモチーフは、すでにフッサールの初期の著作に現れている。最初の著作『算術の哲学』(1891) は、すでにこの特徴的な方向性を示している（ただし、それはまだ背景にとどまっているが）。この著作は、「数とは何か？」という普通の数学者が問わない自明性を、あえて問うことから出発している。(7) この問いを一貫して追いかけるとき、この自明性の見かけ上の確実性が揺らぎ始めるのに気づく。もし数が「単位（Einheit［単位体］）の多数性」として定義されるなら、今度は、「単位」とは何であり、「多数性」とは何であるかが解明されねばならない（XII, 14)。もし数が具体的な事物の集合から抽象されると言うなら、「集合」「集める［結合しまとめ上げる Kolligieren］」「数える」とはそれぞれ何を意味するのか、という問いが生じる。かくして、ひとは次々とより根底的な「自明性」へと導かれ、そこから、「数の起源」への問いという困難な問題が浮かび上がってくる。数の概念が、われわれの意識作用と体験のうちで形成されるとしたら、それは結局、心理学的起源をもつことになるのか？ しかし、数というものは、「心的なもの」とは全く異質なものではないのか？

フッサールは、これらの問いをさらに深く追及していったが、その成果は『論理学研究』(1900/01) において、よりはっきりとした形をとる。この著作においてはじめて、「自明性の問い直し・問題化」が、現象学の特徴的な方法として開花するのである。フッサールはいまや、この方法的特性を十分に意識し、次のように言うに至っている。「哲学者は、『自明なもの』の背後にこそ、最も困難な問題が隠れていることをわきまえていなければならないであろう。それも、哲学をありきたりなもの《トリヴィアル》の学と呼びうるほどにである——逆説的だが、そこには深い意味がないわけでもない——。ともかく、ここでも、一見したところかくもありきたりなことが、もっと詳しく考察してみると、深層に潜むいくつにも枝分かれした問題の源泉となるのである」*(XIX/1, 350)。論理学と学問の本質を明るみに出すために、フッサールは「プロレゴメナ」(XVIII) において「学問的基礎づけの可能性」を研究するが、これは、学者（学問を行う者）がみずからの職業的活動のなかでは自明として前提している事柄である。「自明性」を現象学的に問題化することは、最初は奇妙に思えるかもしれない。しかしそれは、「日常的なことを問題とするということが、われわれの通常の傾向からあまりにも遠く隔たっているから」(XVIII, 34f.) にほかならない。

＊補注――この哲学理解は、後年まで一貫して保たれている。『哲学入門』講義（1922/23）には、これと内容的に重なる以下のような一節がある。「［哲学は、］もっぱら自明なことを問題にするという奇妙な性格をもっている。そして実際、次のように言っても決して言いすぎではないのである。すなわち、自然的な人間にとって（また自然的な態度にとどまる学者にとっても）自明であるような一切のことが、最も深い謎に纏い付かれていることが反省のなかで明らかになる。そして、哲学をほかならぬ自明なものの学と呼ぶとき、それは逆説的ではあるが、真なのである」（XXXV, 8）。C草稿では、「自明なものの学［としての］哲学」（Ms. C7/31b）という同じ表現が用いられている（フッセリアーナ未収録箇所）。このモチーフはまた、『危機』書の叙述全体を規定している（とりわけ VI, 114 を参照）。

b　「自明性」としての志向性

さて次に、このような「自明性の学」がなぜ奇妙に見えるのかを、もう少し踏み込んで考えてみたい。まず第一に、『論理学研究』のなかで問題として提示され、引き続きフッサール現象学の根本テーマでありつづけた「志向性」との関連で、この問いに答えることができるだろう（vgl. III/1, 191. 337; I, 81ff.; VI, 170ff.）。

ブレンターノから承け継がれた「志向性」という概念は、フッサールにおいて或る新たな、「異様な」相貌を獲得する。志向性は、もはや単に「心的現象」の性格を表わすものではなく（vgl. XIX/1, 384ff.; IX, 31ff.; Dok III/2, 10f.）、内と外の図式的な対立を超えた相関を意味するようになる。[8] ここで問題なのは、心と物との間の実在的な関係でもなく、心の構成部分相互の内部心理的関係でもない（vgl. XIX/1, 385）。志向性の概念は、意識と対象とが単純に並立しており、それらが「後から初めて」外的に関係づけられねばならないといった見方を不可能にする。「志向性」とはむしろ、現象の内在的側面と超越的側面とがそこではじめて極化され、区別可能になるような相関的な場の開けを意味する。

だが、そこで問題となっているのは、認識問題の解決を殊更に捻り出すことではなく、むしろわれわれの〈経験する生〉の「沈黙した自明性」に、新たな表現を与えていくことである。対象が意識の内に実的に含まれているのではないということはいうまでもないが、それに劣らず自明的であるのは、もし私の経験が対象にまるで届かないのだとしたら、対象そのものについて語ることは全く無意味となるということである。対象は実的に私の意識の内にあるわけでもなく、私の経験が全く届かない彼方にあるわけでもない。このどちらも認めねばならないとすれば、具体的に生き抜かれた「事象そのもの」へと「最後の言葉を委ねる」(XVIII, 9) 以外に、この事態を矛盾なく理解することはできない。それはつまり、自己自身の理論的前提を注意深く批判的に問い直さねばならないということでもある。理論的な先行的想定によって、匿名的に生き抜かれた自明性が暴力的に型にはめられてしまう可能性があるということ、この点につねに意識的である必要がある。むしろ、現象学的解明と記述の方が、自明的な所与性に身の丈を合わせねばならない[9]。そこでの言明が「異様」に見えることがあるのは、自明性を踏み越えるような（自明でない）高次の理論的想定が問題になっているからではなく、むしろ逆に、通常は全く主題的に意識されない或る深い自明性が露呈されたからにほかならない。「志向性」に関してもこのことがあてはまる*。

*補注――フッサールは、志向的対象の同一性とは、とかく誤って解釈されがちな「自明性」であることを示唆している (XIX/1, 440)。『イデーンI』では、もっと明確に次のように述べている。「要するに、『或るものの意識』とは、或るきわめて自明なものであり、しかも同時に、きわめて不可解なものである」(III/1, 201)。一九一〇／一一年の講義では、以下のような印象的な一節がこの点を詳述している。「意識の驚異は、いわゆる志向性の驚異である。それは、哲学的に素朴な者にとっては、どこまでも自明なことである。すなわち、主観的な〈体験すること〉の内で、具体的にいえば〈表象すること〉、〈判断すること〉、〈評価すること〉等々の内で、それ自体は体験ではなく体験の彼方にある何ものかが思念されうるということ、主体は『意識体験』と呼ばれるそのような諸体験の連関の内で、自らの思念の客観的妥当性を確信しうるということ、こうしたどこまでも自明なことであるにすぎない。素朴な者にとって、それは全く自明である。あまりにも自明なので、それについて反省しようとする動機を少しも感じないほどなのである［……］。［しか

し」この自明性は（そして事物の知覚という最も原初的な自明性からしてすでに）、あらゆる謎中の謎なのである」（XXX, 341）。

志向性の見かけ上の「異様さ」は、たとえば以下の引用からも見てとることができる。「表象された対象が実在しようと、仮構されようと、それどころかひょっとして反意味的であろうとも、意識にとって、〈与えられたもの〉は本質的に同じものである。私が『ジュピター』を表象する仕方は『ビスマルク』を表象する仕方と、『バベルの塔』を表象する仕方は『ケルンのドーム』を表象する仕方と、『正千角形』を表象する仕方は『正千面体』を表象する仕方と、異なるわけではないのである」（XIX/1, 387; vgl. auch XIX/1, 396, 401）。

この一見すると「異様な」言明は、何か或る「あまりにも自明なこと」を言い表わそうとしている。この「自明性」は、実在的なものと非実在的なものとの統覚的な区別よりも、さらに深層に位置している。実在／非実在の区別も、われわれの実践的生においてきわめて重要ではあるが、ここでは、それよりもさらに基本的な事態が問題にされている。すなわち、理念的《イデアール》（ideal）な対象や想像された対象もまた、実在的対象と同様、同一的なものとして思念されうる。そもそも何かが実在するかしないかを言いうるためには、すでにそれを同一的なものとして意識していなければならない。いわゆる存在の「様相化」（Modalisierung）は、対象の同一性を少しも損なうことがない。たとえば、同一の対象が、まずは実在すると見なされ、次いで非実在という様相を受け取ったり（某国に実在すると見なされた大量破壊兵器が、実は実在しなかった）、また逆に、実在しないと思われていたその同じ対象が実在すると判明したりすることがありうる（シュリーマンによるトロイアの発見）。その際、二つの別々の対象が問題になっているなら、「Aは実在しないがBは実在する」ということしか言えず、「Aは実在しないと思っていたが、実はそれは実在する」という言明は不可能になる。対象の実在について云々する前に、われわれはすでに、その同一的対象の志向的意識を前提しているのである。それはあまりにも自明なことなので、言い表わすことさえ必要とは思われないほどである。極度に当たり前であるがゆえに、意識的注意からは逆に「隠された」そのような自明性こそ、もしそれが殊更に表現されるなら、奇異の念を呼び起こすのである。

三　自明性を現象学的に露呈することの「異様さ」

志向性概念を手がかりに獲得された上記のような洞察をもう少し精確に提示するために、「自明性」の二つの意味を明確化しておきたい。

（一）自明性は素朴性（Naivität）の相関者と見なされうる。「自明なもの」とは、われわれがつねにすでに生き抜いており、それについてわれわれが一つの非主題的な「知」をもっているが、殊更に主題的には反省しないもののことである。

（二）しかし、ある種の深い自明性は、主題化されても、ただちにそれとして明晰に認識されることはなく、むしろさしあたっては「異様なもの」に見える。この「異様さ」は、自明なものを素朴に生き抜くことと、それを主題的に把捉することとの間に起こる緊張から生じている。

このような事情から、「自明なものの学」としての現象学は、（a）自然性の批判と（b）学問性の批判という二重の批判を行うよう強いられる。（a）深い自明性を主題化するためには、現象学は自然的‐自明的な生の素朴性を破らねばならない。自然的な生は、その素朴な遂行のうちでは自らを明らかにしない傾向を持つからである。（b）しかし他方、自明なものを学問的に主題化する試みは、自明なものを飛び越えて、ある一定の理論の方からそれを説明してしまうという危険を内に孕んでいる。ただでさえ自らを明らかにしない「自明なもの」は、それによってまたしても覆い隠され、あるいは歪められてしまう。現象学は、この危険に対して十分な注意を払わねばならない。以下では、こうした二重の批判について論じていくことにしたい。それは、「現象学的エポケー」の必然性を理解するための手がかりにもなるであろう。

a　自明なものの「匿名性」と現象学の「反自然性」

フッサールは、現象学的な考察がもつ「異様さ」を、単なる副次的現象や技術的難点とは見なさなかった。むしろそれを、〈現象学的に哲学すること〉それ自体に含まれる本質的契機と見なしたのである。「自明なもの」は、何ら新しい認識をもたらすことがないので、通常はわれわれの関心を引くことはない。だからといって、われわれが「自明なもの」を満足のいく仕方で説明できるわけではない。むしろ、それが自明であるのは、説明する必要がないから、あるいは――極端な場合――説明できないからである。もはや根拠づけることができないもの、それにもかかわらずわれわれが確かに「知っている」と思われるものは、われわれの意識生の元基的部分に関わっていると考えられる。

そのような「自明性」を殊更に主題化し、それが何を意味するのかを問うとき、その問いは異様なものに見える。たとえば、「〈いま〉とは何か？」「〈よい〉とはどういう意味か？」などと問う場合を考えてみればよい。主題化されるものが自明であればあるほど、それを問うことは異様に見える。それゆえ、逆にいえば、殊更に主題化された自明性が呈する「異様さ」は、われわれの生の基盤に関わるような、より根本的な自明性――だからこそ深く隠されてもいる問題次元――を指し示す手がかりである可能性がある。

このような観点から、フッサールは、単純な事物知覚の自明性を問うとき、それが「謎めいた」相貌を呈することを強調している。「事物がそれ自体としてあり、われわれはただそこにやってきてそれを摑んだり、眺めたり、それについて言明したりするといった平凡な自明性が、神秘へと変貌する」(XXIV, 153)[10]。フッサールによれば、この「謎」を思弁的構築によって飛び越えるのではなく、まさしく問題の「自明性」それ自体の中へと敢えて入り込んでゆくことが肝要である。すなわち、〈経験する生〉の自明的で匿名的な自己理解が、表現へともたらされねばならないのである。

その際、人は特別な抵抗に出遭う。自然的な生は、本来、真っ直ぐに(geradehin)対象的なものへと向かう傾向性をもつからである。[11] 真っ直ぐに対象的なものへと向かうとき、経験する生自身が働く仕方は、非主題的にとどまる。「経験することのうちでは、〈経験されたもの〉は知られているが、〈経験すること〉は知られていない。経験する能作の本質と意味は知られていない。だがそれは、全く自然なことである。そこで体験と呼ばれる主観的生は、それ自身の本質に関しては隠されており、決して研究されたことはなかったからである」(VII, 81)[12]。われわれの経験する生の能作——その生ける機能——が露呈されうるためには、自らを隠蔽しようとする生の根本動向を見抜き、この自然的傾向へと無批判に身を委ねることを、自らに禁じなければならない。これこそ「現象学的エポケー」が満たそうとする課題である。それゆえ、この方法と、それによって可能となる現象学的な思惟態度は、ある本質的な「反自然性」を有している。「私はもはや自然的な人間として生きるのではなく、いわばある反自然性のうちに生きるのである」(XXXIV, 323)[13]。

すでに『論理学研究』第二巻の序論において、フッサールは、「あらゆる困難の源泉は、現象学的分析において要請される直観と思惟の反自然的な方向にある」(XIX/1, 14) という点に注意を促している。自然的意識とは違って、現象学的思惟は、対象へと直線的に向かうわけではない。それは、「われわれの心の発展の最初から絶えず強まってきた最も確固たる習慣に、逆らうような思惟態度」である。それゆえ、「現象学的思惟態度から直線的-客観的思惟態度へと繰り返し逆戻りしてしまうという、ほとんど根絶しがたい傾向」(ebd.) が生じてくるのである。[14]

さらにいえば、主観的なものを、それが現に機能しているありさまにおいて露呈するためには、単に主観的なものへと（対象化的に）視線を振り向けるだけでは全く不十分である (vgl. VI, 122)。たとえ主観的なものを学問的に主題化していようとも、対象へと一面的に方向づけられた思考態度を「現象学的エポケー」によって方法的に差し控えることなしには、人は依然として自然的な意識態度のうちに囚われたままなのである。たとえば実証主義的な心理学のうちでは、主観的な意識能作は、その匿名的に生き抜かれた自明性において扱われているわけではなく、心的実在 (psychische Realität) という意味での「主観的なもの」へと解釈し変えられることによって、すでに客観化されたものとなっている。この「心的実在」とは、世界の中にある実在的客体の一種として統握されたものなのであって、「主観的」と称される客体にすぎない（vgl. XXXIV, 252）。

一般に近代の諸学には客観化的傾向が顕著であるが、この傾向は、本来は主観的なものを客観的な諸規定と「すり替え」、両者を混同する危険を招来する。フッサールによれば、「客観的－学問的［科学的］な思惟の仕方がもつ学派的な支配を通じてわれわれすべてを誘惑している〈不断のすり替え〉から、まずもって自由になるためには、大変面倒な手続きが［……］必要になる」（VI, 132）のである。意識の能作を現象学的に「理解可能にすること」は、「客観的・『実証的』な学問を行うこと」とは、「徹頭徹尾、根本から異なる」（VII, 83）とフッサールは言う（vgl. auch VII, 67f., 82f.）。「反自然的な」エポケーは、「生まれながらの独断論者であるわれわれの内にあまりにも深く根ざしている諸々の混同から」（III/1, 132）、方法的に身を守るためのものである。したがって、一見「異様」に見えるエポケーは、そもそも強固な自然的思惟習慣からの解放を意味するのであって、それにより、われわれの理論的眼差しの前に、ある全く新たな地平が開かれるのである。(15)

b　学問批判と自然性の権利

「自明なもの」を問題化することが「異様さ」という印象を呼び起こすのは、自然的な意識の対象指向に逆らうからというだけではもちろんない。それは、自然的で根本的な自明性と、学問的な見かけ上の自明性（vermeintliche Selbstverständlichkeit）との間の齟齬とも深く関わっている。学者（日本語で言う「科学者」を含む）は、伝統から受け継がれた様々な思考習慣や理論的範型を持っており、それらは彼らの学問的活動のなかでは無条件に前提されている。こうした思考習慣や理論的範型は、なるほど当の学問の内部では、それなりに正当な働きを果たしている。しかしそれらは、こうした本来の働きを超えて、哲学的考察のなかで生の根本的な自明性へと適用されると、場合によっては「先入見」となり認識の障害となる。生の根本的な自明性は、それ自体が元来自らを隠してゆく傾向をもつだけでなく、そのうえさらに諸学（諸科学）の「見かけ上の自明性」によって、幾重にも隠蔽される。[16] それゆえ、フッサールが最も自明的な自明性へと還帰しようとするとき、その還帰は学問批判（科学批判）という性格をも持つ。[17]

もう一度事物知覚を例にとろう。フッサールは以下の点を強調する。事物の認識は、「自然的思考の中では何よりも自明な事柄」であるが、それがいかにして可能なのかを殊更に問うとき、「一挙に神秘として」眼前に立ちはだかる（II. 19）。われわれが学問的に使用する、見かけ上「自明な」意識概念は、経験に即した「自明性」の正当な理解を阻む。この点にフッサールは注意を促す。特に意識することなく、客観的‐学問的な仕方で思考を進めるとき、意識のプロセスは、閉じられた「カプセル」の中で起こる実在的出来事であるかのように見なされがちである。[18] しかしこれは、認識論的困難の源泉となりうる。フッサールが警告するのは、とりわけ以下のような危険である。学問的な擬似的自明性は、諸学問の内部では、たしかにそれ固有の権利をもつかもしれないが、それを抽象的‐一面的に一般化し、そこから哲学的帰結を引き出すならば、最も自明的な生の自明性を忘却の淵に追いやる危険性を孕んでいる。この意味で、フッサールの学問批判は、単純に学問性一般を敵視するものではなく、習慣的‐無自覚的に学問化された哲学への批判である。「知覚のうちで知覚された事物は、事物そのものであり、それ自身に固有な現存在のうちにある、ということは、誰にとっても絶対に自明なことであって、それが自明でないのは、ただ混乱した哲学者にとってのみである」（XVII, 287）。[19]

この点に関連して、エポケーと還元の学問批判的動機を強調しておかねばならない。この動機は、生の自然性を学問的‐哲学的歪曲から守ろうとする意図と、密接に結びついている。現象学的還元は、世界から眼を逸らそうとするかのような、単に抽象的な思考操作では全くない。[20] そのような誤解を、フッサールはすでに『イデーンⅠ』において以下のように斥けている。「実在的現実が『解釈し変え』られたり、それどころか否認されたりするわけではなく、実在的現実のもつ、洞察的に解明された固有の意味と矛盾するような不合理な解釈が、除去されたのである。そのような不合理な解釈は、世界の哲学的な絶対化から生じるのであって、そのような絶対化は、自然的な世界の見方からすればどこまでも疎遠なものである。［……］そのような不合理は、人が哲学するとき［……］、はじめて生じてくるのである」(III/1, 120)[21]。

超越論的還元は、なるほど自然的態度に付着している素朴性の克服を目指しているけれども、自然的生の自然性そのものを排撃しようとしているわけではない。自然的生の本質に含まれた問われざる「諸前提」を批判的に問いただすとしても、「だからといって、そのような生のもつ固有の権利を、いささかも傷つけようとするものではない」(VII, 246) とフッサールは言う。「自然的で理性的な生の活動に対して［……］――そしてまた自然的な学問に対しても――懐疑的な逆説に彩られたゲームを挑み、何らかの仕方でそれらの価値を貶めようとすることほど、われわれのしようとすることから遠いことはない」(ebd.)。むしろ、エポケーと還元の目標は、気づかずに自然的態度のうちに囚われている諸学問の哲学的素朴性を克服し、現に働きつつある具体的な生の現実のために釈明を行うことにほかならない。「自然的な世界は仮象ではなく真なる存在である。自然的な世界統握には、いささかも訂正を要するところはないのであって、訂正が必要なのは、〈主体への相対性のうちにある世界〉についての不明瞭な反省としての哲学のみなのである」(XIV, 278)。

四　超越論的還元の「異様さ」と世界の問題

これまでの考察から明らかになったのは、自然的に働く生を、その独特の自己隠蔽的傾向性に逆らいながら露呈してゆこうとするかぎり、現象学的記述の「異様さ」は、現象学にとって本質的なものでありつづけるということであった。エポケーとは、そのような「反自然的な」作業の方法である。それは同時に、自明なものを主題化するに際して、素朴な先入見に発する哲学的・学問的な歪曲的解釈や拡大解釈を遠ざけておくためのものである。この方法の特有性をさらに明瞭なものにするために、次に問わねばならないのは、またしても「異様な」自明性としての「世界」

の問題である。

a　自明性を理解するという課題

現象学的エポケーと還元は、生の自然性をその哲学的な歪曲から守ることを目指してはいるが、しかし、自然的な事実を単純に受け入れ確証するだけというわけではない。たとえば客観性に関して、フッサールは次のことを強調している。「肝要なのは、客観性を確かめることではなく、それを理解することである」(VI, 193)。現象学のこのような根本動向を、まずは吟味してみることにしたい。それは、「原自我」の問題化をも強く規定しているからである。

諸々の自明性を「理解する」(verstehen) というモチーフは、フッサールの様々な著作全体を貫いている。すでに『論理学研究』において、客観的なものの認識という一見自明に見える事態が、あらためて「理解」を要求する事柄であることが明示されている (XIX/1, 27; vgl. Mat III, 60)[22]。『危機』においては、次のように言われる。「『自分はこの世界の内に生きている (等々の属性をもった) 人間であるということを私は確信しており、そのことを少しも疑っていない』という以上のことを、〈実在論〉という語が意味しないとしたら、それ以上に強力な実在論はありえない。しかし、この『自明性』を理解することこそが、まさしく大問題なのである」(VI, 191)[23]。

現象学のこのような主要関心は、世界の問題との関連で、とりわけ明らかになってくる。世界が現にあり、その内で私が生きているということは、疑いえない (というより、それを疑おうとするとき、何を疑おうとしているのかがわからなくなるような)「自明性」である。個々の事物に関しては、それらが現実に存在することを私が確信しているとしても、非存在の可能性を原理的に排除することはできない。どんなにわずかであれ、「実は存在しなかった」という可能性の余地が残る。しかし、「世界」に関しては、そのような可能性は排除されている。個々の経験事物に関して訂正や抹消が行われても、世界はあらゆる個別的な事物経験の同一的で普遍的な「地盤」・「地平」として、自己を貫徹する。[24] 世界は、われわれの〈経験する生〉一般の最も根源的な前提の一つなのである。世界の存在を真面目に疑うことはできない。世界が存在しない場合どうであるのかを、そもそも全く思い浮かべることすらできないからである。思い浮かべられるのはせいぜい、別様に規定された世界であろう（たとえば、いかなる存在者も無い空虚な世界）。世界は、その現実存在をなおも「確証」しようとすることが無意味であるほどにまで、自明である。個々の事物の現実存在と違って、世界の現実存在は、何ら「危ぶむ」ことすらできないものである。[25]「一切に先立って、世界の存在は自明である。——あまりに自明なので、それを一つの命題の形ではっきりと言い表わすことさえ、誰も思い至らないほどである」（I, 57）。

しかし、世界の存在がこのように「自明的」で「不可疑」であるということは、世界の「権利意味」（Rechtssinn）がすでに理解されていることを意味するわけではない（VII, 247）。「世界があるとは、いったいどういう意味なのか」と問うとき、自然的態度の枠内では、問い自体がばかげているとして一蹴されるか、「そんなことはあたりまえ（自明）だ！」と一喝されるというぐらいの反応しか期待できない。しかしこれらは、そもそも答えではないし、ましてや解明ではありえない。自明性はこのような段階ではまだ——すなわち、反省的洞察という意味では——「理解されて」いないのである（VII, 247）。むしろこう言わなければならない。「世界——それが何を意味するか、誰もが知っており、それゆえ『世界』という一般的意味は最もわかりきったこと（das Allerbekannteste）である。それにもかかわらず、この意味は同時に、最も知られざるもの（das Unbekannteste）なのである」（XXXIV, 231）。「ラディカルな問題は、まさしく、世界が絶えずそのうちにあり、そのうちでこの世界であるような自明性なのである」（XXIX, 119）[26]。自然的生の中では全く言表する必要がないこの「自明性」は、不可解な「超越論的謎」としてわれわれに立ち向かってくる（Ms. B I 5/21a）。したがって、次のような問いに答えることこそが現象学の課題である。「世界確信の素朴な自明性（Selbstverständlichkeit）は、［……］いかにして理解可能性（Verständlichkeit）へともたらされうるのだろうか」（VI, 99）。

b　世界信念の普遍的エポケーの「異様さ」

世界の自明性を「理解する」ためには、それを単に自明として受け取るわけにはゆかず、むしろそれに対して厳密なエポケーをほどこさねばならないが、このエポケーは、すでに述べたように「反自然的」な性格をもっている。その際、「世界信念」（Weltglaube）のエポケーが特に徹底した仕方で遂行されねばならない。「世界信念」は、「自然的態度」全体の核を成しているからである。

「世界確信」の根源性は、第一に、個別事物のいかなる経験も、つねにすでに世界を「普遍的地平」として前提しており、個々の事物はこの地平の内でのみ現出しうるという点にある。[27] 第二に、世界が「普遍的な先行判断＝先入見（Vorurteil または Vor-Urteil）」の性格をもつという点に注意すべきである。これは、『イデーンⅠ』の「一般定立」を言い換えたものといえる（IX, 531）。「先行判断＝先入見」とは、フッサールの術語としては、経験の中でいつもすでに前提されている明示的でない措定ないし統覚を意味する。[28] 世界は、個々の実在物のあらゆる措定ないし非措定に先立って、いつもすでに〈存在するもの〉として妥当している。[29] そして、どの個物も、それに先行する世界妥当を含蓄している。[30]「世界は私にとって、恒常的に生き生きとした先行判断＝先入見であって、ある意味で、自然的生における私の一切の先行判断＝先入見の総体である」（Mat VIII, 41）。第三に、世界はあらゆる自然的実践の「普遍的地盤」と見なされうる。[31] このことは、前学問的生だけでなく、自然的態度にとどまり続けるかぎり、学問的生にも当てはまる。[32] いかなる自然的実践も、あらかじめ与えられた世界のうちでの実践である。実践的目標は、何らかの仕方で実在する事物ないし事態に関係するとすれば、そもそも世界の地盤上においてしか立てられず、追求されえない。「世界は、われわれにとって、いつも必然的に、あらゆる現実的・可能的実践の普遍的領野として、地平として、あらかじめ与えられている。生とは、いつでも〈世界確信のうちに生きること〉なのである」（VI, 145）。

このように、世界は「最も根源的な自明性」（VIII, 75）の一つとして、「恒常的な妥当地盤、絶えず用意された自明性の源泉」（VI, 124）として性格づけられうる。そのようなものとして、世界は、自然的態度にとって、当の態度の遂行のうちでは可視的にならない根源的「前提」である。[33] 世界というこの前提は、自然的態度を根底から規定しているが、「普遍的エポケー」は、この前提を全面的に無力化し、それによってこの前提を匿名性から解放し、主題的意識にもたらそうとする。それゆえ、超越論的エポケーと還元は、これまで自然的に破綻なく経過してきた「生全体」の「完全な態度変更」（VI, 153）という性格をもつ。こうした態度変更は、自然的態度全体に関わるのでなければならない。もしエポケーが、様々な自然的妥当を一つ一つ個別に宙吊りにしてゆくのだとしたら、世界の地盤的妥当は手つかずのまま残されるだろうからである。[34]

フッサールは、「超越論的エポケー」と呼ばれるラディカルな態度変更が、最初は「不審の念と懐疑」（VI, 101）とを喚び起こしうるということを意識していた。「容易に洞察できる諸々の本質根拠ゆえに、人類は、まずはもっぱら実証性のうちで生きてきたし、個々の人間も皆、そのように生きている。それゆえ、超越論的還元は、生の形式全体の一種の変更となるのであって、この変更は、それまでのあらゆる生の経験を完全に乗り越え、その絶対的な異様さゆえに、その可能性に関しても現実性に関しても、理解しがたいのである」（IX, 276f.）[35]。超越論的還元が「異様」(fremdartig) であるというのは、自然的世界全体が無であると宣告したり、それを何か「別の世界」に置き換えたりするからではない。むしろ全く反対である。還元は、自然的態度のうちで生き経験することを廃棄しようとするのではなく、そのことをまさにそれとして「理解可能に」しようとするのである。しかし、自然的態度の普遍的前提ないし普遍的「先行判断＝先入見」——すなわち端的な世界信念——が、真っ直ぐに遂行されている場合、自然的生は、世界内の何かを見させはするが、おのれ自身のあり方を示してはくれない。そのような態度のうちでは、世界確信そのものは決して主題的にならない。世界確信は、自然的態度の基盤としてこの態度に先行しているからである。普遍的な超越論的還元が目指すのは、世界の「意味」を問えるようにするために、世界のこうした根源的自明性を、熟考すべき不可解さとして露呈することである。このような問題意識は、草稿中の以下の箇所からも覗える。

「私のあらゆる判断の根源的場所（Urstätte）を遡行的に問うために、私はラディカルな無前提性を遂行する。私のあらゆる判断とは、私が自分で獲得したり、伝統から受け継いだりしたあらゆる自明性、最終的にはまた、表明的でないために最初は私に隠されているが、それでも私を規定している諸々の自明性のことであって、その総体を名指す標題が〈世界〉なのである」(Mat VIII, 41)。

五　主観性の問題と自明性の深層次元

a　自明的に生き抜かれた「超越論的生」への還帰

これまでの考察によれば、超越論的還元が「異様」に見える理由は、それがほかならぬ最も深い自明性の一つ——すなわち「世界」の自明性——を妥当の外に置き、その結果、自然的態度の直線的遂行を宙吊りにするという点にあった。しかし、このような態度変更によって、われわれは世界を奪われ、無の中に放り出されるわけではない。むしろわれわれは、やはり一種の経験へ、ただし自然的ではない〈経験する生〉へと導かれるのである。そのような〈経験する生〉については、自然的言語の中にいかなる呼び名も見つからないため、フッサールはそれを「超越論的生」あるいは「具体的な超越論的主観性」といった一種の記号のような術語で呼ぶ。世界は、もはや端的に自明なものとして向こうにあると見なされるのではなく、生の主体的遂行との相関において捉えられる。[36] すでに見たように、世界は、第一に自然事物の現出にとっての普遍的地平として、第二にあらゆる自然的判断の先行判断=先入見として、第三にあらゆる自然的実践の原地盤として規定されるが、これらの規定は、いずれも生の主体的遂行を指し示している。それなしに世界は、われわれにとって世界として現にあるようには存在しえない。自然的態度には、自己忘却(ないし無反省的に対象へと向かう態度への囚われ)がつきまとっている。[37] それゆえ、自然的態度を宙吊りにし、世界を妥当の外に置くということが同時に意味しているのは、切れ目なく流れてゆく自然的生に対して、ショック療法的な切断を施し、それによって、主体的な生の遂行に、自己忘却から目覚めるきっかけを与えることなのである。[38]

「超越論的主観性」への還元が異様に見えるとしても、それは新奇な理論的構築が提示されているからではなく、[39] むしろ「ある新たな経験、すなわち超越論的経験の圏域」(I, 66) がそれによって開かれるからである。自然的態度のうちで絶えず匿名的に遂行されている自己経験が、いまや主題的自己意識へと至る (vgl. XV, 538, 150)。つまり、そこで行われているのは、いかなる世界的客観性にも先立つ「自明性」への、更なる還帰なのである。[40]

超越論的主観性の露呈とは、単に普遍的な世界地平の内部で、非主題的なものが主題的になることを意味するわけではない。[41] むしろ、還元によって発見された「超越論的」次元は、世界の中にはもはや適切な位置を見出せない。それは普遍的な拡がりをもった「世界意識生」(Weltbewußtseinsleben) を意味するのであって、世界はその媒体の中ではじめて世界として現出しうるのである。フッサールが言うように、「主観性とは、何か絶対に比類のないものであって、それは、自我にとって異他なる対象性の世界のうちには、自らと同じものを全く見出しえない」(VIII, 124)。[42] この異様な経験次元に関しては、人はまずもって「見ることを学ば」ねばならない (VIII, 122f.)。[43]

超越論的還元によって私は、私の主題的な視野を制限している自然的な遮蔽から自らを解放し、私の超越論的生のより具体的な拡がりを私自身にとって見透しうるものにする。したがって、現象学的還元の主眼となっているのは、本来、私の自己理解の深化なのであって、フッサールによれば、学的に省察する者の「全き究極の」自己理解なのである。[44] さて、しかし、この自己理解という課題を突き詰めてゆくと、超越論的他者への問いが、そして最終的には「原自我」への問いが浮上してくる。次にこの点に眼を向けておきたい。

b 「超越論的主観性」の普遍的具体態と、他者の自明性

「超越論的主観性」と呼ばれるものは、その最も具体的な相においては、私が有意味に主題化しうるものの一切、およそ考えられるかぎり一切の存在者を、接近可能なものとして包括する。[45] つまりそれは、私から相関的に切り離せないもの、それゆえ私にとって現象学的に接近可能なものの総体を意味する。とすると、それは、自らの外にいかな

る有意味な主題をも残さないように見える。しかし、この「外」をもたないと言われる超越論的総体は、私の「私的な」「一次的な」(primordial)[46] 主観性と同じものであるようには見えない。私は、諸々の他の主体がいることを知っているからである。

超越論的主観性には外がないはずであるにもかかわらず、フッサールは、人間的主観性の多数性に対応する超越論的主観性の多数性について語る。もし、「超越論的主観性」とは私がおよそ有意味に語りうるものの総体を意味するなら、いったいいかにして「複数の超越論的主観性」を考えうるのだろうか。もしそのようなものを考えるなら、外をもたないはずの〈有意味なものの総体〉が、自らの外に他の諸々の総体をもつことになってしまうが、それはありえないことではないか。「他者」もまた、私にとって有意味に主題となりうるかぎり、現象学的な主題領野の内部において自己を示し、それによって、現象学者としての私にとって接近可能でなければならない。しかし、いったい「他者」の「他者自身」は、私にとってそもそも接近可能なのだろうか。もし「他者」が私による接近可能性の彼方にいるとすれば、上記のような「超越論的主観性」の思考には「独我論」の危険が迫っているのではないか。

フッサールは、こうした懐疑的な反論の挑発をまともに受けて、「存在全体」の形而上学的解釈へ向かおうとはしない。むしろ彼は、「他者がいる」という自明な事実へと立ち帰り、この事実へと問いかける。他者たちは、私の超越論的経験領野のうちに自己を告げてくるのであるが、まさしく彼ら自身、超越論的性格をもった自立的な主体として自己を告げてくるのであって、その経験意味は、私の「固有圏域」(Eigenheitssphäre) を完全に超越するという意味を含んでいる。フッサールは、他者を私の主観性のうちに解消しようとするわけではもちろんないし、かといって他者の他者性を「裏づけ」たり、他者の「存在論的証明」を行おうとするのでもない。そのような「証明」は、フッサールが他者の存在をはじめから少しも疑っていない以上、そもそも不要である。われわれは、他者が存在し、他者は私の自我ではないという「自明性」から出発するほかない。他者の経験可能性を主張する人も、それを否定する人も、そこで「他者」とは何を意味するかを十分よくわきまえている。他者についてのいかなる自然的な言明も、他者の哲学的な「証明」と称されるものも、上記のような他者についての基本的な「知」を前提している。フッサールの課題は、まさにこのきわめて自明な「知」を、いいかえれば他者の「妥当意味」(Geltungssinn) を、敢えて主題化し、理解可能にすることなのである。[47]

他者は私の経験のうちに自己を「告知する」(bekunden) が、にもかかわらず同時に、「他の自我」としてはこの経験から徹底的に身を退ける。フッサールは、この矛盾的にも見える「自明性」を、何らかの理論的構築によって覆い隠そうとはしない。その代わりに、人が他者問題を扱う際の「視方」(Sichtweise) へと反省の眼を向ける。というのも、他者経験の「自明性」が逆説的であるかのように見せかけているのは、先入見に纏い付かれた或る特定の「視方」であるからである。この「自明性」は、われわれの自然的生のなかでは、本来何の問題もなく働いているものである。それが矛盾しているかのように見えるということは、人が気づかずに用いている哲学的な解釈範型が、当の「自明性」を理解するためには適していないということを間接的に物語っている。それゆえフッサールは、無批判に妥当している伝承された思考習慣をエポケーによって無力化してゆき、それによって、問題の「自明性」が根源的な働きのうちにある有様を可視的にすることを試みる。他者経験の分析が行われている第五デカルト的省察の末尾で、フッサールが強調するところによれば、現象学的な展示＝解釈 (Auslegung) とは「形而上学的構築のようなものではない」のであって、むしろただひたすら、「哲学的に露呈されるが、決して変えられることはない〈意味〉の展示＝解釈」(I. 177) に従事しているのである。他者の自然的な現実存在を、フッサールは全く疑っていない。その代わりに、そのことがもつ「意味」――自然的態度のうちでは決して問われることのない「意味」――が、はっきりと現象学的分析の主題とされねばならない。超越論的他者をめぐるフッサールの問いには、ある先鋭化された「異様さ」が纏わり付いているが、それは独我論の不自然さを表わすものではなく、むしろ問題化されている次元の根底性を証している。[48] この問題次元は、自然的意識にとっては、問われるまでもない深い自明性のうちに隠されているのであるが、そうであるがゆえに、それを露呈しようとすると、自然的に見れば「奇妙な」言明へと追いやられざるをえないのである。

c 「原自我」の問題。最後の自明性？

われわれは、他者が私に「与えられていること」も、他者が私を「超越していること」も、自然的生のなかでは単に「自明なこと」として受け取っている。しかし、他者がどうしても「与えられている」のでなければならないということを、真剣に受け取るならば、われわれはある種の困惑に陥ってしまう。他者は、「私を超越している」が、それにもかかわらず、まさしく〈私を超越する者〉として私に「与えられて」いる。もしそうであるならば、〈「私を」超えたものが「私に」与えられる〉というこの矛盾的な事態を、どのように理解したらよいのだろうか。「私」はいわば、自分の自我から幽体離脱して、他者の中に入り込むことができるとでもいうのであろうか。ここで問いは、「私」「自我」(Ich) の方へと不可避的に反転する。「私」など自明であり、自分はそれをよく知っているとわれわれは信じているが、それについて敢えて問うてみると、それは手に負えないほど困難な問題としてわれわれの前に立ちはだかる。

晩年のフッサールが「原自我」を問題化するのは、とりわけこのようなコンテクストにおいてである。他者の意味が「原自我」のうちで構成されてくるという主張[49]は、なるほど異様な印象と懐疑とを喚び起こす。しかし、これまで跡づけてきたフッサール現象学の性格づけにもとづくなら、ここで、私と他者とに先立つ或る形而上学的な「自我」の思弁的構築が問題となっているわけではないということは、明らかである[50]。むしろ、「原自我」の概念が、ある種の「自明性」の突き詰められた表現であるということは、十分に考えられうる。すなわち、私を超越するものも、私にとって「経験し得ないもの」も、そのようなものとして十分有意味に理解されうる以上、「ありとあらゆるもの」が何らかの仕方で「私」に与えられているはずである、という自明性である[51]。

これまでの論述によって示されたように、深い自明性は、それが殊更に問題化されたとき、「異様な」外観を呈することがある。それゆえ、「原自我」という異様に見える概念が、何か或る根本的な自明性を言い当てており、「反省と分析の天才(52)」としてのフッサールにして初めて、それを看過することのできない問題として浮き彫りにすることができたという解釈は、十分成り立ちうる。この点に関してフッサールは次のように述べている。「超越論哲学の目論見全体は、結局のところ、かの諸々の原理的自明性へと遡る」(VII, 247)。ここから、次のように想定するのは不自然ではない。すなわち、「徹底化された超越論的還元」の帰結である「原自我」とは、最も根底的な自明性の一つを表現にもたらしたものであって、その自明性は、ある意味であまりにもわかりきったものであるが、自然的生のなかでは、殊更に主題化されないまま絶えず前提されているからこそ、それを敢えて主題化すると、見慣れぬ「異様なもの」として見えてくる、という想定である。この概念の「異様さ」は、その背後に、或る「あまりにも自明なもの」をめぐる問題が隠されていることの徴候であると考えられるが、その問題とは、自然的生のなかでは――それどころか、現象学の最初の段階においても――ほとんど気づかれることがないような問題である。

このことを示すために、以下ではまず、初期から一九二〇年代までのフッサールの歩みにおいて、原自我の主題化を準備するいくつかの筋道を追跡し(第一部第二章、第三章)、次いで原自我をめぐる事象分析を体系的に再構成することを試みる(第二部)。それを通じて、「原自我」をめぐる思考が、決して現象学的方法からの逸脱ではなく、むしろその首尾一貫した深化と「徹底化」(Radikalisierung)の帰結であるということを明らかにしてゆきたい。

第二章　「非−自我論的」還元と明証への還帰——「視」の深まりについて

「一切の技巧は、ひたすら視る眼へと言葉をゆだねる点にある」（II, 62）

一　序　論

第一章では、現象学の方法的な特性が、一貫して「自明性」を問題化してゆく点に見出された。続く第二章、第三章では、この点に留意しながら、初期現象学におけるいくつかの重要な問題位相を浮き彫りにしてゆくことにしたい。というのも、それらの問題位相は、その後の一貫した展開において、最終的にフッサールを「原自我」の主題化へと導いてゆくことになるからである。第二章ではまず、「自我」問題との連関に留意しつつ、「明証」（Evidenz）論の深まりに焦点を当ててゆく。第三章では、「現象学的に〈視る〉自我」の問題を扱う。

意外に知られていないことだが、初期のフッサール現象学は、ある種の「非自我論的」な性格をもっている。[1] 一見すると、これは後の自我論的現象学と——とりわけ「原自我」の思想とは——全く正反対の立場であるかに見える。違いはなるほど明白であるが、踏み込んで精査してみると、ある同じ方法的原理が、両方の立場を貫いていることが見えてくる——ただしそれは、後期の立場においては決定的に深められているのではあるが。その方法的原理とは、すなわち、第一に現象学的還元、第二にそれと密接に結びついた、「明証」（「視ること」）への依拠にほかならない。[2]

第一に明らかにされねばならないのは、初期現象学の「非自我論的」性格は、単に自我の考察が欠けていることを意味するわけではなく、むしろ徹底した認識批判の帰結であるということ、さらにいえば、そのような認識批判から必然的に生じてくる、現象学的所与性の「純化・精製」(Reinigung)の帰結であるという点である。つまり、この「非自我論的な」段階は、一度は通り抜けられねばならなかったのであり、それなしに現象学的思惟の更なる深まりは生じえなかったのである。以下では、初期現象学の方法的根本動向のうち、後の諸々の展開にとって――「原自我」の主題化にとっても――決定的でありつづけた動向を探ってみることにしたい。それによって、現象学的還元は、生の「自明な近さ」への還帰という性格規定を受け取ることになる。

第二に、現象学的方法一般は、どのような意味で明証への還帰に基づいているのかが示されねばならない。その際とりわけ問題になるのは、「現象学は、自己自身を学として確立するために、どのようにして現象の圏域全体を自らの作業領野として確保しうるのか」という点である。この点の考察を通じて、明証論の決定的な意義が明らかになってくる。これにより、続く各章で、フッサールの思惟が――とりわけ自我概念に関して――その後どのように展開していったのかを、より精確に追跡することが可能となるのである。

二　初期現象学の非自我論的立場と現象学的還元

a　認識論は「理論」ではない――自然的諸理論との原理的差異

まず第一に、初期フッサールによる認識論的考察の意義を明らかにしたい。それは後に、現象学的還元の思想へと直接につながってゆくからである。フッサールの見るところでは、認識論の分野における紛糾の主な原因は、認識論における本来は哲学的な問題設定が、「自然的な」諸学(とりわけ心理学)の問題設定と混同されてしまうという点にある。二つの方向を対比させると、フッサールの認識論がもつ特有の性格が浮かび上がってくる。

一九〇二／〇三年の『一般認識論』講義において、フッサールはまず、思考することの主観的性格と、思考内容の客観的性格との間の関係を、認識論的難問として指摘している。「認識一般はどのようにして理解されうるのだろうか。対象は『自体的』でなければならないが、それにもかかわらず認識作用のうちに『与えられて』いなければならない」(Mat III, 57)。現象学的認識論は、「認識の可能性」をめぐるこのような問いに、普通の意味での理論的説明によって答えるわけではない。この点が、経験的・感覚主義的理論や、心理発生的・生物学的理論と異なる点である。「認識」というものがいかにして可能なのかが問われているのだから、当の「認識」と呼ばれる事柄自体がすでに既知のものとして前提されるわけにはゆかない。既知の認識からその未知の背景を探っても、「認識」という事柄そのものを哲学的に明らかにしたことにはならないのである。問われているのは、事実的に成立した認識の「前史」のようなものではなく、認識そのものの「意味」にほかならない。認識とは何を意味するのかということは、さしあたり自明であるかに見える。しかし、まさしくこの「自明性」こそが、問われねばならない当のものなのである。

この点に関して、フッサールは『現象学の理念』において、「自然的な思考態度」と「哲学的な思考態度」とを対比させている (II, 17ff.)。「認識の可能性」は、自然的思考態度のうちでは「自明」である (II, 19)。つまりそれは、哲学外の自然的諸学においては、端的に前提されている。「次々と新たになってゆく諸学問のうちで、発見から発見へと前進しながら、自然的な思考は、認識一般の可能性へと問いを投げかけようとするいかなるきっかけも持たない」(ebd.)。しかし、ひとたびそれを反省するなら、人はたちまち混乱に陥る。もともとの個別的な学問研究の枠内には、その問いへのいかなる答えも見出すことができないからである。「自然的な諸学の中に入り込んで生きているときには、それらの学が精密に展開されているかぎり、一切は明快で理解可能であるように思われる。[……] しかし、反省するや否や、われわれは迷誤と混乱に陥るのである」(II, 21)。

こうした区別から帰結するのは、認識論とは本来、厳密な意味では「理論」ではないという点である。[3] フッサールの主張によれば、自然的諸学問は、その「理論的」努力が「自明な」認識への問いかけとは全く別の方向を向いているがゆえに、認識問題を根本から解決することはできない。直接的・直観的に根拠づけられうる認識は、自然的諸学問にとっては単なる事実であって、それは、「自明」として前提されこそすれ、学問的に主題化されはしない。自然的諸学問の理論的課題は、むしろ、間接的に根拠づけられた諸認識と諸法則の一体系を構築することにある。そうした体系は、個別的なものを一般的な諸法則にもとづいて概念的に把握可能にしたり、既知の事柄を諸々の理論的背景から「説明」可能にしたり、場合によっては、何か新しいものを根拠づけられた仕方で予料することをも可能にする。[4]したがって、自然的諸学問の意味と成果は、直接的な所与性の圏域を体系的な仕方で乗り越えて、その先へと導く点にある。[5]「学問とは、もはや自明でないもの、むしろ自明なものの上に根拠づけられたものの圏域である。そして、そこで問題となるのは、自明なものを適切な仕方で組み立てて結びつけ、そこから新たなもの、もはや自明ではないものが生じてくるようにすることである」(XXIV, 15)。諸々の直接的な「自明性」は、諸学問（諸科学）にとっての恒常的前提であり、それは諸学問の全体系を「礎石」として担っているのであるが、諸学問の関心の方向からすれば、「取るに足らない」ものにとどまるのである (ebd.)。

認識論が問題とする「認識の可能性」は、ほかならぬその「自明なもの」「取るに足らないもの」に属している。自然的諸学問にとっては、認識というものがあり、それが可能であるということは「自明」である。それに対して、認識論の哲学的課題は、認識の根本的な「自明性」を解明することにある。そのかぎりで、認識論の方向性は、自然的諸学問のそれとは最初から全く異なっている。「哲学は［……］ある全く新しい次元にある。哲学は、全く新たな出発点と全く新たな方法を必要とするのであって、これらの出発点と方法が、すべての『自然的』学問から哲学を原理的に区別するのである」(II, 25)[6]。要するに、哲学的な認識論は、他の諸学問のように、「自明性」を足がかりとしてさらに前へと進もうとしているわけではない。つまり、直接的な所与性を乗り超えてゆく「理論」を形成しようとしているのではない。むしろ、問題となる「自明性」そのものへと遡行し、それを反省的に理解可能に (verständlich) すること、すなわち、それを理論的に説明する (erklären) のではなく、その「意味」を解明すること (aufklären) を意図しているのである。フッサールはこの点を繰り返し強調している。「認識批判は、理論化を行おうとはしない。それがやろうとしていることは、数学的ないし自然科学的な、また心理学的な途の上にはない。認識批判は、『解明』を行おうとしているのであって、何も帰納しようとはしないし、何も説明的根拠としての法則へと還元しようとはしない。そうではなくて、認識とその客観性の意味のうちに存しているものを、単純に理解しようとしているのである」(XXIV, 190)[7]。

自然的-学問的問題設定と、認識論的-哲学的問題設定とのこうした根本的な区別には、引き続き注意しておく必要がある。というのも、この区別は、諸々の現象学的な「発見」——「原自我」の問題化までも含めて——の意義が理解されうるための不可欠の前提だからである[8]。この区別が強調されるのは、現象学と認識論(認識批判)の中に、それとは異質だが、学問的(科学的)な態度をとるものとしてのわれわれにとってはきわめて身近な問題設定が混入してしまう危険がつねにあるからである。

b　方法としての徹底的懐疑——循環の回避

認識論は、自然的諸学問(さらにはまた、形而上学的存在論)の用いる理論的手段によって、認識を認識外のものから「説明する」というわけにはいかない。その理由は、自然的学問の方法が、先に論じたように「間接的」であるからだけではない。決定的な理由は、その場合認識論は論証的循環に陥るという点にある。

認識の「意味」を問うためには、問われている「意味」を議論の中で最初から前提するわけにはいかない。当の「意味」は、問いかけの目標であって、認識論の端緒においては「まだ理解されていない」のである。心理学者や生理学者が、認識を「証明すべきもの」として目の前に掲げ、それを可能にしている背景へと探りを入れるとき、彼らは認識の「意味」への問いに答えてはいない。そこで認識の「意味」は、すでに「自明」として前提されている。彼らは、「認識」とは何を意味するかを、すでによく知っており、認識をいわば「外から」(外的状況との関係で)理論的に説明しようとしているのである。もちろん、自然科学的な認識研究は、その結果の意義が当の研究領域の枠内で評価されるかぎり、それ自体としてはきわめて有意義で正当なものである。しかし、そこでなされる「説明」が、ひとたび根本的な哲学的認識問題の解決と見なされるや否や、人は循環論証（悪循環 circulus vitiosus）ないしは無限退行（regressus in infinitum）に陥ってしまう。それは、認識一般を解明するために、当の認識一般がすでに自明な前提として使用されているからにほかならない[9]。

この循環を回避するために、フッサールはある種の徹底した懐疑を方法的原理として導入する[10]。一般に次のことが妥当する。「一つの学が問いに付しているものを、当の学があらかじめ与えられた基盤として使用することはできない」（II, 33）。認識論は、認識の本質を解明しようとする。すなわち、「認識一般」の可能性を問題にする。それゆえ認識論は、「認識一般」を最初から前提条件として用いることはできない[11]。いまや一切の認識は「問いに付されている＝疑わしいと見なされている」（in Frage gestellt）。認識批判が開始するやいなや、「それにとってはいかなる認識も与えられたものとして妥当することはできない。したがって、いかなる学問的認識圏域からも、何らかのものを引き継いではならないし、すべての認識が、疑わしさの印を帯びているのである」（ebd.）。

前学問的確信のみでなく、あらゆる学問的確信もまた、端的に前提条件とされてはならない。「外から、つまり生活と学問からとってきた事実ないし法則が、明確に規定された意味で現実に妥当しているとしても、［認識論において］われわれの確定することが、その妥当を前提することはできない。われわれは、妥当するということの意味、法則と事実の意味を、一般的な仕方でそもそも初めて規定しようとしているのだからである」（Mat III, 89）。この意味で、認識論は「無前提的に進む」（ebd., 88）のでなければならない。「無前提性」の原理は、すでに『論理学研究』の中でも語られているが（XIX/1, 24ff.）、それがいまや徹底的な懐疑という形をとる[12]。フッサールは強調する。「われわれは実際、認識論を懐疑論者として始めなければならない」（Mat III, 88; vgl. XXIV, 179; II, 29）。あらゆる自然的・客観的妥当の徹底的な「懐疑的」保留は、いわゆる「現象学的エポケー」と等値である[13]。したがって認識論は、「純粋な〈判断の差し控え〉として、あらゆる自然的認識に対して、non liquet［不明確、非明証］の印を対置する絶対的エポケー」(XXIV, 187) から始めなければならない。このエポケーは、「認識論的方法の最初の部分であり、土台」である (ebd.)。

その際フッサールが強調するのは、エポケーとしての「方法的」ないし「批判的」懐疑論と、「独断的」懐疑論とを厳密に区別しなければならないという点である。[14]「エポケー」は懐疑自体が目的であるような懐疑ではないし、理論として自らを主張するような懐疑ではない。「独断的懐疑とは違って、批判的懐疑は理論ではない。むしろ一つの態度決定 (Stellungnahme) であり方法である」(XXIV, 180)。すなわち、もし懐疑を理論としてとらえるなら、それはただちに自己自身との矛盾に陥る。認識などはありえないという理論的主張は、そのことを「正しい」と見なす判断が当の主張のなかで下されている以上、すでに一つの認識を含んでいる (vgl. XXIV, 397f.)。あるいはこう言ったほうがよいかもしれない。「真理などない」と言うとき、この言明は、それ自身が一つの真理であることを主張しているが、他方、言明の内容においてはこのことが否定されている。これはまさしく、フッサールの言う懐疑的理論の特徴である。[15]

注意すべきは、こうした矛盾した論証に巻き込まれつつ、自分でそれに気づかないことがありうるということである。「意識的な、公言された懐疑論だけでなく、無意識の懐疑論というものもある」(Mat III, 87)。フッサールが本来われわれの眼を向けさせたいのは、こうした隠れた懐疑論である。というのも、「ほとんどすべての誤った認識論は、無意識の懐疑論である」(ebd.) からである。心理学主義的な認識論であれば、論理法則は心理学的発達のうちにその起源をもつと主張するであろう。そのような認識論は、このことを論証的に示すために、まさしく問題となっている論理法則を必要とする。だが、この論理法則こそ、理論によって説明されねばならなかったはずである (vgl. XXIV, 143ff.)。論理法則は心理学的・経験的起源をもつ、と主張することによって、心理学主義的認識論は、少なくとも潜在的には、論理法則のアプリオリな性格を否定しているが、その当の論理法則のアプリオリ性を、論証の中ではすでに前提しているのである。それにより、心理学主義的認識論は、潜在的な懐疑論に陥る。[16]

さらに、理論としての独断的懐疑論と対比することによって、いまや方法としての批判的懐疑の意味が明らかになってくる。エポケーとしての批判的懐疑は、本来の意味では、認識を否定したり疑ったりしない。つまり、それは認識の「不可能」を主張しているわけではない。実際には、それは何も疑わないのであって、数学も自然科学も疑わない（Mat III, 88）。これらはただ、認識論的問いを解明したい場合、「前提条件」として使用されてはならないだけである。「それゆえ、認識論的懐疑論は、いかなる認識をも否定しないし、現にある諸学問も否定しない。諸学問を、その実践的な適切性に関しても、その合理性に関しても、要するにいかなる方向においても否定することはない。だが、認識論的懐疑論は、あらゆる認識と学問とを未決のままに留める。あらゆる認識と学問を、彼は問題と化すのである」（XXIV, 185）[17]。

現象学的方法の上記のような根本動向――循環の回避、ならびにそれと結びついた徹底的な「懐疑」ないし「エポケー」――には、以下の叙述においても、引き続き留意する必要がある。というのも、後で明らかになるように、これらの根本動向は、「原自我」の主題化においても決定的な役割を果たしているからである（とりわけ第五章を参照）。

c　現象学的「内在」と還元

さて、ここで次のような問いが浮かんでくる。上記のような徹底的な方法的懐疑によって「あらゆる認識と学問」が未決のまま宙に浮いているとしたら、現象学的認識論は、どこにその「積極的な」出発点をとることができるのだろうか。この問いに対してフッサールは、デカルトの懐疑考察を引き合いに出す。「私はあらゆる学問を疑い、自然の現実存在（[さらには］私の自我の現実存在）を疑い、何もかもを疑うかもしれないが、そのように疑いつつ、私が疑っていることを疑うことはできない」（XXIV, 198）[18]。知覚されたものが現実に実在するかどうかについて疑うこともあるかもしれないが、「知覚しているという事実そのもの、これこれの対象がいまここに現在するものとしてわれわれの眼の前にあるように見えるという事実は、疑うことができない」（Mat III, 91）。このことが当てはまるのは知覚に関してのみではない。想像していたり、思考していたり、何かを感じていたりする間にも、私は自分が想像していたり思考していたり感じていたりすることを疑うことができないからである。結局、あらゆるコギタチオに関して、次のことが妥当する。「もしわれわれが、それらのコギタチオを現実に体験しているなら、われわれがそれらを体験していること、つまりそれらが現実にあることは、絶対に不可疑的である」(ebd.)[19]。

しかしフッサールは、デカルト的懐疑考察のこうした明証批判的モチーフを、デカルトを超えてさらに先鋭化しようとする。フッサールが目指したのは、〈思考する自我を「実体」として確保し、この自我を基盤として確固たる理論的体系を演繹的に構築すること〉ではない[20]。認識論の目標は、フッサールにとって――すでに示したように――何が認識の本質に属しているのか、何が認識に権利根拠を与えているのかを、理解にもたらすことなのである(vgl. XXIV, 188f.)。フッサールは、デカルトのように確実な根本原理から「前へと」進むのではなく、もうすでに「確実」であると宣言されたコギタチオへとあらためて立ち帰るのであって、それによりコギタチオの明証性格をより精確に照らし出そうとしているのである[21]。そこでフッサールはさらに次のように問う。コギタチオが明晰判明であることを、どのようにして理解可能にすることができるだろうか?

この問いを前にして、フッサールは内在と超越という概念対を導入し、それによって新たな視界を開く[22]。フッサールは、コギタチオの明証性格を、その「内在」に見てとる。その際「内在」なるものは、「外的世界」に対立する「内的・心的なもの」といった一つの客体領域と見なされてはならない。むしろ核心的な点は、コギタチオの明証が、どのような対象に関係するかには依存しないという点である[23]。「内的」知覚のみが明証的であり、「外的」知覚はそうではない、などというわけではない。知覚された外的事物は、なるほどそれが現実に存在するか否かについては疑われうるが、その「外的」知覚が現に体験されていること自体は抹消することができない。逆に、「内的」知覚であればただちに明証的というわけでもない。一九〇二/〇三年の講義ではこう言われている。「私が痛みを感じるとき、私が［痛みを］感じていることは私にとって疑いようもなく確実であり、明証的である。だが私が『頭の中に痛みを感じる』と言い、それでもって先述の〈[私が]知覚していること〉を表現していると思うなら、私は間違っている。[そのとき]私は知覚しつつ痛みを頭痛として解釈している、つまり痛みを頭の中に局在化している。だがそれによって、私は与えられたものを超え出てしまうのである」(Mat III, 94)。この箇所から明らかなように、ここで問題なのは、全対象を「自体的に明証的なもの」と「自体的に明証的でないもの」とに区分することではない。ここで肝要なのは唯一つ、与えられたものが、ただ与えられる通りに受け取られているのか、それとも、知覚の内に直接に与えられていないもの(たとえば空間時間的に統握された客体としての「頭部」)へと関係づける「超越化的解釈」(transzendierende Deutung)を蒙っているのか、という区別である。後者の場合、端的な明証という性格は欠けることになるのである。

フッサールはこのような「内在」理解を、『論理学研究』の第六研究以来展開してきた「十全化」(Adäquation)の理論によってさらに精密化する。[24] われわれがコギタチオを「顕在的に体験し、かつ反省するなら、つまり知覚しながらそれを眼差すなら」(Mat III, 94)、そのとき思念されたものは思念することそのものの内に次のような仕方で与えられている。すなわち、思念する志向がいわば〈その目標を達成した〉という仕方、つまり、志向が「客体においていわば充足して」安らっており、志向のいかなる契機も「充足されないままである」ことがないという仕方である(ebd.)。「それ以上疑うことが反理性的である[常軌を逸している]」かどうかは、こうした十全的な充実に左右される。それゆえ明証は、体験の種類には依存しない。むしろ、志向が単に何かを思念しているだけではなく、「同じ顕在的意識のうちでそれを完全に(voll und ganz)把捉する」(Mat III, 84f.)ところではどこでも、明証は至るところで「同じ性格」をもち、「不可疑性の同じ源泉」をもっている。いま自分のもっている志向が知覚なのか幻覚なのか、対象が本当に実在しているのかどうか、志向が「心的な」客体に関係しているのか、それとも「事物的な」客体に関係しているのか、といった区別は、自然的な生にとっては大問題だが、「体験すること」それ自体の明証に関するかぎり、問題にならない。「明証か非明証かという点に関して知覚の性格を規定するのは、知覚客体の特殊性ではない。そうではなくて、知覚そのものがどのような性質をもっているのか、知覚そのものがそれ自身の内容のうちに自らの志向を充実するものを見出すのか、それとも、〈思念する〉ということによって、知覚のうちに現実的・本来的な意味で内在するものを超え出てしまうのか、という点だけが問題なのである。第一の場合には、知覚は明晰かつ明確な覚知(Perzeption)の性格、明証の性格をもち、第二の場合にはそれをもたない」(Mat III, 95)。

この考察を通して同時に明らかになってきたのは、認識論的紛糾の源泉が認識の「超越」にあるという点である。与えられたものを超え出る認識には、十全的明証の性格が欠けていること、それこそが認識を問題含みのものにしている(II, 34f.)。この洞察にもとづいて、明証批判的「懐疑」は、いまや現象学的還元という厳密な方法へと作り変えられねばならない。[25] あらゆる「超越化的」(所与を超え出てゆく)思考作用や統握には、その超越的対象に関する認識論的「不明晰性」が付着している(vgl. II, 37, 83f.)。したがって、認識の超越は「認識批判の出発点にして主導的問題」(II, 36)である。そのかぎりで、「超越的なものはあらかじめ与えられたものとして使用されてはならない」(ebd.)。なぜなら認識論は、「これから答えようとしている問いについては何一つ決定されたものとして前提しない」(XXIV, 407)という仕方で進まなければならないからである。[26] 還元の方法が——少なくともその最初の形態においては——先に論じた「循環の回避」からの直接的帰結であることは見やすい。自然的諸学問もまた、至るところで実在的および理念的《イデアール》な超越に関係しているがゆえに、認識論のなかで用いられてはならない。そのような超越は、認識論がこれからはじめて解明しようとしている当のものだからである(vgl. XXIV, 369, 407)。もしこれらの「超越化的な」諸学問から何ものかを前提条件として使用するなら、認識論はただちに循環に陥る。[27] あるいは、異なる問題設定の混同——フッサールはそれに「メタバシス」という烙印を押す[28]——に陥る。あらゆる心理学主義的・人間学主義的・生物学主義的な認識論は、フッサールによればこうした根本的誤謬を犯している(II, 39)。

しかし還元は、認識の批判として機能するだけではなく、ある種の〈視方の転換〉(Perspektivenwechsel)をも可能にする。これにより、経験やその対象のタイプにかかわりなく、認識論的に「明証」として使用されうる「内在的」

所与性を、至るところで露呈してゆくことができる。しかし、「内在」とはもはや、「外的世界」と並び立つような、心的客体の「内的なもの」を意味するわけではない。この独特の「内在」は、自然的態度のうちではまだ完全に覆われたままであるのだが、いまやその「内在」が、より明確な理解へともたらされねばならない。そこで前面に出てくるのが、自我統覚の遮断である。次にこの点に踏み込んでみたい。

d 自我統覚の遮断

まず第一に明らかであるのは、経験的自我の遮断は、「方法的懐疑」の直接的帰結であるということである。「私の体験」について語るとき、この「私の」は、普通の語り方においては、「誰もが自らの自我として措定しているもの、つまりいついつに生まれ、これこれの両親を持つ、等々の人格」(XXIV, 212) を意味するとフッサールは言う。しかし、徹底した懐疑を遂行するなら、「私」に関するそのような措定は、実在的事実に関するすべての超越化的措定と同様に、疑われうることは明らかである。自我の経験的諸規定は、いずれも偶然的な物事に関係し、それが別様であることが少なくとも思考可能である以上、疑いから解放されてはいない。しかし、ここで問題なのは、われわれが信じている実在性を、懐疑的に否定するまでに本気で疑うことではなく、それがどこまで認識論的な批判に耐えられるかを吟味することである。純粋に認識論的に見るなら、経験的人格に関する諸々の信念と統握は、どれほど確かに見えようとも、端的な明証として使用されることはできない。それらは、明証批判的観点からするなら、その他の経験的実在性に関する信念と比較して、少しも優先されるべきところをもたない。「私の自我の存在に関しては、それが経験的人格性を意味しているかぎり、いかなる明証もないのであって、その点で、その他の経験的事物の存在と少しも変わるところはない」(XXIV, 378)[29]。

しかし、ここで次のような反論がありうるかもしれない。すなわち、「自我とは単なる事物ではない、それはあらゆるコギタチオと特別な仕方で結びついており、その点で際立っている」という反論である。そのような結びつきそれ自体は、なるほど「記述的に」確認されうるかもしれないが、それに付着している「超越化的」統覚――それが自我を実在的客体として統握させるのであるが――は、厳密に括弧に入れられねばならない。というのも、そこには、諸々のコギタチオを「私に、この人間に、私の心に属するもの」として、したがってまた「世界の内に空間時間的に局在化されうるもの」として統握してしまう強力な（心理学化的）傾向が存するからである[30]。還元は、諸々のコギタチオをこうした経験的に客観化する統覚から解放し、コギタチオそのものを直観的な仕方で研究しうるようにすることを目指している。諸々のコギタチオは、われわれにとって、直接的に生き抜かれた「自明性」の圏域であることが判明するのであって、そもそも「人間」としてのわれわれの自己統覚も、この圏域を基盤にしてはじめて可能となる。そのような自己統覚は、認識論的に見るならば、見かけほど「自明」ではないのである。それゆえフッサールは次のように述べている。「諸々のコギタチオの圏域は、あらゆる存在措定がその内で遂行されるかぎりにおいて、根本圏域（Fundamentalsphäre）である」（XXXVI. 6）。コギタチオの圏域は、コギタチオをはじめて「私の」コギタチオとして捉えることを可能にするような統覚にとっての前提でもある。このような理由から、フッサールは次のように主張する。「ここでわれわれは、コギタチオが存在することの明証を、私のコギタチオが存在するという明証、〈考えつつ私はある〉（sum cogitans）などの明証と混同しないために、還元を必要とする」（II. 43）[31]。

ここで決定的なのは、還元によってそもそも何が獲得されるのか、その帰結はどのように理解されるべきなのか、という点である。現象学的意識があらゆる可能な統覚にとっての根本圏域であるとしたら、この意識自体はどこにも統覚的に局在化されえないことになる。それは要するに、いかなる種類の局在化も、それ以外の統覚的諸規定も、そこではじめて成立しうるような根源的場所である。還元は、この「根源領野」（Ursprungsbereich）を超越化的に解釈せずに、それ自体として純粋に確保することを目指している。至るところで超越に纏い付かれた心理学（vgl. XXIV. 203f.）、ならびに超越的内実を伴った心的出来事や事実は使用されてはならず、「ただその内で超越への関係が構成される（sich konstituieren）［場としての］意識のみが使用されてよい。すなわち、自らの内に超越を少しも含まず、それゆえそれを心理学の事実として性格づけるようなところをもはや少しももたないような絶対的現象のみが使用されてよいのである」(XXIV, 210f., vgl. II, 45.)。

したがって、「超越の遮断」とは、私が「心的」内在へと引きこもることでは決してない。ここで問題となっているのは、「実在的［レアールな］内在、人間の意識への、実在的な心的現象への内在」(II, 7) ではない。還元によって獲得されるのは、絶対的に確保された「明証の孤島」のようなものでは決してなく、むしろある新たなパースペクティヴなのであって、[32] そこから見るなら、諸々の意識現象は、もはや実在的人間の客観的状態とは見なされず、「まさしくこのこれ (dies da)」として、「それが超越化的に思念する (transzendierend meinen) ものではなくて、それがそれ自体において何であるか、どのようなものとして与えられているか」(II, 45) として見られる。心理学化する仕方での自我統覚を首尾一貫して遮断しようとするならば、意識の自然的な見方を、決定的な仕方で作動の外に置くことが要求される。その作業は、ラディカルな〈視方の転換〉(パースペクティヴの転換 Perspektivenwechsel) を引き起こさずにはおかない (vgl. Mat VII, 10)。後年のフッサールはそれを、「超越論的還元」の根本機能としてますます強調してゆくことになる。このような〈視方の転換〉が、明証批判という根本モチーフの必然的帰結であったということが、ここで見逃されてはならない。

e　生の「近さ」への還帰と絶対的意識の「無規定性」

これまでの検討によって、フッサールを「非自我論的」還元へと導いた初期現象学の根本特徴が、そのいくつかの基本線において浮き彫りにされた。その根本特徴は、以下のようにまとめられる。

(1) 理解しつつ意味を解明すること（構築的に理論化するのではない）
(2) 徹底した方法的懐疑と、循環の回避
(3) コギタチオへの還元と、「内在」への〈視方の転換〉

現象学的還元によって徹底した再解釈（Umdeutung）を蒙った意識が、どのような現象学的意義をもつのかを、上記三点にもとづいて際立たせてゆくことができる。まずここでは、一九〇六／〇七年の講義から、特徴的な箇所を引いてみたい。「しかし、〔還元のなかで〕意識が人間的意識ないしその他何らかの経験的意識であることをやめるならば、この『意識』という語はあらゆる心理学的意味を失い、最終的に人は、自然科学的意味での物的存在でも心的存在でもない、或る絶対的なもの（ein Absolutes）へと連れ戻される。だがそれは、現象学的考察においては、至るところ所与性の領野である。自然的思考に由来する、見たところかくも自明な考え、すなわち、あらゆる所与は物的なものであるか心的なものであるかのどちらかであるという考えから、われわれはまさしく縁を切らねばならないのである」（XXIV, 242）。

この箇所から、還元の動機の一つがとりわけはっきりと見てとれる。すなわち、諸々の客観的な統覚図式を越えて、それらの前提となる所与性の次元へと遡行しようとする動機である。この次元は、それらの統覚図式の前提となる以上、もはやそれらの図式によって規定することができないような次元である。そのような次元への遡行とは、より正確にいえば、超越化的な解釈を遮断し、そうした解釈以前に生き抜かれている直接的な〈所与性の圏域〉を開示することである。したがって、現象学的意味における「絶対的なもの（絶対者）」を、何らかの超越的審級、意識の「彼方」として解釈することはできない。むしろここで問題となっているのは、意識にとって「最も近い」もの、いわばわれわれがそこから距離を取れないようなものである。現象学的意識の「絶対性」とは、まさしくこうした「絶対的近さ」のうちに存しているのであって、それは、つねにすでに「自明的」な仕方で生き抜かれ、あらゆる超越化的統覚がまさに乗り越えようとしている当のものなのである(33)。

ここで以下の点に注意すべきである。「絶対的意識」は、客観的統覚以前にあるものを意味する以上、何か客観的に規定されたもの――人間、心、人格など――によって性格づけることはできない。純粋意識が、そもそも「何か」（etwas）として規定されうるためには、およそ何かを何かとして統覚する意識である純粋意識自身をすでに前提しなければならない。そこから、純粋意識のある種の「無規定性」が帰結する。これについてフッサールは、一九〇五年頃に次のように書いている。「〈端的に眺められ、純粋な内在と十全化において受け取られた、体験されるがままの体験は、明証的所与性である〉と言うとき、『体験』とか『内在』という表現さえ、すでに余計なものに纏い付かれている。[……]しかし、あらゆる規定以前に存しているのは、学問的には、またそもそも概念的にはまだ無規定なものである。[……]現象学は、まだ一切の規定以前にあるこうした直観的な所与性から出発するのである」(XXIV, 378)[34]。

初期現象学の「非自我論的」方向性は、上記のような立場の必然的帰結にほかならない。「現象学的還元は、独我論的還元ではない」と、フッサールは『物と空間』講義の或る箇所で述べている(XVI, 40)。現象学的思惟は「誰の思惟でもない」(XVI, 41)。「われわれは、あたかも自我が依然としてそこにあるが、ただそれが示唆されないだけであるかのように、自我を単に捨象するというのではない。われわれは自我の超越的措定を遮断し、〈絶対的なもの〉に、純粋な意味での意識に、依拠するのである」(ebd.)。

このような「意識の絶対的圏域」から出発して、フッサールは、あらゆる客観性の構成を追跡しようとする。すなわち、様々なタイプの客観的なもの——事物、世界、空間、時間、私の経験的自我、他の人間たち、等々——が、上記のような絶対的圏域としての意識を基盤にして、自己を客観的なものとして告知するようになる仕方を追跡しようとする[35]。フッサールを「超越論的現象学」へと導く動機が、そこに現われている[36]。コギタチオの圏域、ないし「絶対的意識」は、全構成の地盤であり、あらゆる客観性がそこで自らの妥当性を証示しなければならない最終的審級であるとフッサールは考える。

したがって、現象学的な意味での「絶対的なもの(絶対者)」への還元は、一切の客観化の「手前」へと遡行し、直接的な〈体験すること〉の「絶対的近さ」へと還帰することを意味する。この根本的立場は、フッサールが後年、現象学的還元の思想をさらに深めていく際にも保持されている。一九二〇年代における現象学の「自我論的転回」以降の時期に関しても、このことはあてはまる。経験的な自我統覚が遮断されたままである点に変わりはないが、「自我」は、全く新たな視角から、現象学にとって決定的な意義を受け取る。この意義は、とりわけ現象学的に省察する自我と関わっている。のちに示すように、「原自我」の思想は、以上に示したような現象学の根本動向を――様々な変更を加えつつも――保持しており、それと同時に、新たに登場した自我論的な思想の契機を、極限にまで推し進めている。

三　〈視る〉としての明証――明証論的パースペクティヴへ

初期現象学の「非自我論的」還元は、直接的生の「絶対的近さ」への還帰として性格づけられた。この点を踏まえて、さらに「明証」の意義をより詳しく論究しておかねばならない。明証批判は、還元が可能になるために決定的な役割を果たしているからである。フッサールは、すでに一九〇三年のホッキング宛書簡で、現象学の「最終的な投錨地（Ankergrund）」は「明証」であると述べている（Dok III/3, 131）。現象学的「内在」が優先的に扱われるべきであるのは、それが「明証」の圏域を成しているからにほかならない。

以下では、まず第一に、「明証」とはそもそも何を意味しているのかを検討する。第二に、「内在」とは狭い一存在領域を表わすのではなく、むしろ明証論的な〈視方の転換〉によって、「内在」概念の範囲が独特の仕方で拡大されることを明らかにする。この観点から、第三に、明証論が現象学研究一般にとってもつ根本的意義を際立たせたい。後続の諸章で示すように、明証論は、現象学の自我論的転回をも規定し、さらにその後、「原自我」の問題化をも本質的に規定しているのである。

a　明証の行き止まり性――知の究極的尺度としての〈視る〉

これまでの考察から、現象学的意味での「絶対的なもの」は、形而上学的想定でも単なる論理的前提でもなく、

「最も直接的な所与」を意味することが明らかになった。それが「絶対的」であるのは、あらゆる可能的な疑いの作用に先行する次元として、認識論にとって信頼できる地盤的圏域として機能しうるからにほかならない。「意識の近み」（Bewußtseinsnähe）とも言うべき圏域のこのような明証論的意義は、とりわけ〈視る〉（Schauen）という術語によって表現されている。現代哲学においては、哲学的思考の「視覚モデル」に対する批判が一定の流行を見せているが、その批判自体が、視覚的思考を一向に脱していないようなケースも稀ではない。視覚的比喩を批判するにしても、まずはフッサールがこの語によって何を表現しようとしているのかを、慎重に追理解しておく必要がある。

〈視る〉という術語は、現象学にとって「絶対的」とされる圏域を、方法的な点で性格づけている。「現象学の研究は、直接的な〈視る〉の圏域を動いている。そこで語られること、確定されることは、どこまでも厳密な内在の枠内に保たれる」（XXIV, 220）[37]。つまり、現象学的な意味での「絶対的なもの」は、この〈視る〉のうちで与えられたものである。その際〈視る〉という語の意味は、端的な明証意識一般を表示するように拡張されている[38]。「あらゆる有意味な疑いを排除する、このような与えられてあること、思念された対象性そのものを、それがある通りに、端的に直接的な仕方で視ることと摑むこと、それが明証の精確な概念を成しており、しかも直接的明証として理解された明証の精確な概念を成している」（II, 35）。

ここで〈視る〉とは、とりわけ「自体所与性」（それ自体として与えられていること Selbstgegebenheit）という性格を言い表わしている。それはすなわち、事象が代理を介さずに、いわば「直々に［本人みずから］」（in eigener Person）（XXX, 326）自己を与えてくるあり方であり、「十全化」、すなわち志向の完全な充実を意味している[39]。この二つの性格規定は、いずれも、明証の「行き止まり性（それ以上遡れないこと）」（Unhintergehbarkeit）を示唆している。この点は、「明証感情論」と「明証の指標（Index）理論」に対してフッサールが行った批判を参照するとき、とりわけ明らかとなる。

フッサールは、明証が経験に「付け加わるもの」、「知覚に結びつく感情」（Mat III, 95）のようなものであるとする見解を、繰り返し厳しく批判している。[40] 決定的な批判点は、以下の点にあると考えられる。[41]「明証感情論」は、自体的に存立している真理と、この真理を告示するとされる「明証感情」(Evidenzgefühl) との間に、必然的な結びつきがあると主張する。しかし、この結びつきは、更なる解明を要求している。『明証感情』が本当に真理に対応していることをどうやって知りうるのか」、「ここで主張されている対応関係が『正しい』ということを保証するのは何か」とさらに問いうるからである。[42] この問いに答えるためには、またしても明証に依拠しなければならない。したがって、「明証感情論」は「明証とは何か」「それをどのように理解すべきなのか」という問いには少しも答えていないのである。一般化して言えば、明証を、明証とは別の何かによって「説明」しようとするあらゆる試みは、最初から挫折を余儀なくされている。そのような明証の説明が正しいかどうかを示すのは、またしても明証にほかならないからである。それゆえ、そのような「説明」の試みは、無限退行、あるいは循環論証に陥ってしまう。[43]

したがって、明証はただ明証自身によってのみ証示されうるといわねばならない。「一つの絶対的明証は、それ自身によってそれ自身を正当化する」(Ms. A I 31/ 29a)。明証のもつこのような「原始的な《プリミティヴ》」直接性と「単純性」が、〈視る〉という術語によって表現されている。「〈視る〉は証明する (demonstrieren) ことも演繹することもできない」(II, 38)。[44] 一切の証明や演繹は、およそ「正しい」証明や演繹であろうとするかぎり、〈視つつ〉(schauend 洞察のなかで) 遂行されることをすでに前提していなければならないからである。その際、人は、「真」とか「正しい」ということが何を意味しているのかを、自明的に知っている。「真であること」「正しいこと」に関するこの知は、自らを「真」であると主張する一切の論証的な証明に先立っていなければならない。この原始的な「知」、あるいは、何かがおよそ「真」として自らを示す際の「体験」の出来事を、フッサールは「明証」ないし「視る」と名づける。[45] この意味で、「絶対的明証」としての〈視る〉は、知が一般に真理を追求しているかぎり、知の「尺度」という性格をもつ。それゆえ、明証に関する初期の重要な草稿 (一九〇八年) では、以下のように言われている。「〈見る〉(Sehen) は究極的なものである。〈見る〉を例証によって証明する (andemonstrieren) ことはできない。なぜなら、いかなる論証も、

〈見ること〉の妥当性を前提することなしには（つまり、もし〈見ること〉を原理的に疑わしいと宣告するなら）、機能しないからである。［……］あらゆる保証の尺度（［一切を測るための］度量単位 Maßeinheit）そのものを、またしても測ることはできない」（XXXVI, 10）[46]。

さらにいえば、〈視る〉という術語がとりわけ表現しようとしているのは、明証がなるほど「尺度」ではあるが、「真理の絶対的な標識」であるわけではないということである[47]。もし、「感情」または何らかの指標（Index）を、真理と非真理を区別する標識と見なすならば、そのとき人は、すでに明証を前提している。というのも、この標識が正しく適用されうるためには、結局は明証に依拠しなければならないからである。明証においてのみ、「正しくある」とはそもそもどういう意味であるのかが理解されるのである。明証を一種の道具であるかのように操作することはできない。真理を発見するいかなる技巧も、真理の原初的な「知」としての明証をすでに前提している。〈視る〉とは、第一義的には、もはやそれ以上根源的なものに帰着させることのできない、こうした原初的な真理の意識を表示している。

〈視る〉という術語の意味をさらに明確にするために、明証に関して伝統的に用いられてきた「光」の比喩に対するフッサールの批判を引き合いに出すことができる。一九〇二／〇三年の講義で、フッサールはこの点に関して次のように述べている。「光の比喩はあまり適切ではない。光は、見えなかったものを見えるようにするが、明証は、見えるようにするのではなく、見ることそれ自体（das Sehen selbst）である。ただしそれは、本来的な、最も厳密な意味での見ること、すなわち、見られたものを真に観取し、見ることのうちで思念されている通りのものとして観取するような見ることである」（Mat III, 95）。明証は、それによって真理を「外から」照射することができるような「光源」ではない[48]。何かを「真」として確定するためには、場合によっては何らかの手段を必要とするが、何かを「真」として体験することそれ自体は、手段ではない。〈視る〉と呼ばれるこの体験こそが、あらゆる知の「根本尺度」（Grundmaß）なのであって、それに即してのみ、真理について語る一切の言説が測られうるのである。そのような根本尺度として、〈視る〉は、知があるところには至るところにある。われわれの知は、たとえ気づかれないとしても、絶えず〈視る〉という媒体の内を動いている。(49)〈視る〉とは「一つの絶対的なもの、一つの〈このこれ〉(Dies-da)であり、それ自体においてあるがままのものなのであって、存在と〈与えられてあること〉とが何を意味しうるか、またここでは何を意味しなければならないかを私が測る際に、究極的な尺度として拠りどころとなるようなものである」(II, 31)。

それゆえ、〈視る〉として性格づけられる「絶対的」明証は、何らかの「絶対的に正しい」教理を神託のように語る、決して誤ることのない独断的な声のようなものではない。客観的に確定されたいかなる「明証的」命題も、批判的に吟味することが可能である。ただしその際、そこで可能な訂正の究極的「尺度」は、またしても「視る」明証意識である。したがって明証は、およそ訂正されうるならば、ただ明証自身によってのみ訂正されうる。(50)明証の「絶対性」が意味するのは、明証とは、意識するにせよしないにせよ、それに依拠することなしには人が何事も言明することができないほど根本的な前提である、ということである。それは、知というものがおよそ「真であること」あるいは「正しい(合っている)こと」(stimmen)を少なくとも潜在的には意味しているかぎり、一切の知がその上に安っている原初的な自明性である。〈視る〉とはいわば、疑おうとしても疑うことのできない「究極的な自明性」なのである。「視ること、そして、視つつ捉えられているもの以外には全く何ものも思念しないこと。そこでなおも問いを発したり疑ったりすることは無意味である。[……]それは絶対的な自明性である。自明でないもの、問題的であるもの、もしかしたら全く神秘的ですらあるものは、超越化する思念の方にある」(II, 49f.)*。

＊補注——だからといって、ここで問題となっているのが何か簡単に認識されうるものであるというわけではない。シュトレーカーはこの点を強調し、諸々の明証を獲得することは、「意識の卓越した能作」であるとしている(Ströker 1978, 8)。彼女はその際、明証の「段階性」(六八—六九頁参照)にもとづく具体的な認識の手続きを念頭に置いている。シ

ュトレーカーは〈視る〉を否定的に評価するのであるが、実は彼女の見方とは違って、〈視る〉とは単純なことではなく、それ自体がきわめて認識しがたいものである。したがって明証は、二重の意味で緊張を強いる。（一）明証意識にもとづく明証的判断の確定は、シュトレーカーが言うように、志向的指示に従いながら絶えずより大きな充実を求めてゆく、注意深い意識能作を意味する。（二）だが、それよりさらに高度の要求を迫るのは、「尺度」としての明証意識そのものを主題化する作業である。というのも、この意識は、あらゆる認識努力一般の「極限的に自明な」地盤を成しているからである。

b　明証原理の徹底化と現象学的所与性圏域の拡大

これまでの叙述から、フッサールが現象学の、さらには一切の知の「投錨地」を、〈視る〉としての絶対的明証のうちに見ていることが明らかになった。だが、ここで次のような問いが迫ってくる。絶対的明証というこの地盤の上で、どのようにして具体的な現象学的研究を開始したらよいのだろうか。というのも、〈視る〉と呼ばれる「最も明晰な」明証は、内容的にみれば無規定であるように見えるからである（vgl. II, 11f.）。明証とは〈視ること〉それ自体であり、したがって絶対的定式でもなければ技術的に適用可能な標識でもない（vgl. XXIV, 379）。であるとすれば、このような明証理解によっていったい何が獲得されたのであろうか？

このような問いに直面して、フッサールは、明証を「使える道具」に仕立て上げようとするありがちな道を採らない。むしろ彼は、自らの明証理論的なモチーフを徹底化し先鋭化する。求められているのは、明証をより詳しく定義することでも、道具として使用することでもない。明証をそもそも対象的に固定化しようとするのではなく、むしろ明証へと適切な仕方で依拠する（明証の上に立つ）（sich stützen）ことによって、この「立脚点」（Standpunkt）から、諸々の事象ないし現象を、よりはっきりと現われさせることこそが求められている。[51] このような観点から、もっぱら明証へと意識的に依拠することが、視野を狭めるどころか、むしろ現象学の所与性圏域を決定的な仕方で「拡張」するということを示してみたい。

「何が明証的であるのか」という問いに対しては、すでに論じた認識論的考察にもとづいて、「それは『内在』である」とさしあたり答えることができる（II, 5）。「内在的なもの」は十全的に与えられており、一切の「超越的なもの」はそうではない。だが、「内在」とはそもそも何か。それはまず、「実的内在」として理解されうる。「さしあたり人は、内在を実的内在として解釈する傾向にあり、そのことを自明視している」（II, 5）。「実的内在」を成しているものは、諸々のコギタチオの圏域である。（そこには感覚与件も含まれる。Vgl. Mat III, 95）この圏域は、還元によって一切の超越化的解釈から解放されねばならない。それによって、すでに論究した純粋意識の「無規定性」が帰結する。だが、この「永遠のヘラクレイトス的流れ」を前にして、いかにして学問的研究を開始することができるのであろうか[52]。

そこでフッサールは、「内在」の意味をより深化した仕方で理解するために、認識論的立場をさらに徹底化する。デカルトを引き合いに出しつつ、フッサールは次のように問う。そもそもなぜコギタチオを〈与えられたもの〉と見なすことができるのであろうか。「私にこの根本所与性を保証してくれるものは何なのか」。答えは「明晰判明な知覚」（clara et distincta perceptio）である（II, 49）。すなわち明証こそが、コギタチオを現象学的所与性として承認するための唯一の根拠なのである。諸々のコギタチオが私の実的な意識に属していること、それらが「心的な」（psychisch）現象であること、等々は、現象学的にみるなら、決定的な役割を果たしてはいない。明証論的原理を貫徹するならば、デカルトと共に、次のように言うことができる。「単独のコギタチオがそうであるように、明晰判明な知覚によって与えられているものは、何であれ、そのようなコギタチオと同じように利用してよい」（ebd.）。そうすると、コギタチオと同様に絶対的所与性の位階を主張しうるような別の所与性があるのだろうか。「認識批判の可能性」は、「さらに他の絶対的所与性を証示し」うるかどうかに懸かっている（II, 50）[53]。

ここで候補として浮上してくるのは、「本質客観性」である（II, 8）。とはいえ本質は、体験に対して「実的に内在的」ではない（II, 9）。本質は、実的体験流の中のどこにも見出されないが、様々な現象の中に同一者として登場する。この点で、本質を一種の「超越」と呼ぶことができる（II, 56）。だがそれは、実在的《レアール》・事物的な超越とは全く別の種類の超越である。[54] 事物的対象とは違い、本質客観性は、多様な射影的現出を通して自らを与えるわけではない。「赤」のスペチエスは、パースペクティヴ的にのみ自己を呈示する「赤い物」ではない。むしろ、赤のいかなる経験においてもすでに自明的に前提されているような元基的契機を際立たせたものにほかならない。[55] スペチエスは、いわば無数の現出において自己を「証言」しなければならない超越的なものではなく、最も原始的な現象の内にもすでに含まれているような単純な直観的契機を、あらためて直観可能な対象として取り出したものである。スペチエスは、純粋にそれとして「視られる」ならば、それに向かう志向がもはや更なる充実を求めることがないような単純な所与性である。この意味で、スペチエスには「十全的な自体所与性」という位階がふさわしい。十全的知覚の特徴的な点とは、「それにとって、統握された諸内容が、自らとは別のものの代表であるというわけではなく、それら自体としてある」(Mat III, 102) という点にあるからである。[56]「赤」の本質とは、赤い対象の背後に隠れている何か神秘的なものではない。[57] むしろそれは、「赤」についてのあらゆる経験と語りのうちですでに働いているような、「自明な」現象である。本質所与性の「自明性」について、フッサールは『厳密な学としての哲学』のなかで以下のように述べている。「根強くはびこる自然主義の呪縛は、われわれの誰もが『本質』『諸理念』を見るのを困難にしている。あるいはむしろ、われわれはそれらを、実はいわば絶えず見ているのであるから、それらを背理な仕方で自然化することなく、その本来のあり方において妥当させることを困難にしているといったほうがよい。本質視［本質直観］(Wesensschauung) は、知覚よりも多くの難点や『神秘的な』秘密を隠し持っているわけではない。もしわれわれが『色』というものを直観的な仕方で全き明晰性に、全き所与性にもたらすならば、そこに与えられるものが一つの『本質』である」(XXV, 32)。[58] このように、「本質」は、明証論的観点からみれば、個体性と同じくらい根本的で原始的な所与性であることになる。すなわち、もはや他のものから説明される（あるいは導出・演繹される）必要がなく、それ自体あらゆる説明の基盤となるような所与性であることになる。[59] フッサールの言葉を借りるなら、われわれは、「一つの音を聞くのと全く同じくらい直接的に、一つの本質［……］を視る」(XXV, 36) ことができるのである（ただしこの「視る」が感性的知覚を意味せず、「直観」の比喩であることはいうまでもない）。

　こうして、明証のみに依拠するならば、個体的に生き抜かれた諸々のコギタチオだけでなく、諸々の本質客観性もまた、現象学的な自体所与性として承認することができる（II, 56）。この明証論的な見方が貫徹されるなら、「内在」の概念は決定的な拡張を蒙る。本質の所与性もまた「純粋に内在的な所与性なのであるが、個体的意識の圏域内に保たれているという誤った意味で内在的であるのではない」（II, 57）。実的内在とそれに対する超越との間の区別は、個体的意識の「内部」とそれに対立する「外部」との区別に依拠しているが、自然的表象に由来するこうした区別は、いまや明証論的な〈視方の転換〉によって相対化される。所与性が体験の内に実的に含まれているか否かは、所与性が明証的であるか否かを判定する基準にはなりえない。むしろ、現象学的考察は、純粋に「自体所与性」の「直視的（視る）」（schauend）明証に拠らねばならない。「内在」はいまや、〈体験の内に実的に内含されていること〉によってではなく、「絶対的で明晰な所与性、絶対的意味での自体所与性」（II, 35）によって定義される。「実的内在とは［……］内在一般のより広い概念の、一つの特殊事例にすぎない［……］。というのも、普遍者（das Allgemeine）は絶対的に与えられているが、実的に内在的ではないからである」（II, 9）。実的な内在のみが明証的であり、それ以外のすべては疑わしいという先入見から、われわれの眼差しを解放してくれるのは、上記のような明証論的な〈視方の転換〉である。「超越」の概念もまた、それに応じて明証論的な解釈の変更を受ける。「明証的でないあらゆる認識、対象的なものをなるほど思念もしくは措定はするが、それ自体として視るわけではないあらゆる認識は、第二の意味で超越的である。そのような認識において、われわれは、そのつど真の意味で与えられたもの、直接に視られ把捉されうるものを超え出てゆくのである」（ebd.）。

　フッサールはさらに歩みを進め、次の点を際立たせる。すなわち、コギタチオは、自らを超えるものを指し示し、〈或るもの〉へと関係するという本質的性格をそれ自身の内にもっているというのである。このこと、すなわち「志向性」が、意識の本質構造として、記述的にかつ「直視しつつ」確定されうるかぎりにおいて、志向性とそれに属する構造諸契機もまた、現象学的研究領野の内に共に引き入れられねばならない。「すべての意識が『……の意識』であるかぎり、意識の本質研究は、意識意味と意識対象性そのものの研究をも含んでいる」(XXV, 16)[60]。純粋な自体所与性の只中で、「現出」とそのうちに「現出するもの」との間の差異が顕わになる (II, 11)[61]。そして、意識超越的な対象性は、純粋な体験そのもののうちで「自らを構成する」(II, 12, 71f.) ということが洞察される。現出と現出するものとの間のこの必然的な「相関」を介して、いまやあらゆる種類の対象性——実在的《レアール》であれ理念的《イデアール》であれ、可能的であれ不可能なものであれ——が現象学的本質研究の主題となりうる (II, 74)[62]。「内在」の概念はいまや、超越的諸対象をも「志向的内在」として包含しうるまでに拡張されるのである (vgl. II, 55)。

c 「視」の自己理解の深化と還元の再解釈

これまでの考察から明らかになったのは、明証論が或る新たな「視方」ないし「パースペクティヴ」を開くということであり、その「視方」において、「普遍的相関」の全射程が直観的研究のテーマとなりうるということであった。次にこの帰結をさらに詳しく吟味し、そこにいかなる哲学的意義が見出されるかを検討してみることにしよう。

まず以下の点に注意する必要がある。「明証的」であるのは、他の諸々の客体領域から排他的に区別されうるような、何かある特定の客体領域ないし所与性領域であるわけではない[63]。明証への還帰において意図されているのは、何か疑いえないものを孤立的に確保することではなく、ある新たな視点ないし深化した視方を獲得することである。対象領圏の自然的な区分——内と外、心的なものと物的なもの、実的なものと非実的なもの等々——への依存から、われわれの哲学する眼差しを解放し、純粋に明証意識へと依拠させることが問題となっているのである。したがって現象学は、「内的世界」へと自閉的に閉じこもるわけでは決してない。むしろ、われわれに何らかの意味で「与えられて」いる一切のものについて、その与えられ方を問うのである。われわれは、自らの「内在」圏域を、あたかも所与性圏域全体の部分領域——心理学的とか実的とかといった部分領域——に限定できるかのように誤解してはならない。

明証論的考察は、方法的〈視〉の自己理解を深めることによって、このような視の閉鎖性を打ち破る。つまり〈視る〉は、〈何かある特定のものを視る〉としてではなく、ある種の〈視方〉ないし「態度」として、自己を理解するのである。

この方法的自己意識と、「内在」の明証論的再解釈は、還元思想の深化にとって決定的な役割を果たしている。還元は最初、実的なものへの制限を意味しうるかのように見えたが、そのような外観は、明証論的な〈視方の転換〉によって決定的に廃棄される。還元が意味しているのは、「コギタチオの圏域への制限ではまったくない。そうではなくて、純粋な自体所与性の圏域への限定［……］、純粋明証の圏域への限定である」(II, 60f.)。『現象学の理念』以降、還元が記述される際の重点は、明らかに所与性の種類の選別から、明証批判にもとづく〈視方の転換〉へと移行している。

要するに、現象学的還元において問題であるのは、何らかの確実な所与性領分を、他の所与性領分から区別して選び出すということではない。むしろ、次第に明らかとなってくるのは、徹底して明証に依拠するということが、見かけに反して、主題化しうる所与性の種類に関しては全く何らの制限をも意味せず、むしろ実的内在を超え出る所与性をも、新たな意味で「現象」として再獲得することを可能にするという点である。還元によって一旦は遮断されたかに見えたあらゆる超越的対象が、とりわけ志向性と構成の概念を媒介として、新たに現象学的視のなかで分析可能となる。このことをフッサールは、一九〇九年の講義において明確な表現にもたらしている。「すでに述べたように、コギタチオないし『意識』の志向性によって、純粋意識の学とも呼びうる現象学は、ある意味で、それが注意深く遮断した一切のものを包括する。現象学は、あらゆる認識、あらゆる学問を包括し、対象的な面からいえば、全自然を含めて、あらゆる対象性を包括する。自然の現実性、天と地、人間と動物、私の自我と他の自我との現実性を、現象学はもちろん遮断するのであるが、しかし、いわばそれらの精髄（ihre Seele）、それらの意味は、保持し続けるのである」(X, 335)[64]。

さらに、このような仕方で獲得された現象学的所与性が、互いに何の関連もなくバラバラに視野の中に現われてくるわけではないということが強調されねばならない。現象学者が所与性圏域全体の体系的秩序を辿ることを可能にしているのは、またしても明証論的考察である。

明証が、指標《インデックス》のように現象に貼り付いている二分法的な区別の基準ではないということを、フッサールは強調する。まず現象が浮かび上がり、次いで付加的（付随的）に「真理の指標」(Index veri) が付与されるというのではない[65]。むしろ、明証に関して「無色透明」で「中立的」であるような現象は、一つもないのである。一切の現象は、いわば最初から、明証の光の内に現われる。すなわち、どの所与性にも、一つの明証が対応している[66]。それによって、あらゆる所与性を、諸々の明証的指示が織り成す連関のうちで考察することができる。すなわち、「空虚志向」としての「非‐能与的」表象 (nicht-gebende Vorstellung) が、「充実」としての「能与的」表象 (gebende Vorstellung) を指示するかぎりにおいて、両者の間には構造的連結が成り立っている[67]。この点で、あらゆる「非‐能与的」作用も、つねにすでに明証意識の包括的動向に参与していると言うことができる。いかなる体験も、いかなる所与性も、孤立してはいない。むしろ、いわゆる「目的論的」連関のなかで、一切が一切と結び付いている。「諸々の認識作用、より広く捉えるなら、思考作用一般は、連関を欠いたバラバラの個別性であるわけではない［……］。それらは、本質的に互いへと結びつけられて、目的論的な共属性を示し、それに対応する、充実・強化・確証の諸連関と、それに対立するもの［の諸連関］を示す」(II, 75)[68]。

かくして、あらゆる作用と所与性を意識の普遍的連関のうちで見渡し、明証の指示にしたがって方向づけを行いながら、諸現象の特殊的研究を遂行することが可能となる。「志向と充実」の理論を媒介として、明証論は、現象学的領野における理論的な方向づけの可能性にとって決定的な基盤を提供しているのである (vgl. XXIV, 375)。

さらにこうした観点から、フッサールが『論理学研究』以来語っている明証の「段階性」(Gradualität)（または漸層性 Gradation）について示唆しておきたい[69]。これもまた、「段階差のある指標」のように理解されてはならない。それはむしろ、志向と充実の構造に関係している。[70] 明証の様々な「段階（度合）」（Grade）は、それぞれ、志向的指示体系の内部における充実状態を示している。一つの非十全的明証は、それ自身において一つの方向を示しており、その方向において、当該の志向の更なる充実が生じうる。それゆえ十全的明証は、「固定観念」のように絶えず意識されている必要はない（vgl. XXIV, 374）。というのも、非十全的で象徴的な思念のうちにも、十全的明証が志向的指示という形で絶えず告知されているからである。[71] 十全化を目指すこうした「動向」または「努力」（Strebung）のうちに、明証の「段階性」が成り立っている。この意味で、様々な所与性において、十全的明証の「近さと遠さ」が測られうる。[72] これは後期の明証論に特徴的な視方であるが、これについては後であらためて論じることにしたい（第七章一、二 d 参照）。

＊　＊　＊

これまでの研究を通じて明らかとなってきたのは、フッサールにおいて「絶対的明証」とは、根本命題ないし公理のような形をとるわけではなく、むしろ、一切の経験されるものを経験されるがままに見うるような根本的パースペクティヴを表現している。とはいえ、このパースペクティヴの「絶対的な自明性」が、このパースペクティヴをそれとして主題的意識にもたらすことを困難にしている。自然的生において、人は自分自身を一つの空間時間的に限定された実在的客体である「人間」と同一視し、自己自身が様々な現象を「見る」という事態を、この「人間」という客体の中に置き入れ、その内部に閉じ込めてしまう。それによって、上記の根本的パースペクティヴは構造的に忘却に陥る。還元とは、哲学的な〈視〉が、様々な段階における客観化的な自己統覚――実在的なもの、心理学的なもの、実的なもの等々としての――から、自己自身を解放することにほかならない。それゆえ、絶対的明証への依拠は、われわれを一つの独断論へと導くわけでは決してない。それはむしろ、客体領圏の区分に左右されて不当に自己制限をすることなく、およそ考えうるかぎりのあらゆる所与性へと、直観的な仕方で自由に接近することをはじめて可能にするのである。所与性の総体は、いまや明証という視角から具体的に踏破されうるものとなる。

本章の考察を通して確認された現象学的視点が、以下の諸研究の基本的な土壌ないし媒体となる。本章ととりわけ関わりの深い第三、五、七章との連関をここで示唆しておきたい。次の第三章では、〈視る〉が現象学の自我論的－間主観的転回に際して中心的な役割を果たしていることを示す。第五章では、本章で論じた視の還元的「純化」がさらに徹底されることによって、はじめて「原自我」が主題化されうるということを明らかにする。そして第七章では、自我論の深まりに関連して、明証の意義をあらためて詳しく論究する。そこでは、明証の二重の機能として、拘束（Verbindlichkeit）と解放という一見相反する働きが浮かび上がってくるであろう。

第三章　現象学的主題としての「自我」の発見

「『僕らに自我を見せてください！』[1]それに答えてフッサールは叫んだ。『私もまずそれを見つけ出すことにしよう！』」

第二章で明らかになったように、初期現象学が非自我論的な特徴をもつということは、単に純粋自我の概念がまだ認められていなかったということを意味するだけではない。むしろそれは、明証論の必然的帰結という積極的意義をもつ。そして、明証論の徹底は、超越論的現象学の確立にとって欠くことのできない基盤を準備した思考プロセスでもある。そうであるとすると、現象学的研究全体が拠って立つこの明証論的基盤が、後年の自我論的転回によって単純に廃棄されてしまうとは考えられない。一方で明証論は、現象学に非自我論的性格をもたらしたのであるが、その同じ明証論が、自我論的に変貌した現象学にとってなおも基盤として役立ち続けるとしたら、それはいかにして可能なのであろうか。

ここで、明証論そのものの深化が、ほかならぬ自我論的転回を生み出したのだと考えるなら、上述の一見矛盾した事態が説明可能になる。この仮説は、フッサール自我論の形成過程を示すテキストによって、検証可能である。すなわち、純粋自我、そして超越論的自我は、初期の非自我論的現象学へと外的に接合された新たなテーマとしてではなく、初期現象学の一貫した展開の所産として、現象学の視野に入ってくるということが示されうる。超越論的意味での「自我」は、形而上学的審級のようなものとして非現象学的な理由から導入（ないし密輸入）されたわけではなく、現象学的な事象分析の深まりを通じて、最初は見通すのが困難だった「極度の自明性」として発見されるのである。自我の「発見」は、非自我論的な初期現象学が単純に廃棄されたことを意味するわけではなく、むしろ初期現象学の事象的・方法的深化の帰結として解釈されうる。

以下ではまず、初期の明証論が、明証を〈視る者〉をめぐって、未解決の自我問題を覆蔵しているという点を際立たせる。次いで「間主観性」の問題が、一貫した明証思想に媒介されつつ、前面に現われてくる仕方を示す。その結果、現象学的に〈視る自我〉自身が、彼によって問題化され「視」られた圏域のなかに現われ、その中で必然的に一つの役割を果たさざるをえないということが明らかになってくる。この点を踏まえた上で、最後に「純粋自我」とその明証性格を考察する。これにより、現象学全体にとっての「現象学する自我」の意義が明るみに出てくる。後年「原自我」が主題化される際の直接的な動機の一つがここに含まれていると考えられるが、この点については第二部で詳述する。*

＊補注――議論に先立って、一言注記しておきたい。「現象学する自我」とは、現に私が思考し現象学を営んでいるかぎり、その私にとって最も具体的で現実的な自我であり、「言葉で語る」という事態がつねにそこから出発せざるをえない媒質的な次元を指し示している。これを単に自我発展の頂点に立つ抽象的な項として思い浮かべてしまうと、フッサールの言明のかなりの部分が、意味不明になってしまう。「発生」の観点からすれば、現象学という高度の知的活動を行う自我は、「後から出てきた」表層的なものに見えるかもしれないが、いま現に現象学的な仕方で思考している者にとって、真に具体的かつ現実的でありうるのは当の思考する者自身の自我以外にない。この点が、現象学的思考を単に抽象的な俯瞰的思考から現実へと着床させる媒体として絶えず機能しているように思われる。フッサールの表現が誤解の余地のないほどクリアであるとは必ずしも言えないが、彼の思考が、それを単純化して理解し批判する解釈者の思考より一歩先を進んでいる可能性（つまり、批判者の思考の方が「周回遅れ」である可能性）をも、絶えず想定しておく必要

があるように思われる。(2)

一　「視る者」への問い――初期現象学における潜在的端緒

自我論的転回が、明証論の深化から帰結したということを示すために、まずは準備的省察として、明証論が最初から含みもつ二つのアスペクトを示唆したい。すなわち、コギタチオの明証の「事実性」と「自己関係性」である。

(1) **事実性**　初期現象学においては、しばしば現象学の「本質研究」という性格が強調されている。この点から生じやすい誤解は、経験的自我が遮断されるのは、それが形相的なものではなくて、事実的・個体的なものだからだ、というものである。しかし、経験的自我を遮断する決定的な理由は、経験的自我が十全的に与えられておらず、むしろ意識に対して「超越的」であるという点にある。(3) つまり、初期現象学が自我を遮断する根拠は、明証論にある。そして明証論は、事実性を排除するわけではない。明証論的視方からすれば、形相的所与性のみでなく、いま事実的に生きられている諸々の個体的なコギタチオも、十全的に与えられている。さらに、コギタチオの明証は、本質の明証に原理的に先立つ。客体としての本質は、それだけでは明証を形作ることができない。なぜなら、明証とは「体験」だからである。それがコギタチオのうちで「視られた」ときはじめて、本質の明証が成り立つ(ただし、与えられた形相的内容はコギタチオの実的契機ではない)。コギタチオの明証は、本質明証から独立に登場しうる(「ヘラクレイトス的流れ」がその一例である)が、その逆は妥当しない。(4)

(2) **自己関係性**　本質客観性の明証に先行しそれを基づけているコギタチオ的体験の明証は、一つの注目すべき特性をもっている。コギタチオは、「私」が「体験しつつ視る」場合にのみ、「明証的」と呼ばれうる。私が、私の以前のコギタチオや他者のコギタチオを意識するときには、そこに十全的明証は成立しない。同じことが、感覚に関してもあてはまる。他者が感じる痛みは、十全的には与えられない。その痛みは、痛みを感じる当の「私」にとってのみ十全的な所与性である。明証がもつこうした特性は、すでに一九〇二／〇三年の講義において、「私」という言い方を用いて表現されている。「私は体験し、同時にその体験を視る、それはそれ自体現にある」(Mat III, 92)。コギタチオは、われわれがそれを「顕在的に体験しかつ反省する、つまりそれを知覚しつつ眼差す」(Mat III, 94) かぎりにおいてのみ、十全的に与えられている。したがってコギタチオの明証は、ある種の自己関係性において成り立っているのであって、フッサールはこれを「覚知を覚知する」(Perzeption perzipieren) こととして性格づけている。「したがって、現にあることの疑い得ない確実性は、コギタチオの体験そのものに属しているのではなく、覚知 (perceptiones) に、すなわち、この体験の知覚に属している」(ebd.)。このような「自己知覚」への示唆が明らかにしているのは、〈体験する者〉自身が、自己自身の体験に現に「居合わせている」ことを、コギタチオの明証が要求しているということである。

この意味で、「誰が体験するのか」という形での「誰」への問いを等閑視することはできない。コギタチオの明証は、「私が」「私自身の」コギタチオを「視る」ときにのみ成り立つのであって、私が他者のコギタチオを考察するときには成立しない。この記述的区別は、自我の超越化的統覚が保留されたままでも妥当する。つまり、「私」が誰であり何であるか、という規定を全く保留したままでも、この区別は現象における区別として成り立っている。フッサールは、一九〇九年の講義でこの点を示唆している。「コギタチオにおいて、それが反省的に与えられているという契機のうちに、私は［……］絶対的所与性をもつ。それはつまり、私のコギタチオにおいてということであるが、ただし、私が［経験的自我としての］私自身を遮断した上での話である。他者のコギタチオについては、私はもちろんいかなる絶対的所与性をももたない」(X, 350)。ここでフッサールは、「私の」という規定を用いつつ、同時に経験的自我統覚を遮断している点に注意すべきである[5]。

「誰」への問いは、自我の経験的規定に関するかぎり、保留されたままでなければならない。「いま（晩の六時に）私の意識のうちで、知覚の本質を分析したりしている［……］のは、もちろん私である。しかし、自我の現実存在

〈まさしく自分を自我と呼ぶ、空間時間内の人格〉は研究の前提ではない。研究の成果は、私が自分自身をケンタウロスと見なしていようと、河馬と見なしていようと、その他の何と見なしていようと同じであり続ける」(XXIV, 441)[6]。ここで遮断されているのは、客観化的な自己統覚のみであることが見逃されてはならない。この遮断は、まさに現象学を遂行している自我自身には関わらない。ただしこの自我は、一切の経験的規定を剝がされている。研究の形相的成果がおよそ「明証的」であるためには、それは〈視る〉のうちで証示されねばならない。そうである以上、現象学的に〈視つつ〉諸々の形相的真理を確定する者、すなわち「現象学する自我」は、そこで不可欠の役割を果たしている。

ここで問題とされている「自我」は、「経験的にかくかくの仕方で規定された自我」ではないが、それでも「自我」である。というのは、明証は、最終的には「私」が「視る」を直接的に遂行することにおいて存立するからである。第二章で示したように(三a参照)、フッサールの明証論によれば、明証は、真であると主張される命題について空虚に「記号的に」(symbolisch)語ることにおいては存立しない。もしこの命題が真理であると主張したいなら、それを〈視るという仕方で〉あとづけねばならない。しかもこのあとづけは、「誰かある人」によってではなく、最終的には「私自身」によってなされねばならない。この「自ら‐遂行すること」(Selbst-vollziehen)のうちにのみ、明証の「原権利」(Urrecht)が存する。諸々の本質法則は、寄る辺なく宙を漂っているわけではなく、明証遂行のうちに根を下ろしていなければならないのであって(第七章二e(二)、二六二―二六三頁参照)、この明証遂行とは、最終的には「現に視ること」を意味しているのである。その際「視る者」を、単に「論理的に」「理念」として想定されうる形相的な〈万人〉(各人、それぞれの人すべて Jedermann)として捉えることはできない。本質法則が「誰にとっても妥当する」ということもまた、明証として「私」によって洞察されねばならないのである(この点については、第七章でさらに論究する)。

すべての現象学的明証が、〈現象学する者〉自身の明証遂行に依拠しているならば、「現象学する自我」は、客観的態度をとる科学者と違って、自らの主題圏域の外にとどまることはできず、この圏域に何らの影響も与えないということはできない。むしろこの自我は、自らの分析と記述のなかでいわば絶えず「共に働いて」いるのであるが、最初は、この「自我」が何を意味するのかは、まだ全く不明瞭なままである。何しろこの「自我」は、経験的自我としても形相的自我としても理解されてはならないからである。

　この点に関連して指摘しておかねばならないのは、フッサールが認識論を「認識の自己了解」(eine Selbstverständigung der Erkenntnis)（XXIV, 193）として性格づけていることである。「いまや自明なことだが、認識の数々の暗い点を照らし出し、認識そのものがわれわれに対して立てる諸問題を解くためには、われわれは認識の外に立脚点を取ることはできない。認識しながらしか、われわれは認識を解明できないのである」(ebd.)。このように、現象学的に認識する者は、主題化されるべき認識に、自己関係的に居合わせていなければならないが、このことをフッサールは、認識そのものの本質性格から根拠づけている。「認識解明の自己自身への必然的な回帰的関係は、明らかに認識そのものの本質に属する事柄である」(ebd.)。[7]

　こうして、すでに初期の「非自我論的」現象学のうちにも、とりわけ現象学する考察者との関係で、「自我」への問いが潜んでいることがわかる。そこでフッサールは、「自我を遮断している」にもかかわらず、しばしば「私」という一人称を用いて記述を行っている。「私はそれ［自我］を保留したままにしておく」、「私は宙吊りにする」、「すると私は自我－現象をもつことになる」（XXIV, 212）。「私が自我と世界と自我体験そのものを問いに付すなら［……］」（II, 44）といった具合である。[8]〈現象学すること〉が、現象学する「私」、すなわち、自らのコギタチオを体験しつつ「実際に」現象学的考察を遂行する「私」を必然的に要求するとしたら、この「私」をどのように理解することができるのであろうか。この問いは、フッサールにおいて、もっと後の時期になってはじめて先鋭化された形で前景に出てくるのであるが、すでに初期においても、この問いは彼の思考の道筋を潜在的に規定しているように見えるのである。[9]

二　間主観性の問題と現象学の自我論的転回

事象へと現象学的に迫るための通路は、明証的な〈視る〉によって開かれる。前節の議論からすれば、そのような事象への通路を保持しようとするかぎり、「自我」への問いは避けることができないように見える。この問いをさらに追求するとき、そこから現象学のラディカルな転換が帰結しうる。というのも、ここで問題になっているのは、現象学全体の「投錨地」だからである。最初は非自我論的に構想された「絶対的明証」（ないし〈視る〉）が、必然的に「自我的」と性格づけられるべき契機を内に含んでいるならば、「誰のものでもない思考」（niemandes Denken）としての現象学の自己理解は、決定的な変容を蒙らざるをえない。しかしながら、こうした自己理解の変容は、明証論の根本的な意義を些かも減じることはない。むしろ反対に、ここで生起しているのは、明証的な〈視る〉の自己理解の深化なのであって、この〈視る〉そのものは、引き続き現象学の「投錨地」でありつづけるのである。

以下では、こうした現象学的〈視る〉の自己深化を、間主観性の問題系との関連において追跡してみたい。初期フッサールは、間主観性を「経験的自我の多数性」として捉え、それは「非自我論的な」絶対的意識の地盤上で、一種の客観的統一体として構成されるという解釈を試みた。その際、絶対的意識そのものは、自我と他の自我とのあらゆる区別に先立っているとした[10]。しかし、「他者経験」をめぐる具体的分析が次第に深まってゆくと、フッサールは、現象学的意識野内部の単に対象的な統一体として「自我」を捉えることはできないということに否応なく気づかされる。「自我」はむしろ、この意識野そのものを根本から規定しているものとして新たに発見されるのであって、「超越論的他者」の問題化も、この発見から生じてくるのである。その際、現象学する自我の問題も、ますます前面に浮上してくることになる[11]。

a　間主観的還元と現象学する自我への問い

フッサールが「現象学する自我」への問いを先鋭化された仕方で立てたのは晩年になってからであるが、この問いはすでに、一九一〇／一一年の講義「現象学の根本問題」を潜在的に規定しているように思われる。この講義は、周知のように、「間主観的還元」の最初の試みを含んでいる。これはさしあたり、初期の「非自我論的」還元とは異なった方向を示しているように見受けられる。しかし、この転回を、単なる意見の撤回・変更と見なすことはできない。この転回はむしろ、還元をさらに首尾一貫して貫徹した結果であり、とりわけ〈視る〉という方法をさらに貫徹した結果にほかならない(12)。

「現象学の根本問題」講義において、フッサールはいわゆる「二重の還元」を導入する。それは、そのつどの経験を純粋体験へともたらすだけでなく、当の経験が志向的に指示するものをも、現象学的与件へと変貌させるような還元である（XIII, 178f.）。たとえば再想起は、一つの「体験」として、対応する現象学的コギタチオへと還元されるだけではない。さらに「第二の反省と還元」が可能である。それは、「いわば再想起の中で進行し、再想起された体験を、現象学的既在性（Gewesenheit）として所与性にもたらす」（XIII, 168）。この所与性は、なるほど「絶対的に疑い得ない」わけではないが、それでも現象学的所与性として承認されねばならない。なぜなら、それもまた、現象学的態度の中で「現に見出しうる」からである。つまりそれは、自然の超越化的措定と統覚が遮断されたとしても、なおも与件として残り続けるのである。〈経験すること〉それ自体だけでなく、〈経験されたもの〉もまた、現実に存在するか否かに関わりなく、つまり一切の経験的・自然事実的判断を欠くとしても、それとして現象学的視線の前に存立している。要するにここでは、第二章三bで論じた「現象学的所与性の拡大」が、さらに展開されているのである。「われわれはこのような経験にも――それが適切な仕方で還元されるなら――「現象学的経験」が対応している。「われわれはこの観点から、現象学的観取の概念を、エンピリッシュな経験と平行するように、つまり、現象学的経験とでもいったものへと、拡張しなければならないであろう」（XIII, 159）(13)。

フッサールはその際、「特別な形式のエンピリッシュな経験」、すなわち「感入」（Einfühlung）（XIII, 187）[14] にぶつかる。この経験もまた、二重の仕方で還元されうる。すなわち、一方で〈感入する体験〉が、他方で〈その体験において感入されたもの〉が、現象学的与件へと還元されうる。ただし、そこでは特別な「法則」が妥当する。すなわち、感入する体験と感入された体験とは、原理的に「同じ意識流には、したがって同じ現象学的自我には、帰属しえない。感入された流れから、〈感入すること〉そのものが属している流れへは、いかなる水路も通じていない」（XIII, 189）。感入する体験は、過去と未来の体験を伴った「時間背景」をもち、それによって一つの統一的な意識流へと組み込まれる。他方で、感入は「感入された意識の経験」（ebd.）でもある。感入された体験もまた、一つの時間背景をもつが、この時間背景は、〈感入すること〉が遂行される流れの統一とは、別の流れの統一を成している。つまり、感入する側の体験と、感入される側の体験とは、全く別の流れに属しており、それぞれの流れは、相互に流入し合うことなく独立の流れを成しているのである。

　見逃してはならないのは、先ほど引用した箇所（XIII, 189）で、「感入」の特別な経験様式の分析——それは「他者の他者性」を暗示するのであるが——に導かれて、フッサールが「現象学的自我」に言及していることである。感入された体験は、一つの現象学的自我に属するが、その自我は、感入する体験を遂行する自我とは、必然的に別の（他なる）自我である。したがって、先に述べた感入の特別の法則は、他の自我たちとは異なるそれぞれの唯一的自我が感入するのでなければならないからこそ成り立つ。一つの自我であることなしには、いかなる他者をも経験することはできない。その際、この自我を普遍的な、超個体的な自我として理解することは不可能である。もしそうであるなら、先の特別の法則は成り立たないであろう。そのような普遍的自我は、自我と他の自我たちとの間の差異を廃棄してしまうだろうからである。

　このことは、現象学的に考察する自我にも妥当する。私が、私の感入体験とそのうちで感入された体験とを、現象学的与件へと還元する場合、現象学する自我としての私は、やはり「或る一つの（個体的・唯一的な）自我」でなければならない。なぜなら、そうでなければ、感入された体験が「他の自我」に属するということをそもそも理解することすらできないであろうし、それを現象学的に経験するという仕方で確定することもできないだろうからである。現象学的な〈視る〉は、他者の経験に直面するとき、一切を包括する普遍的な眼差しとして自らを理解することはできず、まずは特定の「パースペクティヴ」をもった一人の視る者の視ることとして自らを理解するほかない。少なくとも、そこから出発してしか、当の経験の普遍化的な記述も行うことができない。特別な経験としての感入は、それ自身においてパースペクティヴの固有性を指示しており、このパースペクティヴの固有性は、他者の経験そのものにとっても、それを現象学的に追理解することにとっても、欠くことができないのである[15]。

以上の考察から帰結するのは、ここでは事象と方法との相互照明が決定的な役割を果たしているということである。（一）まず一方で、明証的〈視る〉に依拠する現象学的方法を貫徹することによってはじめて、他者の「他者性」(Andersheit) が還元不可能な現象学的現象として際立たされうる。というのも、自体的に与えられたものを「視る」という方法は、他者経験に直面するとき、ラディカルな意味で「自体的に与えられないもの」にぶつかっているからである。

しかし、このような種類の「自体的に与えられていないこと」を、超越的事物が自体的に与えられていないことと同一視するわけにはいかない[16]。事物が原理上自体的には与えられないのは、それが射影を通してのみ自らを呈示するものだからである。それは、何らかの〈自体〉を背後に隠しているわけではなく、むしろ一つの「理念」として与えられている。あるいは、「現実化される徴標、現実化されうる徴標の同一化可能な積分として」(XIV, 361)[17] 与えられているのである。一つの事物をそれとは別の仕方で経験することは、誰にとっても——フッサールによれば神にとっても[18]——不可能である。なぜなら、今述べた存在様式が、まさしく「事物であること」それ自体の定義にほかならないからである。

他者に属する体験も、私にとって自体的には与えられていないが、事物的所与性と同じ意味でそうなのではない。

違いは以下の点にある。すなわち、異他なる体験は、その体験をもつ当の自我本人にとっては自体的に与えられている体験であるということである。したがってその体験は、体験である以上、本来は原的に到達可能であるが、それは私にとってではなく、当該の他者にとってそうなのである。「感入」を通して私に与えられている体験は、他の自我によって体験されるのであって、それゆえ原理的には原的に体験されうるものとして理解されているが、私が原的に体験することはありえないような体験である。(19)

しかし、この事態が意味しているのは、決して現象学的方法の挫折ではない。むしろその逆である。還元と〈視る〉という方法は、「他者性」という現象への優れた通路を成している。現象学的還元は、なるほど自己反省ないし認識の自己了解の性格をもつ。そこで「私」の視点が不可欠であることは、フッサールが記述の中でしばしば一人称を用いていることからもわかる。だが、〈他者を原的に経験することはできない〉ということを、一つの根源的な〈それ以上遡りえない〉経験様式として顕わにしてくれるのは、まさしくこれまで述べてきた現象学的視方の特有性にほかならない。私が還元し私が視るからこそ、他の自我は、諸々の対象のなかの一つの対象としてではなく、真の意味で他者として現象学的圏域のうちに登場しうるのである。もし仮に、現象学的〈視る〉が、一切を等しく俯瞰する超個体的な眼差しであるとしたら、その眼差しが現象学的圏域のうちで真の他者に――すなわち、単に経験的・客観的な他者ではなく、超越論的な他者に――出会うことは決してないであろう（この問題は、第六章四dでさらに扱う）。

(二) 逆に、「私が還元し・視る」という方法が決定的であることが判明するのは、その方法が「感入」ないし「他者経験」という独特の現象に直面したときにほかならない。この経験の主題的考察は、「現象学すること」それ自体がもつ特有の「パースペクティヴ性」を明るみに出す。すなわち、現象学的〈視る〉は必然的に「私は視る」であらざるをえず、しかもその際、この「私」は、エポケーの枠内では、経験的自我としては捉えられない。現象学的な「パースペクティヴ性」と呼んだものは、形相的方法で飛び越えることができるような「単なる事実」では決してない。そのような形相的飛び越えは、ほかならぬ他者性の経験を廃棄してしまうからである。現象学的記述を、つねにすでに潜在的な仕方で共に規定していた「私」のパースペクティヴは、いまや自己自身を明確に意識するに至るのである。

事象と方法とのこうした相互照明は、方法的に視る自我が、それによって考察される事象を必然的に共に規定しているということを顕わにする。「現象学の根本問題」講義における以下の叙述は、そこで導入された「間主観的還元」に際して、フッサールがすでに還元し現象学する自我を視野に入れていたことを明らかにしている。「一切の現象学的存在は、一つの（『私の』）現象学的自我、すなわち、知覚し想起し感入する自我として、またそこで**現象学的に還元する自我として**際立っている自我へと還元されると同時に、他の自我、すなわち、感入の中で措定された自我たち、しかも直視し想起し、場合によっては感入する自我として措定された自我たちへと還元される」（XIII, 190: 太字引用者）。

この引用においては、「現象学的に還元する」自我が、この自我によって遂行される記述の中に、自ら姿を現わしている。だがこれは、還元の不徹底を意味するものではなく、むしろ、「感入」という新たな現象の開示を媒介として顕わになってきた、還元の必然的帰結と見なすことができる。ここでもフッサールの意図は、あらゆる構成の地盤次元を発掘し、一切の構成されたものを現象学的意味での「諸現象」へと還元しようとしている点では、初期の非自我論的還元という構想と変わりはない。しかし、間主観的還元によって次のことが暴露されるに至る。すなわち、方法的に現象を露呈し「視る」私は、露呈された現象次元に、いつもすでにその一契機として参与しており、そのことを通じて、この次元の内に「現象」として自己自身を告知している、ということである。超越論的圏域は、現象学する自我の自己忘却のために、最初は一様で透明な圏域であるかに見えたが、いまや、間主観的‐多重的に差異化され分肢化された圏域として、「内側から」新たに経験し直されることになるのである。

「根本問題」講義においてすでに重要な役割を果たしているこのような視方が、フッサールの超越論的現象学の展開を、最初は潜勢的に、やがては次第に明瞭に規定してゆくことになる。このような観点から、以下では、二〇年代における超越論的現象学の構想を概観しながら、フッサール現象学の方法的な転回のあり方を確認しておくことにしたい。

b　超越論的現象学の自我論的構想と「モナド論的」間主観性

初期の立場と異なり、二〇年代の現象学ははっきりと「エゴ（Ego）への還元」を主張する。[20] それによって超越論的次元は、誤解の余地なく「自我論的」なものとして捉えられる。しかし、その際とりわけ考慮しなければならないのは、フッサールにおいて自我論的転回は、同時に間主観的転回を意味しているという点である。「絶対的なもの」（現象学的絶対者）は、初期には非自我的なものとして捉えられたが、いまやそれは、「超越論的自我」ないし「エゴ」と呼ばれるに至る。しかし、この「自我」を、決して超個体的な形而上学的原理として解釈することはできない。もしそのように解釈するなら、超越論的自我の多数性は、無意味なものとして排除されることになり、超越論的間主観性などありえないことになろう。その場合、間主観性への問いとしては、唯一つの問い、すなわち「経験的な自我多数性は超個体的な絶対的自我からいかにして『導出』されうるか」という問いのみが有意味であることになるだろう。これに対しフッサールは、超越論的間主観性という標題のもとに、いずれも絶対的であるような複数の超越論的自我について語っている。その根底には、ある独特の問題意識が潜んでいるのであるが、それがとりわけ際立ってくるのは、現象学的方法論が深まるにつれて、「視る者」としての現象学する自我が、現象学的経験野の内に——さしあたり明確なテーマとしてではないが——共に引き入れられざるをえなくなるという点においてである。[21]

方法的に現象学する自我と、超越論的領野の間主観的差異化との間の上記のような連関を、フッサールは二〇年代になって明確に理解するに至る。一九二四年頃のある草稿においてフッサールは、初期還元論と「現象学の根本問題」講義を批判的に回顧しつつ、はっきりと次のように述べている。すなわち、超越論的経験の「遂行主体は、現象学する自我としての、その際匿名的な自我としての、私自身である」（VIII, 432）[22]。このように言うと、「私の私的（privat）な自我」（ebd. Anm.）、「私の私的な主観性」（VIII, 436）への還元が問題であるかのように誤解されがちであるが、この点にフッサールは注意を促す。そのような誤解に対して、フッサールが強調するのは以下の点である。すなわち、還元によって獲得された超越論的圏域は、その全き具体態においては、私の固有な存在と生のみでなく、それとは厳密に区別される「私にとってのあらゆる他者たちの存在と生」(ebd.) をも包括しているのである。

あらゆる他者たちの生は、私が体験しうる生ではないけれども、かといって経験不可能な仮設や想像でもない。それは、原的に与えられたものないし原的に与えられうるものとしてではなく、私の生の内に「自己を告知するもの」ないし「鏡映されるもの」(Gespiegeltes) (ebd.) として証示される。フッサールは、私の生と他者の生の「与えられ方」の区別を、「経験の二つの根本様式の区別」と呼んでいる。それはすなわち、「(a) 実際に自己自身を与える経験様式、それ自身のうちで経験されたものそのものを実現する経験様式と、(b) 自己自身を告知するが、それ自身を与えることはない経験様式」(XIV, 354) との区別である。この特有の経験様式において、他者たちもまた超越論的経験領野の内に (拡大された意味で)「与えられて」いる。『第一哲学』では次のように言われている。「異他なる主観性は、私に、私自身の自己経験的生のうちで、すなわち自ら経験する感入のうちで、間接的に与えられているのであって、根源的には与えられていないが、それでもやはり与えられており、さらにいえば、経験されているのである」(VIII, 176)。フッサールは、他者を直接的に経験可能であるとは考えないが、完全に経験不可能であるとも考えていない。どちらの捉え方も、明らかに背理な帰結に行き着くからである。すなわち、他者の概念を廃棄してしまうか、または経験的基盤をもたない想定のようなものと化してしまうか、という帰結である。フッサールはむしろ、「他者経験」として現実に出来している事象を、そのものとして意味的に分析し解釈するという方法をとる。

「現象学の根本問題」講義では、「二重の還元」によって、エンピリッシュな経験を現象学的経験へと転化するということが行われたが、いまやフッサールはこの操作を、「志向的含蓄」の露呈 (解明＝展開 Explikation) を可能にする方法として理解する (VIII, 434)[23]。現象学的経験領野のうちには、他者に関する私の経験だけでなく、経験された他者、経験可能な他者たちもまた「含蓄されて」いるが、それは、実的に含まれているという仕方ではなく、「志向的含蓄」

という形においてである。「私のうちで、『現に存在する異他なる人間』として遂行される構成を、純粋に現象学的に見るならば、そのうちには、私の体験の体系、すなわち、現実的および可能的な一致調和的感入体験の体系があるだけではなく、そこでは他者が、他者であるとはいえ純粋な主観性として、準現在化的に妥当している」(VIII, 435)。

したがって、超越論的所与性圏域を、私の体験流と同一視することはできない。この点に関して、フッサールは初期の還元論を批判的に振り返っている。「その際私は、この還元において、そもそもあまりに意識流を――あたかも意識流への還元が中心問題であるかのごとく――強調しすぎた」(VIII, 433)。後期のフッサールは、この混同に対して繰り返し注意を促している。「超越論的方法によって私が発見するのは、私の『超越論的主観性』である。だが、さしあたりそれが意味するのは、私の一次的な固有存在ではない。これは、初心者にとってはほとんど避けがたい混同と言うべきなのであるが」(XV, 368)。

要するに現象学的還元は、「固有の」意識をあらゆる他の意識から切り離して取り出そうとしているわけではない。あたかも「固有の」意識を、目指すべき目標圏域として最初から眼前に見据えているかのようなわけではないのである。むしろ還元は、第二章で示したように、明証論の帰結であり、「見ること」が先入見に由来する制限から自らを解き放つことによって可能となったものである。還元は最初、「非自我論的」な現象次元を結果としてもたらしたが、それは無規定の「沈黙した具体態」(stumme Konkretion)[24] として解釈することができ、その間主観的含蓄はまだ解明＝展開されていなかったと考えることができる。この具体態の一貫した解明は、「私のうちに超越論的に自己を告知する、異他なる――超越論的――主観性の学へと、おのずから」導いてゆく (III/2, 641)。そこでは、超越論的自我としての私自身にとって妥当する一切のことが、「異他なる超越論的主観性」としての他者にとっても、やはり妥当するのであるが、このことは、「他者」という現象の妥当意味 (Geltungssinn) のうちに含蓄されている。そこから帰結するのは、超越論的間主観性の「モナド論的」構造である。他者たちは他の超越論的自我として、「私のうちに」含蓄されており、それら他の自我たちの方も、私自身を〈彼らを含蓄する自我〉として含蓄している。「他者たちは [……]

他の自我たちとして私のうちに含蓄されており、どの自我もすべての自我から切り離せない」(VIII, 439)。「他者たちは、お互いに含蓄しあったものとして私のうちに含蓄されて［おり］、私もまた彼らのうちに含蓄されて［いる］［……］」(XV, 200)。この「相互的含蓄」ないし「相互的鏡映」は、超越論的主観性の根本構造として際立たされる。したがって、超越論的主観性はつねにすでに超越論的間主観性であるということができる。[25]

概して二〇年代の還元論が強調しているのは、現象学的還元は最初は独我論的に見えるが、その帰結を展開していくと、必然的に間主観的還元へと至るという点である。[26] その際、完全に展開された現象学は、諸々のモナド的主観性の「相互的含蓄」によって特徴づけられるモナド論的形態をもたねばならないということが明らかになる。[27] フッサールが「モナドロジー」を形而上学的理由から導入したわけではないということは、これまでの議論から明らかである。それは反対に、〈視る〉によって規定された現象学的還元を忠実に展開することから帰結した、新たな現象学的成果にほかならない。一般的・中立的な、誰でもない自我ではなく、まさに「私自身」が〈視〉つつ現象学するときにのみ、他者たちは真の意味で「超越論的他者」として露呈されうるのである。

このように考えることによって、自我論的還元から間主観的還元への「拡張」と呼ばれるものも適切に理解することができる。「拡張」といっても、還元が最初は「自我論的」なものを限定された部分領域として発見し、次いでその外に、他の諸々の部分領域をさらに露呈してゆく、というわけではない。むしろ、還元の一貫した遂行は、次のような事態を明らかにする。すなわち、超越論的次元は、最初は「私の」超越論的主観性と素朴に同一視される傾向にあるが、その同じ超越論的次元が、すでに他の諸々の超越論的主観性を「含蓄」という仕方で覆蔵していることが明らかになってくる。この観点から、フッサールは「超越論的主観性の二義性」を指摘する。「『超越論的主観性への還元』、それは二義的であることが判明するであろう。エポケーのうちで措定されうる主観性は、［一方で］『私のモナド的に固有の』主観性、現象学する自我のモナド的に固有の主観性として理解されうるだろうし、また［他方で］、この主観性において自己を開示する超越論的間主観性として理解されうるだろう」(XV, 73)。それゆえ間主観的還元は、そもそも還元の「拡張」としてではなく、還元の「深化」として性格づけられるべきであって、この「深まり」において、超越論的主観性は、より深化した自己理解へと到達するのである。[28]「かくして、超越論的主観性は間主観性へと拡張する。あるいはむしろ、本来的に言えば、それは拡張することはなく、超越論的主観性が自己自身をよりよく理解するだけなのである。超越論的主観性は、自己自身を一次的モナドとして理解するのであるが、このモナドは、自らの内に他の諸モナドを志向的に担っており、他の諸モナドを超越論的他者として必然的に［……］措定せざるをえない」(XV. 17)。「志向的」という語が強調されていることからもわかる通り、ここでフッサールは、自他の主観性同士の関係を(擬似)空間的関係として表象することを排除しようとしている(vgl. XV. 591: 本書二二六頁)。ここで問題なのは、「外」なるものがその「超越性」を保ったまま「内」において現われるという、現象学が早くから主題化してきた原関係の一様態であり、それが「志向的含蓄」と呼ばれているのである。

c　自我論的転回と間主観的転回の意義

ここで、これまでの論述を振り返ってみよう。まず初めに、現象学的還元とその諸々の歩みを考察した。歴史的には、フッサールの歩みは「非自我論的」立場から出発したのであるが、この立場は、還元の成果を「無規定の絶対的なもの」として解釈したのであった。この立場からの一つの突破を果たしたのが、「現象学の根本問題」講義である。同講義は、「現象学的経験」の具体的分析によって——とりわけ還元された「感入」の分析によって——超越論的自我の多数性へと導かれた。その際、「現象学する自我」の問題が不可避的に前景に現われてくるが、この自我は、現象学的研究をすでに含蓄的に規定していたものであることが気づかれてくる。このことは、超越論的現象学の初期の構想が、なぜ転換を余儀なくされたかということの、決定的な理由の一つと見なすことができる。[29]いまや超越論的現象学は、自我論的にして同時に間主観的な現象学として特徴づけられる。

フッサールが試行錯誤しつつ進んできたこのような現象学の歩みは、二〇年代を通じて、一つの方法的歩みとして整理され自覚化される。この時期のテキストからは、以下の三つの歩みが主要な階梯として精製されてきた様子が読み取れる。（1）現象学的還元は、まず第一に、「無規定な具体態」としての超越論的経験の領野へと導く。（2）この超越論的経験の領野において、「感入」の具体的な事象的分析が遂行される。（3）それを通じて、現象学は、現象学的に獲得された超越論的領野の内部で、超越論的間主観性を主題化するに至るのであって、それと同時に、現象学する自我の深化した自己理解に到達する。「パリ講演」（一九二九年）のある箇所は、フッサールがこれらの歩みを明確に意識していたことを裏書きしている。「[1] 超越論的還元が至る最初のエゴは、このエゴに根源的に固有である志向的なものと、このエゴにおいて他のエゴ（alter ego）の鏡映であるものとの諸区別をまだ欠いている。[2] 超越論的なものとしての間主観性に到達するためには、まず第一に、さらに進められた具体的現象学を必要とする。[3] しかしながら、そこで明らかになるのは、哲学しつつ省察する者にとって彼のエゴは根源的なエゴであるということ、さらにその帰結として、間主観性は、他のエゴとして考えられうるすべてのエゴにとって、またしてもそれぞれのエゴのうちに鏡映しているものとしてのみ考えられうるということである」（I, 35）。

類似の言明は、二〇年代には様々な箇所に見られる[30]。二〇年代の現象学の到達点は、その全体的構想に関していうなら、モナド論的間主観性理論にある。このことは、『第一哲学』講義の結語からも明らかである。「絶対的存在の全体は、相互に現実的・可能的な共同態のうちにある超越論的諸主観の総体の存在である。かくして、現象学は、ライプニッツによって天才的な洞察のうちで先取りされたモナドロジーに行き着くのである」（VIII, 190）。この言明は、『デカルト的省察』の以下の一節とも符合する。「あらゆる世界的客観性に先立ち、それを担う自体的に第一の存在は、超越論的間主観性であり、様々な形で共同化された諸モナドの全体である」（I, 182）[31]。

それでは、「モナド論的間主観性」が現象学の最終的結論なのであろうか。そう考えようとすると、『危機』に見られる「原自我」の記述が、うまく理解できなくなってくる。「モナド論的間主観性」と「原自我」との間に、いかにして整合的解釈を打ち立てることができるのかという問いが、本書第二部の考察を動機づけてゆくことになる。

この点に関して、さらにいくつかの踏み込んだ問いを立てることができる。これまで描いてきたフッサールの思考過程は、本当に「真なる」間主観性へと至ったのであろうか？　というのも、先に要約した三つの歩みは、現象学する自我の「自己省察」から始まっており、モナド論的間主観性が露呈されたとしても、それは超越論的主観性の自己理解の深化であると言われていたからである[32]。この自己理解は、最終的には、いま現象学しているこの「私」によって、遂行されねばならない。そのような仕方で、本当に独我論的枠組みを突き破ることができるのであろうか？　全現象学を根底から規定するにもかかわらず、独我論から免れているとされる「現象学する自我」なるものを、どのように理解したらよいのであろうか？　なぜフッサールは、これまで引用してきたテキストに見られるように、間主観性の問題化に際して現象学する自我の重要性を繰り返し強調しているのであろうか？

これらの問いには、第二部で本格的に取り組んでいくことになる。そのための準備として、現象学する自我の問題をさらに別のアスペクトから、すなわち「純粋自我」との関わりで考察しておかねばならない。そこにも、現象学する自我がなぜ重要性をもつに至ったのかを理解する鍵が隠されているからである。

三　純粋自我と現象学する自我——純粋性と事実性

純粋自我の「発見」は、超越論的間主観性の主題化と平行して、二〇年代を特徴づける成果の一つであった。以下では、純粋自我と現象学する自我との関係を、その主な点に関して浮き彫りにすることを試みたい[33]。第一に、純粋自我がいかにして新たな現象学的所与性として発見されたのかを粗描する。それを承けて第二に、純粋自我の特殊な明証性格にとりわけ留意しつつ、純粋自我とはそもそも何を意味しているのかをある程度明らかにしておきたい。それにもとづいて、第三に、純粋自我のこうした分析によって、「現象学する自我」の独特の意義が理解可能になるということを明らかにしてゆく。こうして、現象学の自我論的転回の必然性が、もう一つ新たな視角から追理解可能になるはずである。

a　新種の所与性としての純粋自我の「発見」

フッサールは、彼が用いる純粋自我の概念は、いかなる自我形而上学とも関わりがないと強調しているが、この発言は単に口先だけのものと受け取るべきではない。周知のごとく、フッサールは『論理学研究』に代表される初期のテキストにおいて、「純粋自我」概念への鋭い批判から出発した。そこで彼は、意識の必然的な関係中心としての純粋自我を、「全くもって見出すことができない」(XIX/1, 374) と述べている。対象化することのできない「純粋自我」なるものは、当時のフッサールには、ただ形而上学的に構築されうるものにすぎず、現象学的には全く確認されえないように思われた。

しかしフッサールは、『イデーン』の時期に、「純粋自我」に関する肯定的な発言を開始する。といっても、思弁的にのみ構築されうる自我を形而上学的原理として導入しようとしたわけではない。『イデーンI』(一九一三年) の有名な「あらゆる原理中の原理」(III/1, 51) からもわかる通り、「現象学的に自己を与えるもの」のみを認めるというフッサールの根本態度は変わっていない。『論理学研究』第二版の注 (一九一三年) で、フッサールは第一版における純粋自我の拒否を撤回するに至っているが、そこでも純粋自我が一種の所与性と見なされていることが示唆されている。「その間に私は、それ [純粋自我] を見出すことを学んだ [＝純粋自我が見えるようになった]。いいかえれば、行き過ぎた自我形而上学への懸念に惑わされずに、与えられたものをそのままに把捉することを学んだ」(XIX/1, 374 Anm.)。ここでは、決定的な一歩が踏み出されている。フッサールは現象学的「所与性」を、もはや対象と体験とに——コギタータとコギタチオネスに——制限せず、全く新たな種類の所与性を現象学的所与性として承認しているのである。それは、対象的な経験的自我とも同一視できず、実的な体験へと還元することもできないような所与性である。『イデーンI』でフッサールが強調しているように、「われわれはこの [現象学的] 還元を遂行した後、超越論的残余としてとどまっている多様な体験の流れのうちでは、どこまでいっても純粋自我には行き当たらないであろう」(III/1, 123)。純粋自我がこのように「眼前に見出せないこと」は、『論理学研究』では批判的に言及されたのであるが、これがいまや純粋自我を特徴づける重要な規定へと転化される。

純粋自我の「発見」は、開始したばかりの現象学に付着したままであった素朴性の克服と見なすことができる。最初、現象学の関心は、自然な傾向にしたがって、諸作用と諸体験へと向けられ、それらと対象的なものとの多様な相関に向けられていた (VI, 186)。それゆえ「自我」は、フッサールが繰り返し強調するように、現象学においては非常に後になってはじめて主題化されうる。[34] さしあたり眼前に見出されるものに縛られていた視線が、いまやこの拘束から身を解き放ち、以前は見えなかったが、それでも絶えず生き抜かれていた次元への新たな〈視〉を獲得する。だが、ここで「自我」が問題となっている以上、この新たな〈視〉の解放は、単にこれまで主題化しえた諸対象性の隣に、それと並ぶ新たな対象性を発見したということを意味するわけではない。むしろ、この新たな所与性次元は、反省する眼差しが、その反省の遂行そのものの只中で、これまで顕在化されていなかった眼差しの方向性に気づくことを要求する。それは、これまで知られていたような意識対象への方向性とも、意識体験への方向性とも異なる眼差しの方向性である (vgl. V, 113; XIV, 49)。

b　純粋自我の単純な「自明性」と「近さ」

さて次に、純粋自我の所与性が、新しい種類の所与性としてより精確に特徴づけられねばならない。すでに述べた「現われない」という純粋自我の性格は、さしあたり以下のことを示唆している。すなわち、私の自我は、現象学的考察を行っている私自身にとって、私の「近さ」そのもののうちにあり、それを私は、「離れて・距離をとって」観察することはできない、ということである。[35] 私の自我のいかなる対象的認識も、「私自身によって」遂行されるかぎり、「純粋自我」を前提している。しかし、ここで言う純粋自我の「非対象性」によって、ただちに形而上学的思弁へと駆り立てられるわけにはいかない。フッサールにとって、純粋自我は論理的構築・推論の所産ではない。むしろ、純粋自我の主題化が困難であることは、ここで「素朴な自明性」を超えた或る「極度の自明性」が問題となっていることを暗示している。純粋自我は、なるほど私に「意識」されてはいるが、あまりにも馴染み深い仕方で意識されているのであって、私がそれを自然的な生の遂行のなかで主題的に眼差している必要は全くないのである。

純粋自我は「私に最も近く、最も自明的な」所与性の一つであって、それにはある種の明証が対応している。その「近さ」と「自明性」という性格は、第二章で詳述した「絶対的明証」を想起させる。実際、フッサールはいくつかの箇所で純粋自我に「十全的明証」の位階を与えている[36]。デカルト的明証は、いまや諸々のコギタチオにだけではなく、純粋自我にも帰せられる（vgl. IV. 103. 97）。私は、私の経験的諸規定（年齢、身長、等々）に関しては思い違いをすることがありうるし、異常な精神状態においては、自分の名前さえ忘れてしまうことがありうる。しかし、「私が……である」という判断や信念と違って、単に「私である」ということは、「思い違いであった」ということが判明しうるようなタイプの知ではない。仮に私自身についての私のあらゆる判断や信念、つまり私が私自身について「知っている」ことがすべて誤りであったとしても、私が依然として「私」と言うことができるというケースは想定可能である（「私はすべてを忘れてしまった」、「私は全く別人になってしまった」、「私は、実は私が信じていたのと別人であった」などと言える場合）。純粋自我の明証は、一種の「知」ではあるとしても、「判断」における諸要素の複合的関係をまだ含まないような単純性において成立している。それは、極めて単純で「自明な」明証なのであるが、それゆえにこそ、それを主題化することは極めて困難である。

その「単純性」は、コギタチオの単純性よりラディカルである。コギタチオは、まだ内容的構成要素をもつからである。それに対し、純粋自我は、「本質的な構成要素に関しては全く空虚であり、解明＝展開しうる内容をまるでもたない。それはそれ自体では記述不可能である。つまり、純粋自我であってそれ以上の何ものでもない」（III/1. 179）[37]。パースペクティヴ的に自己を呈示する対象とは違って、純粋自我は「『多様性』を介して構成されることが全くできないし、それを必要ともしていない」(IV, 111)。純粋自我は、いつもすでに隈なく、つまり「絶対的自己性［絶対的なそれ自体］において」(in absoluter Selbstheit)、自己を与えてしまっているのである (IV, 105)。それは、何ものも自分の中に隠匿してはいない。「純粋自我としては、それ［自我］は隠された内的な富を蔵してはいない。絶対的に単純であり、絶対的に明々白々である」(IV, 105)[38]。

純粋自我の「同一性」といわれるものもまた、この「極端な単純さ」にもとづいて理解されねばならず、したがって、いわゆる「人格の同一性」からは厳密に区別されねばならない[39]。人格の同一性は、客観的に確認されうる統一であり、それには特定の確証可能性が対応している (vgl. IV, 110f.; XIV, 43f.)。それは、時間的に延び広がる統一であり、適切な仕方でそれとして構成され確立されねばならない。これに対し、純粋自我の「同一性」なるものは、時間の中で伸張してゆく統一ではない。「純粋自我としての自我は、絶対的に同一的に同じものであり、この［内在的］時間のすべての点に属しているが、にもかかわらず延長してはいない」(XIV, 43)。そもそも、純粋自我は時間的に変化しえない。なぜなら、純粋自我は、その内容空虚な「単純性」のために、各時間点において互いに異なった諸位相をもつことができないからである。「持続するものは、持続のどの位相においても一つの新たな内実をもつが、自我は、時間の中に全くいかなる内実をももたない。異なるものももたず、同じものももたない」(XXXIII, 280; vgl. XIV, 42, 50)。したがって、純粋自我の「不変性」は、自己自身と同じであり続ける持続 (Dauer) として解釈されてはならない。純粋自我は、なるほど「絶えず居合わせてはいる」が、「一様な同一性のなかでずっと持続してゆく音感覚」のようなものではない (III/2, 562)。『イデーンI』でも次のように言われている。「［純粋自我の］この恒常性は、明らかに、一様な仕方で持続する体験の恒常性ではなく、『固定観念』のようなものの恒常性ではない」(III/1, 123)。以上から明らかなように、純粋自我の「同一性」を、「変化と不変化」という思考図式にもとづいて捉えることはできない。この思考図式は、諸々の位相からできあがった「延長」一般をすでに前提しているからである。

純粋自我は、時間的に規定された延長をもちえないがゆえに、時間の中で「生成したり消滅したり」することもできない。[40]「自我は『立ちとどまる』（stehendes und bleibendes）自我であり、体験のように生成したり消滅したりはしない。それは、時間的に延長したものではないのである」（XXXIII, 280）。この意味で、フッサールは純粋自我に或る特有の「非時間性」を帰している。純粋自我は、内在的時間の必然的相関者であり、その構成は内在的時間の構成と等根源的であると見なすことができる。それは、「この内在的時間における同一的なものとして」（IV, 103）与えられていると言われるが、それは、同一的対象のように内在的時間流の内部に構成される同一者として登場するという意味ではない。なぜなら、純粋自我はこの流れの全体と不可分に一体だからである。純粋自我は――ブレークマンに倣って言えば――内在的時間であるがゆえに、この時間の中に姿を現わすことはないのである（Broekman 1963, 193）。

純粋自我は、内在的時間流から切り離せないのではあるが、私の経験の「最も近い立脚点」として、この流れの内に現出し経験される一切のものの「手前に」（diesseits）与えられている。この点は、一九一七年のいわゆる「ベルナウ草稿」において、印象的に語られている。純粋自我とは、「それにとって時間が自己を構成するような自我（das Ich, für das die Zeit sich konstituiert）であり、それにとって時間性が現にあり、体験圏域の志向性において、個体的に唯一的な対象性が現にあるのだが、それ自体は時間的ではないような自我」（XXXIII, 277）である。「この意味で、それはつまり『存在者』ではなく、あらゆる存在者の対極であり、対象（Gegenstand）ではなくて、あらゆる対象性に対する原象（Urstand）である」（ebd.）。だが、純粋自我が「原象」と呼ばれた途端に、すでに実体化の危険が迫っている。[41]それゆえフッサールは、言語的比喩（ないし具象化＝像化 Verbildlichung）によって、あたかも対応する実体が存在するかのような仮象を呼び起こす危険を、ただちに指摘している。「自我は本来、自我と［さえ］呼ばれるべきではないし、およそどんな名でも呼ばれるべきではない。なぜなら、そのときすでに自我は対象と化してしまっているからである。自我とは、一切の摑みうるものを超えた〈名もなきもの〉であり、一切を超えて、存立してもおらず、浮遊してもおらず、存在してもいない。そうではなく、把握したり価値づけたりといった仕方で、『機能するもの』なのである」（XXXIII, 277f.）。[42]

この引用が示しているように、純粋自我が時間のうちに「現われない」ということは、そのラディカルな「近さ」から帰結する。私は純粋自我を、時間野の内に見出しうる一切のものよりも近く生き抜いているがゆえに、純粋自我は内在的経験野の内には見出されえないのである。そこから帰結することであるが、純粋自我がもつ独特の「非時間性」は、形相的所与性（本質）のもつ「遍時間性」（Allzeitlichkeit）からは厳密に区別されねばならない。というのも、形相的所与性は、なるほど非実在的なもの（Nicht-Reales）ではあるが、それでも拡張された意味で「眼前に見出されるもの」（Vorfindliches）であり、自我はそれを対象として認識することができるからである。これに対し、すでに述べたように、純粋自我は対象的なものではない[43]。

c　自我の明証の「事実的」遂行と現象学する自我

純粋自我の所与性は、現象学的に考察する自我との原理的な「近さ」と「自明的」な明証性によって特徴づけられた。ところで、純粋自我の主題化は、現象学の「自我論的転回」にどのような仕方で寄与しているのであろうか。というのも、純粋自我の承認が、ただちにそのまま現象学の「自我論化」を意味するわけではないからである。純粋自我は『イデーンI』で現象学的主題として承認されたが、純粋自我には、まだ現象学全体の構想にとって何らの中心的意義も与えられていなかった[44]。以下では、自我論的明証の「自己関係性」、「自己責任性」、「事実性」が、自我論的転回を動機づける決定的なアスペクトと見なされうることを示していきたい。その際同時に、「現象学する自我」のもつ特別の意義が再び浮上してくることになるであろう。

（一）　自我の明証にとっての各私的自己遂行の必然性

なるほど純粋自我の明証は、さしあたり意識内容の如何にかかわらず同一でありつづける意識の必然的構造として際立たせることができる。しかし、純粋自我の明証は、単に客観的な明証としては存立しえない。この明証は、端的な自己関係においてのみ確証されうるという性格をもつ。純粋自我の（拡張された意味での）「所与性」については、空虚な記号的仕方――直観を欠いた仕方――でも語ることができるが、もしそれを明証にもたらそうとするなら、私は結局のところ、十全的な〈視る〉に訴えねばならない。そのなかで私は、純粋自我を、私自身がそれである自我として、把捉するのである。他者にとっての純粋自我の明証は、私にとって直接には確証されえない。私は、他の自我にとっての「近さ」の明証を、彼に代わって確認することはできない。フッサールによれば、「諸々の純粋自我はコギトのなかで機能しており、そうしたどのコギトの原的所与性からも、原的に、絶対的自己性において、純粋自我を見てとることができる」のであるが、それらの純粋自我は「互いにモナド的に分離されている」（IV, 111）。このモナド的自我は、「根源的経験（現象学的自己視 Selbstschauung）というかたちでは、自己自身にとって、しかも自己自身にとってのみ、経験可能である」（XXXV, 335）。もちろん、私が純粋自我の明証を一般的な意味で理解し、それについて他者たちと了解しあうことができないわけではない。だがしかし、私はそのような理解を、最終的には「私の」洞察から汲み取っているのであって、この洞察を、私は私自身による自己知覚の遂行によってのみ獲得することができるのである。みずから一人の自我であること、そしてそのことを意識することなしには、私は、ここで問題になっている明証がいったい何のことを言っているのか、全く理解することができないであろう。

それゆえ、純粋自我の明証は、「近さ」の明証として、当の自我自身の確認によってのみ十全的明証の位階を享受しうるということを、その意味のうちに含んでいる。こうした自己遂行から切り離されると、この明証はたちまち十全的明証の意義を失ってしまうことになる。この明証を客観的な仕方で検証しうるような外的な手がかりはそもそも存在しないからである。先に述べた、純粋自我の極端な「単純性」と「無内容性」は、純粋自我に関して客観的に確定されうるものはそもそも何もないということを意味している。この明証は、変更可能な内容を少しももたないがゆえに、強められることもできないし、訂正されることもできない。この明証は、「私はある、私は生きる」（Ich bin, ich lebe）ないし「私は機能する」（Ich fungiere）という単純な自己遂行のうちにのみ存立しうる。「私が現実的現在の内にある流れる生を眼差し、そこで私自身をこの生の純粋な主体として摑むやいなや（……）、私は端的にまた必然的に次のように言う。『私はある、この生はある、私は生きている。すなわち、cogito［私は思う］』と」（III/1, 96f.）。要するに、当の自我の当の自我自身による直接的把捉、ないし〈視る〉よりほかに、純粋自我へのいかなる通路も存在しないのである[45]。

この自己関係の必然性が意味しているのは、生き生きと機能しつつある自己自身を視る自我、すなわち「現象学する自我」が、明証の考察と記述の内にどうしても共に引き入れられざるをえないということである。ここで問題となっているのは、形相的に客観化されうるような自我一般ではない。もしそのような自我一般が明証的であるなら、その明証もまた、最終的には〈私が自我であること〉の明証から汲み取られるしかない。この点においてより他に、私が自我の明証の充実を見出しうる場所はないのである。

この「事実的に」現象学する自我の交換不可能なあり方は、実際、自我論的に変容を遂げた二〇年代の現象学において、次第に重要度を増してゆく。すでに初期現象学の探究を暗黙の裡に規定していた「私」（一人称）を用いた語り方（Ich-Rede）は、いまや明確な方法的意識をもって用いられるようになる。現象学的省察の「始まり」に際して、フッサールは以下の点を明記する。「われわれはいまや、〈私〉を用いた語り方を敢えて優先しなければならない。内的に参与する者はすべて自我なのであって、そこで語られているのはこの自我なのである」（XXXV, 315; vgl. auch 64, 75）。つまり、「誰もが自己自身で」（jeder für sich selbst）（XXXV, 93）現象学的な「直観的」考察を内的に遂行しなければならないのであって、しかるのちにはじめて、他人とその成果について了解し合うこともできるのである。同時にそこから帰結することであるが、「現象学的還元を、われわれはそれぞれ個別に自分の内で遂行するのであるが、この還元の後、共同性は働きの外に置かれて」いる（XXXV, 94）[46]。ここにはすでに、現象学する自我の独特の「唯一性」と「哲学的孤独」（VI, 188）の問題が顔を覗かせている。これについては、後で「原自我」との関わりにおいて詳しく分析することにしたい（第四章四b、第五章四）。

さて、上述のことからすると、現象学的思惟はもはや「誰のものでもない思惟」ではなく、必然的に「私の」思惟であり、「誰もが自己自身で」それを遂行しなければならないことになる。現象学の「投錨地」としての明証は、いまやはっきりと「私が視ること」として捉え直される。そこから必然的に、全現象学の「自我論的転回」が帰結する。この転回は、「現象学する自我にとっての他者」という困難な問題を不可避的に伴ってくる。この問題は、最初は潜在的なものにとどまり、フッサールはそれをも、超越論的間主観性のモナド論的理論によって克服可能であると見なしていたようであるが、後になると、フッサールはこの問題に対する明確な立場表明を強いられるようになる。この点が、本書第二部の研究テーマとなる。

（二）エゴの「自己責任」と「始めつつある哲学者」の態度

二〇年代には、現象学する自我と密接に連関した、更に新たな思考契機が開花することになる。それは、「ロンドン講演」で「認識論理的」モチーフと呼ばれるが（XXXV, 314f., 47）、このモチーフは、哲学が自己自身を根本的に正当化できるような「無前提的な端緒」を要求する。この「端緒（始まり）」（Anfang）は、現象学的考察全体を支える「絶対的明証」の性格を持たねばならない。この絶対的明証の内に、フッサールは自己遂行の性格を認める。この明証性格は、すでに初期の明証理論において、コギタチオに即して明確化されたものであるが、純粋自我の主題化によって、いまやある新しい重要な局面を獲得する。すなわち、絶対的明証が「それぞれ各自の自我自身によって」遂行されねばならないという洞察は、「絶対的自己責任」という認識論理的要求を含んでいるのである。そしてフッサールは、「絶対的自己責任」を「究極的な合理性」と等置している（XXXV, 48）[47]。

哲学することの始まり（端緒）においては、たとえ諸々の明証が説得的に見えたり、それどころか「自明に」さえ見えたりする場合があるとしても、それらを問い質すことなく単純に受け入れるわけにはいかない。それでは哲学が自己を正当化することはできない。「哲学はいかなる先所与性から始めることもできないし、諸々の自明性をあらかじめ措定してしまうこともできない。すなわち、みずから素朴性に落ち込み、哲学としての固有の意味を放棄することはできない」（XXXV, 49）。明証は、「誰もが自分自身で」、自らの自己責任において遂行しなければならない。絶対的にそれ自身を正当化する明証は、ただこの直接的な自己遂行の内にのみ存立しうるのであって、どこかから・誰かから引き継がれた「明証」と称されるものの内に存立するのではない。「正当化とは必然的に、そのような〈私にとっての、私自身の前における正当化〉である」（XXXV, 405）。「共に哲学するすべての人は、それぞれ自分自身で哲学しなければならず、自分にこう言わなければならない。始まりとは私［にとって］の始まり（mein Anfang）である、と」（XXXV, 61）。

この点からすれば、各々の哲学者を絶対的な始まりへと導こうとする現象学的還元は、必然的に自我論的であることが明らかになる。哲学の始まりにおいては、「誰もが自分自身で」哲学者にならねばならないのだが(48)、それは、どの明証をも「自己責任で」遂行し確定するという、或る特殊な「態度」へと身を置き入れる仕方でなされるのである(49)。フッサールは次のように促す。「生成しつつある［哲学者になりつつある］哲学者の出発点としての認識倫理的態度へと、身を置き移してみよう」（XXXV, 315）。この態度はまた、「省察する自我態度」「反省的・自我論的態度」「哲学的自我省察の態度」（XXXV, 317, 70, 75）あるいは「一人称で語る態度」（Einstellung der Ich-Rede）（VIII, 59）とも呼ばれている。

現象学の必然的な端緒としての「エゴ」（Ego）は、そこから他の諸原理が演繹されうるような、点的な基盤を意味するものではなく(50)、まず何よりも一つの態度を意味する。すなわち、そのうちで哲学する者が、自己責任でもって、自らを正当化しつつ哲学を開始することができるような態度である(51)。つまり、私が先入見を排除しつつ、現象学的所与性の普遍的拡がりを見渡してゆくことができるような、あるそれなりの「立脚点」（Standpunkt）ないし「視点」（Blickpunkt）（vgl. XXXV, 24f.）が獲得されるのである。「一見したところ貧困であるかに見えたエゴ・コギトの明証は、現象学的還元のなかで、多岐に渡る錯綜した諸現象の終わりのない界域を、いわば現象学的原生林を開く」（XXXV,

322f.)[52]。もしこの「私は視る」という「立脚点」が欠けるならば、現象学的「経験」の全体が失われてしまう。「自己経験は、私の考察がその上を動く地盤全体、それを放棄するならば、私の考察が意味もなく拠り所もなくしてしまうような地盤全体を、私に生み出す」(VIII, 75) のである。

それゆえ、自我的明証から出発すべきだという要求は、自我を原理・前提条件として措定しているということではなく、「自己責任的」かつ「先入見から距離をとる」仕方で、「見ることを学ぶ」(sehen lernen) ことへの要求である。「現象学者は、一切に先立ち、まずもって現象学的に視ることを学ばねばならない」(VIII, 123)[53]。この要求は、第二章で論じた明証批判および視の段階的解放――そこから「現象学的所与性圏域の拡張」が帰結する――と密接に連関している。このモチーフは、二〇年代に「超越論的経験の必当然的批判」(VIII, 169) として方法化され、現象学的「学」の確立にとって根底的な役割を果たしてゆくのである。

(三) 現象学する自我の「事実性」

これまで見てきたように、「エゴ」の必当然的明証とは、それだけを独立的に記号的レベルで操作できるような公式ではない。むしろ、「誰もが自分自身で」実際に直観しつつ遂行しなければならない明証を意味している。この点で、〈私は視る〉ということの「事実的な」交換不可能性が際立ってくる。フッサールはエゴの必当然的明証を、明確に「事実」(Tatsache) と呼んでいる。「この現象学的知覚は絶対に廃棄不可能であり、それが把捉する事実を、必当然的に明証的な事実として、十全的に与えられた事実として把捉する。そのように知覚されたものを否認することは、必当然的に不可能である。反省しつつ私は、『私は経験しつつこれこれである』を見出し、私が『私はある』というこの表現を十全に記述的に理解するなら、私は絶対的にある」(XXXV, 69f.)。

この「事実性」は、単に経験的《エンピリッシュ》な偶然性を意味していない。それでは、ここで要求されている「絶対的正当化」は達成されえないからである。ここで問題となっているのは、単に偶然的に実現された可能性であるような事実(それゆえ実際とは違っていても少しもおかしくないような事実）ではない。現象学的意味での「自我論的」な態度においては、思念対象（cogitatum）へのいかなる内容的態度決定も、妥当するものとして受容されてはならない（XXXV, 70）[54]。「絶対的に明証的な」事実は、経験され判断される対象の事実ではなく、「私は経験し判断する」という事実である。自我論的に反省する知覚が「必当然的に」確定するものは、「単に、私はこれこれの仕方で経験する、思い出す、考える、感じる、欲する［……］という事実である」（ebd.; vgl. XXXV, 77f.）。獲得されるのは、「事実としての諸現象」であって、それは、「純粋に自我論的な事実圏域」を形成している（ebd.）。この圏域は、「エゴ・コギト」というデカルト的標題によって、あるいは「超越論的ないし絶対的主観性」（ebd.; XXXV, 77f.）として特徴づけられるものにほかならない。

いまや明らかであるのは、「超越論的主観性」が超越論的還元によって「事実圏域」としてまずもって開示されねばならないということ、いかなる種類の本質分析も、この基本的な作業地盤の上ではじめて遂行されうるようになるということである。エゴ・コギトの「事実」は、「あらゆる可能性にも、他のあらゆる直接的明証にも先立っている」（XXXV, 388）ということをフッサールは強調する。フッサール的意味での「超越論的」な圏域は、事実的なものから理論的抽象を経て獲得される形相的なものの圏域ではない。それはむしろ、フッサールが繰り返し強調するように「具体的経験」の圏域であり、この圏域は、まずは私によって事実的に生き抜かれ、しかる後に、私自身による還元の遂行によって、「実際に」私の「自己経験」のうちで確認されねばならない。いかなる明証も、最終的には直観的な仕方で「遂行」されねばならない以上、理念的なものや形相的なものも、〈事実的な仕方で自我論的なもの〉にもとづいている。形相的に確定されたものは、その明証を超越論的経験地盤から汲み取っており、最終的には「自我論的な」明証遂行を遡示しているのである[55]。

したがって、エゴの「事実性」は、形相的なものの理念性に対する相対的な対立概念ではなく、超越論的・自我論的経験の地盤機能に関係しているのであって、この経験の地盤機能は、事実的なものであれ形相的なものであれ、およそ一切の経験されるものにおいて前提されている。現象学（そして哲学一般）は、フッサールによれば、「ただ『私はある』という絶対的事実にのみ」もとづいている（XXXV, 255; vgl. auch 433）。だがそれは、どのような経験や明証のうちにも含まれている、極度に「原始的《プリミティヴ》」な事実である。「必然的に最も独立した最初の明証、それゆえ最も原始的な明証は、エゴ・コギトの事実の明証であり、この明証は、そのうちに含まれている何らかの成素とともに、他のすべての明証において前提されている」（XXXV, 387f.）。ただしそれは、その単純さと「自明性」ゆえに、自然的意識にとってはかえって主題化が困難である。エゴの「絶対的」明証とは、何か形而上学的な教説のようなものではなく、何よりもまずこの原始的な単純性を表わしているのであって、それがエゴの行き止まり（それ以上遡行できない）性格（Unhintergehbarkeit）をも形成しているのである。それは、「私がもはやその背後に遡って問うことができないような、絶対的〈見る〉」（XXXV, 393）とも言われる。『イデーンⅠ』において明証原理を表現していた「あらゆる原理中の原理」という語は、いまや紛れもなく自我論的に再解釈される。かくして『第一哲学』においては次のように言われる。「『私はある』という命題は、あらゆる原理中の真なる原理であり、一切の真なる哲学の第一命題でなければならない」（VIII, 42; vgl. auch XXXV, 394）。ただし、そこで問題なのは形式的な命題そのものではなく、「私の」明証遂行の超越論的事実である。「『私はある』は抹消することのできない絶対的な事実である」（XXXV, 280）。

これまでの議論のなかで示されたのは、一切の本質分析に先立つ超越論的な〈経験する生〉（Erfahrungsleben）という「絶対的事実」が、二〇年代になると、フッサールによって明確に「自我論的」なものとして性格づけられたということである。「私はある」の明証は、それが「絶対的正当化」を果たすためには、現象学する自我自身によって事実的に遂行されねばならない。したがって、現象学の自我論的転回が意味しているのは、まず第一に、現象学する自我のもつ特有の「事実性」が、もはや放置しておけるような副次的問題ではなく、現象学が自己責任的な哲学たらんとする要求を立てるかぎりにおいて、現象学一般の中心問題と化したということである。

もっとも、現象学にとって「事実的に」現象学する自我が重要な意義をもつということが明らかとなったとしても、それでもって、「この現象学する自我とはそもそも誰であるのか」という問いが、十分に答えられたとはいえない。なるほど、「それは私自身である」と応じることはできるが、現象学しているこの「私」は、名前によっても、その他の客観的メルクマールによっても、ぴったりと名指すことができない。それは形相的自我ではなく、「事実的」で「絶対的に具体的」であるが、にもかかわらず「記述不可能」であるように見える。だが、これを口実として、一切の説明を拒むわけにはいかない。それでは単なる素朴な独断論と変わるところがない。要するに、ここで次のような問いが迫ってきている。「何もかも一切のものが、とりわけ一切の客観的に真なる世界が、それにとって意識客体であるところのこの自我は［……］誰なのだろうか？」(XXXV, 269)。提示するのがとりわけ困難なのは、「絶対的エゴ」とか「絶対的で究極的な自我」と呼ばれる（XXXV, 269f.）この「私」が、他者に対してどのような関係にあるのか、である。というのも、この「絶対的自我」は、「何らかの他の自我」ではなく、さしあたり「私の」自我でなければならないように見えるが、しかし、現実的な他者はやはり、哲学する私がもつのと同じ権利を要求しうるように見えるからである。

フッサールは、一九三〇年代、つまり彼の活動の最後期に、この問いに決着をつけることを試みる。それは、「原自我」という標題のもとに、問題の「絶対的自我」の意義を様々な角度から照らし出すことによってであった。以下、第二部では、「原自我」に関わるフッサールの思考をできるだけ体系的に再構築することを試みる。そこで明らかになるのは、「原自我」の思想が、これまで第一部で粗描してきた先行する思考の諸系列と、明確な連続性を保っているということである。しかし同時に、「原自我」の思想は、そのような思考系列から極限的な諸帰結を引き出してくるのであって、それによって、現象学的視をさらに深化させる作業に寄与しているのである。

第二部　「原自我」論の体系的解釈の試み

「原自我」の概念は、もしわれわれが通常の概念的対象を主題化するような態度を崩さないならば、出来損ないの形而上学的概念のようなものにしか見えないであろう。というのも、「原自我」とは、思考し対象化し主題化する営みそのものの自己解釈に関連して浮上してくる概念であって、思考が通常は向かわない方向へと、むりやり思考が差し向けられるときに現われてきた苦肉の表現だからである。それゆえ、それを主題化するためには、思考を適切な方向に向けて整える（それに適した態度をとる sich einstellen）必要がある。第一部での諸々の考察は、そのための準備を意図していた。これまで浮き彫りにしてきたいくつかのモチーフは、いずれも、思考自身がその中で動いているような事象次元、そして遂行の中にある思考から切り離すなら意味を失ってしまうような事象次元を指し示している。早くからフッサールの思惟の道を一貫して規定しているこれらのモチーフは、彼の最晩年の思考において、「原自我」の主題化へと一つになって流れ込んでゆく。「原自我」の体系的解釈に踏み込む前に、まずこれまでの考察の歩みを簡単に振り返り、問いの方向をより精確に規定しておきたい。

第一章で示されたのは、自明性の問題化というモチーフが、フッサールの思惟の道全体を貫いているということであった。そこでは現象学的思考が、真に自明であるがゆえに主題化しがたい経験次元を露わにしてゆく営みとして性格づけられた。第二章では、初期の「非自我論的」現象学が二つの根本モチーフに導かれていたことを際立たせた。それらのモチーフとは、まず第一に、生の近さへの還帰（生き抜かれた意識自身への還帰）であり、第二に、明証への一貫した問いであった。このような視角から現象学的還元を追理解可能にする試みを通して、現象学的な「視方」ないし現象学者の「視点」がもつ独特の意義が明るみに出てきた。それに応じつつ、第三章で明確化されたのは、『イデーンI』の時期における「純粋自我」の承認、ならびに一九二〇年代における現象学全体の自我論的転回が、初期の「非自我論的」現象学の単純な否定を意味するのではなく、むしろ、「非自我論的」現象学を最初から規定していた上述の根本モチーフのさらに徹底した帰結を表現しているということである。間主観性と純粋自我の問題に媒介されて、第一に現象学の「投錨地」――それは本質分析に先立ち、特殊な意味で「事実的」である――への問いが立てられ、第二に、「現象学しつつ〈視る者〉」への問いが浮上してくる。

このような帰結に直面するなかで、とりわけ次の二つの問いが差し迫ってくる。

(I)「現象学する自我」は、それによって開示される超越論的間主観性とどのような関係にあるのだろうか。現象学する自我は、超越論的自我共同体の一成員なのであろうか。しかし、もし現象学する者としての私が、「超越論的間主観性はただ『私の内で』、『私の』超越論的経験の内でのみ開示されうる」と主張するとしたら、それは独我論を意味することにならないだろうか。あるいは、複数の現象学する者がそれぞれの「エゴ」へと還帰するなら、「絶対的」であるはずのエゴが相対的に乱立されることになるのではなかろうか。

(II)「私はある」の明証は、さしあたり「絶対的明証」として単に形式的に確定されるにすぎないように見えるが、それはどのようにして明確な自己理解に至るのであろうか。というのも、この明証には、様々な陥穽が纏い付いており、そうした陥穽に落ち込むなら、この明証のもつ意義はただちに見失われてしまうからである。「私はある」を絶対的明証として言明するこの私自身とは、いったい誰なのであろうか。この「私」をフッサールは、一切がそれに対して妥当しているところの「絶対的で究極的な自我」(XXXV, 269)と呼んだ。しかし、この「自我」が内世界的な人間自我をも意味せず、形而上学的に構築された自我をも意味しないならば、この「自我」とはそもそも何を意味するのであろうか。この「自我」を、現象学的所与性として、適切な仕方で「視る」ことはできるのだろうか。

これら二つの密接に連関し合った問いが、以下の諸章における「原自我」研究を動機づけ、導いている。まず最初に第四章では、生前の公刊著作で唯一「原自我」の語が現われてくる『危機』第三部Aの叙述を分析し、そこから「原自我」の思考を辿るためのいくつかの基本的な補助線を導き出す。すなわち、第一に間主観性の問題と還元の徹底、第二に志向的変様の問題、第三に必当然的明証の問題である。第五、第六、第七章において、それぞれの問題に踏み込んだ議論を展開する。それを通して、「原自我」なる異様な概念が名指そうとしている事象を浮き彫りにしてゆくことを試みたい。

第四章　「主観性の逆説」から「原自我」の問いへ

「現象学の宿命は［……］、問われないままに、それどころか気づかれないままにとどまっていた諸地平から発してくる様々な逆説、共に働いているのに、さしあたり理解不可能な仕方で自らを告げてくる様々な逆説のうちに、次々と新たな仕方で落ち込むということなのである」（VI, 185）。

一　序

この章では、『危機』の思考過程を綿密に分析する。というのも、「原自我」概念は、『危機』の叙述全体が到達する頂点の一つを成しているように見えるからである。核心を成すのは第五二節と第五三節であり、そこでは、還元の遂行後に浮かび上がってくる諸々の「逆説的な不可解性」が、そのなかでもとりわけ、いわゆる「人間的主観性の逆説」が前景に現われてくる。同じく、特に注目に値するのは第五四節である。そこでフッサールは、最終的に「原自我」の問題次元へと着目することによって、主観性の逆説に対処している。最後に、第五五節の叙述を検討する。そこでは、「原自我」の明証性格が明らかにされている。これらの節の検討を通じて、「原自我」の主題化を動機づけた問題意識が、明瞭に浮かび上がってくるはずである。というのも、これらの節は、フッサールが生前刊行したものの中では、「原自我」問題系の（もちろん粗描的ではあるが）唯一の体系的な叙述と見なされうるからである。フッサール自身が明確に公刊を意図して執筆したこの叙述に即して、「原自我」問題に関わる主要テーマを導き出し、それに沿って本書の以下の研究を方向づけていくことにしたい。

二　人間的主観性の逆説

まず『危機』書の一般的な方向性に注意を向け、「原自我」問題の背景を成す問題意識を探っておきたい。本書第一章で際立たせた「自明的なものを理解可能にすること」というモチーフは、フッサール最後の著書である『危機』からとりわけはっきりと読み取れる。この観点から、フッサールは近代の科学史・哲学史を振り返る（VI, 18ff.）。そこで彼が確認するのは、真の意味での自明性――これは、まずは「生世界」との関係で、次いで「超越論的経験」をめぐって主題化される――が、近代において学問・科学が発展してゆくにつれて忘却に陥り、学問を僭称する見かけの自明性によって覆われ、置き換えられてゆくということである。「超越論的主観性」への現象学的還元は、フッサールにとって、深い忘却に陥った「真の自明性」への還帰にほかならない。次第に深いレベルの「自明性」へと還帰してゆく歩みは、第三部Aにおいて継続され、「主観性の逆説」とそれにつづく「原自我」の問題化において頂点に達する。[1]

この「主観性の逆説」は、基本的には、現象学の「投錨地」への徹底した問いから帰結するものである。第五二節においてフッサールは、還元の後、相関の問題系を最初に見渡してみるとき、「明らかにきわめて異様な認識が大量に」生じてくると述べている（VI, 178）。この事態は、「究極的な諸前提からなる地盤に関する省察」を要求する。そして、「その地盤のうちに、この［相関の］問題系全体が根差し、その地盤から、この問題系の理論的決定が最終的におのれの意味を汲み取っている」（ebd.）。しかし、この「地盤」への問いに直面すると、人はたちまち「大きな困難に、さしあたり解くことのできない予期せざる逆説に」（ebd.）陥るという。こうした問題に逢着するのは、さしあたり素朴に開始された現象学が、おのれ自身の遂行と自らの最初の成果とを振り返り、そもそも何が達成されたのか、その成果はどのような意味をもっているのかについて、明晰さを獲得しようとするときである。明らかにこの課題は、フッサールが二〇年代から重要な意義を認めていた「超越論的経験の必当然的自己批判」に属している。[(2)] 最晩年のフッサールは、いまあらためて、この課題を最新の立場から、より徹底した仕方で果たそうとしているのである。

そこで第一に問題となるのは、自然的自我と超越論的自我との関係、とりわけ、見かけ上分裂してしまった二つの自我の「同一性」と「統一」である（VI, 179f.）。まさしくこの問題が、第五三節において「人間的主観性の逆説」として主題的に取り上げられる。[(3)] フッサールによれば、この「実に深刻な困難」は、現象学の課題設定全体とその諸成果の意味を「実際のところ新たに組み直すこと」を強いる（VI, 182）。[(4)] その「逆説」は、以下のように粗描できる。普遍的エポケーの遂行によって、全世界が「超越論的現象」と呼ばれるある種の「主観的なもの」へと変貌する（VI, 182f.）。しかし、世界の内にある人間的主観性は、世界と一切の客観的なものが自らを構成する（それとして形作られる）場としての主観性でありうるのだろうか。世界の一つの「部分成素」である人間的主観性が、いったいどのようにして「全世界を構成する、すなわち志向的形成体として全世界を構成する」というのであろうか。「世界の主観的成素が、いわば全世界を呑み込み、それと一緒に自己自身をも呑み込むことになる。何という背理であろうか」（VI, 183）。[(5)]

この箇所でフッサールは、次のように自問している。「それともそれは、有意味に解消されうる逆説、それどころか必然的な逆説なのであって、自然的に客観的な態度がもつ自明性の力（常識の力）と、それに抗する『無関心の観察者』の態度との間の絶えざる緊張から、必然的に生じてくるものなのであろうか」（ebd.）。フッサールはその通りであると考えている。ここで問題となっているのは、すでに第一章で詳述した、自明性に安住する自然的態度に対する、現象学的態度の「異様さ」「不自然さ」である（第一章三、四参照）。この「不自然な」態度を「徹底して貫くのはこの上なく困難である」とフッサールは指摘する。「それは、絶えず誤解の危険にさらされているからである」（ebd.）。

だからこそ、現象学者に特有の「視方」を明らかにしておき、それを慣れ親しんだ見方へと逆戻りさせないために、特別な注意と熟考が必要になるのである。

この点に関して、フッサールが上記の箇所で、様々な誤解と誤った道に関して警告を発していることに注意しなければならない。フッサールはそれによって、ここで見抜かれるべき問題次元――最初は「異様に」見えるあの特殊な態度のなかで、はじめて開示されてくる問題次元――へとわれわれの注意を徐々に向け変えてゆくことを試みている。そこで明示されているように、一方でフッサールは、「人間は世界に対する主観であり［……］、同時にこの世界の中の客観である」(VI, 184) という、単に自明な二義的「事実」に訴えることによって、かの主観性の逆説を解こうとはしていない。そのように、自明性を単に受け入れるだけでは、いかなる理解をも得ることができないからである。他方でフッサールは、形而上学的構築によって、あるいは神学的ないし神秘的な思惟によって逆説を解消することも拒否する (ebd.)。哲学的伝統から素朴に引き継いだ議論を、現象学的確証を飛び越して、端的に用いるわけにはいかない。[6] 論理学さえ、現象学的‐直観的な道において、はじめて自らの妥当性を証示しなければならない。現象学は「自らの方法を、そしてまた自らの成果の真の意味さえも、絶えず新たな自己省察を通してのみ、獲得しうる」(VI, 185) とされる。問題の「逆説」は、新たな〈視ること〉によってのみ対処されうるのである。ただしその〈視ること〉は、自己自身の隠れた前提に対して、絶えず警戒を怠らぬようにしなければならない。それらの前提は、場合によっては解決でないものを解決であるかのように見せてしまうことがあるからである。

要約していえば、ここで露わになってきている「逆説」は、まず第一に、現象学の深化した自己理解を、とりわけ「私（自我）」の自己理解を要求している。しかも、私の〈構成する能作〉に関してのみでなく、私が現象学する営みに関しても、自己理解を深めることを要求している。「人間的主観性の逆説」は、最終的には次のような問いへと導いてゆく。すなわち、通常は自己自身を「世界の中にいる私という人間」として理解しているが、超越論的還元によって自己自身を「世界構成の主体である自我」として発見するこの「私」とは、いったい「誰」なのであろうか。どのようにしたらこの「私自身」を、それにふさわしい仕方で「見る」ことが、そして理解することができるのだろうか。いまやこうした問いが、現象学全体を根底から疑問視しかねないほどの重大な困難として迫ってくるのである。

三　「二つの自我」の統一と現象学する自我の意義

『危機』の核心的な節へとさらに立ち入ってゆく前に、先の「逆説」を「形而上学的に」解決することがなぜ不十分なのかという理由を、多少とも究明しておきたい。というのも、この点は、「原自我」への問いを問いとして適切に理解するための、決定的な前提を成すからである。ここでは、自我の「統一」と「現象学する自我」の意義が、同時に問題となる。

まず最初、世界内の人間的自我を、世界内には見出されえない超越論的自我からきっぱりと区別して別々の自我と見なしてしまえば、「逆説」の問題は消滅してしまうのではないか、とも思える。場合によっては、これがフッサール自身の見解であると想定することさえ可能であるかに見える。彼は、この二つの自我の区別を、超越論的還元によって際立たせているからである。しかしながら、世界性と非世界性とをあまりに極端なコントラストのうちに置くのは危険である。その場合、二つの自我を実体化する傾向がただちに招来されるからである。フッサールは、この誤解に対してはっきりと警告を発している。「したがって私の超越論的自我は、自然的自我と明らかに［明証的に］『異なっている』のであるが、自然的な意味で後者から切り離された第二の自我であるわけでは決してなく、また逆に、自然的な意味でそれと結合した、あるいは絡み合った自我であるわけでも決してない。それは、まさに（全き具体性において捉えられた）超越論的自己経験の領野なのであって、この自己経験は、単なる態度変更によって、心理学的自己経験へといつでも転化されうるのである。この移行のうちで、必然的に自我の同一性が打ち立てられる」(IX, 294)[7]。

この引用から明らかであるように、ここで問題となっている区別は、根本的には、同じ一つの自我に関わる態度の区別にほかならない。自然的態度においては、私は私自身を世界の中にいる人間として見出すのであるが、超越論的な態度変更によって、私は、私の生の通常は隠されている能作に気づく。私は、私自身を世界のうちに人間として見出すのであるが、この世界は、いつもすでに匿名的に遂行されている私の生の能作のうちで、その妥当に至っている。この匿名的な能作は、私の生の機能であるかぎり、私が自ら経験するという仕方で確認されうる。そして、その同じ自我が、「態度変更」によって、自己自身の〈経験する生〉に対する自己理解を深めてゆくのである。「超越論的自我としての私は、世界性のうちでは人間的自我であるものと、もちろん同じ自我である。人間性のうちでは私に隠されているものを、私は超越論的研究のなかで露呈するのである」（VI, 267f.）[8]。

（フッサールはそう考えていないが）もし仮に、世界を構成する自我が世界の外に立っており、世界のうちに実在する人間－自我とは全く別の主観であると考えても、まだ両者の関係を解明するという義務がある以上、問題はただ見かけ上解決されたにすぎない。つまり、人間としての私から隔離された、そのような「世界の外なるもの」が、依然として「自我」と呼ばれねばならないのはなぜか、という問題が残る[9]。そのような「解決」は、なるほど見かけ上は矛盾を解消するが、その無矛盾性は形式的で抽象的なものにとどまる。それは、具体的な直観を代償としてはじめて得られるものであり、その結果、事象への直観的通路は塞がれ、言明の明証的確証は不可能になってしまうのである[10]。

周知の通りフィンクは、（1）内世界的ないし人間的自我、（2）超越論的に構成する自我、（3）現象学する自我、という「三つの自我」を区別している（Fink 1966, 122; Dok II/1, 43ff.）。これは、きわめて重要な区別ではあるが、右記と同様の抽象性を分析に持ち込んでしまう可能性がある――もっともフィンク自身は、根本的には唯一の自我が問題となっているのだ、ということをはっきり強調しているのであるが（Dok II/1, 43）。批判的に考察すべきなのは、フィンクの自我理解そのものではなく、あまりフッサール的でない響きをもつ「三つの自我」という言い方である[11]。実際、フィンクの報告によれば、フィンクとの共同作業の際にフッサールは、「構成する自我と現象学する自我との対立があまりにも強調されすぎている」（Dok II/1, 183）と感じている。「原自我」問題へとつながってゆく点として、われわれはすでに現象学する自我の重要性を指摘しておいたが、これは、すでに知られた自我とは「別の」、或る「新たな自我」が問題になってきたということではない（vgl. XXXIV, 462）。むしろ、ここで問題なのはつねに自己理解の深まりであって、それは唯一の自我によって遂行されねばならないのである。さもなくばそれは自己理解とは呼べないであろう[12]。

したがって、超越論的に構成する自我について語られているところでは、つねにすでに現象学する自我がともに働いていると言わねばならない。というのも、匿名的な超越論的機能は、私が超越論的還元を「態度変更」として遂行するとき、はじめて主題的な意識に到達するのであり、それによって私は、すでに超越論的に現象学する者だからである。したがって、態度変更という観点からいえば、人間的自我だけでなく、超越論的自我も――匿名的にとどまるかぎり――自然的態度の相関者である。超越論的自我は、なるほど世界を構成するものとして機能するが、その自我の態度は、自分自身の超越論的能作に気づいていないかぎり、自然的態度である。もし超越論的自我が、自己自身の超越論的に構成する機能に気づいているなら、それはすでに現象学する自我でもある。本来、この「気づき」は、そもそも「超越論的自我」について語りうるための前提なのである。たしかに超越論的自我は、私が現象学していないときでも、いつもすでに匿名的な仕方で機能している。しかし、ある意味では、超越論的自我は現象学する自我を前提している。それは、およそ超越論的なものが語られているときには、つねに「自己理解」が問題になっているからにほかならない[13]。

現象学する自我を「関与しない観視者」（unbeteiligter Zuschauer）として特徴づけることは、この自我が「外部に立っている」かのようなイメージを喚起するが、この特徴づけもまた、態度変更との関連で理解されねばならない。「関与しない」とは、私が世界構成に参加していないということではない。世界構成とは、私が勝手にやめることができるような私の能動的意志的行為ではない以上、それに「参加しない」ということは不可能である。「関与しない」とはむしろ、「関心的生」（Interessenleben）の根本的な態度変更を表現している[14]。自然的生においては、「あらゆる目的は『[いわゆる]世界なるもの』(„die“ Welt)のうちに終着点をもつ」(VI, 180)。なるほど現象学者は、エポケーにおいても「自然的生を『自然的に生き抜く』」(ebd.)のでなければならないが、「認識目標」はいまや全く異なっている。「現象学者の関心は、できあがった世界を目標としてはいない」(ebd.)。むしろ、現象学者の眼差しは「超越論的主観性」へと還帰し、「それが自らの隠れた内的な『方法論』において世界をもち、『成立させ』、形成し続けている様々な仕方」(ebd.)へと立ち戻るのである。この態度変更のうちにこそ、現象学する自我の「無関与性」の本質がある。だが、この「無関与」というあり方もまた、自然的な関心をもった関与と同様、私の唯一の生の一つの「様態」なのである。もっともそれは、「徹頭徹尾新たな生のあり方」(VI, 153)と言われるのではあるが[15]。

注意すべきは、三つの自我、すなわち内世界的自我、超越論的に構成する自我、現象学しつつ主題化する自我は、態度変更と、自己理解の深まりの過程において、不可分に一つであるという点である。現象学する者としての私は、私自身の超越論的自我(ないし自我生)の匿名的な構成能作を主題的に意識するに至るのであるが、この構成能作のうちで、私が私自身を人間として客観化された仕方で見出す場としての世界が、構成されてくるのである[16]。この全体的布置は、現象学する者としての私によってはじめて透見される。この意味で、現象学する自我は、この構図全体を見透している際には、現にそれを見ている私にとって「最も近い」自我であるといえる。態度変更の全体を生き抜いた唯一の自我として自己自身を知るのは、現象学する自我なのである[17]。

さてそうすると、「この『最も近い』唯一の自我とは誰か?」という問いが生じる。この問いに答えるには、日常的な諸事実も、形而上学的な議論も役に立たない。問題となっているのは、現象学しつつ自己自身を超越論的に機能するものとして主題化しているこの自我を、現象学的与件として開示し、理解可能にすること、ただこの一点である。その際とりわけ留意すべきことであるが、現象学する自我は、超越論的現象の主題的領野へと没頭しているときには、現象学する自我としての自己自身を主題的に意識してはいない。現象学する自我の主題化は、自己理解の更なる深化を意味しているのであり、それはまたしても、陥りがちな誤解と注意深く闘ってゆくことを要求しているのである

(vgl. XXXIV, 299f.; VI, 185)。

四 「原自我」の問題化

以上、「主観性の逆説」が暗示している主題的連関を略述した。この「逆説」を通して投げかけられた問いは、「原自我」問題を扱っている『危機』の中心的な諸節への、導入の役割を果たしている。『危機』の第五四節と第五五節では、この「逆説」の解消が試みられている。そして、まさしくこれらの節において、「原自我」の概念が浮上してくるのである。以下では、これらの節を詳しく検討してゆく。それを通して、「原自我」という異様な概念を生み出すようにフッサールを強いたのは、どのような特異な諸問題であったのか、という点が具体的に浮かび上がってくるであろう。

a 間主観性の問題と超越論的「視方」への問い

「逆説の解消」と題された第五四節は、二つの部分に分けられている。それぞれ、「(a) 人間としてのわれわれと、究極的に作動しつつ能作する主観としてのわれわれ」、「(b) 原自我としての私は、世界を構成する超越論的間主観性の共主観としての超越論的他者たちからなる私の地平を構成する」と題されている。

第五四節 (a) において、フッサールはまず、例の「主観性の逆説」とそれを通して迫ってくる問いをさらに先鋭化させる。世界を構成しつつ自己自身を世界の中に組み込むという (VI, 185)、逆説的に見える主観性への問いに関して、フッサールはいまや、「われわれの最初の歩みの素朴性」(ebd.) を指摘する。すなわち、反省の最初の段階においては、「対象極―所与性様式 (最も広い意味での現出様式)」(ebd.) という相関関係が、とりわけわれわれの関心を惹く。この「コギタチオとコギタータ」に対して、「エゴ」というもう一つの相関項は、まだ主題的な視圏に入ってこない。「自我は、最高の反省段階のテーマとして、なるほど言葉には出されていたが、慎重な分析的・記述的歩みにおいては、当然のことながらより手近な諸連関が優先され、自我は相応の権利を認められるに至らなかった。自我が機能しつつ存在することの深みは、後になってはじめて感じ取れるようになるのである」(VI, 186)。

続いてフッサールが強調するのは、新たに登場してきた自我問題とともに、「間主観性」への問いが中心的な意義をもつ問題として浮上してくるという点である。「私が『自我』と言った途端に、『自我』が『他の自我』へと、『われわれすべて』へと、そのなかで私が『一つの』自我にすぎないような多数の『自我たち』を伴った〈われわれ〉へと意味変転するという現象が、［これまでは］欠けていた。つまり私から、いや私の『うちで』、〈われわれすべて〉としての間主観性が構成されるという問題が欠けていた」(VI, 186)。これは、第三章で浮き彫りにされ、第二部の冒頭で問い(I)として要約した問題である。見逃してはならないのは、この問題が「自我」の「意味変転」(Bedeutungs-wandel) に関係づけられている点である。これが、第一に銘記しておくべき論点である。これは「志向的変様」の問題を意味しており、本章四b(三)および第六章で詳しく論じることになる。ここでは、自我と間主観性との逆説的な連関への問いは、「原自我」の問題化を直接に動機づける最も重要な根本問題であるという点のみを強調しておきたい。

フッサールは、「原自我」の問題に立ち入る前に、〈世界を構成し、その内に自分たち自身を構成する「われわれ自身」の自己理解〉がここで問題となっているということに、もう一度注意を促している。「いま立ち止まって自己省察へと入ってゆく必然性が、ついに不可避的に浮上してくる問いによって、きわめて鋭く感じられるようになる。その問いとは以下のようなものである。普遍的構成の意味能作・妥当能作を遂行する主観としてのわれわれとは、誰なのであろうか。――共同化のなかで世界を極体系として、すなわち共同化された生の志向的形成体として構成するものであるようなわれわれとは、誰なのであろうか」(VI, 186)。つまり今度は、第二部冒頭の問い(II)が問題となっているのである。そこでは、超越論的に機能する主観が「人間」と同一視されてはならないという点が強調される。

「人間」は世界のなかにある実在者であり、エポケーによって「現象」へと転化されねばならない。「人間」は、さしあたり志向的経験の「対象極」であって、遡行的問いの手引きとして役立つ（ebd.）。超越論的に構成する主観は、こうした対象極から厳密に区別されねばならないが、それでもやはり「現象」である——ただし、対象的な現象とは全く別の種類の現象ではあるが。フッサールによれば、「哲学者は、エポケーのうちでは、自己自身をも他者たちをも、素朴に・直線的に人間として妥当させてはいない。そうではなくて、ただ『現象』として、超越論的な遡行的問いの極として妥当させているのである」（VI. 187）。ここで言われているのは、純粋な「自我極」である。

それに関連して強調すべきことは、自我極と対象極とを、「並び立つもの」として思い浮かべてはならないという点である。並び立つものはすべて、すでに対象的に見られたものである。以前すでに際立たせておいたように、『危機』のこの箇所で問題となっているのは、何よりもまずある種の「態度」であり「視方」なのであって、そのうちで、自我極と対象極との間の差異もまた、これまで気づかれなかった統一的な布置において見通されるのである。第五四節（a）の最後の一文は、この意味で読まれねばならない。「しかし、エポケーのうちで、機能する自我極を眼差し、そこから生とその志向的中間形成体と最終形成体との具体的全体を純粋に眼差すことにおいておのずと立ち現われてくるのは、人間的なものではなく、心と心的生でもなく、実在的な心理物理的人間でもない——これらすべては『現象』に、構成された極としての世界に属しているのである」（VI. 187）。ここには、「機能する自我極」から発し、「生の具体的全体」とその多様な能作形成体を見てとる独特の「眼差し」が、はっきりと語られている。この「眼差し」は、人間の眼差しとしては性格づけられない。「人間」は、見られた現象としての「世界」に属しているからである。「超越論的‐現象学的なもの」と「人間的なもの」との厳密な区別は、まさしくこの「視方」の違いにあるのであって、超越論的なものが「世界の外に実在している」などというわけでは決してない。

b　「原自我」と間主観的複数化の問題

第五四節（b）において、ついに「原自我」が語り出される。以下では、この極端に凝縮して書かれたテキストを注意深く解釈してゆくことにしたい。そこでいくつかの重要な点が際立ってくるが、それらは、今後の諸章で詳しい分析を展開していくための手がかりとなるものである。

（一）　深化した自己理解と「哲学的孤独」

フッサールは、第五四節（b）を、それまでの進み方の不十分な点――それは例の「逆説」によって喚び起こされたものである――を指摘することから始めている。「われわれの素朴な歩みは、実際、完全に正しいわけではなかった。詳しく言えば、それはわれわれ自身の、哲学する者の自己忘却によるのである」（VI. 187）。つまり、ここで迫ってきている問題は、ほかならぬ「現象学する自我」に関わっており、さらにいえば、この自我の「自己忘却」に関わっている。哲学する私が、私自身の「視」を幾重もの遮蔽から解放しつつ、新たな自己理解へと、私自身についての新たな「覚醒性」（Wachheit）へと突き抜けるということはいかにして可能かがここで問われているのである。こうした自己理解の要求は、根本的な方法的意義をもっており、叙述の最初の中心点を成しているのであって、これがここでの問題設定の一般的枠組みを提示している。

現象学する「自我自身」へのこうした問いを、フッサールは以下のように詳述している。「エポケーを遂行するのは私であり、そこに複数の人がいるとしても、それどころか私と実際に共同しつつエポケーを行っているとしても、私のエポケーのうちでは、私にとって他のあらゆる人間たちは、彼らの作用生の全体もろとも、世界現象のうちに引き入れられてしまっている。そしてこの世界現象は、私のエポケーのうちでは、もっぱら私の世界現象なのである。エポケーは比類のない哲学的孤独を生み出すのであって、それは真に根本的《ラディカル》な哲学にとって、方法上の根本要求なのである」（VI. 187f.）。いまや、本書が跡づけてきたフッサール自我論における二つの線、すなわち自我の間主観的複数性の問題と、現象学する自我への問いが、交差するに至る。「私は誰か」という根本的な問いに促されて、フッサールは最終的に、哲学する自我を超越論的「他者」との関係において徹底的に問い糾すことへと導かれる。それによってフッサールは、現象学の要求する「最後の投錨地」を提供しうるのは「自我」であるのかどうか、もしそうであるとすれば、それはどのような仕方においてなのか、そこでそもそも「自我」というものをどのように理解したらよいのか、を明らかにしようとするのである。

（二）　徹底化されたエポケーと「多義性」の問題

問いの大まかな方向を明らかにした後、フッサールは問題の現象をさらに詳しく分析の俎上に載せる。先鋭化された「哲学的孤独」は、まず、一人の人間の自然的・内世界的な孤立から厳密に区別されねばならない。フッサールの指摘によれば、この哲学的孤独における「私」は、遭難者のように、共同性から単純に隔離された個人であるというわけではない。この場合遭難者は、自分が依然として人間の共同体に属しており、たまたまそこから切り離されているにすぎないということを、十分知っているからである（VI, 188）。それに対して、ここで肝要なのは、「私」および「共同体」という意味の妥当を、方法的に無効化することである。さもなければこの妥当は、当の哲学的思考にとって、まだ批判的に吟味されていない先入見として働いてしまうからである。その場合この妥当は、前提され使用されていても、気づかれないままなのである。このような意味妥当のエポケーは、これまで触れられなかった次元へとわれわれを導き入れるのではあるが、形式的に見るならば、初期の還元論以来一貫して同じ方法的手続きを示している。[18]この還元は、以下のように表現されている。「私は、依然として自らにとっての〈汝〉と〈われわれ〉、共主観（Mit-subjekte）の全共同体とを自然的妥当のうちにもっている一人の自我ではない。全人類、および人称代名詞の区別と秩序の全体が、他の人間たちの間での私という人間の優先性もろとも、私のエポケーのうちでは現象と化してしまっているのである」（ebd.）。この言明が誤解の余地なく明らかにしているのは、ここでは実在する人間の孤立化が問題となっているのではなく、妥当意味に関する徹底化されたエポケーが問題となっているのだということである。つまり、人称代名詞と共に前提されている意味構造の全体を、働きの外に置くということが目論まれているのである。

この点、すなわち自我多数性の妥当構造全体に関わるこのラディカルなエポケーが、銘記しておくべき第二の点である。いわゆる「原自我」は、この徹底したエポケーによってはじめて主題化されうるのである。フッサールはいまや、この点に関連して決定的な論点を言葉にもたらす。「私がエポケーのなかで到達する自我、デカルトの概念を批判的に再解釈し改良するなら『エゴ』と呼べるであろう自我は、本来、ただ多義性（Äquivokation）によってのみ『自我』と呼ばれるのであるが、もっとも、それは本質的な多義性である。というのも、もし私が反省しつつそれを名指すならば、私は次のように言うほかはないからである。すなわち、それは私である、エポケーを行う者である私である、つまり世界を、いまその存在と、かくあるあり方において私に妥当している世界を、私がかくも完全に確信しているすべての人間と共に、現象として問題にしている私こそ、ここで到達された『自我』なのである、と」(VI. 188)。これは、今後の解釈の一つの指針となる箇所である。それが示しているのは、ラディカルなエポケーによって露呈される「自我」が、もはや普通の意味では「自我」であるとはいえないということである。この「多義性」とは、何らかの方法で克服されうるような単なる偶然的欠陥ではなく、当の現象そのものに属している「本質的な」必然性である。ここで注意すべきは、多義性にもかかわらずここでなおも「自我」と言わなければならない理由が、エポケーを行う者、現象学する自我の問題と結び付けられているという点である。この問題状況のうちに、以下の各章で詳しく究明されるべき核心的な現象が告げられている。

『危機』の該当箇所には、この独特の意味での「自我」をどのように理解したらよいかについての、若干の示唆が見出される。先ほど「自我」と呼ばれたものは、以下のように敷衍される。「すなわちこの私とは、私にとって意味をもつ一切の自然的現存在を超えており、それぞれ超越論的な生の自我極であって、その生のうちで、さしあたり世界が純粋に私にとっての世界という意味をもつ。要するに、全き具体性において受け取るならば、これらすべてを包括しているような自我なのである」(VI. 188)。ここから、「自我」の二つの性格規定を読み取ることができる。第一に、「自我」は「自我極」として性格づけられる。この意味で私は、私にとって有意味に経験されうる一切のものと、比類のない唯一的な関係をもっている。というのも、あらゆるものは、私にとって一般に存在者として問題になりうるかぎり、それぞれ〈私にとってある〉というあり方をもっている、と言えるからである。第二に、ここでの「自我」は、全き具体性において受け取られるならば、私にとってある一切を「包括する」ような自我である。この規定は、とりわけ問題的に響く。もしこれが不合理な独我論を意味するものでないなら、フッサールは一体何を言おうとしているのであろうか。この問いは、第七章第二節で詳しく扱うことにする。

(三) 格変化不可能な「唯一性」と「志向的変様」

フッサールの叙述は、以前の歩みの「素朴性」を再び取り上げる。そこでフッサールが強調するのは、以下のことである。すなわち、奇妙な多義性のうちにある哲学するエゴの「孤独」から帰結するのは、決して超越論的間主観性を排除するとか否定するとかいったことではない。「[エゴの「孤独」]にもかかわらず、世界を〈万人にとっての世界〉として構成する超越論的間主観性について語られねばならないということが、正当化されえないということにはならない――その超越論的間主観性の内に、今度は他者たちの中での『一人の』超越論的自我として、再び私が登場し、同時に『われわれ皆』が超越論的に機能するものとして登場するのである」(VI. 188)。「超越論的間主観性」に関する、すでに決定的に確立された認識は、その意義を少しも減じることがない。「哲学的孤独」への新たな洞察は、それと少しも矛盾するものではないのである。この洞察はむしろ、これまで気づかれなかった或る新たな次元へと還帰し沈潜してゆくことを意味している。それはすなわち、超越論的間主観性の主題化においてもすでに絶えず妥当地盤として役立っていたのであるが、それとして問題化されることはなかった次元である。この点で、『危機』第五四節までの考察の歩みは、ある種の素朴性に纏い付かれていたことになる。

いまや、この方法論的素朴性が取り除かれねばならない。その際、忘却されていた問題の次元は、明確に「原自我」という標題と共に名指されることになる。「ただちに超越論的間主観性へと飛び込み、原自我を飛び越えてしまったこと、すなわち、その唯一性と人称的格変化不可能性を決して失うことがありえない〈私のエポケーのエゴ〉を飛び越えてしまったという方法的歩みは、転倒していた」(VI, 188)。つまり、超越論的間主観性は、自我の特有の「唯一性」(Einzigkeit) との関係を明らかにしないかぎり、まだ十分に確保された明証をもつとはいえないのである。「人称的格変化不可能性」とは、人称代名詞の意味に関するエポケーをさらに徹底化したものと考えることができる。[19] つまり、そこで ich と言われるとしても、それはまだ一人称・二人称・三人称等の区別 (du や er などとの区別) に組み込まれていないだけでなく、ich が mir や mich に格変化することさえない。そのような格変化は、すでに私自身を対象化する視点を含んでいる。このような自己相対化の可能性さえ、括弧に入れられるのである。「原自我」という語は、このようなエポケーによって開示される経験次元を言い表わしている。このエポケーによって、「自我 (私)」という語の普通の意味は宙吊りにされているはずなのだが、それにもかかわらず、私はこの次元をなおも「自我 (私)」と呼ばざるをえないのであって、そこから「多義性」が発生するのである。

しかし、どのような意味で、この次元をなおも「自我 (私)」と呼ばねばならないのであろうか。それは本当に不可避的なのであろうか。この問いは、以下の研究にとって中心的な問いであり、繰り返し問い直されてゆくことになる。ここでひとまず確認しておきたいのは、フッサールの考えによれば、「原自我」と呼ばれる次元は、一方では「自我 (私)」という語の普通の意味を超え出ており、他方では、「自我 (私)」という語で表現されるほかない契機を含んでいるということである。「原」という接頭辞は、ここで普通の意味での自我が問題となっているのではないことを暗示しているが、かといって何らかの非自我が問題となっているわけでもない。むしろここで問題化しているのは、ある先鋭化され徹底化された意味での「自我的なもの」でもある。つまり、「原」という接頭辞は、われわれのよく知っている自我概念からの差異を表現すると同時に、当の自我概念の徹底化をも表現しているのである。

しかし、フッサールはただちに次のように強調するのを怠らない。すなわち、原自我の「唯一性」と「格変化不可能性」は、われわれのよく知っている自我の格変化可能性と間主観性の構成とを、決して排除するわけではない。原自我は「――それに固有の特別な構成的能作によってであるが――自己自身に対して自らを超越論的に格変化可能にするのであり、したがって自己自身から、また自己自身のうちで、超越論的間主観性を構成し、単に優先された一項として、すなわち超越論的他者たちの自我として、自らをそのなかに組み込む」(VI, 188f.)。超越論的間主観性は、最初から単純に前提されてはならない。間主観性もまた私にとって「妥当する」かぎり、その妥当意味が現象学的に問われうるし、問われねばならない。このような問いに対して、フッサールは、「超越論的な格変化」の現象を追究することによって答えている。それが意味しているのは、ある種の自己相対化であって、それによって私は、私自身を他の諸々の自我の間にいる一人の自我として経験しうるのである。この格変化は、他者がやはり「一人の自我」であるということを理解するための条件でもある。

自我の相対性と間主観的複数性をはじめて経験可能にする、こうした「格変化」を、フッサールは以下のように敷衍している。「エポケーの中での哲学的自己解釈［……］は、次のことを開示しうる。すなわち、つねに唯一的な自我が、そのうちで進行する本源的な〈構成する生〉のうちで、最初の対象圏域、すなわち『一次的』圏域を構成すること、そこから出発して、動機づけられた仕方で、一つの構成的能作を遂行し、それによって自己自身と自己の一次性の志向的変様が、『異他知覚』(Fremdwahrnehmung)、『他者の知覚』、〈私自身と同様、彼自身にとって自我であるような他なる自我〉の知覚という標題の下で、存在妥当に至るということ、その有様が開示されうるのである」(VI, 189)。つまりここでは、いわゆる「一次性」の構成、ならびにその「志向的変様」が問題となっている。フッサールによれば、この「変様」こそ、諸々の自我の相対性と同格性――それは、間主観的他者経験の意味に本質的に属している――を、意識において経験可能にしているのである。「一次性の構成」というテーマは、『危機』における右記の叙述を、第五デカルト的省察と結びつける。そこでは、間主観性の構成が体系的に扱われているが、フッサールがそれに満足したことは決してなかった[20]。しばしば批判される第五省察の叙述は、すでに志向的変様の分析を含んでいるが、それは試論的で断片的にとどまる。『危機』の先ほど引用した箇所が示しているように、このテーマは間主観性の分析の中心的論点となっている。「志向的変様」については、第六章で詳しく論究することにしたい。

(四) 他者経験と再想起との類比と時間化の問題

次に、フッサールが他者経験に関する「志向的変様」の現象を「再想起」との類比を手がかりにして研究している点に注目する必要がある。再想起されたものには、一つの自我が属しているが、この自我は、現在の内に生きている原本的(original)な自我ではない。「つまり、顕在的な自我は、自己自身の変容態(Abwandlungsmodus)を(過ぎ去ったという様態で)存在するものとして構成するような、一つの能作を遂行する」(VI, 189)。過ぎ去った(過去の)自我は、原本的自我の「変様」(Modifikation)という性格をもつ。この現象と同様に、他者経験においても、フッサールは「志向的変様」による自我複数化(Ich-Pluralisierung)の構造を見てとる。ただしもちろん、両者の間には根本的な差異がある。再想起においては、自我の「同一化」(変様された自我は過ぎ去った自我自身である)が支配的であるのに対し、他者経験においては、明確な非同一性(変様によってはじめて理解可能になった自我は、私自身ではない)が支配的である。

再想起と他者経験の関連づけは、単に恣意的な類比ではなく、二つの根本的な時間化様式の間の、事象的に根拠づけられた平行性にもとづいている。「いわば脱‐現在化[Ent-Gegenwärtigung]による(つまり、再想起による)自己時間化は、私の脱‐異他化[Ent-Fremdung](高次の脱‐現在化としての感入——私の原現前[Urpräsenz]を単に準現在化された原現前へと感入すること)と類比的である」(VI, 189)。見過ごされてはならないのは、「脱‐異他化」もまた一種の「脱‐現在化」である、すなわち、一種の「時間化」として遂行されるという点である。他者経験の根底にある「志向的変様」の構造をより具体的に分析するために、フッサールは、時間化の現象のうちに一つの手がかりを見出すのである。この観点から、第六章四ではこの「類比」の意味を主題的に論究する。

ここでひとまず強調しておかねばならないのは、志向的変様を「私から他者を産み出すこと」として理解することは決してできないということである。というのも、もし仮にそのように考えるとした場合、そこでは「自我」の意味も「他者」の意味もすでに前提されているからである。これに対し、フッサールによる「変様」の分析においては、「自我」と「他者」という意味そのものの原構成が問題となっているのである。すでに強調したように、ここで問題となっているのは、何らかの他者が実在的に存在しているか否かではなく、他者の「存在妥当」がもつ特殊なあり方である。[21] 私が他者を「他なる自我」として経験しうるかぎり、私はある種の特別な経験様式と特別な存在妥当をもつが、この特殊な経験様式と存在妥当こそが、現象学的に問題化され、理解されねばならないのである。したがってここでの問題は、つねにすでに自明的に使用された存在妥当から、その意味の構成的前提へと問いを遡らせてゆくことである。先に「志向的変様」と言われたとき、そこではこうした「意味」とその前提に関する遡行的分析が問題となっていたのであって、そこで言われているのは、「私」が他者を実在的な意味で、あるいは形而上学的な意味で「産出する」ということではありえないのである（詳しくは第六章四を参照）。

（五）自我の方法上の優位と素朴性の克服

第五四節（b）は、それまでの方法的歩みの素朴性を指摘するところから始まっていた。注目すべきは、この節の終わりで、自我問題のもつ方法的意義がもう一度強調されていることである。自我の「優位」は、まず何よりも方法的意味で理解されねばならない。「方法上は、エゴとその超越論的諸機能および諸能作の体系性から出発してのみ、超越論的間主観性とその超越論的共同化が開示されうるのであって、この間主観性のうちで、諸々の自我極の機能する体系から出発して、『万人にとっての世界』が、しかもどの主体にとっても万人にとっての世界として、構成されるのである」（VI, 189）。要するに、自己自身と自らの他者経験とに問いかけるよりほかに、他者と間主観性の現象への通路はないということである。第三章で明らかになったように、「私」であることなしには、他者の現象をもつことはない（第三章二b参照）。「私であること」は、他者の現象への通路を成しているわけであるが、ただしその際、この現象のうちに自己を告知するものは、私の直接的経験を完全に凌駕するという性格をもっているのである。問題は、徹底したエポケーによって可能となるこの方法的な遡行的問いのなかで、「私であること」が、その通常の慣れ親しまれた意味を喪失し、ある種「異様な」現象として露呈されざるをえないという点である。結局のところ、「原自我」とその「変様」についての叙述全体を、この問題が支配しているのである。

この困難は最初は気づかれずにいるため、現象学的思惟の考察様式にはある種の方法的素朴性が付着している。この素朴性が、それとして明示され克服されねばならない。「最初のエポケーの素朴性は、たったいま見たように、次のような帰結をもっていた。すなわち、哲学する『エゴ』である私は、機能する自我として、超越論的諸作用と諸能作の自我極として私自身を捉えたことによって、私がそのうちに自らを見出す〈人類〉もまた、私が私のうちでひとりで遂行したのと同じ〈機能する超越論的主観性への変貌〉を遂げるものだと、一躍にして無根拠に、つまり不当に見なしてしまうという帰結である」（VI. 190）。「素朴性」は、「われわれ」の誰もが、すなわち私とそれぞれの他者がみな、一人の自我であるということ、この点で誰もが「同じ」であるということを、超越論的現象学者としての私が無造作に前提してしまった点に存する。私はこの同格性のことをどこから知るのか、あるいは、この同格性は、どのようにして私のうちでその疑いえない妥当へと至ったのか、ということは問われなかった。無批判に前提されたこの「自明性」が、いまや主題的に問われねばならない。(22)

第五四節の凝縮した叙述を、フッサールは以下のような強調的な語句で締め括っている。「しかし、どのような事情においても、これ以上立ち入ることのできない最深の哲学的諸根拠から――しかもそれは単に方法上の理由にとどまらない――、エゴの絶対的唯一性と、一切の構成に対するその中心的な位置とが、十分に顧慮されねばならない」（VI. 190）。「エゴの絶対的唯一性」は、なるほど第一義的には方法的観点から問われるのであるが、その意義は、単に方法的な点に制限されるわけではない。ここでフッサールは、その「最深の哲学的諸根拠」には立ち入らないが、この節のこれまでの叙述のなかで、この「諸根拠」は少なくとも示唆はされている。以下の諸章（第五〜七章）では、それらの示唆を追跡し、そこで暗示された諸問題を、より精密に究明する必要がある。それらの問題は、もっぱら最晩年の研究草稿のうちで扱われている。たとえば「志向的変様」と「脱‐現在化」は、「単に方法的ではない」といわれた諸問題に属している。とはいえ、これらの問題は、適切な方法的観点からのみ主題化されうるということも忘れるわけにはいかない。

c 「絶対的エゴ」の必当然的明証

最後に、第五五節に述べられている、これまでの叙述に劣らず重要な示唆について考察しておきたい。第五四節の叙述に続けて、フッサールは、エゴの中心的な位置をもう一度強調している。そこでフッサールが「エポケーの改造」について語っていることに注意すべきである。「以上に述べられたことに従うなら、エポケーの最初の試みに対して、第二の試みが必要となる。いいかえれば、あらゆる構成の究極的に唯一の機能中心としての絶対的エゴへの還元によって、エポケーを意識的に改造する必要がある。このことが、超越論的現象学の方法全体をさらに引き続き規定しつづけるのである」(VI, 190)。

ここで「第一のエポケー」の「改造」と言われているのは、ある種の自我形而上学への恣意的な転向ではない。すでに示唆したように、そこで問題となっているのは素朴性の克服である。つまり、哲学する私が、盲目的な自己忘却から自己を解放し、見過ごされていた「より深い自明性」の圏域を露呈させることが問題となっているのである。原自我論のこうした側面を、フッサールは、先に引用した箇所にあった「絶対的エゴ」のもつ中心的位置に結びつけて強調している。世界の恒常的かつ非主題的な地盤的妥当、ならびに「世界の内にいる人間」としての自我の、疑いえない統覚的妥当を示唆した後で、フッサールは、すでに本書第一章で注意を喚起しておいた重要な一文を語り出す。

「だが、この『自明性』を理解することこそが、まさしく最大の問題なのである」(VI, 191)。「自明性」を理解するというこの課題を、フッサールはこの箇所で、エゴの自己審問と自己露呈とにはっきりと結びつけている。「いまや方法が要求するのは、エゴが自らの具体的な世界現象から出発して体系的に問い遡ることであり、そこで自己自身、すなわち超越論的エゴを、その具体性において、すなわちその諸々の構成的な層と、言いようもなく錯綜した妥当基づけとの体系性に関して、学び識ることである」(ebd.)。そこで強調されねばならないのは、「エゴ」なるものが硬直した点のようなものとしてではなく、これまで気づかれなかった様々な問題を伏蔵している作業領野(Arbeitsfeld)として露呈されるということである。「エゴは、エポケーの開始において必当然的に与えられてはいるが、『沈黙した具体態』として与えられているのである。この具体態は、展示＝解釈され、表現された言葉へともたらされねばならないのであり、しかも、世界現象から問い遡る体系的な志向的『分析』においてそうされねばならない」(ebd.; vgl. I, 77; XXXIV, 203)。

この分析の途上で、やはり人類の「自明性」に関係する新たな問いが浮上してくる。いくつかの例を挙げれば、「非正常性」(Anomalität)(子供性、狂気、動物主観など[23])、生殖性(Generativität)、誕生と死、性、眠りと失神(無意識的なもの)などに関する問いである。ここでは、これらの問題の詳細には立ち入らない。本論の目標にとっては、むしろ「エゴの必当然性」のほうに注目すべきである。というのも、『危機』のこの箇所で、「エゴの必当然性」がまたしても大いに強調されているからである。先ほど引用した箇所からはっきりと読み取れることであるが、エゴは、分析の開始点においては、ある意味でまだ「無規定」なのであるが、それでも「必当然的に」与えられている。右に挙げた諸問題はすべて、エゴの超越論的自己経験という地盤上ではじめて浮上してくるのである。したがってエゴは、それらの問題の最も包括的な枠組みを成しており、同時にその解決のための明証の源泉でもある。こうした観点から、「従来の哲学の、およそ考えられうるかぎりの有意味な問題で、超越論的現象学がその途上で一度も到達しないにちがいないと言えるような問題は、存在しない」(VI, 192)とフッサールは強調する。つまり、「エゴ」の具体態は、思考可能ないかなる問題もそこから身を退けることができないような根本圏域として発見されるというのであるが、そうはいっても、他の領域と並ぶ何らかの特別な存在領域があるということではない。むしろ、われわれが絶えず前提しており、絶えずその中でものを見ているにもかかわらず、自然的な視線の方向においては必然的に非主題的にとどまるような或る「視方」があるというにすぎない。それは、視の媒体そのものであるがゆえに、視が出会いうるあらゆる主題がその中に現われるにもかかわらず、それ自身は主題的対象と同じ仕方では現われない。極度に自明であるが、そうであるがゆえに見透しにくいこの現象次元が、本書の以下の叙述のテーマとなる。フッサール自身、「エゴ」を自明性問題の枠内で捉えていたということは、以下の引用からも明らかであろう。「エゴ・コギトという、哲学的に盲目である者にとっては何よりもありきたりでつまらないことが、哲学的に見る者にとっては、あらゆる驚異中の驚異である」(XXXV, 318; vgl. 66; VIII, 5, 166f.)。

第五五節の最後の段落で、フッサールは、「エゴの必当然性の要求がもつ意味と、この超越論的根底の上で獲得された一切の超越論的認識の意味」(VI, 192) をさらに強調している。エゴの現象学的意義は、その必当然性が、第一に自然的な明証から、第二に「演繹」のための前提条件 (Prämisse) から厳密に区別されることによって特徴づけられる。

(1) フッサールは、エゴのそれ以上遡りえない明証を、まずは自然的な諸々の明証と対比させている。「エゴに到達するとき、ひとは、その背後に遡って問おうとすることが無意味であるような明証圏域に立っていることに気づく。それに対して、明証に依拠する普通の仕方はすべて、それ以上遡って問うことを切断しようとするかぎりで、神が自己を啓示する神託に依拠するよりも、理論上ましであるというわけではない」(ebd.)[24]。このような仕方でフッサールが注意を促しているのは、普通ひとがそこで問うのをやめるようないわゆる「自明性」が、盲目的な信念と変わるところがないということである。なぜなら、そこでひとは実際、素朴に・直線的に遂行された「ドクサ的」作用のうちに生きているからである。そこでひとは、自己自身の主観的生の機能には気づかず、それについて問うこともない。

このことは、われわれが日常の中で自明性に依拠する仕方に当てはまるのみではなく、しばしばわれわれが無条件の信頼を寄せている学問的・科学的明証への依拠にも当てはまる。「あらゆる自然的明証、あらゆる客観的学問の明証（形式論理学と数学の明証も例外ではない）は、『諸々の自明性』の界域に属しているのであって、これらの自明性は、実はその背後に不可解な背景をもっているのである」（ebd.）。「エゴ」とは、いつもすでに生き抜かれているが、まだ「理解されて」はいないこの背景に対する標題なのである。

（2）他方で、エゴの必当然的明証を、その上に一つの理論体系を築き上げることができるようなある種の「前提条件」と見なすことも、避けねばならない。「あたかもエゴ・コギトが、そこから他の認識（その際ひとは素朴にも客観的認識についてしか語らないのであるが）を絶対的な『確実さ』において演繹するための前提条件ないし前提圏域であるかのように見なし、超越論的現象学を『デカルト主義』であるとして論破しようとするのは、もちろん笑うべき誤解ではあるが、残念なことに普通に見られる誤解である」（VI, 193）[25]。エゴとは、その上に理論的構造物の全体が拠って立つような堅固な一点ではない。「エゴ」という標題でもって表現されているのは、第一義的には或る特有の「視方」である。このことは、何度強調しても十分ということはない。この「視方」においては、「エゴ」を理論的組織体の一項として眼前に見出すということはない。むしろ人は、「エゴ」という視角から何かを見るのであって、第三章で示したように、フッサールはこの視角を、「自我論的態度」「省察する自我の態度」などと呼んでいる（第三章三c参照）。

この態度において、ひとはもはや、自然的生の実践的目的（それは最初から客観性へと向けられている）を追求するわけではない。あらゆる自然的目的は、世界という地盤に終着点をもつのであるが、学問も自然的目的に寄与するかぎり、自然的態度に立つ学者もまた、世界という地盤上を動いている（vgl. VI, 180）。それに対して、現象学的・自我論的パースペクティヴから試みられるのは、この自然的生と学問的生を形成している活動と能作の全体を「理解可能に」することである。「肝要なのは、客観性を確かめることではなく、それを理解することである。かくも精密な客観科学が、何ごとかを真剣に説明してもおらず、説明することもできないということを、ひとはついに洞察しなければならない。演繹することは説明することではない。予言すること、いいかえれば、物理学的・化学的物体の客観的な構造形式を認識し、それにしたがって予言すること――このことはすべて、何ごとも説明してはおらず、むしろ［逆に］説明を必要としているのである。唯一つ、真に説明することであるのは、超越論的に理解可能にすることである。あらゆる客観的なものは、理解可能性の要求の下に立っているのである」(VI, 193)。初期の還元思想を導いていた動機が、ここにもはっきりと見てとれる。すなわち、客観的諸学の超越化する理論形成とは違って、自明性を理解可能にするという動機である（第二章二参照）。

原自我論において中心的役割を果たしている「エゴの必当然性」は、客観的に固定化された明証ではなく、明証論的な「視方」を指しているのであって、その「視方」において、あらゆる客観的なものが、普段は「自明なこと」として見過ごされているより包括的な連関のうちに「引き戻して理解され」うるのである (ebd.)。そこで核となる出来事は、第二章（三c）で指摘したように、主題領域が単純に拡張するということではなく、哲学する者の自己理解が深まるということである。フッサールによれば、そこで問題となっているのは「能作する主観性の、最も徹底的で最も深い自己省察」(ebd.) なのである。『危機』の導入的な第一部においても、編者によって「結語」に選ばれたテキストにおいても、自己理解の深化が哲学史の指導的な動機として大いに強調されている点に注目すべきである。[26] その際、またしても現象学的必当然性の意義が「必当然的認識」の通俗的概念との対比において際立たされている (VI, 274f.)。「自己理解の深化」という動機が隅々まで浸透した『危機』という書物は、その重要な箇所で必当然性の問題を指示しているが、この問題はこの書物の中では詳しく論究されていない。『危機』の叙述は、二〇年代以降フッサールが積み重ねてきた絶えざる努力、すなわち、初期の明証論をさらに深化し、諸々の明証のできるかぎり透徹した理解に達しようとする努力に立脚している。本書第七章では、明証論のこうした新たな展開にもとづいて、フッサール的意味での「必当然性」の意義を明確にすることを試みる。このことは、「原自我」の思想を追理解可能にするために、不可欠の課題であると考えられる。

第五章に進む前に、本章での成果を簡単に振り返ってみよう。『危機』の解釈を通して確認したかったのは、「原自我」の問題化を一つの頂点とする『危機』第三部Aの叙述において、第二部の冒頭で立てた次の二つの問いが実際に主導的な役割を果たしているということであった。その二つの問いとは、(Ⅰ)超越論的間主観性は現象学する自我とどのような関係にあるのか、(Ⅱ)エポケーを行い、現象学しつつ「私はある」ということを必当然的明証として言明するこの「私」とはいったい誰なのか、という問いである。「人間的主観性の逆説」との関連で示したように、そこで第一に問題となっているのは、きわめて理解し難く、自然的な眼差しにとっては異様に映る或る「視方」であって、それは主観性の、そして現象学する者自身の深化した自己理解を要求する。この問題は、次いで「三つの自我」の問題に即して詳述され、次のように問い直された。「自我の三つのアスペクトを唯一の自我として生き抜いているこの『私』とは誰か?」。そこでひとは、慣れ親しんだ自然的自己理解にも、形而上学的構築にも逃げ道を見出すことはできない。この問題状況がフッサールを促し、いわゆる「原自我」の問いへと向かわせてゆく。そこで同時に、超越論的間主観性の問題も、新たな角度から前景に現われてくる。いまや、間主観性を無雑作に前提してしまうという隠れた素朴性が批判されねばならない。それを通して、「自己省察」に依拠する現象学的方法論への問いが先鋭化されるのである。

こうした問題意識を背景として、さしあたり五つの中心的な論点が明確になった。(1)独特の「哲学的孤独」、(2)徹底化されたエポケーと「私」という語り方の「多義性」、(3)原自我の格変化不可能な「唯一性」と志向的変様、(4)他者経験と再想起との類比、(5)エゴの「必当然性」、である。以下の諸章で、これらのテーマを詳細に論究してゆくことにしたい。最初の二つの密接に連関しあった問題は、第五章で扱う。次の二つは、第六章で扱う。最後の第七章は、第五の問題、すなわちエゴの「必当然性」をもっぱら扱うことになる。

第五章　原自我とエポケーの徹底化——問題の批判的限定

「したがって、現象学的な態度をとる者は、はじめて見ることを学び、修練を積み、修練のなかで、自己と他者の固有本質的なものについての、揺れ動きつつ次第に規定されてゆく粗い概念をまずもって手に入れるのでなければならない」(VI, 251)。

一　導入と問題設定

a　原自我の「未知性」とエポケーの徹底化

『危機』の解釈を通じて、自我の「謎」は多少とも具体的な輪郭をもつに至ったが、その際とりわけ、自我の「哲学的孤独」と「唯一性」の問題が前景に浮上していた。現象学する自我の問題が手つかずのまま放置されるかぎり、超越論的間主観性は、究極的な現象学的真理という位階を要求することはできない。「原自我」の思惟は、「自我の謎」を解消しようとするフッサールの努力の跡を示している。以下では、決して平坦ではないフッサールの思惟の歩みを、エポケーの一貫した徹底化という観点から描き出すことを試みる。

フッサールにとって次第に明らかになってきたのは、あたかも「客観的・中立的」な視点に立つかのような仕方で自我理論の体系を提示するというのでは、いまや全く不十分であるということであった。超越論的問題系に関して、一般に次のように言うことができる。「不可解さは、とりわけ強烈な仕方でわれわれの存在仕方そのものを襲う」（IX. 289）。この点は「原自我」の問題化において先鋭化される。哲学する自我は、もはや自らの主題領域の外部に、一つの安全な「観客席」を見出すことはできない。自我にとっての「視方」ないし「態度」そのものが、根本的な意義を持ち始める。適切な「態度」なしには、問題となっている自我の原現象は全く視野に入ってこない。というのも、ここで問題となっているのは、ある極度の「自明性」であって、それは、自然的に習慣化された意識だけでなく、学問的に教育された意識にとっても――それどころか最初の段階における超越論的現象学にとっても――、全く気づかれないまま前提されているのである。この「自明性」（Selbstverständlichkeit）を、われわれの自己理解のうちに深く隠された「不可解さ」（Unverständlichkeit）として露呈するためには、われわれ自身が通常の意味で自明的かつ素朴に遂行してきた「視方」との批判的対決が不可欠である。

エポケーによって超越論的自我は、すでに示したように（第一章五ａ）、「全く異他的なもの＝見知らぬもの」（völlig Fremdes）（XXXV. 76）として姿を現わしてくる。「原自我」に関していえば、その未知性と異他性はもっと根本的である。というのも、さしあたり素朴に獲得された超越論的自我の概念がまだ気づかずに前提しているものを徹底的にエポケーすることによって、はじめて露呈されうるのが「原自我」の問題だからである。最初は自明なものとして使用されていた「超越論的間主観性」の「意味」は、いまやその妥当と構成に関して批判的に吟味されねばならない。そこで問われているのは、われわれの（私の）自己理解が深く根差しているような、すっかり慣れ親しまれている意味構造である。この意味構造がいったん働きの外に置かれることによって、フッサールが「原自我」の概念とともに記述しようとしている極度に異様な（見慣れない）生の次元が露呈される。この次元は、自己理解の更なる深化を要求しているのであり、そのためには、エポケーの方法がさらに徹底的に適用されねばならない。「素朴に獲得された超越論的自我は、それ自身またしても超越論的還元を蒙らねばならないのである」（XXXIV. 300）。

したがって、「原自我」と呼ばれる問題次元が、そもそもはじめて主題的な視圏に入り込んでくるためには、われわれわれの「視」の自然的・日常的な諸前提だけでなく、学問的・哲学的な諸前提もまた、注意深く意識化され、働きを止められねばならない。しかしこのことは、特有の困難に纏い付かれている。というのは、そのような諸前提は、全く自明的な「先入見」に属しており、それらの先入見は、個体的および共同的な意識発達のうちで、確固たる習慣と化してしまっているからである。「何世紀にもわたる伝統に属する思考習慣は、それほど簡単には克服できず、それらをはっきりと断念したとしても、なお依然として妥当することをやめないのである」(VI, 248)。密かに前提された思考習慣が「先入見」として機能しているかぎり、われわれの眼差しは気づかずに一定の方向へ向けられており、それによって、その方向からは外れている一定の問題次元が隠蔽されてしまう。その際、隠蔽的に働く「先入見」そのものは、われわれの視線からさらに徹底して逃れてゆく。フッサールは、決して無駄に警告を発しているわけではない。「すでに子供の心にも刷り込まれているそのような先入見の本質に属しているのは、まさしく、それが現に働いているときには隠されているということである。無前提であろうとする抽象的で一般的な意志だけでは、それに何ら変更を加えることもできない」(VI, 122)。方法的エポケーの課題は、先入見による隠蔽のこのようなメカニズムそのものを主題化し、通常は無自覚的なその働きを的確に遮断することである。[1] この課題は、「原自我」を主題化する際には特に顧慮されねばならない。

b 経験と概念。超越論的シンボル

徹底したエポケーについてさらに詳しく見ていく前に、もう一つ予備的な注意が必要である。それは、経験と概念との関係に関してである。「原自我」という主題は、最初から自明的な共通の主題としてわれわれ全員の眼の前に提供されているわけではない。「原自我とは何なのか?」という問いに対して、「問題の対象はどのような類と種に属しているか」という仕方で、端的に答えることはできない。というのも、そもそも「原自我」は、〈単にその性質が知られていない一つの客体〉であるというわけではないからである。この点で、問う者と答える者は、共通の意識の方

向を最初から苦もなく共有するというわけにはいかない。そこでの意識の方向は、客観的－実践的な方向でもないし、客観的－学問的方向でもない。要するに、ここでそもそも何が問われているのかについて、素朴な予断から出発することは大いに危険である。

しかし「原自我」とは、知られていないことが当然であるような、全く新たな理論的構築物でもない。既知性が欠けていることは、むしろここでは知に経験が先行していることを意味している。「視」の解放としてのエポケーが、新たな経験を開示するということを想起されたい。「かくして、エポケーが解放する眼差しもまた、やはり一つの、それなりの仕方で経験する眼差しであるはずである」(VI, 156)。エポケーが開くのは、自然的生の必然的な機構によってこれまで匿名的に生き抜かれていた経験を、反省的に「見えるようにする」経験である。現象学的認識と言明は、このような「超越論的経験」という源泉からのみ、自らにとっての明証を汲み取ることができる。そこにこそ、現象学的記述を確証する可能性が存しているのであり、これが現象学者を恣意的な構築の手前で引き止めているのである。

それゆえ、「原自我」について言明する難しさは、経験の新しさに由来している。すなわち、一貫したエポケーによって、すでに知られている既存の概念によっては理解不可能な新種の経験が立ち現われてくるのである。「原自我」の主題化に際して、自然的概念であれ学問的概念であれ、ある特定のよく知られた概念を自明のものとして前提するなら、まさにそのことによって、右に言われた「未知の」経験をはじめて露呈させるはずの或る新たな「視」の可能性が閉ざされてしまう可能性がある。すなわち、そこで人は、自らの経験の素朴な理解――ただでさえよく慣れ親しんでおり、居心地のよい理解――へと逆戻りしてしまうことになる。もちろん、「原自我」の記述に際しても、自然的言語を使用することは避けられない。しかし、諸々の概念は、その自然的な意味内実の端的な妥当が宙吊りにされるような仕方で、用いられることになる。それによって諸概念は、問題の事象そのものへの通路として機能する。[2] この点に関連して、フッサールは「超越論的シンボル」について語っている。「言語は自我論的に還元され、諸々の語や文は単に自我論的なシンボルになるのであり、それらのシンボルは、エゴによって自由な活動のなかでその意味内実を受け取る。すなわち、その内実は、括弧入れによって純粋に自我論的な内実となり、あるいは、超越論的他者たちを妥当のうちに置いた後は、エゴのうちで超越論的なものとして接近可能な超越論的内実となり、自由な活動のなかで諸々のシンボルに付与されるのである」(Ms. B I 5/2a)[3]。

ラントグレーベは、フッサールにおける概念と直観との関係について、興味深い示唆を行っている。「フッサールにとって、諸々の概念は、理性にアプリオリに固有なものの解明＝展開(Explikation)ではなく、直観の内実を呈示するための単なる示唆であり、補助手段にすぎない。そこから、フッサールが導入するあらゆる概念の暫定性と解消可能性が由来するのであり、それらを再び撤回する可能性が絶えず存立しているのである」(Landgrebe 1973, 322)。そこには、直観と思惟の間の関係に関する近代的伝統からの逸脱が告げられている。「思惟は直観へと向けられており、直観のうちで充実される。直観は思惟に先立っており、思惟はつねに直観の背後にとどまる」(ebd.)[4]。それゆえ、エポケーによる視の「純化」(あるいは「脱拘束化」)は必須である。それは、「直観」をはじめて接近可能にし、そのことを通じて、直観されたものに関するあらゆる思惟(そして述定的な解明＝展開)、さらには思惟されたことの確証を可能にするからである[5]。

ここから次のようなことが言える。方法への意識を注意深く形成することは、「原自我」の主題化に際しては、決して副次的な問題ではなく、テーマそのものを獲得するためにもすでに不可欠である。その際、われわれ自身のよく馴染んだ自己意識を、方法的に宙吊りにしてゆくことが決定的な役割を果たす。フッサールが強調しているように、超越論的エポケーは、「宗教的改心」にも比せられるような(VI, 140)、ラディカルな〈視方の転換〉を要求する。といっても、この視方の転換は、単純に天啓のようにやってくるというわけではない。むしろ全くその反対である。この転換は、主題的眼差しの、注意深く綿密な自己批判によってはじめて可能になる。そのような批判は、決して完全には不可能であると反批判することはいつでも可能だが、たとえそうだとしても、それは自己自身のこれまでの視方を手付かずのまま残し、その上に安住してよいという理由にはならない。

フッサールは『危機』のなかで、「原自我」の問題に立ち入る前に、繰り返し新たな逆説と自己誤解へと落ち込むという現象学の不可避的な「宿命」を強調していた（VI, 185）[6]。だが、これらの誤解はつねに、そこで経験されたものの構造を開示する方法的機能を合わせ持つ。以下で試みるのは、「原自我」に関する様々な解釈を検討し、そのことを通じて、「視方」の転換を漸進的に準備することである。一見「原自我」を理解可能にしてくれるかに見えるありがちな解釈を斥け、学ぶべき解釈から学ぶべき点を先鋭化してゆくことによって、「原自我」という語と共に語られている問題次元を批判的に限定してゆくことを試みたい。「原自我」なるものを恣意的な構築物として単純に捨て去るのでなく、この語を「超越論的シンボル」として用いつつ語られる言説の現象学的意味へと多少とも接近することが、上記の試みによって可能になるであろう。

c　術語について――「原自我」「原エゴ」「絶対的エゴ」等

様々な解釈の検討に先立って、若干の術語について注記しておきたい。以下では、「原自我」（Ur-Ich）という用語が現われる箇所のみでなく、「原エゴ」（Ur-Ego）、「原初的自我／エゴ」（das urtümliche Ich/Ego）、「絶対的自我／エゴ」（das absolute Ich/Ego）という語が用いられている箇所をも参照してゆく。単に「エゴ」（Ego）について書かれている箇所も、場合によっては検討の対象になる。

「原自我」という術語にとりわけ注目しなければならないのは、フッサールが生前最後に出版した著作『危機』において、この術語を強調的に用いているからである。この術語は、研究草稿の中にも見られる。[7]草稿中には、「原エゴ」という術語も現われる。[8]両者は、外形から見ても使い方からしても、大抵の場合同義語と見なすことができる。区別があるとすれば、「原自我」はしばしば生の「根源的流れ」（Urstrom）と対比的に理解されており、「根源的極」（Ur-Pol）と等置されることもあるのに対し[9]、「原エゴ」の方は、根源的極をも根源的流れをも包括する具体的主観性を意味する傾向がある、という点である。[10]しかし、この区別は厳密に保持されてはおらず、原エゴも場合によっては根源的極を意味することがある。[11]

ところで、「原自我」と「原エゴ」との緩やかな区別は、「自我」と「エゴ」との間のやはり緩やかな区別を反映している。フッサールは「自我」という語を、しばしば「意識」（「生」、「意識流」、「生の流れ」など）に対する「自我極」の意味で用いる。これに対し、「エゴ」という語は、しばしば具体的な超越論的主観性を指示している。[12] また、「エゴ」という術語は、還元との関係で自我の超越論的性格を際立たせるために用いられることも多いと言える。[13] したがって「エゴ」は、すでにそれ自体かなり特別な意味の籠められた概念であり、それゆえ場合によっては、ほぼ「原自我」ないし「原エゴ」を意味する可能性がある。「原エゴ」は「エゴ」である、と問題なく言えるが、そこでは「エゴ」のもつある種の根本性格が強調的に表現されている。それゆえ、以下の研究においては、必要に応じて「エゴ」の性格規定をも参照することができるであろう。[14]

同じことが、「(究極的な) 絶対的自我／エゴ」という語にも当てはまる。第四章で示したように、フッサールは『危機』のなかで、「原自我」の問題化に続けて「絶対的エゴへの還元」(VI, 190) を強調している。「絶対的エゴ」という表現は、二〇年代以来、しばしば特に強調された仕方で、たいていは還元論のコンテクストにおいて現われる。しかし、間主観性の意味に関するエポケーが明確に遂行されないかぎりは、「絶対的エゴ」を「原自我」と同一視することはできない。これに対し、「絶対的エゴ」の一般的な性格規定は、これをより精確に規定した「原自我」にも当てはまる。

「原初的自我（ないしエゴ）」(urtümliches Ich/Ego) という語は、しばしば時間化と発生的構成の分析において用いられており、場合によっては「原自我」の同義語と見なすことができる。[15] ただし、「原初的自我」の概念は――「原自我」と違って――間主観性に関する明確なエポケーを前提せず、それゆえより広い意味で用いられているという点に注意すべきである。

最後に、以下の点を注記しておきたい。「モナド」の概念は、諸モナドの多数性を前提している。これに対し、「原モナド」(Ur-Monade) という術語は、「原エゴ」と重なることがある。「原エゴ」とは、複数化されたモナドにとっての原様態を表わしているからである。(16) 「モナド化」については、後ほど第六章でより詳しく検討することにしたい。「原自我」と「先自我」との違いについては、本章三bで主題的に論じる。

二 「沈黙した具体態」としての原自我?

a 見かけ上の「無差別」

さてここから、「原自我」の様々な解釈の可能性を検証し、超越論的間主観性の徹底したエポケーを追理解可能にしていくことを試みたい。まず、「原自我」をエゴの「沈黙した具体態」と見る解釈から検討してみよう。

まず第一に、原自我論の中心的な契機であり、根本的な解明を要する点を取り上げる。すなわち、(A)「原自我」は、まだ「自らの〈汝〉(Du) や〈われわれ〉(Wir)、共主観 (Mitsubjekt) たちの全共同体を自然な妥当のうちに持っているような自我ではない」(VI, 188: vgl. 84) といわれる点である。私と他者たちとの区別は括弧の中に入っているのだから、ここでは「多義性によってのみ」「自我(私)」について語ることができる (ebd.)。ここから想起しうるのは、(B)「エゴ」はエポケーの始まりにおいては、「沈黙した具体態」として与えられており、そもそも初めて展示＝解釈されねばならない未解釈の事象だといわれていたことである (VI, 191)。右に引用した (A) のすぐ後に、この (B) の内容が記されている点も、両者のつながりを裏付けているように見える。つまり、「原自我」とはまさにこの「沈黙した具体態」にほかならないという解釈が可能であるように見えるのである。この解釈に従うなら、〈汝〉も〈われわれ〉も持たないという「原自我」の性格規定は、展示＝解釈の開始段階における超越論的主観性の「無規定性」を示していることになる。現象学的解釈が進展するなら、超越論的主観性 (「エゴ」) が自己自身のうちに「超越論的間主観性」の全構造を発見する。具体的な全き姿での超越論的主観性は、超越論的間主観性にほかならない。

このように、（1）無規定のエゴと（2）間主観性とを解釈の時系列的発展の中に継起的に位置づけることによって、超越論的間主観性を放棄することなく、懸案の「エゴの多義性」が理解可能となるように見える。

しかし、一見説得的なこの解釈は、精確に検討してみると、貫徹できないことがわかる。この解釈においては、「原自我」の「無規定性」が、間主観的構造の「非主題性」として捉えられている。つまり、間主観性の意味構造全体は、手つかずのまま妥当しつづけている。それは、単に主題的に意識されていないだけなのである。私はすでに間主観性の意味構造を持っているが、この構造は、現象学的分析の開始段階においては、ただちに主題的意識に至ることはなく、背景にとどまっている。それは「すでにある」のだが、「覆われている」だけなのである。

要するに、この種の「非主題性」は自然的素朴性の別名であって、意識的に狙いを定めて間主観的意味構造を宙吊りにする「方法的エポケー」が帰結するものとは全く異なることは明らかである。エポケーとは、特定の主題を括弧の外に排除することではなく、いわば「主題化しつつ括弧に入れること」であって、それは問題の意味構造を、その非主題的（匿名的）な機能の只中における隠蔽性から解放し、それが機能する有様を透見しうるようにするのである。ここで以下のことを想起されたい。『危機』において「原自我」への問いが初めて前景に現われてくるのは、「ただちに超越論的間主観性へと飛び込んでしまうこと」が最初の歩みの「素朴性」として批判的に暴露されることによってであった（VI, 188; vgl. 185, 187）。つまりここでは、超越論的間主観性が主題化された後にもなお残る素朴性の克服が問題となっているのであって、この段階で初めて主題化される「原自我」を、〈まだ超越論的間主観性が全く主題化されていない現象学の開始段階〉における「沈黙した具体態」として解釈することは不可能である。「原自我」は、超越論的間主観性がすでに主題的に扱われた後で、はじめて問われうる。「原自我」の問題が切迫してくるのは、すでに主題的になった超越論的間主観性と、徹底して「自我論的」である現象学的考察方法との間の見かけ上の齟齬が、しかるべく解消されることを要求してくるときなのである。

b　エポケーにおける現象学する者の「覚醒性」

上記のことから、もう一つ今後銘記しておくべき帰結を引き出しておきたい。すなわち、「原自我」は「汝」をも「われわれ」をも妥当のうちにもたないといわれていたが、ここでは決して、眠りとか失神のような不明瞭・鈍重な意識状態が問題となっているわけではないということである。「原自我」という術語が指示する「経験」は、一切の際だった差異が消失するような、ぼんやりとした意識状態では決してない。むしろ、問題のエポケーは、きわめて高度の注意力を要する操作である。それは、妥当の外に置くべき措定を意図せず再び妥当させてしまい、エポケーを逆戻りさせてしまう可能性に対して、絶えず警戒していることを要求する。つまりここでは、高度に「覚醒した」意識が問題となっているのであり、この意識は、自らの生の匿名的機能を露呈することによって、自己忘却という形での素朴性を克服することを目論んでいるのである。この点に関して、フッサールは「視」(Schau)、「視る」(Schauen)等々の表現を用いているが、これらは熱狂的な脱自＝忘我(Ekstase)(通俗的に理解された意味での「神秘的」忘我)を示唆しているわけではない。むしろそれは、極度に醒めた「理性」[17]を示唆している。

超越論的エゴに関して、フッサールは次のように語っている。「この自我とその目的論は、神話的に構築された自我自体などではなく、現象学的態度において醒めた仕方で直観的に与えられ、本質記述の自由に供されている自我である」(XXXV, 273)。同じ箇所でフッサールは、超越論的主観性の「解明しつつ理解するはたらき」――それは、必当然的な「視ること」から自らの明証を汲み取っている――を、「考えうるかぎり最高の合理性形態」(ebd.)と呼んでいる。ここで言われていることは、「原自我」の問題化にも全く留保なく当てはまる。フッサールは上記の箇所で表明された根本態度を、最晩年に至るまで変えることはなかった。編者によって『危機』の「結語」に選ばれたテキストも、このことを示している。そこでフッサールは、「自己自身に到来する絶対的理性の担い手たる哲学するエゴの、最も深く、最も普遍的な自己理解の哲学」(VI, 275)として現象学を理解している。「理性」はここでも「神話的に」理解されてはならない。それが示しているのは、「醒めた」視ることという明証性格にほかならない[18]。

三　意識発展の「開始段階」としての原自我？

a　発達心理学的誤解

たったいま際立たされたように、「原自我」という語で語られる経験次元が、ぼんやりと曇った意識状態とは異なるとすると、以下のような誤解をも徹底して斥ける必要性が出てくる。それはすなわち、ここで語られている「徹底したエポケー」とは、すでに存立している諸区別を単に「覆い隠し」「遮蔽」するだけだ、という誤解である。あたかも諸区別の認識のみが機能の外に置かれ、その認識が関わる諸区別そのものは、認識から独立に絶えず存立しているかのように、エポケーを理解することはできない。自体的に存在するものと、その認識とを、こうした仕方で素朴に分離することは、まさしく現象学的エポケーが克服しようとしている当のものである。エポケーによって、「諸々の意味」を宙吊りにすることが求められているが、それが目標としているのは、以下のことである。すなわち、こうした「意味」が「存立していること」ないし「妥当していること」は、通常はおのれを示してこないため、その匿名的な機能を理解するためには、まずはそうした意味の妥当それ自体を主題的に現出させ、問いの俎上に載せねばならない。これがエポケーの目標である。(19)

以上から帰結するのは、「原自我」の次のような解釈は、容易に思い浮かぶものではあるが、支持しえないということである。それは、「人称代名詞の区別と秩序全体」を妥当のうちにもたないといわれる「原自我」(VI, 188)を、意識発展の発生的先行段階と見なす解釈である。発達心理学が提供する豊富な経験的知見によれば、幼児はその発達の開始段階においては、「人称」についてのいかなる概念をも持たず、後になってはじめて、それを少しずつ理解するようになるといわれる。こうした経験的観察は、なるほど、後から示すように、「原自我」の問題と全く無関係であるわけではないが、両者の問題次元を性急に同一視することは避けねばならない。というのも、心理学的観察において問題となっているのは、幼児の意識状態とその発達とを仮設的に再構築することだからである。心理学者は、成人には通常見られるが幼児には欠けているような心理学的諸契機が、徐々に発達してくるプロセスを追跡する。そうして、幼児の意識がどのような仕方で徐々に構造化され、「外的現実」(それは心理学においては、最初から自体的に存立していると見なされる)に適合してゆくのかを確定しようとする。この手続きにおいて、他者および間主観的共同態の「意味」は、最初から前提され、妥当のうちにあるという点に注意すべきである。これに対して、「原自我」問題への通路を開く徹底化されたエポケーは、他者および共同態のこうした「意味」そのものを括弧に入れる。それによって研究されるのは、認識の経験的な発達過程ではなく、当の「意味」を妥当にもたらす超越論的な「意味構成」である。他者の「意味」を問いの俎上に載せることによってのみ、「原自我」をめぐる居心地の悪い問題系が浮かび上がってくるのである。当の「意味」を「自明」として前提するという素朴性にとどまるなら、それについて問うこともそれを理解にもたらすこともできない。

さらに「原自我」が、発達過程において一度現われ、また消えてしまった意識段階を意味するという誤解も斥けられねばならない。自然科学的・実証主義的心理学は、意識を「世界内に実在するもの」と見なす客観化的統覚を前提している。実在するものと見なされるかぎり、意識は客観時間上の出来事であり、次々に現われてくる発達位相の系列の中に組み込まれうる。この観点からすれば、意識の幼児的先行段階は、成人にとっては、すでに通り過ぎて後にしてきた位相である。それはいわば、取り戻しえない「遠さ」のうちにあり、仮設的に再構築されうるのみである。

それに対して、「原自我」が問題となりうるのは、まず第一に根源的な時間化のレベルにおいてであり、そのうちで「以前と以後」の秩序を伴った客観的時間(内在的-客観的時間も含む)がはじめて構成される。この原現象を単なる「以前」と見なすことができないのは明らかである。それは論証的循環を引き起こすからである。第二に、すでに強調したように(特に第三章三b、c)、「エゴ」の原現象は私自身への極度の「近さ」を意味している。それは、エポケーを行い、自らの生に覆蔵されている諸々の含蓄をめぐって自己審問を行う「現象学する私」の「近さ」である。

「絶対的エゴ」とは、仮設的に再構築された自我ではなく、現在的な生の明証における「私自身」であって、私はこの明証から距離をとることができないのである。上記二点は、どちらも以下の諸章で詳しく分析されねばならない[20]。（そのなかで、「直接的な現在」そのものが一種の仮設的想定なのではないか、という疑問にも、不十分ながらある程度答えていくことを試みたい。特に第六章の変様論を参照。）

だが、ここでただちに付け加えておかねばならないのは、「原自我」と意識の発生的先行段階とは、全く無関係であるわけではないということである。フッサールが繰り返し強調するように、心理学のうちには、現象学との見逃すことのできない平行関係がある[21]。幼児の意識へと自分を置き入れて、幼児の視点から一切を見ることを一貫して試みようとすれば、高次の意味妥当を働きの外に置くというエポケーをどうしても遂行せざるをえない。たとえこうしたエポケーが方法的に行われているのではないとしても、それが事実上暗黙のうちに行われていることはありうる。そのような暗黙のエポケーは、突き詰めるなら、世界の一般定立とそれに属する人間的自己統覚を括弧に入れるよう心理学者を強いることになる。一貫した心理学的還元は、われわれを超越論的還元へと導く[22]。「原自我」の問題が徹底化されたエポケーと還元の帰結として登場する以上、心理学が客観的‐自然主義的自己理解から身を振りほどこうとするとき、最終的にはこの「原自我」の問題にぶつかることはありうる。

この点を裏書きしているのが、『危機』第七一節のある箇所である。フッサールはまず以下の点を示唆している。「心の固有本質的なものを言葉にもたらそうとする記述的心理学の理念が、純粋にその働きを展開させるなら、そのなかで必然的に、現象学的‐心理学的エポケーと還元が、超越論的還元へと転換するということが起こる」（VI, 259）。このように、心理学と現象学との間の「平行関係」を示唆した後で、フッサールは、「こうした最も手近なエポケーと還元の仕方に対する訂正」（ebd.）がここで必須となるということに注意を促している。こうした還元の「訂正」は、すでに第五四、五五節において「原自我」との関連で登場していた。第五五節の表題は以下のようになっている。「われわれが最初に行ったエポケーの開始形態を、絶対的に唯一的な、究極的に機能するエゴへの還元によって原理的に訂正すること」(VI, 190)。他者に関する徹底したエポケーは、すでに第三部Aの末尾で扱われていたが、これをフッサールは第三部Bの結論部でもう一度取り上げる。世界全体のみでなく、他者たちもまた、一貫したエポケーを蒙り、私にとって「現象」とならねばならない、とフッサールは言う。「こうして、徹底的で完全な還元は、それによってさしあたり絶対的に孤独化される心理学者［……］の、絶対的に唯一のエゴへと導いてゆく」(VI, 260)。ここで問題になっているのが「原自我」であるということを、フッサールはそれに続く言明のなかで明らかにしている。「必当然的なエゴ」が自らの内に蔵している純粋な諸志向性において、必然的に「他の諸々の主体、ただし含蓄された他のエゴとしての他の諸々の主体が共に存在していることが証示されうるのであり、それとともに、自我と他者との原分離(Urscheidung)が証示されうる」(ebd.)という。つまり、「私／他者」という(意識上の)区別は、「絶対的に唯一のエゴ」の原経験とともに自らを形作るのであり、そのような仕方で、当の区別として認識されうる。これにより、間主観性はもはや外的に見られた「相互外在」(Außereinander)としてではなく、必然的な「志向的相互内在」(intentionales Ineinander)として、「内側から」可視的になるのである(ebd.)。

b 「原自我」と「先自我」。明証の秩序と発生の秩序

前節の議論では、「原自我」を、発達心理学的観点から見られた意識の開始段階と混同する危険に注意を促したが、純粋心理学的視方を首尾一貫して深めてゆくと、超越論的還元へと突き抜けることができるという点も指摘した。だが、これだけではまだ「原自我」と「意識の先行段階」との関係が十分明らかになったとは言えない。周知のように、フッサールはいわゆる「発生的現象学」のなかで、意識の発生的先行段階へと遡行することを試みている。そのような意識の先行段階は、究極的には「先自我的な(自我に先立つ)」段階であることが明らかになる。そこでフッサールは、超越論的意識発生の「先自我」(Vor-Ich)について語っている。この「先自我」は、「原自我」と同一のものであろうか。[23] もしそうでないとすると、いずれも「根源的」といいうるこれらの自我同士は、どのような点で区別される

のであろうか。

「先自我」に関して、まずはありがちな誤解を取り除いておかねばならない。フッサールは、意識発生の「先自我的な」段階を、「没自我性」(Ichlosigkeit) によっても性格づけている。しかし、そうはいっても、意識のこの段階にはそもそも全く自我が居合わせていないということではない。「没自我的」ということが意味しているのは、むしろ、自我が意識プロセスに能動的に関与していないということである。[24] まず受動的な志向性を考えてみるなら、それは強い意味で「自我的」であるとはいえないが、すでに自我の受容的な中心化を前提している。[25] この意味で全く自我を欠いているわけではない。

しかし、受動的な自我中心性にさえ先立つ、さらにもっと深い層があるとは考えられないであろうか。「ベルナウ草稿」(一九一七/一八年)のある箇所が、それを示唆しているように見える (XXXIII, 276)。そこでフッサールは、「『完全に没自我的な』感性的諸傾向」について言及し、それを自我の「受動的反応」から区別している。しかし、そこで〈いかなる自我をも欠いた意識〉について語られているのだと主張することはできない。第一に、問題の「没自我的」諸傾向は、フッサールが自ら強調しているように、自我的なものから単に「抽象された」ものであるにすぎない (XXXIII, 275f.)。そのかぎりにおいて、ここで問題となっているのは、自我がまだ全く存在しない発生的先行段階ではなく、ある「『抽象的に』際立たされうる構造」(XXXIII, 276) であって、この構造は、具体的に見るならば、すでに自我と共に登場してくるものである。ただその構成が、自我の関与がない形で生起するにすぎない。そうであるかぎり、自我はつねにすでに居合わせている。[26] 第二に、自我は、「眠っている」ときにも、中心化の極として居合わせているという点に留意する必要がある。つまり「自我」とは、この場合あらゆる意識プロセスの共属性を別の言葉で言い表わしたものにほかならない。私が「目覚める」とき、「私は目覚める」というこの現象は、それ自体において「私は眠っていた」ということを遡示している。眠っていた「没自我的な」意識は、それによってすでに、「目覚めた」意識と結び付けられているのであり、そのようにして私の意識の連続的統一に属しているのである。自我とは、諸体験がこのように普遍的かつ本質的に〈互いへと関係づけられていること〉の相関者なのであって、その恒常的機能は、「目覚めた」意識と「眠っている」意識が共に一つの意識に属するかぎり、そのどちらの意識相のうちにも志向的に含蓄されているのである。[27] 第三に指摘すべきは、フッサールが、時間意識の「没自我的な」捉え方を自ら撤回しているということである。ある草稿によれば、そのような捉え方を、彼は「時間意識の古い理論」において展開していたが、その後考えを改め、以前は「没自我的」と呼んでいた志向性の層のうちに、「衝動志向性」を見るようになった。そして、この「衝動志向性」のうちには、すでに「自我極による恒常的中心化」が見られるというのである(XV, 594f.)。

まさしくこの最後の点に関連して、フッサールは「先自我」という術語を導入する。[28]「徹底的に先自我的なものへと［……］遡行する問い」(XV, 598) と言われると、あたかも、いかなる自我的契機も含まないような層があるかのような印象を受ける。しかし、フッサールによれば、最下の衝動的意識層もすでに原極 (Ur-Pol) へと中心化されているのであって、この極が「衝動自我」(Trieb-Ich) (Mat VIII, 257)、「本能の自我」(Mat VIII, 254)、「根源的本能の極」(Ms. E III 9/ 18a) あるいは「まだ目的へ向けて限定されていない本能の極でさえあるもの」(Mat VIII, 49) などと呼ばれている。理性作用のような高次の構成層がまだ登場していない超越論的発生の原始的開始段階が、すでに根源的な自我中心化を内に含んでおり、この中心化は衝動的な追求活動 (Streben) と不可分に結びついている。そこには、他者へと向けられた原志向性もまた含まれており、この原志向性は自我的なものを相関者として前提している。(構成層として自我的なものが先立つというのではない。自我的なものなしにありえないという意味でそれを前提しているということである。) 草稿中の以下の箇所からはっきりと読み取れるように、フッサールは「先自我」を盲目的な本能の「中心」として理解している。[29]「もちろん自我という言い方は、最終的には自我作用の『極化』(Polarisierung) によって規定されている。発生的な遡行的問いのなかで、われわれは、始源［開始段階］として、まだ世界を欠いた先領野 (Vorfeld) と先自我を構築するのであって、この先自我は、すでに中心ではあるが、まだ『人格』(Person) ではないし、ましてや人間的人格という普通の意味での人格では決してない」（Mat VIII, 352）[30]。要するに「先自我」とは、発展した自我の先行段階を意味しており、この段階をふまえて、高次段階における自己構成が発生的に展開し、最終的には「人格」として自己を統握することが可能となるのである。

さて、ここで元の問いに戻ってみたい。「先自我」は「原自我」と同一視されうるのだろうか。答えは否である。前章で示したように、「原自我」の問題は、まず第一に、エゴの必当然性と間主観的複数性との見かけ上の齟齬が方法的難点として現われたとき、浮上してきたものであった。これに対し、「先自我」の主題化を動機づけているのは、構成的意識の発生的先行段階を再構築するという特殊な事象的問題であって、先に述べた一般的な方法論的問題が特別な役割を果たしているわけではない。

この点に関連して、第二に指摘できるのは、「原自我」概念において問題となっている「私」とは、まず何よりも「エポケーを行い、自ら現象学する私」であるということである。「原自我」への問いは、ほかならぬ「私自身」に関わるのであって、その「私自身」とは、還元において「私はある」の明証を原本性において、すなわち私自身にとっての明証として体験する私である。したがって、「原自我」という語は、いわば私自身に最も近い私を[31]、すなわち、いまエポケーの態度で現象学を行っているこの私に最も近い自我を意味している。これに対して「先自我」は、現象学する者としての私にとって原理的な「遠さ」のうちにある。なぜなら、「先自我」とは、すでに過ぎ去った[32]先行段階を意味しているからである。その先行段階においては、私はまだ「この私」ではないが、この先行段階は、私の意識がもつ歴史の奥深くに隠れている。「先自我」はまずもって再構築されねばならないのに対して、「原自我」は、あらゆる再構築以前に、ともかくいま私がそれであるところのものを意味している。この相違を、フッサールは以下の箇所で示唆している。「原初性（Urtümlichkeit）に関しては、もちろん、以下の二つが区別されねばならない。すなわち、構成された世界から遡って問う者としての私の原初性、自省する成熟した自我としての私の原初性と、さらなる遡行的問いにもとづく原初性、すなわち、発生の露呈によって再構築された、構成的発生の『始源』の原初性とである。［後者は］私の隠された過去であり、暗い地平のうちにある過去である」(Mat VIII, 279)。

第三に注意すべきは、「原自我」は、「他者」の意味と間主観性の全妥当構造とを宙吊りにする「徹底したエポケー」によって主題化されるという点である。それゆえ「原自我」は、「〈汝〉と〈われわれ〉をもたない」と言われていた。それに対し、「先自我」は、「衝動自我」として、すでに最初から間主観的である。すなわち、「先自我」は他者たちへと向けられた様々な「本能志向性」を内に含んでいる (Lee 1993, 212)。「先自我」の分析は、本来的には、その間主観的連関の分析から切り離すことができないのである。

このように、「原自我」の主題化と「先自我」の主題化は、根本的に異なった動機に導かれており、異なった問題次元に属している。この点を明確化するために、ここで二つの根本的に異なった「秩序（順序）」(Ordnungen) に注意を促しておきたい。その相違からすれば、原自我の「根源性」は、先自我のそれとは全く別の意味で理解されねばならないのである。ナミン・リーは、「原自我」を妥当の究極的根源として、「先自我」を発生の究極的根源として特徴づけることによって、これら二つの自我を適切に区別している (Lee 1993, 214)。以下では、この区別をさらに幾分敷衍してみたい。

「原自我」は妥当基づけの「根源」ないし基づけ秩序の「第一のもの」である。[33] 世界が世界として、他者たちが他者たちとして経験されうるためには、機能する「私はある」「私は経験する」が、つねにすでに妥当地盤として前提されねばならない。しかし、そうはいっても、「私はある」が世界と他者たちに発生的に先行するわけでは決してない。[34] 私、つまりいま哲学している私は、なるほど、「私に先立つ」発生の所産である。目覚めた理性自我は、自らの「発生的起源」として、意識発展の受動的先行段階をもつ。しかし私は、発生的起源がこのように先行していることをどのようにして知るのであろうか？　いま経験しつつ認識している自我が仮に存在しないとしたら、この「知」はそもそも可能であろうか。このような「知」と「認識すること」への問いを立てた途端に、人はもう全く「別の秩序（序列）」のうちにいる。この秩序は、時間的な継起関係に規定された秩序からは根本的に区別される。[35] 私が発生の所産であるということについての知さえも、私がそれを知ることなしには存立しえない。もし発生の知を、哲学的知の全組成のうちに統合しようとするなら、その知は「哲学する私」を知の最終的な投錨点（少なくともその一つ）として「前提」しなければならない。ただし、ここでいう「前提」とは、論理的推論において「帰結」に対立するような「前提条件」(Prämisse) を意味するわけではない（第七章二五三、二六四頁、ならびに第三章九九―一〇〇頁を参照）。現出する一切のものは、体験することの原明証のうちで自らを示すのであり、この原明証は、一切の現出と、現出に関する一切の知との最も基本的な「媒体」として働いている。この「媒体」は、私が私の生と知のうちで「最も近く」生き抜いているものであり、この意味で（ただしこの意味においてのみ）、「最も根源的なもの」なのである（詳しくは第七章二参照）。

もう一つの「根源」、すなわち発生的起源は、認識論的・明証論的根源から出発して、はじめて再構築されねばならない。だが、私のうちに沈澱した発生の「意味」は、私がこの発生によってはじめて今の自我になったということを、遡行的に指示している。(36) その際、「自我」という語の多義性に留意する必要がある。「原自我」としての自我と、発生の所産としての自我とを、ただちに同一視することはできない。後者が人格的自我を意味するなら、それもまた一つの統覚された自我であって、それは統覚する原自我を前提する。原自我は、必ずしも特定の人格的諸特性をもつ必要はない。それらは別様でもありうるからである。(37) あらゆる自己統覚の端的な妥当は、現象学的エポケーを蒙らねばならない。原自我にとっては、それらはいまや「単なる現象」と化している。発生的な先行的歴史も、やはり原自我を前提しており、その歴史はこの原自我のうちに志向的に含蓄されており、この原自我から、はじめて解明・展開されうるのである。「意識」と「知」の視角からみるなら、われわれはこのような、一切の妥当の「根源的場」(Urstätte) から決して身を引くことができない。とはいえ、この「根源的場」は、知をその内容的差異化という点で豊かにしていくことにはまるで寄与することがなく、こうした知の匿名的で非主題的な前提であるにとどまる。

以上の叙述から、「先自我」と「原自我」との相違がおおよそ明らかになったと思われる。二つの全く異なる秩序、すなわち発生の秩序と明証の秩序については、以下の諸章でさらに詳しく論じていく。[38] ともかく銘記すべきは、原自我の「中心的」位置と言われるものが、一つの体系の構築的に措定された前提条件ではなく、むしろ「目立たない［ことさらに現われ出ることのない unscheinbar］明証」(VIII, 166) を意味しているということである。この明証は、われわれによっていつもすでに生き抜かれているにもかかわらず、その根本的な「自明性」ゆえに、必然的に忘却に陥ってしまう。原自我のこのような「近さ」は、それを先自我から区別するための特徴的な指標である。先自我は、意識生の歴史のもはや取り戻しえない「遠さ」のうちに沈んでいるからである。なお、先自我的本能が最初から間主観的性格を持っているという点を持ち出して、「〈汝〉と〈われわれ〉を欠いた『原自我』などありえない」と論じることはできない。本能の間主観的構造を露呈するという課題は、発生的分析に属する課題であり、原自我論の課題から厳密に区別されねばならない。なぜなら、原自我論の課題は、間主観性の意味構造を理解することを目指しているが、この構造は、本能的間主観性においても――それが間主観性として捉えられるかぎり――やはり前提されているからである。なるほど、意味そのものの発生への問いというものもありうるが、それには静態的な意味分析の十分な積み重ねが前提となる。それなしには、単にできあがった意味構造を発生的始源段階に投影し、そのなかに、できあがった意味構造のミニマルな萌芽ないし潜在性を想定する以上に出ることは難しいであろう。それは、「低次段階においても、われわれのよく知っているものがすでにある、ただし潜在的な仕方で」と言うにとどまるのであって、それだけでは、まだ「意味が理解された」とは言えないのである。

四　原自我は「単数」か「複数」か

これまでに示されたのは、「原自我」の特有の性格が、還元の開始点における「自我」の不分明性ないし無規定性とも同一視されえないし、意識発生の「先自我的」段階とも同一視されえないということであった。しかし、原自我があらゆる構成の「中心」と見なされねばならないとしたら、それが自我の間主観的複数性とどのように折り合うのか、という問いを避けることはできない。もし他者の意味、および自我と他者との区別が、原自我から出発してはじめて構成されると言われるとしたら、そのような原自我の概念は、まさしく一種の独我論の表現ではないのか？　ただちに想定されるこのような疑念に応答するために、以下では、原自我のいくつかの可能的解釈を吟味してみることにする。それによって、原自我の「唯一性」がもつ独特の意義を追理解し、表現にもたらす道を探ることにしたい。

議論の方向を定めるために、まず以下のアポリアを示唆しておきたい。（1）もし、自我と他者との構成中心であるとされる「原自我」が、個体的自我として解釈されるなら、独我論の危険が迫ってくる。それは、あたかも他者に向かって「君たちは私の意識の産物である」と宣言するに等しいように見える。（2）他方、「原自我」を超個体的自我と見なすことによって、この危険を回避しようとするなら、別の危険にぶつかる。すなわち、「視ること」そして「経験すること」による現象学の方法から離反し、（素朴な意味で）「形而上学的な」構築、現象学的に根拠づけることができないような構築へと陥ってしまうという危険である。もし仮に、〈「原自我」とは本来、自我でも他者でもなく、両者の「共通の根源」であって、そこから自他がはじめて分岐してくるのだ〉と想定するなら、この「根源」は現象学的な「私は視る」によって証示されえない。そこでは、「私」はまだ存在すらしていないからである。私はせいぜい、そのような「根源」があるかもしれない、と推測することしかできない。ここで人は、いずれにしても問題のある帰結を伴うような、二者択一の前に立っているように見える。

a　等根源的な原自我の多数性？——エポケーの徹底化

トイニッセンは、第一の解釈をとっているようである。フッサール間主観性論に関する詳細な研究から、彼は次のような結論を引き出す。すなわち、間主観性の構成が最終的には原自我に帰せられるなら、原自我の思想は独我論に陥っている、という結論である（Theunissen 1965, 151ff.）。トイニッセンは、原自我には「等根源的なパートナー」が欠けていると非難する（ebd. 155）。しかし、この「パートナーを欠いていること」（Partnerlosigkeit）（ebd.）を、本当に原自我論の欠点として断罪することができるのであろうか。トイニッセン自身、原自我の概念を以下のように説明している。「原自我の絶対性は、その『孤独』のうちにある［……］」。とはいえその孤独とは、私の隣にいかなる自我も存在しないがゆえに、共同性への一切の渇望から自由でもある」（ebd. 23）。もし、一つの自我概念が、それに対応する他者の概念を要求するなら、その自我概念は、「私、汝、われわれ」等々からなる相対的関係のシステムを依然として前提していることになる。しかし「原自我」は、こうした間主観的意味構造のシステムを妥当の外に置くことによって、はじめて主題化されうる。そのかぎりで、原自我論は独我論に陥っているという非難は、カテゴリー・ミステイクに陥っている。明らかにトイニッセンは、原自我の思想のうちに、他者に対する自我の存在論的優位を見てとっており、それによって、〈原自我の思想においては他者の妥当意味のエポケーが問題となっている〉という点を見過ごしている。でなければ、原自我が「非社会的」であると非難することは不可能である。なぜなら、「社会性」の意味、そしてそれと相関的な「非社会性」の意味は、〈主体の複数性〉という意味を含蓄しており、この〈主体の複数性〉という意味は、ここではそもそも括弧に入っているはずだからである。[39] 原自我を「社会的」であるとか「非社会的」であるとか判断することはできない。なぜなら、原自我を問題化するということは、まさしく、間主観的な構造に関する諸々の妥当意味をもはや素朴には前提しないということを意味するからである。もし人が原自我の「非社会性」を批判するなら、その論者は、普通の意味での自我を、すなわち「同格的な他者に対する自我」を、暗黙のうちに原自我とすり替えているのである（vgl. Aguirre 1982, 43ff.）。まさしくこのような通常の自我の意味が、それとして現象学的に主題化されるために、ここでエポケーを蒙らねばならないのであって、このエポケーなしには、人は循環論証（悪循環）に陥るか（第二章二b参照）、間主観性の素朴で自明的な信念（あるいは信仰）のうちに閉ざされたままであるかのどちらかであろう。

原自我論が、あらゆる超越論的自我の「等根源性」と相容れないと考えることは、そもそも不適切である。われわれはみな等根源的な自我であり、どの自我も他の自我たちに対して、自我であるという点では優位をもちえないということを、フッサールはいささかも疑っていない。このことが「実在論」を意味するというなら、彼は喜んで実在論者と称したであろう（vgl. VI, 190f.; I, 121f.）。しかし、彼にとってそもそも問題だったのは、諸主観の「等根源性」という自明な事実を確かめることではなく、それを理解することであった（vgl. VI, 191, 193; 第一章三〇頁）。フッサールが繰り返し強調しているように、エポケーは、何かを積極的に疑い、それに関して否定的な判断を下そうとするものではない。むしろその働きは、「諸々の意味」を妥当の外に置くという点にあり、このことによって、自明的に機能しているときにはそれとして自らを示してこない「意味」を、思考に対して可視的にすることができる。「原自我」を初めて問題として開示する、間主観的意味構造の徹底したエポケーは、上記のような意味で理解されねばならない。

したがって原自我論は、等根源的な諸主観からなる間主観性を全く否認してはいない。むしろ原自我論は、徹底した現象学的エポケーの帰結なのであって、このエポケーは、間主観性の意味的構造を働きの外に置くことによって、この意味を「可視的に」あるいは「理解可能に」することを意図しているのである。それは、当の意味構造を単純に前提するという素朴性に対する、現象学的批判であるといってもよい。それが素朴であるのは、自ら「理解して」いないものを、哲学的議論の主要な論拠として妥当させていることになるからである。何かを事実としてそのまま呑み込むことは、理解することではない。「自明性」は、否認されるわけではないが、理解されねばならない。自明的(selbstverständlich) な妥当の素朴な遂行に対して、「自己責任的」(selbstverantwortlich) な批判が対置される。[40]「私は、不可解なものを、あたかも理解したかのように、そのまま受け入れたくはない」（XXXIV, 481）。原自我の主題化を準備する徹底したエポケーは、間主観性の根本性を否定するわけではなく、その生き抜かれた自明性に解釈と表現を与えようとしているのであり、その自明性を、素朴で事実的な明証のうちに安閑と放置するのではなく、批判的態度において、理解された反省的明証へともたらそうとしているのである。[41]

b　原自我の「唯一性」——「どの」自我も唯一的か？

以上から明らかなのは、原自我を否認するために、間主観性の根本性を証明しても意味がないということである。なぜなら、ここでは、二つの相容れないテーゼが、同じ平面上で対立しあっているわけではないからである。一方の肯定が他方の否定を意味するわけではないのである。ザハヴィはこの点を正しく見抜き、次のように述べている。「フッサールが、ときに原自我の根本性を固持していることは、彼が超越論哲学的企てを間主観的に変容させたことと矛盾するわけではなく、むしろ反対に、この変容のための前提なのである」(Zahavi 1996, 64)[42]。この点をザハヴィは、まず第一に方法的観点から根拠づけている。現象学的な「意識分析」は、間主観性が主題となっている場合にも、必然的に「自我の経験構造の解明＝展開」でなければならない (ebd.)。第二に、ザハヴィの議論によれば、原自我の比較不可能な「唯一性」は、「指標的なもの」(indexical) として理解されうる。「フッサールが言っているような、いかなる多数化をも排除する自我の格変化不可能性は、明らかに指標的な性格をもった唯一性を示唆している——それゆえ実体的な唯一性を言っているのでは決してない——。そして、この唯一性は、他の諸々の唯一性を苦もなく許容するのである！」(ebd., 66)[43]。

第一の根拠づけには、完全に同意することができる。すでにこれまでの諸章で示したように、間主観性の問題系に直面して、なおも現象学的方法を貫徹しようとするとき、人はどうしても原自我を問題化することへと強いられるのである。しかし、第二の根拠づけは、もし「どの自我も」(jedes Ich) 比類がないという事実を示唆するにとどまるなら、まだ十分とはいえないだろう。ザハヴィは原自我に関連して、「各私的 (je-meinig) 主観性」の絶対的優位について語っているが (ebd., 67)、この「各私性」は、慎重に解釈されねばならない。有意味な仕方で「どの自我も」という言い方ができるためには、すでに自我の「意味的複数化」(ないし超越論的「格変化」) が前提されねばならない。だが、まさしくこの「自我複数化」こそが、エポケーによって機能の外に置かれねばならないものなのである。この点に関しては、原自我についての後期の草稿に見られるフッサールの叙述を真に受ける必要がある。「このエゴは、〈いかなる有意味な多数化をも許容せず、さらに先鋭化して表現するなら、いかなる有意味な多数化をも無意味なものとして排除するような絶対的な意味〉において、唯一的なエゴである」(XV, 589f.)。

まず最初に「多数の自我たち」を表象し、次いで「どの自我にも」原自我的な唯一性を帰属させるとしたら、還元は帳消しにされてしまう。ヘルトがこの点を示唆している。彼は、「生ける現在」の自我がもつ「比類のなさ」(Einzigartigkeit) をめぐって、その独特の意義を究明している (Held 1966, 160ff.)。ヘルトによれば、「私の立ちとどまる現在は、私のあらゆる経験の源泉点であり、[他の自我の] 共現在の源泉点でもある」。したがってそれは、「私の経験する生一般の、唯一可能な比類のない『原地盤』である (ebd. 161)。そこでヘルトは、以下の点に注意を促す。「この比類のなさは、普通の語義を超えた意味をもっている」(ebd.)。「比類のない」という語は、通常は、多数の比較対象から際立って「抜きんでたもの」の表象を前提している。しかし、根源的な「私は機能する」は、このような意味で「比較しうるもの」を傍らにもっているわけではない。その唯一性は、他者たちとの比較を通して規定されるわけではなく、むしろいかなる比較可能性をも拒否する。[44]「『唯一的』(einzig) とは、『数的に一つ』であることを意味しているのではない。いいかえるなら、それは独我論的に理解されてはならないのであって、その唯一性において第二、第三の自我を排除するわけでは決してない」(ebd.)。

ここでヘルトは、注意深く否定文の形を用いているが、[45] その点を無視して拡大解釈を行ってはならない。すなわち、「第二、第三の自我を排除しない」と言ったからといって、ただちに「多数の絶対的自我たちがある」と言ってよいということにはならないのである。上記の文は、厳密にエポケーの枠内で理解されねばならない。この点をヘルトは、以下のように敷衍している。普通の意味での「複数性」が、何らかの仕方で「数え上げることのできる」多数性を意味するとしたら、いま問題となっている「比類のない」原自我は、この普通の意味で「複数」であるとはいえない。「この超越論的自我たちは、その『私は機能する』の根源性においては、数え上げることができない。それらの自我をそれでも数え上げることができるのは、もうすでに、それらの自我の間主観的に経験可能な自己時間化によるのである。――数えられず唯一的な、究極的に機能する自我としての私は、〈時間化されてあること〉、そして〈数えられること〉を、そもそも私自身からはじめて可能にするのであって、全く同様に、同じ仕方で唯一的な他のすべての自我は、この種の〈可能化の根拠〉である」(ebd.)。

ここでは、複数形と「すべての」(jedes) という語が用いられているが、徹底したエポケーの枠内では、これを文字通りに理解するわけにはいかない。「比類のない」エゴは、本来、普通の数え上げられる複数性から遡って後から眺められ、後から理解されることによってのみ、複数形で記述されうる。「どの自我も現象学的・還元的方法によって自己自身のうちに原自我的次元を露呈しうる」という発言は、本来、すでに自らを間主観的に「格変化可能に」しうる自我の観点からのみ、なされうる。だが、同じことが、単数形についても妥当する。単数形は、徹底したエポケーによって、複数形との対立による相対的な意味を失う。ここでは、見かけ上の「複数」を通常の数え上げられる複数性と取り違え、見かけ上の「単数」を、数的に排他的な単数性と取り違える危険を注意深く回避しなければならない。というのも、仮に「究極的に構成する」原自我が普通の意味で「一つ」(単数) であるとしたら、それは、たくさんの他者たちの間の一人である私が、不当にもあらゆる他の自我を構成するということを意味してしまうだろうからである。反対に、数え上げられる複数の「原自我たち」がいて、そのそれぞれが「自らのうちで」はじめて間主観性と全世界とを構成するのだとしたら、複数の異なった間主観性と複数の「全世界」が並立することになってしまうだろう。そして、そのような「複数性」は、またしても現象学的に理解されねばならない。こうして、議論はまたしても振り出しに戻ってしまう。そこからは、循環か無限退行が帰結するだけであろう。

ここでは、超越論的主観性の「モナド論的」多元論に逃げ込むこともできない。なぜなら、フッサールが原自我の問題地平において目指しているのは、ほかならぬ諸モナドの超越論的間主観性を理解することだからである。超越論的間主観性は、最も根本的な意味での複数的主観性である[46]。この点は揺るがないとしても、この「原事実」そのものがその「妥当意味」に関して問われ、徹底した意味解明の視角から理解可能にされねばならない。フッサールは、

「第一の意味で」超越論的なもの――すなわち、「モナド論的」間主観性における超越論的なもの――との対比において、原自我の次元を、「第二の意味で超越論的」であると特徴づけている。「諸モナドは（諸々の人間主観と動物主観に対して、また世界に対してはすでに超越論的であるとしても）、存在的であり、構成的な諸統一体であり、モナド的世界のモナド的時間のうちで時間化されているのに対して、絶対的『エゴ』は非時間的であり、あらゆる時間化と時間、あらゆる存在統一体、あらゆる諸世界の担い手であり、第二の意味でも超越論的である」（XV, 587）(47)。

諸モナドの多数性は、すでに数え上げることのできる複数性であり、原初的な時間化と「存在者化」を前提している。しかし、原自我論において問われているのは、まさしく諸モナドの時間化そのものである。別の言葉で言えば、いわゆる「モナド化」、すなわち超越論的‐間主観的複数性の根源的な意味構成である。その詳細については、第六章で立ち入って論じることにしたい。ここで強調しておきたいのは、複数化的存在者化としてのモナド化の働きを無自覚に前提したままでは、原自我への問いを適切に問うことはできないという点である。アギーレは、この点について正当にも以下のように述べている。「唯一性をもった自我ないし〈汝〉は、まだ一切の存在者化の手前にいる。それは、『他の自我たちの間にいる一人の私』ではないし、他者との関係で唯一的なのではない。その唯一性は、絶対的な先行性、絶対的な始まりなのであって、そこでは孤我（solus ipse）という言い方も意味を失ってしまうのである」（Aguirre 1982, 44ff.）。

c　原自我は「一でも多でもない」。形而上学的想定？

原自我は、単純に数え上げることのできる複数形において理解されてはならないが、排他的・数的な単数形において理解することもできない。しかし、この奇妙な言明は、もはや現象学的に根拠づけることができないような形而上学的想定ないし神秘的な暗がりへと、われわれを引き込むのではないか？　ザハヴィは、「根源的生」（Ur-Leben）についてのフィンクの言明を懐疑的に取り上げているが（Zahavi 1996, 55f., 62f.）、そこで彼が抱いているのは、上記のような懸念であるように思われる。[48] フィンクは、「フライブルク時代のフッサール後期哲学」（一九五九年）という論文の中で、次のような見解を示している。すなわち、後期フッサールによれば、「一と多」の「分岐」は、最も根源的な「意識の生の深み」からはじめて発現してくる、という見解である（Fink 1976, 223）。フィンクの叙述は、なるほどフッサール解釈として問題のある箇所も含んでいるが（それについては本章六参照）、まずは、フィンクによる上記の注釈がどこまで正当化されうるかを検討してみなければならない。

第一に検証しなければならないのは、フッサールの間主観性論が原自我の思想によって「廃棄される」（Zahavi 1996, 55）とフィンクが考えているのかどうか、である。ザハヴィの引用している箇所で、フィンクはまず、フッサールの「第五省察」が「超越論的主観の複数性というテーゼ」を強調しつつ提示していることを示唆している。続けてフィンクは以下のように書いている。「この立場は、なるほど後になってもフッサールによって放棄されることはなかったが、草稿のなかには、エゴと他のエゴとの区別に先行し、［超越論的主観性の］複数性を自己自身からはじめて奔出させる原自我の思想が登場する」（Fink 1976, 223; 強調引用者）。このようにフィンクは、ザハヴィも指摘していた点（Zahavi 1996, 64; 本書一五八頁参照）、すなわち原自我論が超越論的間主観性論と矛盾するわけではないという点を見逃してはいない。しかし、「複数性を奔出させる」という表現は、依然として問題的であるように見える。

したがって第二に問うべきは、フィンクが最終的には間主観的差異を否定し、複数性を統一性のうちに没入させたのかどうかである。フィンクはなるほど次のように言っている。「あらゆる存在者の二項分裂（Entzweitheit）」は、『事実的』でも『可能的』でもなく、一でも多でもなく、一つの個別例でも類でもない原‐統一性（Ur-Einheit）に」もとづいている（ebd. 223f.）、と。この言明を文字通りにとらえるならば、ここで言われた「原‐統一性」は、数的単数の意味での統一性としては理解できない。それは、「一でも多でもない」と言われているからである。「原‐統一性」とは、数え上げられる複数性の対立概念であるような、通常の統一性ではない。もし複数性をその対立概念である統一性（単数性）へと還元するなら、それはもちろん不当であろうが、それはフィンクには当てはまらないように見える。（ただし、彼の叙述の仕方がそのような誤解を誘発しやすいということは認めねばならない。）

とはいえフィンクは、この「奇妙な思想」が、徹底したエポケーの帰結にほかならないという点をもっと強調すべきだったのではないか。つまり、原自我をめぐるフッサールの思想は、存在論的議論の圏域を動いているのではない。間主観的複数性の存在が、原自我から「発出する」と主張されているわけではないのである。フィンクの叙述は、この点で誤解を呼びやすいといえるかもしれない。フッサール自身は、もっぱら還元による遡行的歩みにおいてのみ、原自我の問題に逢着している（第四章四b（二）参照）。すなわち、フッサールの意図は、原自我が頂点に立つような、諸々の層からなる存在論的階梯を描くところにはなく、むしろ、全く「自明的」で、場合によっては「それ以上遡れない」ように見える根本的な「原事実的」諸構造（間主観的構造もその一つである）を理解することにある。こうした遡行的問いにおいて、フッサールは、「主観性の一と多」といったきわめて根本的な概念枠さえも、もはや端的に前提しないことを強いられる。それらは、まずもって主題的に問われねばならないからである。[49]

要するに、以下の点に注意すべきである。原自我が複数的に理解されてはならないということは、それがあらゆる複数性と相違性とを自らのうちに解消してしまうような無差別的統一性であるということを意味しない。「原自我は多ではない」という否定的な言明は、一方の選択肢を排除することによって、「原自我は一である」という、他方の肯定的な選択肢を主張しているかのように見える。だが実際はそうではない。ここではそもそも、原自我が一であるか多であるかを、どちらかに決定するように要求する二者択一の問いが問題となっているわけではない。原自我が「多ではない、したがって一である」という隠された主張も、やはり同様に注意深く括弧に入れねばならない。

もし仮に、原自我が「一なるもの」であると解釈するなら、やはり間主観的複数性の根本性を否定することになってしまう。その場合、「一なるもの」とされる原自我は、「個体的に一つ」であるか、「超個体的に一つ」であるか、どちらかに解釈されうる。第一に、原自我を「個体的統一」であると見なす解釈からは、独我論が帰結する。その場合、「一つの」個体があらゆる個体の多を構成するということになる。他方の解釈、すなわち「あらゆる個体を包括する統一性」として原自我を理解する解釈は、一種の形而上学的想定に近いものとなる。つまり、われわれ皆を、互いの個体的差異もろとも、すべて一緒に「呑み込む」ような、単数の「大なる自我」があるという想定である。

フッサールの原自我の思想は、このどちらの解釈をも許容しない。第一の解釈においては、「個体的一性」が、「個体の多」との対立を含意するものとして理解されている。その場合、間主観性の意味はすでに暗黙のうちに妥当していることになるが、これは徹底したエポケーに違反する。第二の解釈に関していえば、原自我とは、「エポケーを行う私」(VI. 188)、「還元の第一の『エゴ』」(XV. 586) などと呼ばれていたように、「いま現象学しているこの私」のことであると、フッサールはつねに強調している。原自我は、私自身の自我の彼方にあるような、超個体的な超越的審級を意味するものでは決してない。この点については、後でもう一度、フッサールのフィンクとの対決を主題化する際に論じることにしたい(本章六)。

これまでの考察を纏めていえば、〈原自我は、単数としても複数としても理解することができない〉と言うことができる[50]。むしろ、「単数－複数」という概念対は、慎重なエポケーを蒙らねばならない。この概念対を端的に前提しつつ、それを背景として「原自我は一方のカテゴリーに入るか、他方のカテゴリーに入るか」と問うわけにはいかない。なぜなら、「自我の一性と多性」という意味構造こそ、理解にもたらされるべき当のものだからである。そのかぎりで、この意味構造の妥当は、括弧に入れられねばならない。すなわち、問われている意味を素朴に、気づかぬまま妥当させないように、極度の注意深さが要求される。でなければ、現象学的に視る眼差しは、問われている意味の無批判な妥当によって、暗黙のうちに特定の方向へと導かれてしまうからである。原自我に関するフッサールの奇妙な叙述は、このような事情を背景として読まれねばならないのである。

五　「エイドス－エゴ」としての原自我？

a　この解釈の可能的論拠

さて、次に考えられるのは、「原自我」が「一でも多でもない」としたら、それを形相的なもの（エイドス的なもの Eidetisches）と見なすことはできないだろうか、という問いである。というのも、どの自我も純粋な「エイドス－エゴ」（Eidos-Ego）を分有しているが、エイドスそのものはつねに「一にして唯一のもの」にとどまるという解釈が可能であるように見えるからである。この唯一性は、個別例の数的な単一性とは異なる。したがって、個別例としての事実的自我の複数性を許容する。また、「エイドス－エゴ」は、あらゆる事実的自我を包含する事実的な超個体的統一体としても理解されえないから、原自我を「大なる自我」と解釈する危険からも免れている。

この解釈を支持するかのように見える箇所として、幾つかの箇所を挙げることができる。以下の箇所でフッサールは、事実的なエゴたちがエイドス－エゴにおいて重なり合うと主張しているように見える。「一人の他者の本質形式、そして、既知であろうと、完全に未知でさえあっても、私にとって事実的に存在するすべての他者の本質形式が、私の事実的なエゴの本質形式と同じであることを私は見てとる」（XV, 382）。「どの他者も自我構造をもつ。すなわち、私が自らにおいて必当然的に本質構造として把捉するものをもつ」（XXIX, 84）。さらに、ある草稿（XV, Nr. 22）中の以下の箇所は、超越論的間主観性の本質的構造を成している〈あらゆる超越論的自我の相互的含蓄〉が、エイドス－エゴのうちに含まれていることを示しているように見える。「現実的なものないし可能的なものとしてのどの個別例的自我も、同じエイドスを帰結する。しかし、このエイドスは、奇妙な点をもつ。すなわち、その形相《エイドス》的単一体は、どれもみな一つの個別的な超越論的自我を（可能性として）帰結するのだが、この超越論的自我は、超越論的自我たちの総体を、共可能的な可能性として志向的に含蓄しているのである」（XV, 383）。ここで最後に言われているのは、

「一つの総体であり、可能的な諸主観の全体性であって、それらの主観のどれもが、他のすべての主観を含蓄しており、全体性を全体性として含蓄している」(ebd.)。フッサールは、この段落を以下のように締め括っている。「この総体のエイドス、すなわち超越論的間主観性のエイドスが、超越論的自我のエイドスのうちに同時に含蓄されていることは明らかである」(ebd.)。

ここで言うあらゆる自我相互の「含蓄」、そして個々の自我における自我‐総体の「含蓄」は、間主観性のモナド論的構造を示唆している。上記の箇所で、この構造は、唯一的なエイドス‐エゴのうちに含蓄されている特有の契機と見なされている。そこから帰結するように見えるのは、一にして唯一的なエイドス‐エゴが、モナド論的間主観性とそれに属する個々のモナドの存在をはじめて可能にしているということである。それは、エイドス‐エゴが、問題の原自我の役割を引き受けることができるということであろうか？

b 「エイドス‐事実」という思考図式のエポケー

この問いに対しては、以下のように答えることができる。エイドス‐エゴが、モナド論的間主観性の必然的な条件である、あるいはより正確にいえば、そのような条件として理論的に際立たされうるということは、たしかに言えるであろう。しかし、エイドスというものは、遍時間的(allzeitlich)ではあるにしても、一つの客観性である。そうであるかぎり、構成的に機能する主観性とは同一視されえない。それゆえ、エイドス‐エゴが、究極的に機能する原自我であると解釈するのは適当ではない。また、原自我が「あらゆる具体態に先立つ『具体態』」(XV, 586)と特徴づけられているのに対し、エイドス‐エゴは、還元の遂行後、形相的直観によって取り出されてくる抽象的なものであり、還元の導く先である究極的に具体的なものではない。

この点に関して、ここでテュッセンによるエイドス‐エゴの解釈を批判的に取り上げてみたい。彼によれば、事実的な絶対的エゴからエイドス‐エゴへの移行は、フッサールにとって、モナドの「閉じられた体系」から脱出する方途を意味しているという(Thyssen 1953, 191)。その際彼が指摘しているのは、フッサールは、「フィヒテや彼の後継者の意味で、世界を構成する主体として、ある種の超個体的な自我(それが限定されたものが個々の自我たちである)を想定している」と思われがちだということである。「というのも、フッサールにおけるエイドス-エゴは、もはや『この』自我とか『あの』自我ではないからである」(ebd.)。このような形而上学的な解釈を、テュッセンは、フッサール的でないとして正当にも斥けている。エイドス-エゴは、「実在的な超個体的自我」を意味しえない。『諸可能性』や『本質』は、何かを構成できるような実在的なものではない。私の事実的エゴは、構成等々を行う者として私が所有することのできる唯一の実在的なものである」(ebd. 192)。このような、それ自体としては正当な確認から、テュッセンはしかし、以下のような帰結を引き出す。「『それぞれの私の自我』(je mein Ich)というデカルト的出発点は、[……]いかなる本質考察によっても乗り越えられない」。したがって、「本質視という方法によっては、閉じられた体系から外に出る道は通じていないのである」(ebd.)。

しかし、エイドス-エゴの思想は、そもそもモナドからの「脱出口」を探るものではない[51]。この思想は、基本的には、現象学にとって最初の段階である自我論的段階において登場してくるものであって、この段階においては、まずは超越論的間主観性の問題は脇に置かれている[52]。エイドス-エゴが――先に引用した草稿の箇所(XV, 383、本書一六五頁)におけるように――間主観性に関係づけられるとしても、それによってフッサールは、間主観的複数性の問題を解こうとしているわけではない。形相的方法は、本質構造を明確化しながらその輪郭を限定してゆくことを意味しており、その本質構造は、生きられた具体態を前提している(第三章一参照)。間主観性の構造を形相的変更(eidetische Variation)によって研究するとき、すでにその構造そのものは、「妥当するもの」として前提されている。しかし、原自我との関連で間主観性を問題にするとき、フッサールが狙っているのは、間主観性の自明的な妥当を理解可能にすることである。もし、テュッセンがフッサールを批判しつつ主張する「実在論」が、現実的な他者を承認することを意味するなら、つまり、「私にとって」存在するが、それでも「私の到達範囲の外に」いるような他者を承認することを意味するなら（vgl. Thyssen 1953, 194）、フッサールは躊躇なくそれに賛同するだろう。しかし、フッサールにとって肝要なのは、実在論を確かめることではなく、そのうちに含蓄された不可解な〈他者の意味〉を理解することであった。この「意味」は、「私のうちに」見出されるが、私を完全に超越するものを告知しているのである。「自己自身の存在を全面的に超越させるような存在意味を伴った新種の志向性を、エゴが自らのうちにもち、絶えず新たに形成することができるということ、これをどのように理解できるかが、いまや問題なのである」（I, 135）。この意味を理解するためには、「実在論者」を自称し、当の意味を単に事実だと主張するだけでは不十分なのである。

そもそもテュッセンは、超越論的自我が「エイドス」でないなら、それは「事実的で個別的なもの」であると最初から決めつけている。この解釈の根底には、「エイドス／事実」ならびに「種／個別例」といった概念対が、妥当するものとして前提されている。それに従うなら、「事実的なもの」は、他の個別態と並ぶような、単に「個別的なもの」を意味する。主体の複数性は、そもそもはじめて理解にもたらされねばならないはずなのに、ここではそれが最初から前提されてしまっているのである。また、「種」を持ち出しても解決にはならない。一つの自我が、「自我」という種の個別例と見なされるかぎり、「他の自我」もまた、同じ種の単なる個別例ということになる。このような前提のもとでは、個々の自我は、どこまで行っても真の意味で「異他的な」他者に出会うことはない。フッサールにおける原自我への問いは、他者の「意味」への遡行的問いから生じてきたものだが、そこで行われようとしているのは、決して他者の「存在論的証明」ではなく、エポケーの徹底化である。フッサールの批判者が、「フッサールの意図は、個々の自我から出発して、他の自我たちの存在を『証明する』あるいは『演繹する』ことにあるのだ」と想定するなら、フッサール批判としては的はずれである。[53] フッサールはこれに対して、ある草稿の中で次のように表明している。すなわち、超越論的間主観性の総体は、「エゴのうちで自らを開く（aufschließen）」のであるが、「推論によって推測（erschließen）されるわけではない」（Ms. A I 31/ 8b）。むしろフッサールが求めているのは、〈私自身ではない「他の自我」がいるということは、そもそも何を意味しているのか〉を理解することである。これを理解するために、当の意味の妥当が方法的に宙吊りにされねばならない。このエポケーには、「エイドス／事実」や「種／個別例」といった思考図式を、もはや素朴には妥当させておかないということも含まれている。この思考図式の枠を突き破るような現象が、事象の側から自己を示してくるとき、この思考図式より、事象そのものの方に思考を従わせる必要がある。フッサールは、原自我の問題系において、まさにそのような事象に出会っているのである。この点をもう少し問題化してみたい。

c　エゴの「原事実」

すでに引用した、エイドス－エゴについての草稿（XV. Nr. 22）の続きで、フッサールは以下のことを示唆している。私はなるほど事実的な自我であり、エイドス－エゴに属する多数の可能性のうち一つを実現したものにすぎない。しかし、それに続けて、フッサールは次の点に強く注意を促す。「エイドスを構築するのは私であり、事実的に現象学するエゴである。構築することと構築態（構成された統一体、エイドス）は、私の事実的成素に、私の個体性に属している」（XV. 383）。このように現象学するエゴを示唆することによって、新たなパースペクティヴが開けてくる。「われわれはここで、一つの注目すべき、比類のない事例を手にしている。それはすなわち、事実とエイドスとの関係に関してである。一つのエイドスの存在、［そしてまた、］形相的《エイドス》諸可能性およびその総体の存在は、そのような諸可能性が何らかの仕方で現実化されたものが存在するかしないかということからは自由である。それは、あらゆる現実性から、すなわちそれに対応する現実性から存在的に独立である。しかし、超越論的自我のエイドスは、事実的なものとしての超越論的自我なしには思考不可能である」（XV. 385）。

通常の場合エイドスは、それに対応する事実が現実存在するか否かには依存せずに存立する。しかし、超越論的自我に関しては、事情が異なる。構築されたものとしてのエイドスは、それを構築する働きを遡行的に指示する。そしてその働きは、「事実的に」現象学する自我に属している。[54] どのエイドスも、そのような仕方で、現象学する自我の

「原事実」のうちに根づいている。[55]「超越論的自我」というエイドスも、この点に関しては例外ではない。つまりそのエイドスは、それに対応する事実に、すなわち事実的な超越論的自我に根づいているのであって、この事実的な超越論的自我は、抽象的に考えられたものではなく、具体的に現象学する自我、いまそのような仕方で生きている自我にほかならない。[56]もし事実が、それとは独立なエイドスとの対立において理解されるなら、そのように理解された「事実」と、この対立とは、現象学しつつ理論的構築を遂行している生ける自我の「原事実」に根づいている。[57]現象学的な遡行的問い、および形相的‐存在論的な研究によって、私は「目的論的」原事実と原必然性（XV. 385）に到達するが、「私がそれらを考えるのであり、私が遡行的に問うのであり、すでに『もっている』世界から出発して、私が最終的にそれらに至るのである。私は考える、私は還元を行うのであるが、その私は、現に私がそれである私、私にとってこの地平性のうちにある私である」。「私はこの歩みにおける原事実である」（XV. 386）。[58]

「方法的」自我、現象学する自我は、主題圏域の外に身を保つことはできず、むしろ主題化された超越論的自我と一つに重なる。[59]このような仕方でのみ、超越論的自我の奇妙な「原事実」は理解されうる。したがって、本節で解釈してきた草稿（XV. Nr. 22）の最後で語られる没根拠的な「絶対的なるもの（絶対者）」とは、「経験の彼方にある」原理としては解釈されえない。それは、原事実的な自我と完全には同一視できないとしても、「私はある」という原事実から少なくとも切り離せない。「絶対的なもの」についての、しばしば引用される一節は、このような文脈からその意味を辿ることができる。「[絶対的なものの]必然性は、偶然的なものを未決のままにしておくような本質必然性ではない。あらゆる本質必然性は、絶対的なものの事実の諸契機なのであり、絶対的なものが自己自身との関係で機能する様々な仕方なのである――すなわち、絶対的なものが自己自身を理解する、あるいは理解しうる様々な仕方なのである」（XV. 386）。[60]生き生きと「機能すること」は、現象学的に「それ以上遡れないもの」という意味での「絶対的なもの」である。この「絶対的なもの」から出発して、エイドスが純粋なエイドスとして「観取」される。そのかぎりで、〈機能すること〉の根源的な「事実性」は、形相的なものとの対立によって規定されているような単に偶然的な事実を超えている。むしろ、単に偶然的な事実は、「原事実性」にもとづいてはじめて現われてくる。また、見逃してはならないのは、右の箇所で、生き生きと機能することが「理解すること」[61]と結びつけられている点である。そこからわかることだが、ここで問題となっているのは形而上学的な存在論ではなく、根源的な匿名的「自己理解」へと追理解しながら遡行してゆくことであって、この自己理解が絶えず機能していることなしには、存在者が形相的なものとして現われることも、事実的なものとして現われることもできないのである。[62]

六　原自我に先立つ「絶対的生」？——自己の「近さ」の問題へ

a　フッサールとフィンクの分岐点

これまでの議論にもとづいて、次のような問いを立てることができる。前節の議論は、「原自我は一でも多でもなく、事実的でも形相的でもなく、一つの個別例でも種でもない」というフィンクのテーゼを確証したことになるのであろうか。もしこのテーゼが厳密にエポケーの意味で理解されるなら、そうだといえるだろう。だが、それにもかかわらず、フッサールのテキストに親しんでいる者にとっては、フィンクの叙述のうちに何か違和感を感じさせるものがあることも否定できない。この違和感には、根拠があるように思われる。以下では、フッサールの最後の助手であり、後に批判者ともなったフィンクの見解と対照させることによって、それとの微妙な「近さと隔たり」（フィンクの著書の表題）のうちにあるフッサールの立場に、よりはっきりとした輪郭を与えることを試みたい。[63]

まず、すでに扱った論文「フライブルク時代のフッサール後期哲学」を、もう一度批判的に取り上げたい。彼の叙述に、正鵠を射た点が含まれていることはすでに示した。しかし、以下の一節を読むと、そこで言われていることが本当にフッサールの見解を反映しているのかどうか、若干の疑いが生じてくる。「諸々の主観の複数は、いかなる自己的な個体化にも先立つ生の深みにもとづいている。［……］彼［＝フッサール］は、時間を、没時間的・永遠なものからの発出において捉え、事実と本質が織り成す世界の組み立て（Weltgefüge）を、その継ぎ合わせ（Fügung）において捉え、諸々の自己・諸主観を、絶対的存在の自己化において捉えようとするのである」（Fink 1976, 224）。

明らかにフィンクは、現象学の究極的な深層次元を、諸主観のいかなる個体化にも先立つ非自我的な絶対者として捉えている。しかしこの規定は、フッサールにおける「絶対的なもの」の概念を踏み越えているように思われる(64)。ここには、二人の哲学者の間の、一見すると小さなようだが、実は決定的な差異が含まれている。フィンク自身が、この差異について、『第六省察』序文の草稿において報告している。

> 「超越論的方法論の問題の叙述は、ここでは、フッサールとの非常な近さにもかかわらず、絶対的精神の非存在論的（meontisch）哲学をあらかじめ先取りする眼差しによって規定されている。
>
> このことは、フッサールが同意する判断を下すかどうかによってこの研究に加えられた制約をみれば明らかである。個体的精神として出発する哲学する主体を、あらゆる個体化以前に存している絶対的精神の生の深みへと還元することが、本書においては、明示的にではないにしてもなされているが、フッサールはこの還元に反対して、哲学する主体の個体的概念を擁護するのである」（Fink: Dok II/1, 183）。

つまりフッサールは、個体的自我を先個体的な「絶対的精神の生の深み」へと還元すべきだというフィンクの提案には、明らかに同意しなかったのである。しかし、還元の究極的次元が、「先自我的」「先個体的」として捉えられるべきだというのは、一見するとよくわかる話であるように見える。首尾一貫したエポケーは、「自我と他者」という対立をも括弧に入れ、その結果、何らかの「先自我的な」生の次元を帰結するのではないか。「一－多」という対立のエポケーは、還元の必然的帰結であった。とすれば、「個体性」の概念もまた、エポケーを蒙らねばならないのではないか。「哲学する個体的自我」へのフッサールのこだわりは、彼自身気づくことができなかった、彼の思考の不徹底に起因するものではないのか。

こうした疑念に対しては、いくつかの理由から反論することが可能である。フィンクの報告からも推測できることだが、フッサールは、ほとんど日課となっていたフィンクとの対話（vgl. Dok III/7, 89）を通して、現象学の究極的次元が先自我的であるという弟子のテーゼを、具体的に立ち入って検討することができたであろう。こうした対決のなかで、フッサールは――彼の側から見ても、フィンクとの「非常な近さにもかかわらず」――このテーゼを意識的に、したがって何らかの根拠をもって、拒否したにちがいない。フィンクが議論を通じてフッサールの思想に影響を与えたことも時にはあったと思われるが、フッサールにとって、彼が「見る」（洞察する）ことができないものを単純に受け入れることは、彼の思考の原則からして許せなかったはずである。そのかぎりで、一方ではフッサールが受け入れた考えの背後には、彼自身が洞察し得た何らかの現象学的根拠が潜んでいることが期待できる。つまり、それは「見る」という仕方で検証可能であることが予想される。他方で、フッサールが拒否したということは、彼が明証的に洞察した「事象」が、フィンクのテーゼに賛意を表明するものではなかったということを示唆している。

それでは、フィンクのテーゼに反するような事象的根拠、そして「哲学する主体の個体的概念」を擁護するようフッサールを強いた事象的根拠は、どの点にあるのだろうか。この問いは、還元の究極的な徹底化が、「自己から（外へ）出て行くこと」であるかのような印象をフィンクのテーゼが呼び起こすという点に関係する。以下では、フッサール現象学が、フィンクの思弁的跳躍をなぜ共にできなかったのかを考察する。なぜフッサールは、現象学の究極的な問題次元を、「先自我的」な根源的生（Ur-Leben）として性格づけることを認めないのか、あるいは、あらゆる「自己化」に先立つ、「もはや自己的ではない」根拠として性格づけることを認めないのか。この問いが、以下で中心的に問われることになる。

b 「根源的生」か、「原自我」か？

まず、フッサールが先自我的ないし超自我的な根拠について語っているかに見える、ある草稿の一節を検討してみたい。それに即して、「原時間化」としての「絶対的なもの」が、あらゆる自我的なものに先立つ審級でありうるのかどうかが問われねばならない。「時間化－モナド」と題された、一九三四年のよく知られた草稿（XV, Nr. 38）において、フッサールは、「諸々の時間化の［一なる］時間化、原時間化する諸々の原初性の［一なる］時間化、いいかえれば、それらの内的な共同化」（XV, 668）を示唆している。テキストはさらに以下のように続く。「かくして、全モナド（Monadenall）の生動性としての、立ちとどまりつつ原初的な一なる生動性（時間様態ではない原現在）についても語ることができる。絶対的なものそのものは、この普遍的な原初的現在なのであって、そのうちには、すべての意味でのあらゆる時間と世界が『存している』のである」（ebd.）。これは、フッサールが最終的には以下のような見解に到達した証拠ではないのか。すなわち、究極的な絶対的時間化は、もはや「私の」時間化ではなく「全モナドの」時間化であり、したがって、あらゆる自我は同一の原根拠から発してくるという見解である。

ところがフッサールは、その少し後で、「原初的な絶対的全体性」について以下のように述べている。「だがそれは、私の原初的現在（これ自体、遡行的問いから与えられたものなのであるが）からのみ、世界時間性とモナド的時間性をめぐる遡行的問いという道を通って、獲得されうるのであって、それゆえこうした現象学的能作のうちでのみ、顕勢的でありうる——とはいえ、それもまた一つの時間化なのであるが」（ebd.）。注目すべきなのは、ここで「遡行的問い」と「現象学的能作」が殊更に強調されていることである。「現象学的能作」とは、文脈からいって、「現象学することと」を意味している。これらの強調点が示唆しているのは、原時間化の思想が、一種の形而上学的な構築ではなく、エポケーの徹底化にほかならないという点である。以下では、「現象学すること」の強調が、形而上学的（あるいは、フッサールがしばしば用いる言葉でいえば、「神話的」）思考の批判ととりわけ密接に連関していることを示してみたい。

一切の存在者が唯一の根源から発してくるというのは、人類が歴史的に古くから馴染んでいる発想であり、容易に思い浮かぶ考えである。フッサール現象学を、一元論的形而上学の伝統に組み入れることができれば、それはある意味で「居心地のよい」解決といえるかもしれない。(他方でフッサールを、「等根源的な」自我複数性の擁護者に祭り上げるのも、「居心地のよい」解決の一つであろう。誰もが「平等に」並んだ自我たちの一人であるという考えは、自然的な意識にとっては、とりわけ現代の民主主義的社会においては、とりあえず無条件に心地よく響くからである。)「一切は一つの根源から生じる」という考えは、われわれの神学的・形而上学的思考の原型の一つと言ってもよいものかもしれない。たしかにこの考えも、それなりの意義と機能をもってはいるが、それが単なる空虚な思考図式に堕する傾向を持っていることも否定できない。しかもこの傾向は、人類の長い思考の歴史のなかで、強化されてきたように思われる。もしこの傾向に反して、唯一の普遍的根源(起源)という思想にその内実を取り戻し、その真理性を証そうとするなら、そのために何が必要であろうか。フッサールに従うなら、最終的な拠り所となるのは、「私」がその真理性を「明証」のなかで洞察することであろう。すなわち、私がこの思想を、単に伝承された「居心地のよい」思考図式として甘受するのではなく、そこで言われていることが「別様ではありえない」ということを、批判的態度において自ら「視」つつ(洞察しつつ)確定することであろう。万人にとっての普遍的な根源というものの真理も、「私は視る」としての明証遂行なしには存立しえない。これは単に形式的に見るなら奇妙に見えるかもしれないが、筋は通っている。

先ほどの最後の引用箇所によれば、この明証遂行もまた一つの時間化であった。「一切は唯一の原時間化から生じている」と私が考えること、事象がそれとは別様であるとは考えられないということも、一つの時間化であって、この時間化に限って言えば、それは必然的に、唯一の原時間化がそもそも私にとってそれとして「現にある」ときにのみ、働いている。さらにいえば、時間化は、それを私に対して時間化として「見えるようにする」時間化によって、はじめて時間化として「ある」といえるのかもしれない。このように時間化が〈自己自身を示す〉ということがなければ、それについて語ることは、私にとっておよそ無意味であろう。明証の観点からすれば、私から完全に独立であるものは何もない。いかなる言明も、顕在的に、あるいは潜在的に、「私は視る」ないし「私はいつでも後から調べて視る（nachschauen）ことができる」ということを含蓄している。あるいは少なくとも、それは「私は視る」の変様態を含んでおり、この変様態は、間接的に「私は視る」を遡示しているのである。見たところ「中立的」ないし「客観的」な仕方で、一切を生み出す根源から叙述を始め、そこから帰結するものを順々に物語るとしても、「私は視る」から自由になるわけではない。単に「誰が」それを物語っているのかが不問に付されているだけである。そこで哲学する者は、視点性に対して中立的で普遍的な視野を目の前にしていると信じているが、哲学する者のこうした「自己忘却」こそ、明証論の観点からすれば致命的である。フッサールが原自我という概念を最後まで堅持した決定的な理由は、こうした高次の「素朴性」を見抜いていたからであると考えられる。(66)

といっても、原自我は、先自我的な原時間化に置き換わる仕方で、「最も根源的なもの」という体系的位置（いわば体系ピラミッドの頂点ないし湧出点）を占めるわけではない。つまり、先自我的な「絶対的なるもの」を、単純に原自我によって置き換えるべきだというわけではない。もしそうすれば、人は依然として、単に見かけ上中立的なだけの、体系的・神話的思考様式に囚われたままであろう。この点をより明らかにするために、フッサールが「現象学する自我」の問題とどのように取り組んだのかをさらに詳しく考察してみる必要がある。一九三〇年代のある草稿（XXXIV. Nr. 9 [=Ms. C 5. B II 6]）は、以下のような重要な考察を含んでいる。フッサールは、首尾一貫した遡行的問いを通じて、一方で究極的な「原存在」（Ursein）とも呼ばれる「絶対的な流れること」にぶつかっている（XXXIV. 172）。他方で彼は、この〈根源的な流れること〉についての「知」を問うことも怠っていない。「流れる原現前のうちにあるエゴの最も根源的な存在について語るとき、それについての根源的な知は、いかにして可能なのであろうか。体験することの根源的流れ、あるいはむしろ、流れつつ具体的な超越論的現在は、どのようにして知覚されるに至り、存在するものとして同一化［同定］されるに至るのだろうか」（XXXIV. 173）。フッサールの答えは、この根源的流れは「私の能作にもとづいてはじめて存在する」（XXXIV. 175）というものである。この答えは、さらに以下のように敷衍される。「私は考える、私は省察する、私は同一化する、私は確定する、私は判断明証を遂行する――このことは確定された存在に先行する。そのように先行するのは、確定し能作する自我である。そして、この自我が自ら、確定を可能にするものを際立たせる。すなわち、原現象的流れのうちに存在するものとしての私の先存在、この流れの諸構造、内在的時間がその中で構成されること、〈私は考える〉が、思考能力が、それに属する一切の流れる存在に先立って、この生と存在のうちに属していることを際立たせる」(ebd.)。

つまり、フッサールの主張によれば、現象学しつつ確定する自我は、確定されたものに「先立つ」。つまりこの場合、原現象的な生の流れとしての「原時間化」に、ある意味で「先立つ」。しかしこのことは、すでに述べたように、根源的な流れることより「以前に」、それを生み出すような「もっと深い」次元があるという意味で理解されてはならない[67]。遡行的問いが直線的に次々と深まり、それによって、存在の諸層からなる一つの階梯が帰結するというわけではない。むしろ、ここで要求されているのは、遡行的問いが端的に眼差す方向においては忘却されているが、そこですでに匿名的な仕方で機能しているある「視方」に気づくことである。つまりフッサールは、時間化の直線的な階層秩序に対して斜交いに交差する別の種類の「秩序」に注意を促そうとしているのである。なるほど、現象学的に確定するという高次の意識活動が、原現象的な「先存在」によってはじめて可能になるということ、つまり〈私は考える〉が、根源的生としての「先存在」に包含される一機能であるということは、容易に理解できる秩序である。この「先存在」は、この意味で現象学する活動と〈私は考える〉(Ich denke) に先行するが、しかし、現象学する〈私は考える〉によって、はじめてそれとして際立たされることができる。そして、私によって遂行されたこの〈際立たせること〉は、「先存在」が私に先行するということがおよそ明証的でありうるならば、その明証の必然的契機である。現象学する者としての私をはじめて可能にする「先存在」は、明証論的観点からすれば、私の〈現象学すること〉なしには私にとって「存在」しえないのである。

この相互的な制約関係、あるいはもっとわかりやすく言えば、二つの秩序の相互に入れ子になった関係を、フッサールは先ほど引用したテキストのもっと後の部分で明確に表現している。「そのように判断し認識しながら、私は言う。すなわち、生（Leben）は展示＝解釈する方法につねに先立つのであって、この方法はそれ自体生きること（Leben）である、云々と。しかし、思考しつつ展示＝解釈することこそが、このことをはじめて確定する。すなわち、右に述べた通りであることは、この展示＝解釈の帰結なのであり、かくしてこの展示＝解釈は、真理という意味での存在に先立つのである。私にとって有り、かくかくの通りである一切のものは、私の考えるはたらきの成果である。その考えるはたらきとは、省察［自覚］し、思考しつつ省察するはたらきであって、それがまさに右記のことをも思考しつつ確定するのであり、無規定の、まだ考えられていない先存在者が先行していることを確定する、つまり、〈それを考えることに先立つ存在者〉という形で確定する。他方で、思考することは、この『先立っていること』（Vorher）を、そして先存在の意味そのものを確定するのである」（XXXIV, 175）。ここで、二つの異なった、互いに還元不可能な秩序が問題化されていることは、以下でさらに明らかとなる。「流れはアプリオリにエゴから時間客観化（verzeitlichen）されねばならない。この〈時間客観化すること〉は、それ自体流れる出来事である。流れることは、つねに先立つ。しかし、自我もまた先立つのであって、それは、目覚めた自我（超越論的現象学的に目覚めた自我）として、絶えず意識自我である」（XXXIV, 181）[68]。ここで「先立つ」と言われている自我が、一切の構成以前の根源の位置に立つわけではなく、「目覚めた意識自我」であり、現に超越論的現象学を行っている「この私」であるということは、この箇所をみれば明白である。

　こうして、フッサールがなぜ徹底化された還元を「超越論的原自我と超越論的な根源的生への」還元（XXXIV, 300）として記述したのかも理解できるようになる。超越論的自我とその意識生は、現在・過去・未来という時間様態にしたがって流れる内在的時間性の形式をもっている以上、すでに一つの「構成された形成体であり、そのようなものである以上、括弧に入れられねばならない」（ebd.）。括弧入れするエポケーのこのような徹底化は、立ちとどまりつつ流れる根源的生を明るみに出す。しかし、それが構成の唯一にして究極的な審級であると想定するならば、原自我は忘却に陥る。この原自我とは、さしあたり「この〈一切を時間化する生〉の自我」（ebd.）を意味するが、単に一般的な仕方で眺められた学問的対象ではなく、最終的には、この上なく具体的な「いま、ここで現象学している私」[69]にほかならない。現象学的な「自己了解」は、現象学にとってのこの最後の「盲点」を匿名性のうちに放置することを許さないのである。

c　「現象学すること」の素朴性の克服――〈私は視る〉の「近さ」と自己責任

これまでの考察によれば、「もはや自己的ではない絶対者」というフィンクの思想に対して、フッサールが異議を申し立てたのは、「現象学する自我」のもつ根本的だが捉えがたい役割から眼を逸らすことができなかったからである。しかし、「現象学すること」が現象学の二次的な問題ではなく、むしろ一つの中心問題を成すということは、フィンクも十分意識していたのではないか、という反論がありうる。その点を示す資料としては、とりわけ『第六省察』が挙げられるだろう。しかし、現象学する能作に関しては、フッサールとフィンクの間に、またしても見逃すことのできない差異がある。

まずはフィンクの見解を見てみよう。「現象学することは、それ自身を超越論的な出来事として証示するのであり、しかも構成する生の超越論的自己運動の出来事として証示する」(Dok II/1, 126)。「絶対的学の『主体』は、絶対者それ自身である」(ebd., 166)。現象学することの主体は、フィンクにとっては、もはや「自我（私）」ではなく「絶対者」である。現象学は、もはや超越論的に現象学する「自我」が自己自身を認識することではなく、「絶対者」が自己自身を認識することなのである(ebd., 167ff.)。「私は現象学する」という代わりに、フィンクと共にいうなら、「それが現象学する」(es phänomenologisiert)というべきであろう。実際、『第六省察』の結論部で、フィンクはほとんど「私」という一人称の主語を用いていない。これに対し、このテキストに対するフッサールの附論や、三〇年代の他のテキストは、明確な対照を成している。現象学することの主体は、その自我性格を最後まで失っていないからである(vgl. Dok II/1, 203ff.)。たとえば、以下のように言われる。「理論的認識を生み出す覚醒性のうちにある現象学する主体は、自己自身を意識しているエゴである」(Dok II/1, 215)[70]。

だがこれは、フッサールが自らの素朴性を克服できなかったということであろうか。「一‐多」という二項対立のエポケーをすでに導入していたにもかかわらず、「現象学すること」を、まだ「多のうちの一つ」としての個的なものとしてしか捉えられなかったということだろうか。つまり、還元が不徹底だということなのだろうか。むしろその反対である。フッサールに従うなら、哲学的な眼差しが一切を普遍的に隈無く見渡すことによって、考える自我の個体性が廃棄されうると信じる態度の方が、より素朴である。現象学する自我を思惟することによって、自己自身と、自己自身が「見ること」とをめぐる哲学者の最も根深い素朴性が暴露される。哲学する者は、「見られたもの」の全宇宙から、自らの「眼差し」の痕跡を首尾一貫して拭い去っているのであって、「見られたもの」の宇宙がかくも透明で見晴らしよく見えるのは、そのためである。哲学する者は、まさしく彼が哲学している只中においては、通常このことに気づかないのである[71]。

このことは、哲学的な普遍性要求の裏面であって、この要求が、徹底化されたエポケーをも部分的に規定している。エポケーの首尾一貫した遂行が要求しているのは、すでに示したところによれば、「一‐多」、「個‐普遍」、「事実的‐形相的」といった馴染みの基本的概念枠を、妥当の外に置くことである。それによって人は、見かけ上「中立的」で「無性格」な地点に到達するかに見える。そこで人は、一切の限定された立場を超え出て、「立場なき立場」、無際限に開かれた地平に立っているかのように、簡単に思い違いをしてしまう。だがそれが意味しているのは、現象学する者が、自己自身を存在者化する一切の自己統覚を括弧に入れ、自己自身をもはや見られたものの領野の内に素朴に置き入れることを差し控えるということである。したがって、自我が「見えない」ことは、私が「消滅した」ことを意味するのではなく、むしろ、私の思考が自らの最も基本的な視点への「極度の近さ」のうちに定位していることを告げているのである。

この「最も近い」立場は、志向的‐客観的な意味では「見えない」にもかかわらず、それなりの仕方で私自身に

「意識されて」いる。この立場が自己忘却に陥るとき、恣意的な思弁に陥る危険が迫ってくる。というのも、思弁的思考がそれ自身を真なるものとして証示したいなら、やはり明証に訴えなければならないが、明証は「視ること」のうちに存立しているのであって、この「視ること」は、「私が」視ることによってのみ、それ自身を「拘束力のある」(verbindlich) ものにすることができるからである。生きた自我によるこうした「証言」をゆるがせにするならば、そこから致命的な無責任性が帰結することになる。それは、あたかもこう言うようなものである。「誰か――神であれ誰であれ――が洞察した。ゆえにそれは真である」。あるいは、もっと先鋭化すれば、次のようになる。「私は知らない。だがそれは真である」。もちろん、他人の洞察を信用しうる場面も数多くある。だが、そのように或る他人を信用することができるのは、「彼が言うことは真である」ということを、私が何らかの仕方で「真」として洞察しているからである。何かを真として主張することは、それが真剣に受け取られるべきであるなら、すでに必然的に、生き生きした〈私は視る＝洞察する〉を含蓄している。「私はそれを信じる、なぜなら私はそれを洞察する（あるいは見る）からである」(III/2, 618)。したがってエポケーは、眼差しを制約から解放するという性格のみでなく、それを拘束力あるものにするという真理論的性格をも持っている。後者の性格は、エポケーと根本的に結びついた明証の探求に関係しており、この明証探求は、究極的には「私は視る」の必当然的明証に立脚しているのである（第二章三a参照）。『危機』において「方法的な根本要求」と呼ばれている、原自我の「比類のない哲学的孤独」(VI, 188f.) は、「自己責任」の孤独でもある。この点は、第七章四でもう一度論じることにしたい。

　強調しておきたいのは、「私は視る」へと訴えることが、私を単に「多のなかの一」として捉えるかつての思考水準への逆戻りを意味するわけではないという点である。エポケーにおけるこの「私は視る」は、なるほどある意味では「個体的」である。それは、「ここにいるこの自我」によって遂行されるからである。「エポケーを行うのは私である、いまここで省察している者である」(XXXIV, 292)。しかしこの文脈においては、「個体性」の意味が、「多数の他の個別者のうちでの個別的なもの」という通常の概念を逸脱している。個体性の通常の概念は、個体を水平的な横並びにおいて見るという点で、広い意味では「客観的な」視方にもとづいている。これに対し、現象学する自我に帰せられる先述の「個体性」は、あらゆる「眼の前にあるもの」が現われる場としての、経験し認識する「見ること」の原事実的な近さを問題化している。「自我（私）」という語と同様、「個体性」という語も、徹底化された還元においては、通常の語義からずらされた仕方で用いられている。「私がエポケーを行いながら、『私がエポケーを行う、私は、ある』と言ってはならないかのような」わけではない（ebd.）。「自我（私）」という語は、もはや「多数の自我のうちの一人の自我」を意味するわけではないのだが、それでも私は、「エポケーを行うのは私だ」と言うほかない（vgl. VI, 188）。ここで問題となっているのは、例の「多義性」（Äquivokation）である。なるほど私は、「いまここで」視るのであるが、この「個体的な」現在は、あらゆる明証遂行の根源的な場である以上、客観的に統握された一切の個体的・個別的なものに先立つ。「私は唯一的である、単に一度だけ『出来し』、一度だけ眼前にあるというわけではない、そうではなく、あらゆる眼前にあるもの（Vorhandenheiten）の前提なのである」（Ms B I 14/ 138a）[72]。

エポケーの徹底化によって、フッサールは首尾一貫して明証の根源的場を追求する。それはフッサールを、現象学する自我の「個体的」概念へと導いた。この自我をフィンクは、またしても「多数のうちの一」として解釈し、それによって、諸々の時間化からなる段階構造の秩序のうちに組み込もうとする。しかし、「現象学する自我」という言い方でフッサールが言おうとしているのは、こうした一次元的な秩序のうちには埋め込むことができないような特異な事象である。「先行段階」としての、発生的な、あるいは存在論的な根源を問題にしているのではなく、全く別の、独特な意味での「根源」を問題にしているのであって、それは、私自身の原事実的な「近さ」によって特徴づけられるような「根源」である。（だが、「根源」という語が、何らかの発生的起源を強くイメージさせる以上、この語は避けた方が本来は無難であろう。）明証論的に見るならば――後で第七章において詳述するが――、あらゆる現実性と可能性は、原自我のこうした「近さ」のうちに根を下ろしているのである。こうしてフッサールは、繰り返し以下のことへと立ち戻る。「エゴは『自己自身の外へと超え出ることができない』」。なぜなら、世界と学、そしてまた、自らの現実性と可能性の一切を含めた、エゴとしての存在は、エゴ自身の妥当の成果だからである」(XXXIV. 479)。

以上、フッサールがフィンクに反対して「哲学する主体の個体的概念」を擁護したとき、彼を動かしていた動機が主にどのようなものだったのかを解釈してみた。しかし、現象学する「自我」の「多義性」、ならびに「明証という根源」の独特の意義は、まだわずかに示唆されたにとどまる。以下の章では、徹底化されたエポケーを背景として、まずは「志向的変様」としての自我の複数化を、自我の「多義性」との連関で論じることにしたい(第六章)。次いで、エゴの「必当然性」は、いかにして明証の究極的源泉でありうるのかが理解されねばならない。その際、フッサール的な現象学的思考の枠組みのなかで、「自我」とはそもそも根本的には何を意味しうるのか、という問いもまた、追究されることになる(第七章)。

第六章　原自我と志向的変様——唯一性と等置

「体系的現象学の全課題は、一切の志向的変様がそこから発してくるものとしての、このような究極的意味での諸々の原様態へとわれわれを連れ戻すということである」（XXXV, 426 Anm.）。

これまでの議論によって明確化されたのは、「原自我」とは単に「多数の他の自我たちの間にいる一人の自我」を意味するものではなく、かといって、経験する主体としてのわれわれを絶対的に超越する超個体的審級でもないということである。主体の複数性を端的に妥当するものとして前提することはできない。まさにその複数性の「意味」がここで問われているからである。しかしまた、一元論的な原根拠が求められているわけでもない。むしろ、「いまここで」エポケーを行い、現象学している自我が、ある中心的な意義を獲得する。というのも、あらゆる時間的存在者の原時間化もまた、現象学においては、形而上学的に構築されるのではなく、その直観的明証に関して問われねばならないのであって、この明証は、「私は視る」として遂行されるからである。

こうしてわれわれは、自我の「多義性」（Äquivokation）にぶつかることになる。徹底化されたエポケーによって、自然的な自我概念は、もはや素朴に妥当するわけにはいかなくなる。かといって、自我の「外部に」存立している「中立的な」審級が問題であると言うこともできない。エポケーによって獲得された原現象は、自我——エポケーを行う者――への「絶対的近さ」を意味しており、この原現象の存立そのものが、「私は視る」から切り離しては考えられないからである（VI, 188, 第四章四b（二）参照）。徹底化されたエポケーによって、私はいわば、「私」という語の自然的な意味がそこからはじめて発してくるような、私-性の源泉界域（Quellbereich）へと遡行するのである。その際、いわゆる自我の「多義性」は、単に言葉の上での混乱ではなく、現象学的に精確に分析可能な構造を指し示している。鍵となるのは、「志向的変様」の概念であって、これをフッサールは、エゴの「絶対的に必然的な多義性」との関連で示唆しているのである（XV, 586）。そこでは、『危機』におけるのと同様（VI, 189, 第四章四b（四）参照）、再想起の志向的変様との比較が行われている。そこに、自我の意味的複数化を追理解可能にするための手がかりがある。

自我の「変様」とは、他者が私の「わずかに違うコピー」か何かであるといった馬鹿げた考えとは無関係である。「志向的変様」とは、むしろ意識の一つの根本現象であって、その一見奇妙な外観に惑わされなければ、現象学的に詳しく分析されうるものなのである。以下の考察では、「原自我の志向的変様」の構造を、その基本特徴に絞って際立たせていくことを試みたい。[1]

一　「志向的変様」の問題

a　「変様」の一般的性格づけ

まず、「変様」（Modifikation）という語の特殊なフッサール的意味を明らかにしておかねばならない。「志向的変様」とは、フッサールが早くから注目していた、志向的生の一つの根本現象を表わす一般的表題である。[2] この現象は、意識生の至るところに見出されうる。把持、再想起、想像、ノエシス的な信念諸性格、ノエマ的な存在諸性格、明証、反省、統覚、判断の発生など、枚挙に暇がない。一九三〇年のある草稿は、変様現象を主題的に扱っているが、その表題は端的にこう述べている。「意識生、すなわち志向的意識生は、絶えざる志向的変様にほかならない」(XXXIV, 564)[3]。意識生の全体が、絶えず流れる変様の過程として捉えられる。原的意識のすべての段階がそれぞれに変様を受け、その変様が変様を生み、その過程の全体がまた変様される。一切が「ほとんど目の眩むような多様さにおいて」絶えず流れつつ変様してゆくのである(XV, 543f.)。

すべての志向的意識は、原様態であるか、原様態の変様かであり、後者の場合、原様態への遡行的指示がそこに含蓄されている。フッサールは、志向的変様の本質性格を以下のように記述している。「志向的変様は、全く一般的にいえば、自己自身において、〈変様されていないもの〉を遡示する(zurückweisen)という固有性を備えている。変様された与えられ方は、いわば尋ねられると、自分はあの根源的な与えられ方の変様である、と自らわれわれに語るのである」(XVII, 315)[4]。一般にこの根本現象は、現象学的分析にとって決定的な方法論的基礎をなしている(vgl. XXXV, 426 Anm.)。いかなる意識も、志向的分析の手引きとして役立ちうるのであって、そこから志向的分析は、対応する原様態に到達するまで、次々と志向的な指示を露呈してゆくのである。この点で、フッサールは志向的変様を、「志向性の本質のうちに存しており、無数の形態において生じてくる、段階的かつ連続的に反復される意識生の『反省性』(Reflexivität)」(XV, 543)とも呼んでいる[5]。

とはいえ、志向的変様は心理学的・実在的な発生ではない。フッサールは、すでに『論理学研究』において、以下のように注意を促している。すなわち、変様とは「決して経験的・心理学的な、生物学的な意味で理解されてはならず、むしろ諸体験の現象学的内実に基づく独特の本質関係を表現しているのである」(XIX/1, 488)。フッサールの時間分析もまた、「最初の変様」である把持(vgl. EU, 335)が、感覚内実の実在的変化ではないということを、初期から誤解の余地なく明示している(vgl. X, 31f., 172f.; XXXIII, 216)。変様の非‐実在的な、「論理的」とも呼ばれる意味(vgl. XIX/1, 488)は、『イデーンⅠ』のノエシス‐ノエマ的な分析においては、さらに明瞭になってくる。変様は、顕在的な操作に関わるのみでなく、ノエシスとノエマの或る「本質特有性」(Wesenseigentümlichkeit)にも関わるのであって、その「本質特有性」とは、「発生を全く顧慮することなく、それら「ノエシスとノエマ」の固有の本質において、ある他のもの、すなわち〈変様されていないもの〉を、遡行的に指示する」という特有性である（III/1, 245）。

変様が「自然事実」としての実在的な出来事ではなく、一つの「意味現象」であるということは、他者経験における変様を考慮するなら、とりわけ意義深い。この点からすれば、「自我の変様」ということを、実在的・発生的な意味で理解し、あたかも変様が変様態を因果的帰結として産み出すかのように考えるのは、全く誤っていることになる。他者は、私によって引き起こされた因果的出来事の単なる産物ではない。両親もまた他者であるが、私は自分の両親を実在的・因果的に他の自我として世界の中に産み落とすことはできない。だが、他者経験に関する「志向的変様」を他者の実在的産出と見なすことは、それに類したことを主張していることになる。そのような馬鹿げた理論を、フッサールが真面目に考えるはずがないということは、批判者であっても容易に気づくべきことである。「志向的変様」とは、時間に沿って経過する実在的・因果的過程ではない。それはむしろ、「意味変様」として理解されねばならないのであって、私が「他者」ないし「他の自我」という意味を理解し使用するとき、いつでも意味的に生起してしまっている現象なのである。

b　変様の基本構造――唯一性と等置

他者経験に関するこのような「志向的変様」をより精確に理解するには、志向的変様の基本構造をより立ち入って考察する必要がある。原様態と変様との関係に関して、以下の二点を際立たせておきたい。

（1）第一に、原様態とその諸々の変様態は、互いに「横並びに」なっているわけではない、つまり「同格に並んでいる」わけではないという点に注意すべきである。互いに連関した一連の変様態が、原様態を遡示しており、この原様態は、それらの変様態に対して、その「意味源泉」として、逆転不可能な関係をもつ[6]。諸変様態が存在しないとしても、原様態的意味は廃棄されないが、原様態がなければ、諸変様態は意味的に存在しえない。変様におけるこうした根本的な「逆転不可能性」は、同時に、原様態の比類のない特殊位置を示している。

この点は、以下のような例によって示すことができる。意識のうちで、一切の「信念様態」(Glaubensmodi) は、「原信念」ないし「原ドクサ」と呼ばれうる原様態の、諸々の変様態として現われてくる (III/1, 241)。原様態的な信念確実性は、「簡明・的確な意味での信念そのもの」(ebd.) である。すなわち「それは、われわれの分析によれば、すべて信念という標題のもとに [……] 捉えられる多様な諸作用のうちで、実際にきわめて注目すべき特殊位置をもっている」(ebd.)。「原ドクサ」とは、「この特殊位置を考慮し、普通に見られるような、確実性と他の信念諸様態との等置 (Gleichstellung) を一切思い出させないようにする」特別な表現なのである (ebd.)。

(2) しかし、引用の最後の部分が示唆しているように、本来は原様態な「確実性」と、変様された信念諸様態とは、互いに「等置される」こともできる。それどころか、このことは「普通」ですらある。「Aは確実である」という原様態は、「Aは疑わしい」「Aは疑問である」「Aは蓋然的である」といった諸様相と通常は並列され、場合によっては相互に争い合う。しかし、原様態としての「確実性」を、「疑わしさ」「疑問」「蓋然性」などの他の諸様相と対立させるとき、「確実性」は、まさにこのような対立によって、すでに新たな意味を受け取っている。この新しい意味は、本来の原様態的意味からは区別されねばならない。「確実性」は、もはやかの「特殊位置」を享受することはできず、他の多くの様態のなかでの一つの様態にすぎなくなっているからである[7]。

ここには、志向的変様の非常に重要な構造が現われてきている。すなわち、原様態が変様態へと移行するとき、そこからは変様態が帰結するだけでなく、「変様された原様態」が帰結する。つまり、原様態の意味そのものが変様されるのである。それはいまや、「変様されたものに対立する意味での、変様されていないもの」、すなわち「変様態に対する非-変様態」として登場する。「変様されてい-ない」(un-modifiziert) という意味は、すでに「変様された」(modifiziert) という意味を含蓄している。原様態を「変様されていない」ものとして統握することは、すでに変様態を前提しているのである。したがって、自らの諸変様態に対立する意味での原様態は、いわば「変様を識らない (変様なしにも意味的に存立しうる）」原様態ではもはやない。それは、いうなれば「遡及的自己変様」（rückwirkende Selbstmodifikation）あるいは「逆変様」（Rückmodifikation）を蒙っているのである。こうして原様態は、一方では「原様態としての原様態」の意味をもつ（それなしには、「原様態」という規定そのものが意味を失ってしまう）とともに、つねにすでに「変様された原様態」として現われることになる。

原様態一般のこうした二重性をより明確に思い描くために、「コペルニクス説の転覆」として知られる一九三四年の草稿（Ms. D 17）を取り上げてみたい。そこでは次のように言われている。「根源的な表象形態における大地＝地球（Erde）そのものは、動いてもいないし、静止してもいない。静止と運動は、大地＝地球との関係ではじめて意味をもつ［からである］。しかし、後になると、大地＝地球は『動いて』いたり静止していたりする――星々についても全く同様であり、地球は星々の一つとしてある」（UKL, 309）。大地＝地球は、現象する（キネステーゼ的に条件づけられた）あらゆる運動の地盤として、「絶対的な静止」のうちにある。この「静止」は、まだいかなる相対的な意味ももっていない（vgl. UKL, 310）。大地＝地球は、高次の構成によって、はじめて客観的な「事物」として統覚され、宇宙空間のなかで、他の星々に対する一つの「相対的な」位置をもつようになる。その原様態的な存在意味は、他の星々と「等置」されうるような形へと変様され、この変様のなかで、「静止」の意味が二重化される。すなわち、一方で、絶対的な「静止」は、相対的な静止とは本質的に異なった意味をもっている。それは、運動の対立概念として規定されるわけではなく、運動と静止を諸変様態として意味的に可能にする原様態であるという意味では、運動しても静止してもいない。しかし他方で、この変様が遂行された結果、絶対的な「静止」は、相対的な運動と並列的に扱いうるようになり、相対的な静止と同一視されることになる。(8)

同じ「変様」の構造が、身体経験にも見られる。固有な身体は、一方でそれ自身のうちに原様態的な唯一性という意味を担っているが、他方で、相対的な変様された意味をも含んでいる。後者の相対的意味が、他の身体物体との等置、すなわち、自分の身体を他の諸々の身体と置き並べて表象することを、はじめて可能にする。「大地＝地球が、

『原故郷』という意味、世界の方舟という意味を失うことができないのは、私の身体が、原身体としての全く唯一的な存在意味を失いえないのと全く同様である。あらゆる身体は、その存在意味の一部を、この原身体から導出するのである。上記のことはまた、われわれ人間が、われわれの存在意味に関して、動物たちに先立っている、といったことも同様である」(UKL, 323)。フッサールは、大地＝地球、身体、人間がもつこうした原様態的な唯一性に対して、変様による「等置」を鋭く対立させている。「しかし、上記のこと、すなわちこうした［原様態の唯一性という］構成的な位格ないし価値秩序は、以下のことによって少しも変わることがない。すなわち、身体と物体を、すなわち他と同様の物体としての物体的身体を等置（同質化［homogenisieren］）すること、諸々の動物種のうちの一動物種としての人類を、そして最後に、諸々の天体のうちの一天体としての地球を［原様態的に唯一的なものとしての人類、大地＝地球と］等置（同質化）することが必然的に共に構成されるとしても、上に述べたことは少しも変わることがないのである」(ebd.)。ここにも、前章で示唆した二つの根本的に異なる「秩序」がはっきりと姿を現わしている。[9]

　要約するならば、原様態的意味は、そのすべての変様態のうちに含蓄されており、そのすべての変様態がそれを遡示しているかぎりにおいては、逆転不可能な特殊位置をもつ。しかし、原様態的意味は、その諸々の変様態と「等置」されると、他の諸々の意味のうちでの一つの意味にすぎなくなる。原様態からの変様のうちで、原様態そのものが変様されるのである。つまり、変様現象そのもののうちに、原様態－変様態という逆転不可能な関係が指示されていると同時に、この関係の成立そのものが、意識平面における原様態と変様態の水平的並列を成立させてしまっている。というのも、この関係が成立しているところでは、もはや原様態を「変様態に対する非－変様態」としてしか見ることができなくなってしまうからである。この「遡及的な」変様によって、原様態的な特殊性が被覆され、一種の忘却に陥る。そして「原様態的なもの」を「変様されていないもの」（遡及的に意味づけられた原様態）から区別することはできなくなる。フッサールがエポケーによって際立たせようとする「構成の秩序」は、変様によって隠蔽される原様態的なもののうちに中心化されているが、この中心化は、決して実在的・客観的な優越を含意するものではない。エポケーの課題は、目立たないが絶えず匿名的に機能しているこの「構成の秩序」を、方法的に見えるようにすることにある。

二 「第五省察」における志向的変様と他者経験

以上の考察を背景にして、「他者経験」がもつ「志向的変様」の構造を検討してみることにしたい。まず示されねばならないのは、「第五デカルト的省察」における他者経験の分析において、変様論が一つの決定的な役割を果たしているということである。[10] この点は、しばしば批判される「第五省察」を、まさにその批判の論拠とされてきた点の再検討によって、新たに考察し直すきっかけとなりうるように思われる。

a 意味解明の動機と変様論

まず示したいのは、「第五省察」の問題設定のうちに、意味変様の構造を解明するという意図がすでにはっきりと読み取れるという点である。

フッサールは冒頭で、超越論的実在論は他者の超越を主張するかぎりでは正しいという（I, 121f.）。つまり、私が私の経験圏域を超え出ることができないということは、「自明」であるように見える。しかし、そこからただちに、〈私を超越する「他者」は『形而上学的』と呼ばれる仮設」によってのみ主題化されうる〉ということが帰結するわけではない（I, 122）。それに対しては、〈私が全く知ることができないものが、そもそもどのようにして私にとって問題になりうるのか〉と批判的に問い返すことができる。他者の「自明的な」超越は、他者に関する「不可知論」へと導くわけではない。むしろそれは、私が〈他者の意味〉をいつもすでに妥当のうちにもっているということを指示しているのであって、この〈他者の意味〉は、本質的に他者の超越を含意しているのである。[11] それゆえ、他者が「私自身」ではないということ、私が他者の経験を「私の」経験としてもつことはできないということは、「自明」である。フッサールが強調するように、現象学は、「他者」についてのこうした自明的な「知」を問うのであり（vgl. VI, 416）、他者についての形而上学的な論議においてさえつねにすでに前提されている「存在する他者という意味」を展示＝解釈しようとしているのである（I, 122）。したがってフッサールの意図は、他者認識の心理学的発生を解明することでもなく[12]、自我から他者を形而上学的に導出することでもない。むしろ、超越的な他者の自明的で原事実的な「意味」を現象学的に理解可能にすることこそ、フッサールの意図なのである（vgl. I, 175, 177; 第一章五b）。

その際フッサールは、他者の「妥当意味」のうちに、例の「志向的変様」の構造を見出す。「他者は、その構成された意味からして、私自身を指し示す」（I, 125）。「他者（alter）とは他の－エゴ（alter-ego）を意味しており、ここに含蓄［含意］されているエゴとは、私自身のことである」（I, 140）[13]。「他者」が全く理解不能の怪物ではなく「他の自我（私）」として理解されるかぎり、「自我（私）」という意味は、「他者」という意味のうちにすでに含蓄されている。「自我（私）」という意味なしに、「他の自我（私）」という意味は存在しえない[14]。そこで問題なのは、単なる語義ではなく、むしろ、通常の他者経験においてつねに前提となっている、「自我（私）」と「他の自我（私）」という妥当意味の原構成である。他者は一人の「自我（私）」でもあるが、私自身ではない「自我（私）」である。したがって、「自我（私）」の根源的な意味は、その本質性格を失うことなく多重化される。問題なのは、まさにこのような、絶対的に唯一的な「自我（私）」が「多重化する」ことの意味構造にほかならない。それは、私が単純に「私」と言ったり、他者を他の「自我（私）」として理解したりするとき、いつもすでに機能しているような、原初的な意味構造・妥当構造である。志向的変様は、このような錯綜した原構造、しかもあまりに自明であるがゆえにかえって認識しがたい生の原構造を解きほぐすための、手引きとなりうる。

b　志向的変様としての「類比化的統覚」

さて次に、他者経験における「変様」が、どのようにしてより具体的に分析されうるのかを見てゆくことにしたい。志向的変様の現象は、まずは異他なる身体の「類比化的統覚」において見出される。「そこにある物体（Körper）」が「身体」（Leib）として統握されるとき、その「物体」は、このような「身体」としての意味を、「私の身体からの統覚的転移［転化・翻案・伝染 Übertragung］によって」もつといわれる（I, 140）。この言明は、志向的変様論にもとづいて理解されねばならない。フッサールの統覚論においては、一般に志向的変様が中心的な役割を担っているが（vgl. I, 141; XVII, 317; XV, 259）、このことは「類比化的統覚」としての感入に関してもあてはまる（vgl. XIV, 125）。ここでは、この統覚に特有な点を見ておきたい。

（1）見逃してはならないのは、「原創設」とはここでは単なる過去の出来事ではなく、「原創設する原本は、絶えず生き生きと現在しているのであって、それゆえ原創設そのものが絶えず生き生きと働きかける過程のうちにありつづけている」（I, 141f.）という点である。他の身体が経験されるところには、私の身体が、経験する身体として必然的に居合わせている（VII, 63ff.; XV, 357）。「他の身体」という変様された意味が妥当するようになるとき、「私の身体」という原様態的な意味は、「遡行的指示」という仕方でのみ現にそこにあるだけではなく、同時に生き生きと働きつづけている。

（2）同じく注意すべきは、「例の類比化によって共現前化されたもの（das Appräsentierte）は、決して実際に現前へと至ることはありえない」（I, 142）という点である。変様された意味が指示しているものが、私の固有性圏域（Eigenheitssphäre）のうちに、それ自体として原本的に現われてくるということは決してありえない（I, 143）。「他者」という変様された意味は、「私の」自我自身を意味的原様態として遡行的に指示しているのみではなく、「他者の」自我自身を、一つの絶対的に異他化され隠蔽された原様態として指示している。つまり、そこからいえることだが、「異他化すること」（Entfremden）としての変様することは、本来決して、原様態から変様態へと至る直線的な展開を意味するものではなく、原様態そのものの「多重化」(Vervielfältigung) を意味するのである。
以上二つの観点については、後でもっと詳しく論じることにしたい。

ところで、ここに述べたことには、すでにある種の「相互性」が告知されているが、この「相互性」ゆえに、フッサールは他者統覚を「対化」(Paarung) として性格づける。「エゴと他のエゴ」は、「つねに、また必然的に、根源的な対化のうちで与えられる」(I. 142)。それは、ある種の「意味転移［転化・翻案・伝染］」(Sinnesübertragung) であって、「生き生きと相互的に覚起し合うこと、相互に重なり合いつつ覆い合うこと」(ebd.) と表現されうる。そこには、すでに本章一bで示した、志向的変様の第二の根本性格が示されている。すなわち、変様は原様態を遡及的に襲うのであり、それによって原様態は、変様態に対する「相対的な」意味を受け取り、変様態と「等置される」のである。他者経験におけるこうした現象を、フッサールは「感入の志向的逆投射 (Rückprojektion)」(XV. 635) と呼んでいる。以下の箇所では、異他なるものの意味構成が、「私の」という意味にも関わる変様として語られている。「それ［異他なるもの］は、その意味構成によって、必然的に、私の最初に客体化された自我、私の一次的世界の志向的変様として登場する。すなわち、他者は現象学的には私の自己の変様として登場する（この私の自己の方も、このような〈私の〉という性格を、いまや必然的に始動する対比化的な対化 (kontrastierende Paarung) によって受け取るのである）」(I. 144)。自我と他者との「等置」は、「対比《コントラスト》化的対化」としての変様によってはじめて生じてくる。そのかぎりで、原様態としての原様態は、まだ「他者と対比される自我」というこの相対的な意味をもっていない。それゆえフッサールは、ここでは「私の自己 (Selbst)」としか言っていない。そのような原様態的な意味は、例の「多義性」によってしか「自我（私）」とは呼ばれえないのである。原様態の二重性格ゆえに、それは偶然的な多義性ではなく、「ある種の本質的な多義性」(VI. 188) である。「原自我」という術語は、『危機』や後期の草稿においては、「自我（私）」のこうした原様態的な意味を表示していると考えられる。「問い」や「疑い」といった他の諸様態と等置された「信念」という変様された様態から際立たされるために、信念諸様態一般の原様態は「原信念」と呼ばれるが、それと同様に、

「自我（私）」の原様態的意味を特に表示するために、「原自我」という術語が選ばれているのである。

c　一次的還元と原様態の二重性格

以上で示唆されたような原自我と変様との連関をより明瞭にするために、「第五省察」における「一次的還元」(primordiale Reduktion) の理論を少し詳しく考察してみたい。これによって、志向的変様が、超越論的経験圏域の内部での単なる部分的現象ではなく、この圏域全体に関わるものであることが明らかになるだろう。

第一に、一次的還元は一種の「抽象」として性格づけられる。それは、超越論的経験地平を「あらゆる異他なるものの一般から抽象的に解き放ち」、異他なるものが「意味を共に規定するものとして」登場するかぎり、それを「抽象的に遮断する」ような操作である (I. 126)。それによって、「一次的に固有なもの」の、抽象的に限定された圏域が獲得される。この手続きにおいては、当の還元によって遮断されるべき「異他なるもの」の「意味」は、すでに前提されていなければならない。一次的還元は、固有なものと異他なるものとの区別を前提として要求する。それによってはじめて、区別されるものの一方（異他なるもの）を限定的に遮断し、他方（固有なもの）を、それとの対比において際立たせることができるのである。このように一次的還元は、「異他なるもの」という意味を否定的・抽象的に排除するものであって、原自我の問題次元を露呈させる「徹底化されたエポケー」とは全く異なるものである。後者は、前者において前提されている固有なものと異他なるものとの区別そのものを、意味として括弧に入れるのであり、したがってこの「意味」をもはや前提として使用しないという点にその要点がある。

変様論の視角からすれば、一次的還元が問題としているのは、すでに変様態と等置された原様態であって、原様態としての原様態そのものではないと言える。実際フッサールは、「私に固有なもの」をさしあたり「異他的でないもの」(Nicht-Fremdes) と規定している (I. 126)。これは、「変様されていないもの」(Un-Modifiziertes) としての、原様態の遡及的規定にほかならない。この規定は、遂行済みの変様に、意味の上ですでに依存してしまっている。「私に固有なもの」を、このように「非異他的なもの」として「間接的に」性格づける際には、他者の意味はすでに前提されているのである（I, 131）。

しかし、原様態への還元が、「変様されていないもの」としての相対的意味を超えて、首尾一貫して貫徹されるならば、そこには視方の転換が生じてくる。原様態としての「私に固有なもの」は、変様態としての「異他なるもの」にさしあたり対立させられているが、「私に固有なもの」の視点から見ることをどこまでも一貫して試みるとき、「私に固有なもの」の圏域のなかで、私が——少なくとも「意味」として——決して出会うことがないようなものは、そもそも何もないということに気づく。この圏域には、異他なるものについての私の現実的・可能的経験も属しているのであって、それは逆説的にも、すでになされたはずの「異他なるものの遮蔽」を蒙らないのである。フッサールは次のように言う。「したがって、私の心的［一次的］存在のうちには、私にとって存在する世界の全構成が含まれているのであり、ひいては、この構成を、固有なものを構成する構成システムと、異他的なものを構成する構成システムとに区分することもまた、含まれているのである」（I, 129）。「究極的な超越論的エゴと、そのうちで構成されるものの普遍的総体に依拠するならば、その超越論的経験野全体を、そのエゴの固有性の圏域と［……］、異他的なものの圏域とに区分することが、そのエゴに属している」（I, 131）。こうして、私が遮断したすべてのものが、再び立ち戻ってくるのであるが、そこには、以前とは全く違った視方が開かれている。すなわちそこには、私と他者とを疑似客観的に並列して眺めることを徹底して不可能にするような、絶対的な不可逆性・非対称性が、一つの視方として顕在化してくる。

「第五省察」におけるこうした視方の転換は、まだ徹底化された還元として方法化されてはいないとしても、少なくとも次のように言うことができる。そこに告知されている経験次元は、固有なものと異他的なものとの等置的・並列的区別——一次的還元の手続きが開始したときには、端的に前提されていた区別——を、もはや端的には妥当させないような経験次元であり、この経験次元は、上記の区別（少なくとも並列的に意識された区別）に対して、その意味基底として先行する。いまや、こうした区別そのものの志向的原構成を理解にもたらすことが求められているのである。すでに述べたように、ここで語られているのは、実在的な発生ではない。問題となっているのは、固有なものと異他的なものという「意味」が、私にとって超越論的に妥当するようになるのはどのようにしてか、ということである。それは、私の内でいつもすでに「自明的に」起こってしまっていることである。その際、独特の「意味の二重性」が浮かび上がってくる。すなわち「私に固有なもの」は、一方では、すでに「異他なるもの」と等置された相対的な意味をもち、他方では、異他なるものと相対的に等置されえない原様態的意味をもつ[15]。原様態がもつこうした二重性格は、いまや「エゴ」の超越論的経験の全圏域に関わる。なぜなら、先に見たように、固有なものの圏域は、一方では異他なるものに対立するように見えるのに、他方ではそれを含めた全構成を包含するようにも見えるからである。この問題状況は、「原自我」への問いが避けられないことをすでに指し示している[16]。

三　「私（自我）」の原様態的意味と、変様によるその「隠蔽」

前節では、フッサール自身が公刊した著書の中で、間主観性に関する唯一のまとまった叙述である「第五省察」において、志向的変様論が重要な役割を果たしていることを見てきた。志向的変様は、フッサールの他者分析の中核に関わっていると考えられる。前節では同時に、他者経験と志向的変様との連関のあり方を、その一般的な概略に関して粗描した。以下では、志向的変様の構造へとさらに踏み込むために、（きわめて不十分ではあるが）まず「私」という語の言語的意味を取り上げ、そこから出発して、「私（自我）」の原様態的性格を多少とも理解可能なものにしていくことを試みたい。（1）第一に、自我の「唯一性（比類のなさ）」と「私‐他者」関係の「非対称性」を考察し、（2）次いで、自我の原様態性において問題となっているのが、言表されない含蓄的な「経験意味」であることを示す。（3）最後に、そこから帰結する困難、すなわち、「私（自我）」の原様態的意味を表現にもたらす際の困難を、より詳しく特徴づける。以上の考察により、「原自我」という語は、変様論の視方にもとづいて、本節で問題となる原様態的意味に対する精確な術語であることが示される。*

＊補注——議論に先立って一言注記しておきたいが、日本語の「自我」は普通名詞であり、代名詞的に自分自身を指すために用いることはできない。さらに、「私」という語も普通名詞として用いられうるので、西欧語の代名詞とはかなり異なる。これに対し、「自我」に当たるドイツ語のIchは、「私」に当たる代名詞ichを単に大文字化しただけのものであり、代名詞的意味を濃厚に示唆している。以下の議論は、Ichという語の意味の根本にあるこの代名詞的な意味に注目したものである。したがって、フッサールの分析を解釈する際に、日本語の「私」「自我」という語にも代名詞的意味が強く読み込まれていることをお断りしておきたい。

a 「〈一人の〉自我は自我ではない」。「自我（私）」の変様された意味

「他の自我」は「自我」の変様である、という言明は、一見すると異様に見える。それは、一人の自我から他の自我たちを演繹しようとする試みか、一人の自我による他者の表象の産出を、他者の現実的経験と同一視しようとする試み、つまりいずれにしても成功するはずのない試みを表現しているかに見える。しかし、こうした疑惑をただちに正当なものと認めてしまうのは、あまりにも性急すぎる。というのも、これらの解釈においては、「自我」がただちに「一人の自我」として理解されるということが、自明的に前提されているからである。だが、変様論において「原様態」として性格づけられる「自我」が、単に「一人の自我」であるということは、本当に正しいのだろうか。もしそうでないとしたら、「自我」の原様態的意味は、「多数の自我たちのうちでの一人の自我」(ein Ich unter vielen) という概念から逸脱していることになるだろう。それは本当に、「私」という語の日常的な使用から完全にはずれているような、異常な考えなのであろうか。

この問題にきわめて密接な関連をもつ一九三四年の草稿において、フッサールは自我の原様態的な「唯一性」

(Einzigkeit) について解明を行っている。そこでは、「私（自我）」という語の使用のうちに、分析の手がかりが探られている。「〈他者たち〉とは、なるほど〈他の自我たち〉を意味するが、しかしそれは、あたかも〈この木――他の木々〉と言うかのような具合にではない。他の自我たちがいるが、彼らは私［自我］ではない。私［自我］という語が本当に根源的に意義あるような仕方で語るならば、それはいかなる複数形をも許容しない」(Ms. B I 14/ 127a)。この非‐複数性――これは単なる「単数性」と同義ではない――のうちに、第五章で示したような、「原自我」の特徴的な性格が告知されている。これだけではまだ一般的な性格づけにすぎないが、フッサールは上記の草稿において、私（自我）の原様態的意味をさらに具体的に彫琢してゆこうとする。その際、「複数でも単数でもない」という例の原自我の性格が、漠然とした（拡散的な）一般性を意味するわけではなく、むしろ比類のなさ（Einzigartigkeit）という意味での、ある種の「個体性」(Individualität) を指し示していることが、明瞭に浮かび上がってくる。しかしこの「個体性」は、単なる「個別性」(Einzelheit) から厳密に区別されねばならない。「個別性」はすでに「多数性」を前提するからである。

「自我――他の自我たち」という関係を、「この木――他の木々」という関係と対比させるとき、そこには、単に前者の関係が事物的諸対象の関係とは比較の対象にならないということだけでなく、「種と個別例」という思考図式が、ここには適用できないということが見えてくる。「自我（私）」の意味は、たしかに見かけ上、「私は一人の自我であり、君も一人の自我である」と言うことを許容する。日本語の「自我」という語は、単なる普通名詞であり代名詞としては用いられないので、この表現は全くおかしくはない。しかし、「私は一人の私であり、君も一人の私である」と言うと、すでにだいぶ奇妙な言い方になる。「私」という語の本来の意味を顧慮するなら、これは普通の言い方ではない。誰かが端的に「私が行きます！」と言うとき、「私」という語は、行為の主体をその特有の性格（「自我性」）に関して記述しているわけではない。先の文は、「一本の木が立っている」と言うのと同じように、「一人の自我が行きます」と言っているわけではない。たしかに、誰もが「私」と言うことができるが、そのことは、誰もが「私（自我）」という共通の種によって記述されるということを意味しているわけではない。誰かが「私は……」と言うとき、そこに複数の人物がいて、同様に「私は……」と言いうるとしても、その言明はすでに一つの紛れもない個体へと関係している。「私（自我）」の原様態的意味は、比類のない「個体性」を指示しているが、この「個体性」は、単に個別例の個別性として理解されてはならない。フッサールは、この点を以下のように論じている。「一人の私［自我］（*ein* Ich）は――私ではない。私が、私の隣に、〈これは私だ〉と言いうるような第二の私をもつことはない。〈これは赤である――これも赤である〉。〈これは一つの家である。――これはもう一つ別の［他の］家（ein anderes Haus）である〉。〈これは私である――一人の私である、これも一人の私である〉。しかし、われわれは［本来］、〈一人の私〉とは決して言わない。私という語がまさしく私を意味しているとき、本来はそのように言うことはできない。『一人の人間と一人の他の人間』と言うことはできるが、『一人の私と一人の他の私』と言うことは本来できない。〈私〉とは絶対的に個体的である」（Ms. B I 14/ 138a）。

「これは私であり、これも一人の私である」などと言うとき、「私（自我）」という意味は、すでに変様されている。その「意味」は、私（自我）が他の私（自我）と等置されうるような仕方で理解されている。それゆえフッサールは、等置された諸主体のうちの一主体を問題にしたいとき、完全に意識的に「一人の私（自我）」という言い方を用いている。フッサールは、この表現を用いて、しばしばそれを否定する形で、「私（自我）」の原様態的意味を対比的に際立たせようとしている。したがって、エポケーのうちで発見された「エゴ」は、『危機』によれば「まだ全く『一人の』自我ではない［……］、つまり他の、あるいは多くの共‐自我たちを自己の外にもちうるような自我ではない」（VI. 84）。これは、原自我についての核心的な一文を思い起こさせる。「私は一人の自我ではない。つまり、依然として自らの〈汝〉や〈われわれ〉、共主観（Mitsubjekt）たちの全共同体を自然な妥当のうちに持っているような一人の自我ではない」（VI. 188）[17]。「自我（私）」の原様態的な意味は、複数の自我たちの等置ないし「同質化」（Homogenisierung）を許容しないという点に、その一つの特徴がある。なぜなら、そうした等置・同質化は、先述の比類のない「個体性」――それは「他者性」の裏面でもある――を消失させてしまうからである。

普通に使われる「私」という語は、「汝とわれわれ」をすでに妥当させてしまっている以上、いわゆる「原自我」を表わすものでないのは当然である。しかし、私と汝（そして、私とわれわれ）の関係は、すでに自然的な語の使用においても、決して同質的な諸主体の「等置」によってのみ性格づけられるようなものではない。「私」という語の本来の意味は、「自我主観」という種の一個別例に対応するような「一人の自我（私）」という意味に収まらないものを指し示している。「私」という語の普通の意味のうちに、すでに例の「比類のなさ」が、そしてまた私－汝関係の根本的な「非対称性」が、自己を告知しているのである。

この「非対称性」は、他者もまた「私」と言いうることを排除しない。他者が「私」と言うとき、そこに私が理解するのは、「一人の他の自我」ではない。「私が呼ばれましたか？」「いや、私です」という対話のなかで双方の自我が理解するものを、「一人の自我は、一人の自我が呼ばれたかを尋ね、もう一人の自我は、もう一人の自我が呼ばれたと答える」という文によって、第三者の視点から完全に表現することはできない。最初の対話に含まれていた明確な個体性の指示や、両主体の交換不可能性は、二つ目の文では消滅している。三人称の視点からの書き換えを行うなら、「私」という語り方の本質的な意味契機、すなわち「比類のなさ」や「非対称性」に対応する契機が、失われてしまうであろう。

「一人の他の自我」(ein anderes Ich) という意味は、それ自体のうちに二重の変様を含んでいる。なぜならその意味は、「一人の自我」(ein Ich) という意味をその原様態的契機として遡示しているが、この「一人の自我」という意味自体、やはりすでに、複数の自我の同質化的な等置によって変様されているからである。原様態的な意味での「自我」(Ich) は、名詞化されているにもかかわらず、普通名詞（類の名 Gattungsname）として理解されてはならない。原様態的な「自我」のフッサール的用法においては、あるきわめて原始的（原生的 primitiv）な意味が問題となっている。それは、諸々の自我主観の意味的等置ないし同質化から、つねにすでに滑り去ってしまうような意味である。

それが属している次元は、諸々の対象意味の、同質化された普遍的領野（そのうちでは一切が等置され横並びになっている）のうちには原理的に現われないような次元である。(18)

b　自我の原様態的な「経験意味」とその本質的な潜勢性

「私（自我）」の原様態的意味は、「私」という表現を理解する際にはつねに含蓄的に前提されていると考えられるが、表現された言語の平面には現われてこない。次にこの点を考察してみたい。

私が、話し相手である他者に向かって「私」と言うとき、私はすでに、この「私」という言明を適切に理解できる自我として、その他者を認めている。つまり、表現された「私」という言明は、すでに「他の自我」の理解と「自我であること」一般の理解を前提している。しかし、この理解は、フッサールが「自我（私）」の原様態的意味とその変様を主題化するとき、そこでまさに問われているものである。それゆえ、この理解を最初から不問のまま前提するわけにはいかない。ここで問題となっている「自我（私）」の原意味とその変様現象を解明＝展開するには、「私」という語の言語的に表現された形態だけを分析するのでは不十分である。「私」という語の意味は、ある経験次元を遡行的に指示しているが、それは「私」という通常の言語的表現の内に、その一要素として直接かつ単純に姿を現わすものではない。

つまり、「私」という表現においては、含蓄的な原様態的「経験意味」（Erfahrungssinn）が遡行的に指示されているのであるが、この「経験意味」は、「私」という語の意味の充実を顧慮することによっても洞察可能である。それをフッサールは、『論理学研究』において分析し、いわゆる「本質的に偶因的な表現」の「指示する意味」（anzeigende Bedeutung）と「指示された意味」（angezeigte Bedeutung）とを区別している（XIX/1, 87ff.; XIX/2, 556ff.）。たとえば、机の上に紙片がおいてあり、その上に「私はここにいました（私はちゃんと来てましたよ）」（Ich war hier!）とだけ書かれている場合にも、その「私」という表現は、すでに「有意味な」語として理解されうる。「私」が誰であるのかはわからない。しかし、この表現は、「それは誰かを指している」という無規定な一般的思念を呼び起こす。この点において指示する意味が成立している。しかし、この一般的な志向は、さらにそれに続く諸規定が欠けているかぎり、充実されないままである。私の背後で、あるいは群衆の中から、「私はここです（僕はここだよ）！」（Ich bin hier!）と誰かが叫ぶのを聞くとき、私は、叫んだ人を見ようとしたり、叫んだ人が誰なのかを聞き返したりする。[19] このような更なる規定（必要なら、直観的な規定）は、「私」という表現の指示された意味に関わっている。とはいえ、私にとって、「指示された意味」による充実への要求は、他人が「私」と言うときには必要に応じて呼び起こされることがあるが、私自身が「私」と言うときには全く生じない。私が「私」と言う際の志向は、私にとって例外なく充実されている。自分で「私は……」と言いながら、「この『私』というのは、誰のことを指すのだろう？」と尋ねるのは、「私」という語の通常の用法では起こりえない。その場合、その人は「私」という語における通常の志向をもっていないといわざるをえない。「私」という語を有意味に用いることができる場合、たとえ私が記憶喪失のせいで自分に固有の属性を全く記述できないとしても、私自身が「私」と言うときには、つねに「指示された」意味がそこに伴っている。記憶喪失患者が「私は誰？」と問うとき、その問いはすでに、「私」という語の完全に規定された指示を前提する。誰に関してこの問いが立てられているのかについては、この患者は十分にわかっている。わからないのは、彼が自分自身を何によって個別的に規定しうるのかという点だけである。

このように、「私」という表現は、聞く者にとっては、二つの意味の分岐を引き起こしうる。すなわち、第一の無規定な意味は、第二の補完的意味を要求する。だが、それを言う者にとっては、二つの意味のこうした分裂は生じない（XIX/2, 557f.）。

通常の用法の範囲内では、「私」という語の意味が私自身にとっては例外なく充実されているということは、「自我（私）」という意味が、変様論の観点からすれば、「他の自我（私）」という意味に対する「原様態」と見なされうることを示唆している。「私」という語は、誰がそれを言うとしても、二つの意味が一致する可能性を指示する。この一致は、私が「私」と言うときには、そのたびに実現されている。或る他者が「私」と言うときにも、たしかに私にとって一致は指示されているが、直接に実現されてはいない。それは私にとって充実されていることがありうるが、充実されているとしても直接にではない。この場合、充実は必然的に間接的かつ近似的である。（a）「一致の充実は可能である」けれども、（b）「直接的充実は不可能である」というずれが、ここには見られる。その際、意味契機（a）は、「私自身のうちで」一致が原様態的に充実されていることを遡示する。そこにおいてしか、私はそもそもこの一致について知りえないからである。意味契機（b）は、「直接的充実」という部分契機を含んでいる。そこにもやはり、「私自身における」原様態的一致が指示されている。したがって、充実という観点から一般的に言えるのは、二つの意味の一致を「私が」原様態的に体験することが、「私」という言明一般を理解する際に、本質的な役割を果たしているということである。どの他者も「私」と言いうるのは当然であるが、この「私」という言明の理解は、二つの意味の「生き生きした」一致を原本的に理解していることを前提するのである。[20]

フッサールは、自我と他者の経験のうちに類比的な構造を見出すが、その際「原エゴ」は、「原創設する原本（Original）」として表現される。「すべてのエゴの経験にとっての原エゴは、私にとって、私自身が根源的にそれであるところのものであり、恒常的な自己経験のうちで、一次的固有性のすでに示された中心化と区分において、気づくか気づかないかにかかわらず、絶えず自己自身を原本として意識している。そして、まさにこのことが、この『他者』という統覚の根本的な特有性である。すなわち、この統覚にとって、それを原創設する原本は、つねに同時に生き生きと現在しており、したがってエゴと他者（ego und alter）とは、つねにまた必然的に、根源的な対化においてある」（XV. 15f.）。自我の原様態的な自己経験は、他の自我が経験されるところには、つねにすでに生き生きと共に居合わせているが、その逆は言えない。つまり、自我経験のあるところでは、つねに他の自我が他の自我として同時に経験されるというわけではない（vgl. I. 127.）。因みに、〈生き生きと共に居合わせること〉と〈対化〉とがもつこの構造は、すでに身体現象においても見られたものである（本章二b、一九四頁参照）。

なるほど、これまで言われたことは、どの自我にも当てはまる。しかし、「どの自我も」（＝すべての自我 jedes Ich）という意味は、すでに諸々の自我主観の「等置」を暗黙のうちに前提している。したがってこの意味は、「自我」の原様態的意味から、はじめてその意味的充実を汲み取ることができる。つまり、「自我」の原様態的意味は、全面的な「相互性」（可逆性）において理解されるとき、すでに変様を蒙っているのである。これは、極度に自明な、それゆえ見抜くのがきわめて困難な変様である。このことは、明示的に表現された「私」という言明においては、つねにすでに生じてしまっている（XIV. 478）。口に出された「私」という語は、宛先（Adressat）をもち、行為遂行的（performativ）な機能をもっている。明示的に表現された言語の平面にとどまるかぎり、つねに最初から自我の複数性と相互性（可逆性）を前提せざるをえない[21]。これに対して、フッサールの分析は、「私（自我）」という意味の志向的指示を遡行的に辿り、最終的に原様態的な意味に行き当たることを目指している。この原様態的意味が、当該の意味構造全体にその充実を「注入」しているのである。「私」という意味が明証的に充実されるためには、例の「一致」――「私」という語がもつ二つの意味の一致――の原様態的経験へと遡らなければならない。その際、この原様態的な「経験意味」は、明示的に（言表された言葉として）表現されてはいない。「私」という語を言表することは、通常の言語使用においては、むしろ必然的に、「私」を等置する変様を呼び起こす。その際原様態的意味は、変様された意味によって隠蔽される。

原様態的意味がこのように変様されつつ隠蔽されるということを、直観的に理解可能にするために、ある一般的な言語現象を引き合いに出すことができる。すなわち、普通は表現されない意味契機は、明示的に表現されると、一つの新たな意味価を受け取る、という現象である。「雨が降っている」と私が誰かに口に出して知らせるとき、私がそのことを知っていることは、自明なこととして理解されている。しかし、もし私が、「雨が降っていることを、私は知っている」と殊更に言うなら、そこで意味されていることは、最初の文におけるのと同じではない。第二の文の意味は、本来、第一の文においても暗黙のうちに共に言われていたことである。しかし、その意味は、もし殊更に表現されると、もはや同じものではなく、他の様々な可能的主張（「……を私は知らない」「……を私は疑う」等々）と対比された、一つの特殊な主張を纏い付かせることになる。(22)

このことは、「私」という一人称の語り方そのものにもあてはまる。何であれ、私が言うことは、すべて「私」によって言われているということは自明である。だが、もし私が、私によって言われるすべての文の後に、「……と私は言う」と明示的に表現するとしたら、どうなるであろうか（たとえば、「雨が降っている、と私は言う」「ここに一本の鉛筆がある、と私は言う」等々）。その場合、元の文はある新たな、特別な意味価を受け取ることになるであろう。「雨が降っている」という文は、「……と私は言う」を付け加えることにより、「もしかしたら君はそう言わないかもしれないが……」「彼は違う言い方をしたけれども……」といった、別の対立的可能性を指示するような仕方で、対比的な文脈に置かれてしまう。「私」との非明示的な関係を明示化するとき、つねにこれとパラレルな現象が見られるように思われる。（たとえばラテン語で amo（「私は愛している」）と言うとき、それは「私は」（ego）という主語を含蓄しているが、ego amo と殊更に言うなら、そこには「他の誰でもないこの私が」といった特別なニュアンスが付け加わる。そこでは、ego が tu（君）や vos（君たち）などと対比的に捉えられているのである。同様の現象は、多くのインド・ヨーロッパ諸語に見られる。）

一般に、あらゆる明示的な「私」という語は、すでに多かれ少なかれ対比的・相対的な「一人の私」の意味、すなわち「君」や「君たち」「彼」などと対立的に自己主張する「私」の意味を指示していると言える。しかし、フッサールが「自我」という意味の原様態として際立たせようとしたものは、非明示的な「経験意味」であって、それはすべての明示的な「私」という言明のうちに、含蓄的に自己を告知しているが、同時にそのような明示的言明によって変様され覆われているのである。(23)

c 「原自我」を主題化する困難と、この困難の必然性

以上の考察にもとづいて、「自我」の原様態的意味を明らかにする際の本質的な困難を、より精確に規定することができる。ここで問題になっている原初的な意味とは、単に「私」という語の意味にとどまらない。現象学的観点からすれば、「私」という意味は、「私」という語の明示的言明においては、つねにすでに変様された意味であり、複数の自我の等置を前提している。その際、他者は「変様態」として性格づけられるが、それが意味しているのは、他者に対して自我が一方的な優位をもっているということではない。「自我」を「原様態」として特徴づけることが不当なことであるように見えてくるのは、「自我」がすでに他者と等置されている場合のみである。もしこの等置がなされてしまっているなら、そこで問題となっているのは「自我」の原様態そのものではなく、「変様された原様態」である。等置は、それが変様の帰結であり、自明的な前提として機能するかぎり、妥当の外に置かれねばならない。この操作は、「自我」の原様態的意味そのものを洞察可能にするためには不可欠である。

適切なエポケーが行われないかぎり、明示的に言明された「自我（私）」という語は、すでに変様された意味で理解されざるをえない。「自我」を明示的に際立たせることは、不可避的に、「他の自我」という意味に対する相対性を妥当させてしまうからである。「自我［私］と言われた途端に、もうすでに人称代名詞一般が相関者として現にある」(VI, 415)。そのかぎりでは、「自我」という語において理解されるものは、いつもすでに変様された意味である。そうなると、次のように言わねばならない。「他者」が変様態であるならば、「私」自身もまた、通常「私」と言われる際には、やはり一つの変様態である。

これと同型の構造が、「自我」と「他者」の意味関係一般に見られる。フッサールはこのことを、身体的他者経験（そこにフッサールは、他者の意味経験の原形態を見ている）に関連して語っている。身体的他者経験は、「あたかも私が自分を感情移入して他者の内で生きるかのような、他者の内に入り込んで生きるかのような、一体化する感情移入(Einsfühlung)ではないのであるが、それにもかかわらず、他者は私自身の変容（Abwandlung）にほかならないので

あって、他者を経験しながら、私は私自身を変容において経験している。『変容』とはここでは二義的である」(XIV. 527; 傍点引用者)[24]。したがって、他者経験における志向的変様は、「他者」という意味を妥当にもたらす変様であるばかりではなく、「自我」という意味の自己変様でもあり、これが自我の対比的・相対的意味をはじめて有効にするのである。つまり、この変様においては、「自我－他者」という意味構造がはじめて根本的に妥当に至る原構成が問題になっていることになる。私が私自身にとって「異他的に」なるような「自己変様」は、以下の箇所からはっきりと読み取れる。「私と互いに同格的な異他者たち、私にとってだけでなく、お互いにとって異他的であるような者たちにとって、私自身は必然的に異他者である。すなわち、私は異他者たちにとっての原様態であるばかりでなく、私自身にとって、私は私にとって存在している異他者たちの異他者でもある」(XV. 635)。

普通に「私」と言うことは、非明示的な前提として、原様態的経験意味への指示を含んでいる。しかしこの意味は、自我の変様された相対的意味によって隠蔽されている。フッサールは、この隠蔽された原様態を、現象学的な仕方で表現にもたらそうとしているのであるが、この試みは、「私」「自我」「エゴ」といった語をどうしても用いざるをえない以上、決して偶然的ではない困難にぶつかる (vgl. VI, 415)。そこから、フッサールの奇妙な記述が生じてくる。すなわち、「還元の最初の『エゴ』は、原様態的に理解されるかぎり、「それに対して他のエゴというのが何の意味もないがゆえに、誤ってそう呼ばれているのである」(XV, 586) といった記述である。

問題の原初的意味を、「私」という語の普通の意味から区別するためには、ここで取り出されるべき原様態的意味を、自然的変様への逆戻りから保護する特別の用語が必要となる。「原自我」という用語が、この任務を担うことになる。フッサールがこの語を用いるときには、自然性においては決して明示的には言表されない意味が問題となっている。この意味は、自我という語の変様された意味――この語が言表される際に通常顕在化している意味――に対する根本的な差異において理解されねばならない。「原自我」という語は、単に一般的意味において根源的であるような自我を意味するわけではない。むしろこの語は、「変様論」の観点からすれば、当該の「原様態」を特殊的にあらわす精確な表現にほかならない。「原」という接頭辞は、原様態性と共に、つねに徹底化されたエポケーの必然性を表示しているのである。

四　変様論の観点からみた「原自我」と「生ける現在」との平行性

前節で明らかになったように、「私（自我）」という語のうちには、「原自我」的意味が含蓄・遡示されているが、その意味は、変様によって相対的な意味関係のうちへと絶えず組み込まれてしまうので、その原様態的意味を開示するためには、徹底したエポケーが必要である。しかし、自我の原様態的意味と変様された意味との間の差異のみが、一方的に強調されるべきではない。というのも、志向的変様の際立った特徴は、それがまさに、原様態と諸変様との間に本質的な意味連関を打ち立てるという点にあるからである。だからこそ、それに纏い付く「多義性」にもかかわらず、「私・自我・エゴ」といった表現が用いられざるをえないのである。

以下では、自我のこうした「変様的意味二重化（modifizierende Sinnesverdoppelung）」を、「生ける現在」の変様との平行化を手がかりとして分析してみたい。その際、原自我の「変様」とは、「根源的なもの」が自らの変様態を一方的に産出するという形をとるわけではなく、むしろ意味的な自己二重化の構造を示しているという点がとりわけ肝要である。この点を示すことにより、原自我の「変様」とは、複数的自我の形而上学的・仮設的な発生プロセスを意味するのではないかというありがちな誤解を避けることができるのである。

a　誤った解釈としての「産出モデル」

「他者たち、ならびに彼らと対比される仕方で統握された自我は、原自我の変様によって構成される」といった言明がただちに呼び起こすのは、「原自我とは、他者たちと、相対的意味での自我とを産出する第三者である」といったイメージであろう。しかし、原自我の「変様」――「モナド化」とも呼ばれる――を、以下のような図式で理解することはできない。

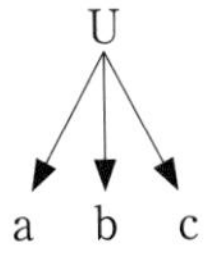

この図は、根源（U）が変様態（a. b. c. ...）を同等に産出する仕方を表わしている。そこでは根源は、変様態とは全く異なる審級を表わしており、諸々の変様態は同列的に等置されている。このようなモデルを、仮に「産出モデル」と名付けておきたい。この「産出モデル」は、一見すると「志向的変様」のこれまでの記述によく適合するかのように見える。（原様態は「比類がない」のに対し、諸変様態は等置されている、という意味で。）しかし、モナド化ないし「異他化」（Entfremdung）としての変様は、本当にこのようなモデルにしたがって、事象に適した仕方で記述されうるのであろうか。諸モナドは、このモデルが示すように、超審級としての原自我から、どれも同じ仕方で産出されるのであろうか。

この問いに答えるために、「異他化する」（entfremdend）変様と「脱現在化する」（entgegenwärtigend）変様との間の平行性を参照することにしたい。フッサールは各所でこの平行性を示唆しているが、最後の公刊著作である『危機』の中でも、この点を他者経験についての叙述の重要な箇所に置いている（本書第四章四 b（四）、一二六―一二七頁参照）。その中核にあるのは、原様態と変様態との間の必然的な関係性の問題である。この点に関して、とりわけ以下の三つの点が考察されねばならない。

（1）原様態的なものは妥当地盤として機能し、諸変様態はそれに基づけられている。

（2）原様態的なものは、等置された諸変様態の中に自己自身を組み込む。
（3）原様態的なものは、諸変様態の「共通の」根源ではない。

b 「生ける現在」と妥当地盤としての原自我

「生ける現在」と原自我との間の平行性は、単に形式的な平行性にとどまるわけではない。まず第一に、生ける現在への還元が、原自我への還元としても特徴づけられている以上、双方において根本的には同じ「原現象」が問題となっている。「かくして、われわれはまもなく、決して明示されたことがなく、ましてや体系的に解釈されたことなどない『原現象』に行き当たる。どんな意味であれ、およそ現象と呼ばれるようなその他一切のものが、その『原現象』のうちにおのれの源泉をもつ。それは、〈立ちとどまりつつ流れる自己現在〉、いいかえれば、〈立ちとどまりつつ流れる生のうちにある、流れつつ自己自身に現在的な絶対的自我〉である」（Mat VIII, 145）。ここでは、「立ちとどまりつつ流れる自己現在」が「絶対的自我」と言い換えられ、双方が「原現象」であると言われている。[25]

この「原現象」は、いかなる意味で、すべての現象の「源泉」（Quelle）と呼ばれているのであろうか。「源泉」という比喩は、「原現象」とその他の諸現象との間の関係を、産出的な関係として解釈することを誘発する。その場合、「原現象」は、「原因」という意味での、一切を産み出す根源として解釈される。だが、自然的経験領域から取られたこの比喩は、エポケーのもとでは、十分注意して扱わねばならない。水は、いったん源泉から流れ出てしまったら、その間に源泉が涸れても、引き続きそれだけで存在することができる（たとえば池の中に）。あるいは、木が切り倒された後でも、木が産出した果実は、それだけで独立的に存在できる。つまり、実在的な産出原因は、所産を産み出した後は、所産の存在との直接的結びつき（ないし直接的依存関係）を失うのである。この点で、今問題となっている「一切の現象の原源泉」を、こうした実在的産出のモデルによって理解しようとすることは不適切であることになる。

この点を明らかにするために、まず第一に「現在」の変様現象を考察してみよう。過去は、二重の仕方で現在を指示する。過去（V^1）は、「変様された現在」（M［G^1］）であるという妥当意味を含蓄しており、この「変様された現在」（M［G^1］）は、その原様態現在（G^1）を遡行的に指示する。ところが、この原様態は、またしても別の現在を指示している。というのも、それはなるほど「顕在的な現在」ではあるが、今顕在的であるわけではなく、「顕在的であった」現在だからである。この「今……でない」（nicht jetzt）あるいは「……であった」（gewesen）という変様性格は、「生き生きと顕在的な現在」（G）という更なる原様態を指示している。（$G^1 \rightarrow G$ と表現できよう。）そしてこの「生き生きと顕在的である」という原様態性は、「いま現に生き生きしている現在」によってのみ体現され充実されうるものである。顕在的に生き生きした現在なしには、過去は過去として意味的に存立することができない。「過ぎ去った（＝過去の）」（vergangen）という意味は、「顕在的な」現在という意味への相対的関係を本質的に前提している。つまり、「顕在的に生き生きした」現在なしには、一つの現在が何との関係で「過ぎ去った」と言えるのかを、定めることができないのである。

明らかに、ここで問題となっているのは基づけ関係であって、これをフッサールは把持と予持に関して明らかにしている。「本原性（Originarität）、現在呈示（Präsentation）という様態において意識されたものとしての、具体的な流れる現在そのものの存在は、そのうちで把持的ないし予持的として意識されたものに先立つ、つまり基づけという仕方で先立つ」（XV, 126）。「存在」とは、ここでは実在的現存のことではなく、「存在妥当」ないし「存在意味」のことである。〈もし、現在において存在する実在的なものが現に存在しなかったとしたら、過去において実在的に存在したものが、その現実存在を奪われる〉と主張されているわけではない。ここでの要点は、「過去」という存在意味は、「現在」という存在意味なしには存立しえないという点にある。「現在の存在を廃棄するならば、それはあらゆる過去と未来［の存在］を廃棄することをも意味する」（ebd.）。

同じことが、「自我」にも当てはまる。「他の自我」は、それが一人の自我であることを意味的に指示する。つまり、他の自我という存在意味は、「自我」という存在意味を原様態として自らの内に含蓄している。さらに、「他の」（ander）

という意味契機も、純粋に意味的に考えるなら、「固有の（自我）」（eigen[es Ich]）という意味なしには存立しえない。[26] でなければ、一人の自我が誰に対して「他」であるのかが決まらなくなってしまうからである。「他の自我」とは、私自身がそれではない自我である。もしこのことが、「他の自我」の本質的な意味規定に含まれているなら、「他の自我」がそもそも「他」であるためには、原様態的な「自我」が意味的に要求されるといわねばならない。「固有の自我」という意味が存在しなければ、「他の自我」という意味もない。「時間諸様態が、原本的形式ないし原様態現在に関係づけられた、一群の固有な存在諸様態であるのと同様に、『他者であること』は、自我‐自身という原様態に対する一つの一般的存在様相である」（XIV, 362）。

基づけの意味的構造において、生ける現在は「私のもつあらゆる妥当の、究極的で絶対的な地盤」（Mat VIII, 35 Anm. 1）と呼ばれる。原自我に関しても同じことが当てはまる。しかしそれは、積み木のように重なった実在的諸層の一番下層に生ける現在と原自我があるという意味ではもちろんない。むしろ、それらは、いわば現出する諸妥当の「媒体」ないし「能作の場」として、それぞれの存在妥当においていつもすでに前提されている。[27] 客観的時間および内在的時間という意味での「時間」もまた、こうした能作の場においてはじめてその妥当を受け取る。「生ける現在への還元は、すべての〈私に妥当すること〉が根源的に遂行される場としての主観性、あらゆる存在意味が私にとっておよそ意味であり、体験に即して私に妥当するものとして意識された意味であるような場としての主観性への、最も徹底した還元である。それは、原時間化の圏域への還元であり、その原時間化のうちで、時間の最初の、原源泉的な意味が――まさしく生き生きと流れる現在としての時間が、現われ出てくる。その他のあらゆる時間性は、主観的であれ客観的であれ――その際これらの語がどんな意味を想定していようとも――その存在意味と妥当を、この生き生きと流れる現在から受け取るのである」（XXXIV, 187; vgl. Mat VIII, 1ff. 40）。

以上の点を考慮するなら、実在的・因果的な産出のモデルは、「原現在」および「原自我」の志向的変様には適用できない。そもそも、このモデルがすでに前提している時間的秩序は、「原現在」においてはじめて意味的に構成されるのである。私にとって存在する一切のものは、流れる時間化のうちにそれなりの時間的所与性様態をもつ。[28]「私の流れる生き生きした現在、原様態的現在は、考えられうるかぎりの一切のものを自らのうちに担っている。それは、原時間的、超時間的な『時間性』なのであって、この『時間性』は、一切の時間を、恒続しつつ存在する時間秩序および時間充実として自らのうちに担っている」(Mat VIII, 22)。これは、私にとって妥当する一切のものが、「私の存在」を、実在的原因としてではなく、生き生きした妥当地盤として、「あらゆる妥当の原地盤」(XXXIV, 299) として前提しているということをも意味している。もし仮に、「私はある、私は生きる」ということがないとしたら、私にとって存在意味をもつ一切のものは、そのように妥当するものとしては消え去ってしまうであろう。私の誕生と私の死さえ、それらが私にとってそもそも意味をもつならば、その意味構成に関しては、私の立ちとどまりつつ流れる「今 - 生きること」に支えられている (vgl. XV, 590)。フッサールは、次のような仮想的問答を行っている。「私の存在は、私にとって存在と意味をもつ一切の存在に対する必当然的な根拠である。[……] しかし、私は束の間の存在であり、生まれ [死ぬ] 等々の存在なのではないか? たしかにそうである。しかし、この〈束の間の存在であること〉(Zeitweiligkeit) それ自体も、私の必当然的存在のうちに根づいているのである」(XV, 383 Anm.)。「したがって、私の超越論的な始まりと終わりは、今、現在という様態において存在しているものとしての私のうちに、含まれている」(XV, 590; vgl. 583, 586)。私の実在的な存在が、私の誕生と過去の生活史とによって条件づけられているということは、もちろん正しいし、そこに何ら変更を加える必要はないが、にもかかわらず、それは右に述べたことと少しも矛盾しない。ここで一貫して問題となっているのは、ある特有の「秩序(順序)」であって、それは客観的な時間秩序のうちには現われないような秩序であり、それゆえ、実在的事象系列の時間的進行の順序とは本質的に異なるような秩序なのである。[29]

時間的変様に関して言われたことは、「他者」の変様性格に関しても当てはまる。他者たちは、私の「産出物」ではない。しかし、他者たちが私によって「他の自我」として意味的に理解されうるなら、その存在意味は、私の生き生きと現在的な存在を「妥当地盤」として前提している。その際、この存在意味は、〈他の自我たちが単なる対象性ではなく、彼ら自身生き生きした妥当地盤であり、彼らにとって妥当する一切のものを意味的に自らのうちに担っている〉ということも含蓄している。基づける妥当意味のこうした「反復」のうちに、志向的変様の特有の性格がある。この点には、後でまた立ち戻ることにしたい（本章五b）。ここで決定的なのは、他の自我たちの存在意味が、彼ら自身根本的な妥当の担い手であるにもかかわらず、「私の」流れつつ現在的な存在を原様態として遡示しているということである。というのも、他の自我たちの存在意味が、「私の」原様態的存在なしには、意味的に存立しえないからである。[30] 他の自我の存在意味は、私の生ける現在の「原自我」が共に居合わせていることを、本質上含蓄するのである。[31]

c　原様態の「意味二重化」。原様態は変様系列へと「自己自身を組み入れる」

前節において示されたのは、原様態的なものとその志向的諸変様との間に、不可分の本質的基づけ関係が存立していること、そしてこの関係は、実在的存在者の間の客観的‐時間的産出関係には比せられないということであった。次に本節では、志向的変様のとりわけ特徴的な構造を際立たせていきたい。それは、原様態が変様系列へと「自己自身を組み入れる」という構造、「自己組み込み」（Selbsteingliederung）と呼ばれうるような構造である。それにより、産出モデルを想起させるような変様論の誤解が、さらに取り除かれうる。

まず、「現在」という語がもつ二義性について述べておきたい。（A）「根源的に流れる現在」は、原様態として、諸々の他の時間様態のうちでの一つの時間様態である現在から、厳密に区別されねばならない。徹底したエポケーによって、原様態的な「現在」は、その通常の相対的意味、「過去‐現在‐未来」という系列のうちでの相対的意味を失う。[32]「エポケーから出発する遡行的問いは、原初的に立ちとどまる流れることへと導く——ある意味でこれは、〈とどまる今〉（nunc stans）であり、立ちとどまる『現在』であるが、そこで『現在』という語は、すでに時間様相を指示しているものである以上、本来はまだ適当でない」(XXXIV, 384)。立ちとどまる「現在」は、もはや等置された諸々の時間様態の一つではなく、あらゆる時間様態の構成的妥当源泉である。[33] (B) しかし他方、「現在」という表現は「不可避」である (Mat VIII, 6)。もし、原様態的な「源泉」に対して、「現在」とは全く関係がないような「中立的な」呼称を導入するなら、もともと問題とされていた事象から議論が遊離し、事象とは無関係の仮想的構造を捏造してしまうことになるだろう。

普通の意味での「自我」と、「原自我」との間にも、同様の関係が見られる。普通の意味での「自我」に対する鋭い差異にもかかわらず、「原自我」はやはり、本質的な多義性によって、「自我」とか「エゴ」と呼ばれざるをえない。本来は、「原自我」を単純に「自我」と呼ぶことはできない。もしそうすれば、「他の自我たちとの対比における自我」という通常の意味が、ただちに妥当させられてしまうからである。しかし、「自我」という「多義的な」言い方を、何らかの「中立的な」術語によって置き換えるなら、記述は問題の現象から切り離され、仮設的な背後構造の抽象的な理論構築に入り込む危険性が高まるのである。[34]

これに対し、変様論の観点から、原自我と生ける現在との平行関係をさらに検討することにより、例の「多義的な」語り方の必然性をより精確に理解することができる。まず、「把持的変様」を考察したい。把持は、それ自体において自らの原様態を、すなわち「原印象的今」を遡示する変様態として、現われてくる。[35] この変様は、単なる一方的な産出ではない。原様態は、遡及的変様(ないし逆変様)を蒙るからである。「今」という原様態は、自己を変様し、「たったいま-あった」(Soeben-gewesen) という様態へと移行すると、それによってこの変様された時間様態と対比的に等置される。いわば原様態は、もはや単独ではなく、自らの変様と並んでいる。それはいまや、「『変様された』[という様態]との対立」(XXXIII, 238) を形づくるのである。こうした等置と対比によって、「今」という原様態の意味二重化が生じる。生き生きした今は、一方で、あらゆる時間的出来事の原様態的な「源泉点」であるが、他方で、連続して把持へと移行してゆく「多数の時間点のなかの一つの時間点」として体験される。同じ今が、原様態的なものとして自己を示すと同時に、今点の継起する系列へと自己自身を組み入れるのである。[36] 自らを変様する原-原本的な〈流れること〉[37] のうちで、「原-今」そのものが、「あらゆる構成された諸変様の原源泉点」(Mat VIII, 8) として構成されるのであって、これがつまり、遡及的に変様された原様態である。

同じ構造は、「再想起」においても見出せる。再想起的変様によって、原様態的現在が自己自身を変様し、いまや「多数の現在のうちの一つの現在」という意味を担って登場する。つまり、等置された諸現在の系列のうちに、自らを組み入れるのである。「唯一的な」生ける現在のこうした意味的二重化を、フッサールは以下のような仕方で性格づける。「この現在は、唯一的な生動性であり、一つの原現在、一つの流れであるが、しかし、それが一つの流れであるのは、〈一つの原現在は、新たな原現在へ、そして繰り返し新たな原現在へと流れ出してゆく〉と十分言いうるからである」(XV, 349; vgl. Mat VIII, 6, 50, 53)。再想起によって、生ける現在の遡及的自己構成が遂行され、いまや生ける現在は、再想起された諸現在と対比的に自己を等置する。「想起は、『二次的な』原本性である。原本性における私の具体的現在そのものは、原-原本的なものと、二次的に原本的なものとに分かれる」(XV, 641)。

生ける現在のこのような「逆説的」にも見える構造 (Mat VIII, 50) を、例の産出モデルによって理解することはできない。それには二つの理由がある。(1)「原現在」は、変様された諸現在の外に、一方的に優越した位置をもつわけではない (二一一頁の図を想起されたい)。むしろ、諸変様が登場することによって、「同じ」原現在そのものが、「多数のうちの一つ」という意味を受け取り、一連の系列を形づくってゆく諸々の現在の間に、一つの位置を占めるのである。(2) 原様態と変様との関係は、一つの根源が複数の所産を同等な仕方で産み出すような仕方で、どの変様に関しても同じであるというわけではない。なるほど原現在は、等置された諸現在の系列のうちに自らを組み入れるのであるが、この等置され変様された原現在は、「唯一的な」原現在そのものの意味的な「自己二重化」の所産である。「唯一的な」原現在は、原様態的な原現在と、変様された原現在とに自己自身を二重化し、しかも同時に、この両者は「原現在」として互いに合致し重なりあう。そのかぎりで、変様された原現在は、原様態的な「絶対的」原現在に対して、特別な関係に立っている。変様された原現在は、「変様された」とはいえやはり原現在なのであり、変様された他の（過去と未来の）諸現在と等置されているにもかかわらず、やはり際立った性格をもつのである。

さて、このような原現在の変様の構造を参照することによって、原自我の奇妙な変様の構造を追理解する道が開けてくる。原様態が諸変様態へと「自己自身を組み入れる」ということについては、『危機』第五四節bにおける核心的な記述が想起される。原自我は、「唯一性」と「格変化不可能性」とを決して失うことができないにもかかわらず、自己を自己自身に対して「超越論的に格変化可能にしうる」（VI, 188）のであって、そうして「自己自身から、自身のうちで、超越論的間主観性を構成し、自らを単に優遇されただけの一項として、つまり超越論的他者たちの自我として、そのうちに数え入れるのである」（VI, 189）。したがって、超越論的間主観性の構成は、産出モデルによっては理解されえない。原自我が唯一の特権的位置から間主観性を一方的な仕方で産み出すというわけではないのである。原自我は、その変様態に対して「無関心」に超然としていることはできず、等置された諸々の自我主観の間に自らを並べ入れる。しかしそれは、他の自我たちと完全に等置されるわけではない。つまり、諸々の変様態の間には、根本的な差異があり、特定の自我が「優遇された一項」として他者たちから区別されている。「優遇」という表現に抵抗感はあるが、そこでフッサールが指摘しようとしている事象的な点は、自我と他の自我たちとの間に乗り越えることのできない「非対称性」が残るということである（本章三a、四d参照）。原自我とは、等置された諸主体の多数性を同等な仕方で産出し、それらから切り離されたまま完全に自足的でありつづけるような「超審級」ではない。むしろ、「比類のない」原自我は、多数の自我のうちでの「一人の」自我と同一化される。この意味では、原自我もまた「一人の」自我であることから切り離されてあることはできない。しかし、他の自我たちと等置された「私の」自我は、原自我の「自己変様」と意味的「自己二重化」によって妥当にもたらされたものであり、変様された形ではあれ、原様態的意味を内に秘めている。この意味では、等置された諸々の自我の間には、それらがおよそ「自我」であるかぎり、根源的な非対称と不均等が支配しているのである。[38]

d　原様態の「自己組み込み」と根源的な「パースペクティヴ性」

原自我が間主観性へと「自己を組み入れる」ということについては、さらにありがちな誤解を除いておかねばならない。なるほど、自我と他の自我とが、「原源泉」としての原自我からはじめて存在妥当を受け取るのだとしたら、原自我は自我と他の自我との「共通の根源」でなければならない、という主張がありうるかもしれない。しかし、これに対しては以下のように反論することができる。「共通性」はすでに「多数性」を前提する。というのも、「共通」であるのは、多数性のどの項に対しても、同等な仕方で妥当するものだからである。もし原自我が、自我と他の自我との「共通の」根源であると考えるなら、「自我の多数性」という意味をすでに妥当させていることになる。「共通性」という概念は、複数化する変様が遂行された上で、はじめて可能になる。そのかぎりにおいて、この変様の原様態である原自我には、この概念は適用できない。さらに、原自我は自我多数性のすべての項と同様の関係にあるわけではない。志向的変様がすでに有効である場合にも、それは基本的に、全くの機械的な等置を打ち立てるわけではなく、諸々の変様態の間に「非対称的な」関係を打ち立てる。それは、変様の遡及的働きかけと、原様態の「自己組み込み」によって妥当するようになる。その際、この「非対称性」は一種のパ、ー、ス、ペ、ク、テ、ィ、ヴ、性を意味している。それを明確化するために、もう一度生ける現在の変様を比較の対象としてみよう。

諸々の現在は、本来、完全に等置されているわけではなく、つねにすでに「パースペクティヴ性」において自己を与える。すなわち、顕在的な現在と、顕在的でない（過去と未来の）諸現在とを、本当に同等な仕方で並列的に、横並びになった事物対象のように眼前にもつことはできない。諸現在の所与性様態のこうした「不等性」は、時間経験の「視点」を指示しており、この「視点」は、どこまでいっても顕在的現在に座を占めている。過去と未来は、必然的に現在の視点から経験される。諸々の過去と未来の現在は、変様されているとはいえ、諸々の「現在」であるかぎり、たしかに顕在的現在と等置されてはいる。しかし、もしそれらが完全に等置されるとしたら、時間諸様態の区別は廃棄されてしまい、そうして「現在」の意味そのものも廃棄されてしまうだろう。したがって、問題の変様は、一方では等置の可能性を生み出すが、他方では、等置的同質化によって意味的に克服されることはありえないような、原様態的な生けるパースペクティヴを保持するのである。

それゆえ、「過去－現在－未来」という時間布置全体は、つねに現在へとパースペクティヴ的に中心化されている。自我はその際、「方向づけられた時間の二つの枝である過去－未来の中心点」(Mat VIII, 59) に立っている。[39] 私のあらゆる経験の視点は、現在にある。「パースペクティヴ性」ないし関係の「非対称性」は、「一次的な」経験のみを規定しているのではなく、「他者経験」をも本質的に規定している。自我と他者たちとは、互いに対して決して完全に等置された状態にあるわけではない。もしそうであれば、両者の関係はその意味を失ってしまうであろう。自我の原様態性と他者の他者性を含蓄している「自我－他者」という関係の意味は、多数の客体を「上空から眺める」ような仕方では理解されえない。[40] 多数の自我がいるとき、誰が「私自身」であるのかを、客観的に（第三者の視点から）決定することはまったく不可能（あるいは、思考不可能）である。「原様態的」自我とは、生ける視点の意味をもっている。その視点から見ることにおいてのみ、「自我と他者」の間の逆転不可能な関係が現出し、体験されうるのである。

等置された自我の間の「不等性」は、すでに述べたように、原自我の「自己組み込み」、すなわち原自我が「優遇された」変様態と自己を同一化するという現象に帰着する。つまり、自我と他者との間の非対称的関係は、自我的原様態性の「自己変様」と「意味二重化」を遡示する。したがって、自我の絶対的な「比類のなさ」を「他者たちとの等置」へと媒介しつつ、同時に両者を厳密に切り離したままにしておくのは、まさしく志向的変様にほかならない。すなわち、「変様」という現象のうちでは、自我の唯一性と諸々の自我の等置とが、互いに差異化されつつ、同時に不可分に一つとなっているのである。

以上の考察から言えることだが、原自我への還帰が開く眺望とは、多数の自我を同列においてあたかも「上空から見渡す」かのような眺望では決してない。むしろその反対である。原自我の「自己組み込み」の現象を通して、ひとは根本的なパースペクティヴ性にぶつかるのであって、このパースペクティヴ性は、水平化する等置から本質的に身を退けるものなのである。したがって、原自我を多数の自我の「共通の」根源として（いいかえれば、自我と他者とに対する「中立的な第三者」として）解釈することは、いかなる点からも排除されている。なぜなら、「自己組み込み」の現象は、自我主観の多数性を見渡しそこから「共通のもの」を見てとることができるような「鳥瞰的視点」の不可能性を含意しているからである。自我の複数性と、それらの自我同士の関係は、そもそも「鳥瞰」とは全く別の仕方で、すなわち、そのような普遍的な見渡しの可能性を前提するのではなく、むしろそれをはじめて可能にするような仕方で創設されるのである。

　自我と他者たちとの相互的含蓄が、またしても「私のうちに」含蓄されている、とフッサールが主張するとき、彼が見据えているのは、上記のような根底的な「パースペクティヴ性」である。彼は一方でこう主張する。「すべてのモナドが、それぞれすべてのモナドを志向的に含蓄しており、全き全体を含蓄している。すなわち、すべてのモナドがその一員であるような、万人にとって同一の全モナド（Monadenall）を含蓄している」（XV, 589）。この点で、あらゆる自我は「等価」（gleichwertig）である（XV, 588）。しかし、自然的意識にとっては比較的呑み込みやすいこうした考えだけで満足するわけにはいかない。というのも、自我と他者との相互的含蓄を完全に対称的な相互性と見なすなら、それは、相互関係が均等な仕方で成り立っていることを「客観的に」確定しうるかのような、ある仮構的な「鳥瞰的視点」に立っていることを意味するからである。それゆえフッサールは、諸々の自我の相互性を指摘した後で、やはりどうしても次のように付け加えないわけにはいかない。「だがやはり忘れてはならないのは、これらすべてが[……]私のうちに、原初的エゴとしての還元の具体的エゴのうちに含蓄されているということである」（XV, 589; vgl. XV, 635; Ms. B I 14/ 159a）。それによってはじめて、原自我の絶対的な「唯一性」が、「いかなる有意味な多数化（複写 Vervielfältigung）をも許容しない」（XV, 590）ということも理解されうる。それは、あたかも多数の自我の「上空に」立つかのような自我の一方的な優位を表現しているのではなく、究極的にはあらゆる等置を逃れ去ってゆく本質的に非対称的な「パースペクティヴ性」の先鋭化された表現なのである。

この文脈において、さらに「現象学する自我」について言及しておかねばならない。先ほどの引用における「還元の具体的エゴ」とは、『危機』における「私のエポケーのエゴ」(VI, 188) を意味し、したがって「エポケーを行う者としての私」(ebd.)、すなわち現象学する自我を含意している。この現象学する自我としての原自我は、これまでの議論に従うなら、「(一切を) 俯瞰する第三者」として解釈されてはならない[41]。この意味では、フッサールが現象学する自我を「無関心の観視者」として特徴づけていることは、ミスリーディングであるように見えるかもしれない。しかし、この特徴づけが示そうとしているのは、実は「鳥瞰的視点」とはまさしく正反対のものである。あらゆる自然的‐世界的関心は、それに応じた、私の存在者化的な自己統握をただちに妥当させ、その結果私は、私自身を存在的な統覚体(人間、人格等々)と同一化し、このような仕方で、原事実的な生の根源的な「近さ」から私自身を遠ざける[42]。したがって、現象学する自我が「自然的関心をもたない」ということが意味しているのは、私の原事実的な立脚点そのものの「近さ」への徹底した還帰にほかならず、したがって、認識する眼差しに対して際立ってくることのないあるパースペクティヴ、普通の(自然的および学問的な)関心の生(Interessenleben)のうちではすでに幾重にも踏み越えられてしまっている「生ける視点」への、徹底した還帰にほかならないのである。

e　「自己超越」としての志向的変様と、媒体的な「隠蔽のもとで透け輝くこと」

原自我の自己二重化および自己組み込みとの関連において、「パースペクティヴ性」の根底的性格を明らかにしてきたが、次にこの「パースペクティヴ性」に対応するものとして、他者の他者性に関する非対称性の意義を考察する必要がある。諸変様態の間の関係が、根底的な非対称性によって規定されているということが確認されたとしても、他者を「変様態」として扱うことがそもそも正当なのかという問いを払拭することはできない。この問いに答えるためには、時間的変様との比較がまたしても示唆的である。

（1）**結合し、統一を創設する機能**　現在の志向的変様は、一方では原様態的現在と変様された諸現在とを結合し、また変様された諸現在をも相互に結びつける。[43] 過去はそれ自体のうちで「現在」という原様態を遡行的に指示している。それは、過去がそれ自体過ぎ去った「現在」であり、また絶えず共に現存している顕在的現在からその意味充実を汲み取っているからである。志向的指示と含蓄の、場合によっては何重にも入れ子状になった構造は、変様された諸現在の間に不可分の連関をつくり出す。

（2）**超越性格**　他方で同時に、脱現在化する変様とは、ある乗り越えられない「超越」が根源的な仕方で登場してくるような出来事を意味している。「非－今は今を超越する。とりわけ非－今の意識を超越する。かくして、志向的変様の連続性は、そのうちで超越が根源的に意識されるようになる恒常的連続性であって、この超越的なものは絶えず意識である」(Mat VIII, 130)。流れる現在の「生動性」を形成しているような最も原始的な変様は、絶えず自己を超越することのうちにある。「位相として受け取られたどの現在においても、したがって立ちとどまる、持続してゆく現在において、私は私の現在的存在を超越するという仕方においてある」(Mat VIII, 129)。「私は流れることのうちにあり、流れることのうちでは、自己超越すること (Selbsttranszendieren)、すなわち過去を構成することが連続的に遂行されている」(Mat VIII, 130; vgl. auch XXXIV, 171)。

最も原始的な変様としての脱現在化的時間化――さらにはそれにもとづく志向的変様一般――は、「自己超越」の性格によって根本から規定されている。ここから、なぜ他者経験が「志向的変様」によって性格づけられるのかという点を理解するための示唆が得られる。「変様」とは単なる比喩ではなく、特殊現象学的な術語による精確な規定なのである。再想起と他者経験との類比は、最初は奇妙に見えるが、そこでフッサールが強調しているのは「超越」であって、これはすでに、私自身が馴染みのものと思っている自らの過去をも規定しているのである。「私の想起的過去が、私の生ける現在をその変様として超越するのと同様に、付帯現前化された異他的存在は、固有な存在（今の純粋な最下の意味で一次的に固有なもの）を超越する。どちらの側にも、変様は意味そのもののうちに意味契機として存しており、それを構成する志向性の相関者である」(I. 145; vgl. auch XV, 16)。過去は、なるほど変様された「現在」ではあるが、私がもはや決してその原本的な生動性においては体験しえない現在である。この点からすれば、準現在化された現在における「私自身の」自我は、ある意味で「やはり本来は他者なのであり、本来的に存在する者、今現実に存在する者ではない」(XV, 344)。

しかし、過ぎ去った現在は、〈この現在を原的に生きたのは私自身である――今、顕在的な生ける現在を生きているこの私自身である〉という意味を担っている。これによって、想起的変様は「異他化」(entfremden) 的変様ないし「他性化的変様」(alterierende Modifikation) (Mat VIII, 124) から区別される。後者の変様は、「他者」が問題となっているかぎりにおいて、さらにラディカルな超越を特徴としている。「他者知覚は、知覚の志向的変様である。すなわち、それは一種の準現在化であるが、しかし再想起と同じではない」。なぜなら、他者知覚は、「その自我が私自身ではなく、他者であるような」変様だからである (XV, 560)。しかし、他者の超越は、他者が絶対に「不可知である」という形においてではなく、まさしく他者経験が一人の「自我」を指示するということの、根源的な「知」のうちで自己を告知してくる。他者は、およそ自我の意味に属すること、つまり私が自我として妥当のうちにもっているすべてのことを妥当のうちにもっているような、一人の「自我」である。(44) 意味の志向的「合致」と「二重化」は、ここでも決定的な役割を果たしている。(45) 他者の「不可解さ」そのものが、「私は一人の『自我』にかかわっているのだ」ということを前提している。でなければ、生命のない事物に関してそうであるように、相手のうちに「理解」すべき何ものかを想定するということはない。「私にとってそもそも『不可解な』他者をも、私はまさしく他者として理解しているのである」(Mat VIII, 371)。

他者は他の自我として自己を示すのであり、自我であるかぎり、私自身と同様に、あらゆる存在妥当の「究極的地盤」として承認されることを意味的に要求する。この絶対的な中心化は、私自身における絶対的中心化と意味的に「合致する」のでなければならないが、この絶対的中心化のうちに、他者の「超越」が成り立っている。というのも、他者の絶対的中心化は、「論理的には」私の妥当中心化と相容れないからである。[46] 問題の「変様」は、一方では意味的な合致を含意しているが、他方では同時に、根底的な相容れなさと超越とを妥当にもたらしている。つまり志向的変様は、超越および差異と一つになった仕方で、「内的な志向的媒介」(XV, 16) を創設するのである。[47]

ここで「超越」といわれるとき、二つの切り離された部屋のようなものを思い浮かべ、あたかも私が一つの部屋に閉じこめられており、もう一つの部屋を覗き込むことができないかのように考えてはならない。内と外とのこうした空間的二分法をここに適用することはできない (vgl. Taguchi 2006b, 54ff.; ders. 2010)。「私の過去は自体的に存在しており、私の現在の一部分ではない。私の他者は自体的に存在しており、私のエゴの一部分ではない」(XV, 591)。しかし、そこで問題となっているのは、「時間空間的な〈外〉」ではなく、「超越論的な〈外〉」(ebd.) である。フッサールの示唆によれば、「〈内〉と〈外〉とは、互いに排除しあうのではなく要求しあうということが、超越論的志向性の一般的本質のうちにすでに存している」(XV, 554; vgl. Dok III/3, 486)。フッサールは、志向性のこうした根本性格を、「志向的変様」の能作に帰着させている。「流れることのうちにある志向的生は、多様な仕方での志向的変様によって絶えず働くこと［能作すること］である。いかなる志向的変様も、〈内〉において〈外〉を構成する」(ebd.)。

この構造の記述を、フッサールは一九三三年の草稿において、想起変様との関連でより詳細に行っている。一方で、過ぎ去ったもの（過去になったもの）は、その存在意味に応じて、「〈現在的なもの〉の外に」ある。「内にあること」と「外にあること」とは、この観点からすれば「明証的に相容れない」(Ms. B I 14/ 160a)。「しかし他方で、私の過去のこうした存在意味全体が、やはり私の流れる現在のうちに『存している』のであり、真面目な意味でそのうちにあり、その結果、逆説的なことに、〈内に〉と〈外に〉とは互いに排除しあうのではなく、互いに要求しあうということになる」(ebd.)。同じ構造が、「他性化する」変様にも見られるが、しかしその仕方はよりラディカルである。他者は一人の自我として、およそ有意味に妥当する一切のものを担っており、したがって「他の自我」という存在意味をも担っているが、そのうちには、顕在的な自我として他者を妥当の内にもっている私自身もまた含まれている。

「かくして、いまや（私の諸々の過去と過去の自我との連続性のような）連続性ではなく、非連続であるような開かれた無限性において、相互外在かつ相互内在［が成り立っており］、誰もが私の内にあり、誰もが私の外にいるのであって、どの他者も、自分にとって他者であるすべての者を自らのうちに［見出すが］、それでもやはりこれらすべての他者を彼の外に相互外在において［見出す］――無限の含蓄」（Ms. B I 14/ 161b）(48)。

「他者たちは『私の内に』［いる］、しかもやはり私の外に［いる］」（Ms. B I 14/ 159b）。この一文のうちに、「志向的変様」の特有性が表われている。そしてこの「志向的変様」においてこそ、フッサールによれば、現象の現象性が根本的に成り立っているのである。把持的変様は、すでに〈現われること〉と〈隠蔽しつつ超越してゆくこと〉とが一つになっているような構造を備えているということに注意されたい。なるほど原様態は、変様によって隠蔽されはするが、ほかならぬこの隠蔽においてこそ自己自身を告知している。ある箇所でフッサールはこう述べている。「時間化に特有の把持された変転を、『透け輝き』（Durchscheinen）のもとでの隠蔽といったものとして理解することを試みてみよう」（Mat VIII, 81; vgl. auch 87）。把持は、その変様されたあり方そのものにおいて、隠蔽された原様態を「透け輝かせる」。こうした媒体的性格に関して言えば、「透け輝き」は「媒体的呈示」（das mediale Darstellen）とも呼ばれ（XXXIII, 54）、以下のように詳述されている。「こうした被覆（Überdecken）において、被覆する媒体は隠蔽されたものの『代理を務め』、類似性が及ぶかぎり［……］、『遠隔化された仕方で』それを呈示する」（ebd.）。そこには、私を超越するものが、その超越そのものにおいて自己を示すという構造が見られる(49)。他者経験もまた、透け輝きの構造、あるいは「〈……の変容〉、『通り抜けられる媒体』（Medium-wodurch）という性格」（XXXIII, 54）をもっているが、極端な形においてである。他者経験は、原様態、すなわち他者の原様態的自我を、なるほど「透け輝かせる」のではあるが、私自身が決して原的に体験することはなかったし、そもそもそうすることができないような自我として「透け輝かせる」。そのような体験不可能性にもかかわらず、他者は、原様態的自我として自己を「告知する」のであって、だからこそ私は、〈他の自我の原様態性は、私の原様態的生のなかでは体験されえない〉ということを、最初から知っているのである。もしそうでなければ、ここには二つの原様態性があるのではなく、ただ一つの原様態性しかないことになってしまうであろう。

ここからは、「自我」という意味の「自己多重化」という特有の現象がとりわけ明瞭に見てとれる。他者もまた「自我」であるということは、同じく「自我」である私を他者に結びつけるのであるが、ほかならぬこの〈私が自我であること〉と〈他者が自我であること〉とが、両者を決定的な仕方で「異他化」（疎隔化 entfremden）する。〈自我であること〉は、次のような「媒体」として機能する。すなわち、この「媒体」は、一方では他者を一人の「自我」として、すなわち、同じく自我であるかぎりでの私が決して完全に「無視する」ことができず、決して完全に「無関心」であることができないような「自我」として、透け輝かせる。（自己を告知するものが、非自我的な事物であるとしたら、このことは当てはまらないであろう。）〈自我であること〉は、不可分の共同態を打ち立てる。二重化された意味の「合致」から身を引くことは私には不可能だからである。他方で、同じ「媒体」に、他者の克服できない超越性が根づいている。「彼ら［＝他者たち］は自己自身を『自我』として体験するのであるが、私は私を自我として体験するのであって、彼らを自我として体験するのではない」（Ms. B I 14/ 127a）。〈自我であること〉の、こうした媒体的‐変様的な機能は、完全な等置と、それに対応する「鳥瞰的視点」を意味的に排除する。「そこで私が洞察することであるが、どの自我も、純粋に自我と見なされるならば、自らの意識生のうちに生き、純粋にそのうちに生きるものとして、自らの個体性をもつのであり、どの自我も一人の自我であるが、しかしまた一人の他者であって、その際全くの同等性はすでに必然的に排除されている。すべての自我の内実そのもののうちには、一般的形式、すなわちそれによって自我がまさしく自我であるような一般的本質にもかかわらず、絶対的な唯一性が含まれている」（Mat VIII, 386）。

五　エゴの「モナド化」――自己異他化と自己反復

これまで「変様論」を立ち入って論究してきたが、これを背景として、いわゆる「モナド化」ないしエゴの「モナド的複数化」（VI. 417）を、適切な仕方で解釈することができる。それが何か非現象学的な、素朴な意味で「形而上学的」な想定なのではないかという、漠然とした印象に導かれるべきではない。後期のテキストにおいてはじめて現われてくるこの奇妙な概念[50]が、自我複数性の「意味妥当」に関する厳密に現象学的な分析に依拠していることが、変様論の観点から明らかになる。以下では、まず「モナド化のモナド化」という特有の構造を、「遡及的変様」の一機能として考察することにしたい。次いで、モナド化が「反復」という特徴的な構造をもつことが示される。こうした観点から、諸モナドの一方的な「産出」ないし「演繹」という誤った解釈を、とりわけ効果的に無効化することができる。

a　遡及的変様と「モナド化のモナド化」

一九三四年のあるテキスト（XV. Nr. 36）では、自我が「一、人の自我」として意味的に構成されるということが、「絶対的に具体的なエゴ、全きエゴが、モナド的エゴとしてモナド化される」（XV. 640）こととして記述されている。それは同時に、モナド多数性が等置されつつ構成されるということを意味している。「絶対的エゴないしモナド的エゴの異他化的変様としての、すべての異他的モナドは、その存在意味のうちに、具体的に絶対的なエゴを、何であれそれに帰属する一切の存在構造とともに含んでいる。ただし、まさしく異他化された仕方で――変容された仕方で」（ebd.）。一見すると異様なものに見えるこの記述は、明らかにエゴの基本的な変様構造を表現している。エゴの「異他化的変様態」としての異他的モナドの存在意味は、「具体的に絶対的なエゴ」の原様態的存在意味を遡行的に指示している。「意味転移」によってあらゆるモナドは互いに等置される。どのモナドのうちにも、「絶対的エゴ」が含蓄されているが、それは、直接的な生動性のうちにある原様態的エゴではなく、変様され「異他化された」形での原様態的エゴである。(51)

ここで語られているのが形而上学的産出ではなく「意味変様」であるということは、フッサールの以下の言明によって裏書きされている。「絶対的エゴが自己自身に対して異他化され、モナド化されることによって、〈モナド化すること〉さえもがモナド化されている。自我モナドにおいては、絶対的エゴは他の諸モナドとの『等置』によってすでに異他化されているのである」(XV, 640)(52)。ここには、「遡及的変様」の構造がはっきりと示されている。異他化的変様と、エゴの等置的複数化によって、モナド化する意味構成そのものが、モナド化され複数化される。多数の主体が唯一の根源から一方的に産出されるという表象は、ここでは役に立たない。しかもそれは、原様態としての原自我が、複数的な自我モナドの変様系列に自己自身を組み込むからだけではない。それは、変様と自己組み込みの手続き全体が、それ自体またしても複数化的変様を被り、その結果原様態的な「根源」そのものが多重化するからでもある。それは二つのことを意味している。

(a) 絶対的原自我の「モナド化」は、互いに同列的な自我主観の多数性をはじめて妥当にもたらすのであるが、この「モナド化」が反省のうちで自己を示しうるのは、変様された形においてのみである。というのも、私はその際、不可避的にモナド化の能作をすでに前提するような観点からものを見ているからである。したがって、反省する際には、モナド化そのものが、あたかも「私のうちで」、すなわち、すでに「一人の」自我として他の諸々の自我と等置された私の自我のうちで、生起しているかのように見えてしまう。私が、そこではじめて、多数の超越論的自我のうちの「一つの」超越論的自我となる根源的出来事を、私は、つねにすでに私自身のモナドのうちに「モナド化された仕方で」見出す。というのも、私は――例の多義性によってではあれ――〈この変様の「原様態的なもの」は「私自身」であって他の誰でもない〉と言わざるをえないからである。

（b）〈モナド化すること〉の遡及的な自己適用によって、〈モナド化すること〉それ自体が反復され、その結果、〈モナド化すること〉はそれぞれすべてのモナドのうちに含蓄されている。したがって、どのモナドも、自己自身のうちに、次のような存在意味をもっている。すなわち、どのモナドも、私のモナドと等置されており、そのかぎりで、私のモナドと同様に、「自己異他化」の所産であり、この「自己異他化」は、原様態的な「絶対的エゴ」を遡行的に指示している、という存在意味である。モナド化によって自らの存在妥当を受け取るどのモナドにおいても、〈絶対的エゴがモナドとなる〉ということと〈自我複数性が妥当に至る〉ことが反復される。この点についてフッサールは次のように述べている。「その［＝絶対的エゴの］他者としての異他化は、変容であるが、自我モナドとしての自己異他化もまた、そのうちにモナド化された仕方で存しているような変容である。他者は他の自我であり、他者自身にとって自我であるが、それは、自己自身にとって異他化によって生成した、絶対的エゴの自己統覚としてである」（XV, 640）*。

＊補注――ここで、モナド化が必然的に「自然化」（Naturalisierung）を伴っており、これが客観的世界の最初の構成基盤となるということに触れておきたい。「モナド化、モナド的構成は、本質的に、すべてのモナドの自然化、すなわち空間時間性のうちへの時間客観化を含蓄するような仕方で行われる」（XV, 639）。モナドとは一つの具体的自我であり、この自我と不可分の周囲世界を伴っており、この周囲世界は、当の自我の比類のない・唯一的なパースペクティヴにおいて経験されている。このパースペクティヴ的周囲世界の特異的な「ゼロ点」において、モナドの「自我」は、自己自身が統御する「固有の身体（Leib）」を見出すのであるが[53]、この身体は、周囲世界における他の諸々の物体＝身体（Körper）と同様の、一つの物体＝身体としても現われているのであって、それによってこの自我は、身体的に行為しつつ「外的」自然へと「介入」（eingreifen）してゆくことができるのである。したがって、〈モナドとなること〉は、同時に、〈自己自身を自然化すること〉をも意味している。モナドとなった自我は、自らの唯一的な身体物体（Leib-Körper）を媒介として、自己自身を必然的に自然のうちに見出すからである。モナド化を通して、超越論的主観性は

「自己を身体化する（sich verleiblichen）」（XV, 289）。超越論的主観性は、「他の諸々の身体物体」をも見出すが、それらは必然的に「共通の自然」のうちで等置されており、この「共通の自然」のうちで互いを客観的に経験しうるのである[54]。

すでに論究した、自我の「二重の意味」は、エゴのこうした身体－物体的自然化ないし「世界化[55]」のうちに、またしても具体的な形で見出される。一方では、生ける身体の「非対称性」が存立している。それは、経験の乗り越えられないパースペクティヴ性を意味する。他方で、この「非対称性」は、物体としての等置と不可分であり、そこではどの物体＝身体も汎共通的な自然の一部である。普遍的かつ同一的な自然の構成は、このような仕方で、諸々のモナド的自我の等置と不可分に一つであるが、モナド的自我の等置は、それぞれのモナド的自我がもつ固有な身体的経験の生き生きしたパースペクティヴ性からも切り離すことができない。これらすべては、モナド化のはたらきに属している。それゆえモナド化は、普遍的な世界構成的能作の「土台」と呼ばれるのである（XV, 636）。

b　モナド的増殖における「反復」という原現象

以上に記述されたモナド化の特有性と関連して、エゴの志向的変様に関するもう一つの重要な局面が考察されねばならない。まず考察の対象となるのは、「志向的変様」を、したがって「モナド化」をも本質的に規定している「反復」の意味である。この点の考察にもとづいて、さらに、この「反復」が「近さ」において体験されているあり方が際立たされねばならない。それによって、モナド化の素朴形而上学的誤解を遠ざけることができる。

「反復（繰り返し）」は、自然的な関心の生にとっては、あまり注意を向けることもないトリヴィアルな現象である。しかし、この「自明的な」現象は、意識生の根本現象の一つと見なされうる。というのも、それは、「差異における同一性」が根源的に現われる出来事を意味しているからである。絶えず異なる諸契機が無限に流れ去ってゆくだけだとすれば、そこには何らの反復もありえない。たった一つの同一的契機が孤立的にあるだけでも同様である。したがって「反復」とは、〈同じもの〉が登場することを意味すると同時に、複数の項の間の差異をも含意している。互いに区別される複数の項の間に〈同じもの〉が登場して、はじめて「反復」という現象が成り立つのである。

いかなる志向的変様も、この「反復」という根本性格をもっており、それはすでに把持のうちに見出される。「同じ」今が、把持的に変様された仕方で、次々に自己を与えてくる。それは同じ今だが、しかしやはり別のものでもある。把持のうちでは、同じものが連続的に意識されているが、それは根源的な時間的差異においてである。[56] 準現在化に関しては、R（Wa）=Vaという、フッサールが用いた記号化を想起できる（X, 128; XXIII, 311）。対象aの準現在化（Va）は、aの知覚（Wa）の再生（R = Reproduktion）にほかならない。同じ知覚Waが、どの準現在化においても再生され、反復的に現われる。したがって準現在化は、同じ知覚を保存すると同時に、それを本原性に対する紛れもない差異において呈示する。[57] 一般に変様態は、原－原本的なもの（das Uroriginale）とは異なるものであるが、それでもやはり、まさにその原－原本的なものの変様態なのである。

同じことが、「異他化的変様」としてのモナド化にも妥当する。諸モナドの構成と「等置」は、〈どの自我主観も一つのモナドであるが、どのモナドもすべての他のモナドから厳密に差異化されている〉ということを意味している。そこには、「反復」の基本的構造が現われている。

一九三二年に書かれた草稿のなかで、フッサールは、「想起的変様における――絶えざる反復可能性（Iterierbarkeit）における――私のエゴの原様態的な流れる現在の反復」（XV, 236）について語っている。過去は、（変様されているとはいえ）一つの現在として与えられ、この現在は、原様態的な現在と「等置されて」いると同時に、それとは明白に異なってもいる。そのかぎりで、「脱現在化的変様」のうちには「反復」の構造が見られる。そこでは、現在の「反復的増殖」が生起しているのである。次いでフッサールは、「感入変様とその反復」を考察している（XV, 237）。この変様によって、「現在」はまたしても多重化され増殖する。一人の「自我」であるかぎりにおいては、他者は「私の一次性のうちに与えられたものの新たな『反復』」（XV, 238）であるが、[58]「他者にとって現在的なもの」は、「私にとっては共現在」（ebd.）であり、「異他なる」現在である。それは、「異他なる」現在ではあるが、一つの現在であるかぎりにおいては、私の生ける現在と意味的に「合致する」[59]。この「合致」と「同じものの反復」がなければ、他者の与えられ方は、人形やざわつく樹木といった事物とたいして変わらないことになってしまうであろう。

しかしこの「合致」は、比較の所産ではなく、いわば固有なものと異他的なものとの原‐結合であって、これによってはじめて両者の比較が可能になる[60]。とはいえ、この原‐結合は両者の一致＝合同ではなく、「差異における合致」(Deckung in Differenz)(XV, 642) ないし「他性における合致(共同態)」(XV, 450) である。フッサールが異他化的変様を「反復」として性格づけるとき、そこで彼が言い表そうとしているのは、この特有の「差異における合致(重なり合い)」――そして同時に、「合致(重なり合い)における差異」――である。したがって、他者が「妥当をもつ」(妥当している)ということは、「一種の反復であり、多数化[多重化]であるが、そうはいっても単なる反復ではない」(Ms. B I 14/ 128b)。このことは、「鏡映」とか「類比体」(Analogon) といった術語でも表現されている。「他者は私自身の鏡映であるが、しかしやはり本来は鏡映ではない。私自身の類比体ではあるが、しかしまたしても普通の意味での類比体ではない」(I, 125)。

こうした独特の「反復」によって、構成の究極的な「妥当地盤」としてのエゴが多重化する。したがって、根源的なエゴとしての他者は、私自身を彼の「反復」として妥当にもたらす。モナド化的変様は、それぞれすべてのモナドのうちで反復され、それらのモナドのうちに、私は私自身を基づけられた存在妥当として再び見出す。この意味で、私は「他者の他者」(XV, 645) である[61]。モナド化と、それがモナド化自身へと遡及的に及ぼすはたらきによって、私は他者のみでなく、私自身の自我をも必然的に「反復」として見出すのでなければならない。「他者は私の志向的『反復』である。このことのうちに含まれているのは、私が他者を反復としてもつ(顕在的にであれ、能力としてであれ)ということだけではなく、他者が私を彼の志向的反復としてもつ(他者はそのような仕方で私に妥当しなければならないのであって、このことは、他者が私にとってあるために私がもつ存在妥当のうちに、志向的に含まれている)ということでもある」(XV, 489; vgl. Mat VIII, 56f.)。

しかし、この「反復」は、完全に対称的で相互的な構造ではない。「私のうちに」、この反復の特異的なゼロ点があり、あらゆる反復はこのゼロ点に根を下ろしている。これは、モナドの理解にとって決定的な側面である。「私のうちに」中心化されたこの構造は、またしても反復されるのであるが（それを示唆しているのが「モナド化のモナド化」である）、この反復そのものが、その開始点を遡行的に指示している。それは、この反復が「現実に体験される」ような地点である。フッサールはこう述べている。「他なるもの（das *alter*）は一般に反復可能な仕方で登場するのであって、その際相対関係のうちで――しかし最終的には一つの絶対的なものへと、原本的経験のエゴとしての私へと関係づけられた仕方で、登場する。この私は、考えるところの私であり、どの他者をも、またしても『考えるところの私』として、ただし他者という様態において経験するのであり、その点で私自身をすべての他者と等置し、まさしくすべての他者をまたしても、私がそうするのと同様に、〈自分自身をすべての他者と等置するもの〉として統握する」(XIV, 478)。

「他者の他者の他者の……」という反復系列全体が根本的に中心化されているということは、すでに強調したとおり、等置によっては決して克服できないような根本的なパースペクティヴ性を意味している（第六章四d［二二二頁］参照）。反復全体が、現に体験された現象でなければならないのであり、その現象のもつ非対称性は、一つの「視点」を指示しており、この「視点」は、最終的には「生ける現実的視点」でなければならない。この「視点」は、なるほど比類のなさという絶対的性格をもっているが、すべてのモナドを「鳥瞰的視点」から見渡すような「立場なき立場」ではない（vgl. Strasser 1975, 12）。問題の「視点」は、抽象的視点であるわけでもない。むしろ、いま現に生きつつ現象学を行っているこの私が、つねにすでにそこから一切を見ているような視点――私が決して離れることができない視点――である。したがって、モナド化的変様の原様態へと還帰しようとする試みは、私自身の自我と私にとって経験可能な他者たちとの彼方にあるような、不可視の「根源」について思弁をめぐらすことではない。むしろ、ここで問題となっているのは、「いまここ」で、私の直接的な、だがそれゆえに見通しがたい「近さ」において生起している原現象である。しかし、この原現象は、反復的変様によってつねにすでに隠蔽されている。私の「絶対的近さ」のうちで、「目も眩むような」(XV. 544) 諸反復の反復が遂行されているのであって、しかもそれは、線的－継起的に進行するのではなく、「超越論的同時性」において体験されているのである (vgl. Mat VIII, 22)。

以上の考察から明らかになったのは、志向的変様としての「モナド化」が、ヒエラルキー的な系統樹に描きうるような仕方での、自我多数性の線的で一方的な産出であるわけではないということである。むしろ、それが扱おうとしているのは、原様態の変様が、原様態自身へと遡及的に作用するだけではなく、変様プロセスの全体にも遡及的に作用するという、ある種の反復的な「円環運動」である。[62] 見逃してはならないのは、これが「意味変様」の一つの根本現象であるということである。それは、「自明的に」、「目立たない仕方で」(unscheinbar)、つねにすでに「私」自身の中心において生起している。いいかえれば、まだモナド的・一次的な圏域としては理解できないような、「原初的自我の原初的な生の場所 (Lebensstätte) において」(XV. 586) 生起している。次章では、この根源的な生の場所——それは、ある「多義性」において「私の」生の場所であるとかろうじて言いうるが、まだ「私の私的な」生の場所であるとは言えない——が、明証論の助けを借りつつ、さらに詳しく性格づけられねばならない。

第七章　原自我の必当然的明証――「近さ」と「差異」としての自己

「真の必当然性［……］、それのみが哲学として立てられた課題の最も深い志向を充実する。それを否認したり否定したりしようとすることは、〈それなしには哲学する私が私ではありえないようなもの〉を否認するのと同じことになるからである」（VI, 439）。

一　問題設定――明証のパースペクティヴ的秩序とドクサの復権

ここまでの議論を少し振り返ってみたい。第五章では、「原自我」の意味が徹底化されたエポケーという方法を通じて際立たされた。そこでは「原自我」の様々な可能的解釈が吟味され、ありがちな誤解が取り除かれたが、それによって「原自我」は、主に否定的に規定されたにすぎない。この考察を踏まえて、第六章で試みたのは、（1）原自我と、（2）他者との対比によって規定された「相対的」意味での自我と、（3）他者、との関係を、「志向的変様」論の視角から、できるだけ秩序づけて呈示することであった。そこで「原自我」は、基本的にはそれ自体として問題とされるよりは、諸々の変様態との関係のうちで考察された。これらの研究を背景として、以下では、「原自我」そのものがどのように理解され、言葉にもたらされうるのかという点を、踏み込んで考えてみたい。

第六章の末尾で明らかになったのは、以下のことである。すなわち私は、モナド化のうちで、そもそもはじめて

「多数の自我たちのうちでの一人の自我」となるのであるが、それにもかかわらず、このモナド化は、私の生ける流れる現在のうちで生起するのでなければならない、ということである。この「自己現在」は、フッサールによれば、「原初的に私に固有である一切のものが、そこで生起する場である。すなわち、一切の私に妥当すること、存在意味を生み出す私の能作の一切が、そこで生起するのであって、この能作のうちで、私は私自身にとって現にあるような者であり、この能作のうちで、私にとってある一切のものが、私から、流れつつ現在であることとしての私の『絶対的』存在から、意味を獲得するのである」(Mat VIII, 140)[1]。したがって「私の存在」も、この「私の」生ける現在のうちではじめてその妥当を獲得するということになる。しかしそうなると、あらゆる意味妥当のこうした「根源的な場」(Urstätte) を、どのようにとらえたらよいのであろうか。というのも、一切の存在——私の存在と他者の存在も含めて——が、この根源的な場のうちでそれぞれの意味を獲得するのであるが、それにもかかわらず、これまでの考察の成果に従うなら、この根源的な場は、宇宙の超越的原因という意味でのすべてに共通する「根源」としてはとらえられず、むしろ私の「いま－ここ」としてとらえられねばならないのである。

この問いに対しては、さしあたり以下のように答えることができる。すなわち、「ここでは、すでに論じたあの逆転された秩序が問題となっているのだ」という答えである。われわれに馴染みの、「客観的に」方向づけられた視方においては、私の「いま－ここ」は、全体的布置の中での小さな部分契機としてしか考えられない。コスモスとしての世界においては、地球は多数の他の天体の間にある「取るに足らない天体」にすぎない。その地球の上では、「人間［の存在］など『些細な』出来事である」(XV, 667)。ところが、「超越論的考察においては、逆である！」(ebd.)。これに対して、〈人間はかつては存在しなかったし、人類は地球の上で徐々に発展してきたのであり、地球そのものもかつては存在しなかったのだ〉などと反論するなら、そこではすでに客観的時間が前提されている。しかし、客観的時間は、本来超越論的な仕方ではじめて構成されてくるはずである。「われわれは、超越論性のうちに立っている。私はある。私から、時間は構成される。立ちとどまりつつ原初的な先現在における、エゴの超越論的自己時間化」

(ebd.)。私が束の間の存在であるということさえも、私の必当然的存在のうちに根づいているのである(XV, 383)[2]。

すでに示されたように、この「逆転された」秩序は、基づけの秩序を意味している。基づけ関係は、本来、明証によって規定されている。われわれによく馴染まれた秩序(順序 Ordnung)に従うなら、後のものは先のものから帰結し、より小さなもの(部分)はより大きなもの(全体)に含まれるということになる。(要するに、実在的な空間時間性の秩序である。)基づけと明証の秩序に従うなら、この秩序は逆転しうる。「私の誕生」さえも、その存在妥当に関して言えば、私の顕在的な生ける現在を前提する。全世界は、「いまここ」に生きている私の機能する身体に基づけられている[3]。しかしこの「逆転」が奇妙なものに見えるのは、実は単に見かけ上のことにすぎない。そこでは、われわれがよく知っている先述の秩序と同じくらい自明な秩序が問題となっているのである(Ms. B I 5/ 14a)。あるいはむしろ、こう言わねばならない。「逆転された」秩序を主題的に際立たせるとき、それが異様に見えるのは、この秩序が、例の馴染みの秩序に比べてより自明的で、より「手前にある」からであって、そのせいでこの秩序は、つねに至るところで前提されているにもかかわらず(あるいはそれゆえにこそ)、普通は全く主題的意識に上らないのである。

この「パースペクティヴ的」秩序は、意識の「近さと遠さ」というパースペクティヴ的な秩序、しかも最も広義におけるそれである。ここで問題なのは、それに対して何かが近かったり遠かったりするような、一つの「ゼロ点」を要求する。その際このゼロ点は、一つの生きた(生きられた)点でなければならない。というのも、何かを近くに、あるいは遠くに体験する私は、このゼロ点のうちに生きているからである。〈私であること〉と、〈ゼロ点であること〉とは、ここでは本質的に共属している。客観的確定性に執着する眼差しにとっては、「私、ここ、いま」というものは、単に主観的‐相対的と見なされるかぎり、最も不確実で移ろいやすいものである。しかし、明証の秩序においては、それこそがまさしく「最も確実で疑いえないもの」である——ただし、われわれが自然的な意味で「確実」とか「疑いえない」と思っているものとは、全く違った意味でそうであるという点には、注意する必要がある。「私、ここ、いま」という「主観的‐相対的」なものが、「最も確実」と言われるときの違和感は、超越論的には、自明性を分析するための手がかりとして機能する。以下では、不可解にも見えるこの「確実さ」の意味を、できるだけ明瞭にしていくことに努めたい。この種の根本的な明証を、フッサールはとりわけ「必当然性」(Apodiktizität) という術語で、あるいはより正確には「必当然的原明証」(apodiktische Urevidenz) という術語で表わしている。

還元の「発見」以来、フッサールが行ってきた妥協のない努力は、見たところ奇妙な「逆転した」秩序、すなわち、最終的には「必当然性」に根づいている明証の秩序へと、われわれの注意を向け変えてゆくという点に、その一つの要点があったように思われる。還元が最初に露呈するのはコギタチオの明証であるが、これは普通、「単に主観的に」流れ去ってゆくものとしてとらえられている。その後、二〇年代になると、絶対的明証は「エゴの必当然性」として理解される。通常は侮蔑的な意味でドクサと呼ばれる主観的なものが、いまや最高度の真理性を主張するようになるのである。フッサールは『危機』で、この「価値転換」を強調している。「真に第一のものは、前学問的な世界生の『単に主観的‐相対的な』直観である」(VI, 127)。彼はさらに、「軽蔑されてきたドクサの学という、奇妙な学」(VI, 158) について語っている[4]。この軽蔑されてきたドクサが、「いまや一挙に学の、エピステーメーの基盤という威厳を要求する」のである (ebd.)。

フッサールが原自我の「絶対的唯一性」と「中心的位置」を強調するとき、そこでは自我が形而上学的な「インフレーション」を起こしているわけでは決してない (たとえフッサールの叙述がときにそのような印象を与えかねないとしてもである)。むしろそこでは、とりわけ目立たない、あまりにも軽視されてきたドクサの復権が目論まれているのである。以下では、このドクサがどのような意味で哲学の中心点に現われてこなければならないのかを、理解可能にしていくことを試みたい。その際第一に顧慮されねばならないのは、必当然性と自己責任の意味である。それは、他者の他者性を排除するどころか、本質的にそれから切り離せないのである。

二「一切は私にとってある」――「自明な近さ」としての必当然的原明証

a　妥当遂行の原源泉であり、現われることの「媒体」であるエゴ

まず第一に、エゴの明証はいかなる意味でつねにすでに「前提」されねばならないのかが明らかにされねばならない。その際「前提する」という語のフッサール的な意味をとりわけ考慮する必要がある。以下では、一九三三年の草稿（B I 14 XIII）の論旨展開にある程度沿いながら、それを手がかりとして議論を進めていくことにしたい。

「エゴ」の明証を強調するとき、フッサールが問題としているのは、内世界的‐実在的な秩序ではなく、知の秩序であるといってよい。「知」は一般に「経験」に根づいている。「あらゆる認識、あらゆる知は、最終的に経験を前提する」（Ms. B I 14/ 147b）。その際「経験」は、「経験知」（Empirie）という狭い意味ではなく、むしろ超越論的経験という意味で理解されねばならない。われわれにとって今のところ、あるいはそもそも全く「経験できないもの」も、われわれの経験を前提している。なぜなら、われわれの経験こそが、「経験できないもの」を根拠ある仕方で推論し、その存在を確信するということをはじめて可能にするからである。存在者は、われわれにとって様々な存在様態――「端的に存在する」、「想定されうる」、「可能的にある」、「推定的にある」、「疑わしい」、「存在しない」など――において自らを示してくるが、それらすべての存在様態は、われわれがすでに存在者の直接的経験をもっていることを前提している。すなわち、われわれがそれの存在を疑いなく確信しているような経験――「われわれが存在者そのものに居合わせており、それを直接に把捉し、手中にしている」（ebd. 147a）ような経験を、前提している。

「明証」とは、このような、自我が存在者のもとに――もっと広く言えば、「事象」のもとに――直接に「居合わせていること」（Dabeisein）にほかならない。以下の明証の定義は、明証のもつこうした性格をはっきりと表現している。「明証とは、[……] 自己能与（Selbstgebung）の志向的能作を言い表わしている。より精確に言うなら、それは『志向

性』の、すなわち『或るものの意識』の、ある一般的な際立った形態である。すなわち、そのうちで意識された対象的なものが、〈それ自体として把捉されている〉、〈それ自体として見られている〉、〈意識上でそれそのものに居合わせている〉という仕方で意識されているような、志向性の際立った一般的形態である」(XVII, 166)[5]。つまり明証は、ノエシス側にもノエマ側にも一方的に帰属させることができず[6]、むしろ、フィンクに倣っていえば、「存在者への根源的通路」「真なる存在通路」という性格をもっている[7]。いかなる様態であれ、私が意識している一切の「存在」は、明証のうちに、すなわち「それそのもの」として、現にそこにあるか、あるいは自らの原様態的な明証的与えられ方を遡行的に指示している。「あらゆる確実性は、『明証』という独特の様態の原確実性をわれわれに指示している。これはすなわち、直接的な自体所有という意識様式、いいかえれば最も広い意味での経験である。様相化された(modalisiert)内容のあらゆる確実性は、様相化されていない明証を指示しており、様相化されていない内容のあらゆる確実性、すなわち原確実性は、原明証――端的な意味での経験――を指示している」(Ms. B I 14/ 147b)。

こうして、存在者が自己を示す際のあらゆる意識様態は「明証の体系」(IX, 427)に、すなわち諸々の原様態と変様の志向的指示体系に関係している。いかなる存在も、何らかの存在様態性において自己を与えてくるが、どの存在様態性も一つの「明証」の様態であり、それは原様態であるか、原様態を遡行的に指示しているかのいずれかである[8]。このような仕方で、あらゆる存在と意識は「原明証」へと遡行的に関係づけられているのであって、この「原明証」とは、最も根本的な仕方での〈私は経験し視る〉(Ich erfahre und schaue)を意味している。

このような仕方で、「私」はありとあらゆるものに「つねに居合わせている」のであって、いわば「私」は「至るところに現在している」(allgegenwärtig)(XIII, 52f.)。およそ私が意識しうるもの、語りうるものはすべて、「私にとって」現にそこにある。私が経験し得ないものも、私がそれについて語り、それを推測し、あるいはそもそも意識しうるかぎり、それを「経験し得ないもの」として妥当させる自我としての私を、前提している。でなければ、それは私にとって全くの無であろう。「経験し得ないこと」もまた、私にとって「妥当する意味」なのである。「存在しないもの」さえも、一つの（否定的なそれではあるが）存在妥当をもつ。一切の存在者が、それに応じた「存在意味」とともに与えられている以上、「私に妥当すること」の超越論的圏域を逃れ去るような「彼方」ないし「外部」は存在しえないはずである。(9)「あらゆる無意味さえ、意味の一つの様態であり、洞察可能な無意味性をもっている」(I, 117; vgl. auch XXXV, 271)。

こうした帰結に直面して、フッサールは、「私にとってある一切のものが、その存在と、かくあるあり方（Sosein）をもっぱら私の意識生からのみ」汲み取らねばならないという考えが、いったいなぜ「耐えがたい」のだろうか、と問うている（Ms. B I 14/ 154b）。この考えの「耐えがたい点」は、おそらく「私・自我」の自然的自己理解の残滓に由来している。『デカルト的省察』において、フッサールは、エゴの明証から出発して「外的世界」の実在を証明しようとするデカルトの試みを批判しているが、フッサールによれば、この問題設定そのものが背理的である。なぜなら、自我はそこで、残りの世界を「自分の外に」もつような、世界内の一実在者として捉えられているからである。それによって、「世界統覚の妥当性が、すでに問題設定のなかで前提され、問いの意味の内に入り込んでしまっている。ところが、その問いに対する答えが、客観的妥当一般の権利をはじめて論結するはずだったのである」（I, 116）。こうしてひとは、背理な循環に巻き込まれてしまう。これに対して、ひとはむしろ、次のように問いを先鋭化しなければならない。「そのような超越論的問いを正当に立てることができる自我とは、いったい誰なのか？」と。世界統覚のエポケーとともに、私は私自身を、もはや世界全体の部分成素としては理解できず、むしろ、ただ端的に〈私に妥当すること〉の自我として、〈私は経験し視る〉の自我として理解することになる。

したがって、〈私に妥当すること〉の具体的圏域には「外部」がないということは、「われわれがいわば自分たちの『皮膚』から外に出られないといったこと」を意味しているのではないし、「われわれの認識が必然的に制限されており、われわれがわれわれの認識の『限界』を超え出ることができない［……］などと言っているわけではない」（Ms. B I 14/ 155a）。なぜなら、その場合、私はすでに「外部」を一つの妥当意味として措定してしまっているのであって、その「外部」なるものは、そのかぎりですでに「私にとって」あるからである。なるほど、ある「彼方」が、何らかの「感情」によって、あるいは何かしら「神秘的に、われわれの意識圏域の扉を叩くのであるが、それに対しては、われわれの意識の言語は単に適していないのである、云々」(ebd. 155a) と主張することはできるかもしれない。これに対しフッサールは、以下のように述べる。「ある感情が何かを告げ知らせるならば、それもまた〈われわれにとってあること〉の一つの仕方であり、〈われわれにとってあること〉のあらゆる仕方が、確証と呼ばれるそれぞれの特殊な仕方をもつとわれわれが主張するとき、それは感情にも当てはまるとわれわれは考える。そして、そのことは、感情のうちで何らかの『無』を告げ知らせるようなものについても、暗黙のうちに主張されているのである」(ebd. 155b)。

私の具体的意識圏域が「外部」をもちえないかぎり、「この意識主観性を世界のうちに探し求め、この主観性の〈どこ〉と〈いつ〉について尋ねるのは無意味である」(ebd. 156a)。存在妥当と確証の「原源泉」としての「私は経験し視る」は、「空間時間」のうちにはないが、かといって「超空間的」であったり「時間の外に」あるというわけではない (ebd. 159b)。あたかも空間を超えたその外にまたしても超空間があるかのようなわけではないのである。たしかに私は、妥当の担い手として、存在者が「ある」ところにはつねに居合わせているが、あらゆる存在者「を超えて」、あるいはそれら「と並んで」存立しているような「超存在者」ではない。私は「意識の島」(I, 116) のようなものでもないし、一切の存在者の外にある超審級でもなく、むしろ、これらすべての「場所規定」(Ortungen) 一般がそのうちで生起しうる媒体であるといえる。それゆえそれは、厳密な意味で「どこにもない」。

フッサールに倣ってそれをさらに先鋭化するなら、私は「存在者ではない」(XXXIII, 277f.: 第三章三b、九四頁参照) と言うこともできる。あらゆる存在者は時間化のうちで構成され、そのうちで一定の時間位置（さらには一定の空間位置）において現われるのであって、時間化はそのように一切の存在者を構成された時間野のうちに「存在者化する」(ontifizieren)。しかし私は、それに対して一切が現出するような、時間的構成の「機能する極」である（極と媒体の関係については、後述b参照)。そのかぎりで、私は「機能する自我」としての私自身を時間野の中のどこにも見出すことはない。「機能する極は、その根源的な機能することにおいては、決して時間野のうちにはない」(Ms. A V 5/ 5a)。「その最も根源的な根源性における自我は、時間の中にはない」(Mat VIII, 197; vgl. auch Ms. E III 2/ 24b)。私が私に関して対象的な仕方で見出す一切のものは、時間化され存在者化されたものであって、それは機能するものとしての私をすでに前提している。一切の存在者の妥当の担い手である私とは誰か、と問うとき、「この〈誰〉への問いが人間的人格への問いを意味しないということを私は認識する。人間的人格は、むしろこの原主観性の絶えず生き生きと機能する動機づけ連関のうちで動機づけられたあるものにすぎない。この〈誰〉とは私自身であるが、しかし普通の意味での私ではない。この普通の意味での私は、〈私〉と言うことで、すでに私の〈究極的に機能する自我〉の最終形成体(Endgebilde)について語っており、この〈究極的に機能する自我〉は、そもそも言い表わされるためには、すでに機能していなければならないのである。しかし、機能することと、機能する自我とは、根源的に生き生きしている間は、隠蔽され、非主題的である」(Mat VIII, 16)[10]。「原自我」とは、時間野のうちには現われず、むしろ時間的に現われる一切のものの「媒体」であるような、この「究極的に機能する自我」なのである。[11]

自我とは、他の諸対象を包み込む一対象のような仕方で、一切を包括するものではない。自我と現出する様々なものとの間の関係は空間的アナロジーによっては理解しえない。むしろ意識生は、そして最終的には「自我」は、媒体として一切の現出するものに浸透しているといわねばならない。「世界は、そしてその根本構造に従うなら自然は、次のような非自我である。すなわち、それは、私の一致調和的経験の統一としてのみ、したがって、自我的媒体においてのみ私に与えられているのであって、この媒体なしには、私にとって何ものもない。この非自我は、〈自然ではない、純粋に自我的であるような媒体〉のうちに与えられているのである」(IX, 528; 強調筆者)。「したがって地球(Weltkugel)は、〈主観的なもの〉という媒質的環境(Milieu)のうちを泳いでいるように見える」(IX, 148)[12]。

自我を「媒体」として性格づけることによって、自我を実体化してしまう危険をもある程度遠ざけることができる。

フッサールは、ある後期の草稿に次のように記している。「自我とは、それ自体だけであるような何ものかではなく、自らの外にある何ものかとして、自らと並んであるような何ものかとして意識をもつわけではない」(XXXIV, 189)。自我を、そもそも何か他のもの「と並んだ」何ものかとして表象することはできない。そのような表象は、自我を存在者化し、客観化してしまい、その結果、自我は現出するものと、あるいは全体としての現出野と、仮想的に並立されることになってしまう。むしろ私は、あらゆる現出の不可視の媒体として、「現出するものの現出すること」一般から切り離すことができない。このような先鋭化された理解においては、「自我」とはもはや「現出するもの」ではなく、現出すること一般のある「本質的なあり方」である。

b　極としての自我、生の「生動性」そのものとしての自我

自我が、一切の存在的に現出することの「媒体」として、非実体化的に理解されうるならば、なぜ自我極のうちに、一切の現出するものが現出すると言うことができるのかも理解できる。自我極は、現出野の中の一つの「点」のようなものとしては理解できない。私は、それが自我だと言えるような「点」を、どこにも見出すことはない。なぜなら私は、まさしくそこから一切の現出するものが私に見えるようになるところのものだからである (vgl. XV, 289)。この意味で、自我は「視点」という意義をもつといえるが、この「視点」は、現出野の外部に何らかの存在領域をもつというわけではない。

そのように考えるなら、自我極は、最終的には意識生そのものの中心化の別名となる。この「中心化」は、媒体としての自我の性格づけにもとづいて、非実体化的な仕方で理解されねばならない。つまり、意識生の内部に、何らかの実体的な中心があるというわけではない。むしろフッサールは〈自我〉を、〈意識が自己を中心化すること〉と同一視している。「自我は意識の『主体』である。その際『主体』とは、中心化を言い表わす別の言葉にすぎない。すなわち、自我生としての、したがって〈生きつつ何かを体験すること〉、〈何かを意識という仕方でもつこと〉として

のあらゆる生きることがもつ、中心化の別名にすぎない」(Mat VIII, 35)[13]。フッサールにおいて「自我」とは、何らかの中心的な実体を意味するものではなく、むしろ生のある種のパースペクティヴ的中心化にほかならない。それは、自我を（自我の存在者化の帰結としての）現出するものと同質化的に等置することによって、ただちに眼差しから消え去ってしまうような、「脆い」中心化である。[14] したがって、もし一切が客観的観点において扱われるなら、「自我」が「可視的に」なることは全くない。一切の存在が、その「生き生きと体験されたあり方」に関して考察されるとき、「自我」ははじめて感じとれるものになるのである。「自我」とは、〈一切の存在者が、「生動性（生き生きしていること）」という媒体のうちに現出する〉ということを、別様に表現したものであるともいうことができる。[15]〈現出すること〉のこうした「生動性」と全く関係をもたないような存在者はない。一切の存在者が「自我（私）」のうちに根づいているというのは、最初は奇妙に聞こえるが、実は上記のようなあまりにも自明な原事実を意味しているのであって、この原事実は、対象へと方向づけられた自然的な態度においては、不可避的に見過ごされてしまうような種類の事実なのである。

このような視角から、フッサールは純粋な意味での「自我」を、「流れつつ生き生きとしてあること」(das strömende Lebendigsein)(Mat VIII, 40)[16]、「生の源泉点」、あるいは「あらゆる生動性の担い手」(XXXVIII, 390)[17]と書き換えている。この原‐生動性は、世界を、そのうちに現出する一切のものと一緒に、〈生き生きした世界〉（勝義での生世界）とするのであるが、客観的‐内容的には、世界に何も付け加えることがない。しかし、そのような生動性なしには、世界が「現出すること」は考えられない。[18] 自然的生のなかではほとんど気づかれないこの「生き生きしていること」——この媒体のうちで、われわれの意識と世界の現出が生起する——こそ、フッサールが「エゴ」という術語で、あるいはより精確には、「原自我」という術語で語ろうとしていたものであると考えられる。ただし、それが誤解されやすい表現であることは否定しえないかもしれないが。[19]

c　エゴの「必当然性」の意味

前節では、〈自我であること〉を、生動性（生き生きしていること）として解釈してきたが、この解釈は、フッサールの明証論においてさらに裏書きされうる。ここでは、「エゴの原明証」が、最も確実なものの「小さな島」のような点的明証ではなく、「媒体」として理解されるべき根源的な生き生きしていること（Lebendigsein）にほかならないという点を示していくことにしたい。まず、（一）フッサールの明証批判を簡単に粗描し、それにもとづいて、「エゴの必当然性」の基づけ的意味を際立たせる。（二）次いで、必当然的明証と十全的明証との区別を辿っていくことによって、上記の意味をさらに詳しく吟味してみたい。

（一）明証批判の徹底化

まず第一に、フッサールの明証批判にとって、明証の「経験」性格が根本的な役割を果たしているということを強調しておかねばならない。明証は、『デカルト的省察』では以下のように定義されている。「普通の意味での経験は特殊な明証であり、明証一般とは、最も広いが、それでも本質的に統一的であるような意味における経験であるということができる」（I, 93）[20]。この見方からすれば、明証とは、知覚のみに帰せられるものではない。再想起が、「過ぎ去ったもの」をまさしくそのようなものとして根源的に与えるのであるかぎり、再想起もまた特有の明証性格をもつ。同じことが、形相的なものの根源的「経験」としての本質直観にも当てはまる。結局のところ、いかなる対象性にも特有の経験様式が対応しており、それは特定の種類の「自己能与」ないし明証を意味しているのである（vgl. XXXV, 325ff.）。その際留意しなければならないのは、すでに言及したように、明証そのものがノエシス的なものともノエマ的なものとも性格づけられず、むしろ存在者そのものへの根源的な通路（Zugang）にほかならないという点である。一種の明証は、存在者への一種の接近可能性（Zugänglichkeit）を示しており、それはさらに、他の諸々の種類の接近可能性を指示しているのである。

フッサールの明証批判とは、明証のこうした包括的指示体系・変様体系を追跡してゆくことを意味しており、この体系の範囲は、「経験一般」の体系と合致する。そこでは、様々な明証が批判的に吟味され、それによってそれらの明証相互の基づけ連関が明確に浮かび上がってくる。フッサールは、明証に関するある核心的な草稿の一つ（Ms. A I 31, 1924-26）において、こうした根源的明証の探求を以下のように表現している。「われわれは、次のような諸々の明証──諸々の経験と洞察──を探求する。すなわち、それらを廃棄することが他のすべての明証の廃棄をも意味するような仕方で、至るところにあらかじめ存している明証、そのような仕方で他のすべての明証に先立っているような明証を探求する」（Ms. A I 31/19b）。この規準を用いて、フッサールは、個別的対象、世界、そしてエゴの明証を吟味してゆく。

対象の知覚は、なるほど有意味に「明証的」と呼ばれうるが、その明証性格は、それだけで孤立的に存立しうるわけではない。一つの事物が、世界のうちに「存在する」「知覚的－実在的である」という仕方で自らを示してくるとき、その明証は疑いえないように見えるが、この明証はそれでも「様相化」されうる。思い違い、あるいは幻覚の可能性を完全に排除することは決してできない。知覚された事物は、その勝義での存在妥当を失うことがありうる。「存在する」という妥当は、「可能的である」「蓋然的である」「存在しない」といった妥当へと様相化されるのである。

ところで、一つの事物は、それだけで孤立して現出するわけではなく、いわゆる「外的地平」をもつ。その端的な存在妥当は、なるほど抹消されうるが、しかしそのことは、その事物の代わりに他の事物が存在妥当を獲得するということを意味している。本棚の、ある本があるはずだと思っていたところに、別の本がある。ある物があるはずの場所が別の何かによって代わりに埋められるということがなくても、その場所を含む「世界」がそこにある。世界は、あらゆる現出の地盤であり、外的地平の最も外的な極限であって、その存在妥当が全体として抹消されることは決してない。志向的指示の具体的全体までをも考慮に入れるならば、一つの事物の妥当様相化は、私にとって基本的に、〈世界を別様に経験すること〉を意味する。世界のそのつどの部分内実がもつ明証は、つねにすでに様相化されうるが、このことは、あらゆる個々の事物の現出にとっての「地平」であり「地盤」である世界には当てはまらない（vgl. XXXV, 405f. = A I 31/ 26a）。

しかし、世界の存在は、まだ「最も根本的な」明証ではない。というのも、世界はまだ、超越論的な意味で最も具体的なものではないからである。すべての明証は、ノエマ的な面だけでなくノエシス的な面ももつ。それゆえ、世界の妥当が、機能する主観性の次元を前提し、そのうちで世界は、その意味と妥当に関してはじめて構成されるという点に、言及しないわけにはいかない（第一章五a、三四頁以下参照）。あらゆる事物的対象の明証に対する「地盤」として妥当する世界は、それ自体一つの「相対的必当然性」しかもたないのである（vgl. VIII, 397, 400, 406）。世界の明証とは、そのうちで世界がはじめて世界として現出しうるような経験である（vgl. VIII, 404）。「必当然的に、私の存在は、どの世界経験のうちにも、それ自体経験されたものとして含まれている」（XXXIV, 432）。したがって世界は、隠れた前提次元として、「超越論的意識生」をもつ。世界は、必然的に、具体的意識生を地盤としてのみ現われてくるのである（vgl. XXXV, 406 = A I 31/ 26a）。

しかし、実在的な空間時間的世界には現われない理念的《イデアールな》対象性についてはどうなのであろうか。それらは、対象性であるかぎり、やはり一つの経験――それらが自らを示す媒体としての経験――を指示している。なるほど理念的対象性は、個々の事物的経験から独立に成り立っているが、しかし、まさしくこのような「そのつどの経験からの独立性」こそが、超越論的な意味においては、理念的対象性の特殊な経験様式を意味している。すなわち、形相的なものは、実在的な空間時間性に依存しない仕方で、アプリオリに同一的であるようなタイプの対象性として経験されるのである。なるほどそれは、経験のなかに自らを示しはするが、実在的なものとは違って、無限にパースペクティヴ的に進行しうるような更なる諸現出への指示を、全く欠いている（第二章三b、六三頁以下参照）。それが形相的なものの特殊な明証性格であって、それにはやはり一種の「経験」が対応している。理念的対象性もまた、超越論的意識生およびその経験体系のうちに根づいているのである（第二章三b、c、第三章一参照）。

以上から帰結することだが、超越論的意識生は、諸々の存在妥当の最も普遍的な地盤と見なされうるのであり、その明証は、本来的な意味で「必当然性」という呼び名に値する。もし仮にその明証がなければ、その上に立脚しているあらゆる明証（世界の明証とあらゆる対象性の明証）も、廃棄されてしまう。「私の生は自体的に第一のものであり、あらゆる根拠づけがそれへと遡行的に関係づけられねばならないような原根拠である」（VIII, 396）[21]。しかし、具体的な意識生は、様々な内実を含む。その必当然性は、そのすべての内実の明証を意味するわけではない。なぜなら、それらの内実には、絶えず流れ去る実的な体験契機も含まれるからである。こうして、超越論的意識生において、精確な意味で必当然的であるのは何か、という更なる批判的問いが生じてくる。

この問いによって動機づけられた「必当然的明証批判」[22]によって、究極的な必当然的原明証が、具体的な意識流の全体にではなく、その「私はある、私は生きる（ich bin, ich lebe）」（XIV, 442）にのみ関わるということが明らかになる。それは、意識生のなかの、「自我」と呼ばれる小さな部分のみが必当然的であるということではない。すでに見たように（本章二b）、「自我」とはそもそも、意識の中の実的な点ではなく、全意識生そのものの「生動性」を別様に表現したものにほかならない。「私はある、私は生きる」とは、この「生動性」のことであり、それこそが究極的な原明証を成すと言われているのである。

さて、それでは、このような「〈私はある〉の原明証」（XIV, 154）、すなわち、それなしには、これまで記述してきたあらゆる他の明証が廃棄されてしまうような原明証は、いかにしてより精確に理解されうるのであろうか。

（二）「十全的明証」と「必当然的明証」との差異

「私はある、私は生きる」の明証がもつ特性をより正確に規定するためには、十全的（adäquat）明証と必当然的（apodiktisch）明証との差異が詳しく考察されねばならない。フッサールは、これら二つの術語を早い時期から用いているが、最初は、これら二つの明証の区別を本質的とは見なしていなかった[23]。なるほど彼は、それらが異なった意味をもつということを念頭に置いてはいる。十全的明証は、空虚志向が完全に充実されることを意味しているのに対し、必当然的明証は、洞察されたものの不可疑性、あるいは洞察されたものが別様であったり存在しなかったりすることの不可能性を意味する。しかしフッサールは、二〇年代の初めまで、十全的明証は必ず必当然的性格をもち、また逆に、必当然的明証は必ず十全的性格をもつと考えていた。[24]

しかし、一九二四―二六年に書かれた明証論の重要草稿（Ms. A I 31）[25]を手がかりとして、二つの明証概念が分岐していくが、研究が進むにつれて、次第にはっきりと区別されるようになる。決定的なのは、最初は等価なものとして扱われていく過程を比較的正確に追跡することができる。そこでも、二つの明証概念は、最初は等価なものとして扱われているが、研究が進むにつれて、次第にはっきりと区別されるようになる。決定的なのは、「存在（あること）」の必当然性が「相存在（かくあること）」の必当然性から厳密に区分され、前者が後者なしにもありうるということが確認されたことである（XXXV. 410f.= Ms. A I 31/ 27aff.）。この洞察にもとづいて、必当然性は独自の明証概念として確立された（Ms. A I 31/ 31aff.）。その際、「エゴ」の考察が最初から主導的な役割を果たしていたということを強調しておかねばならない。必当然性を特別な明証概念として確立することへとフッサールを導いたのは、「エゴ」のもつ独特の明証の解明であったと考えられる。[26]

この展開を追理解可能にするために、まず存在の明証と相存在の明証との間の区別を詳しく考察しておくことにしたい。伝統的な必当然性概念において表現されているのは、あることが、一般的な本質法則にもとづいて必然的に帰結しなければならないということである。[27]そのうちには、「そうでなければならない」あるいは「別様ではありえない」という意味が含まれているが、それは、本質一般性の必然性という意味で理解される。しかし、この種の必然性は、「別様でありえないこと」という必然性の全範囲を覆うわけではない。「エゴ・コギト」の明証は事実的であるが、この明証も「別様ではありえない」。ただし、その経験内容に関してではなく、それが体験されているあり方そのものに関してである。私がいまこの白い紙を見ているという事実を、私は抹消することができない。もちろん、この紙が実はクリーム色であって、ただ照明の具合で白く見えていただけだということが、後から判明することもありうる。

しかし、経験の内容に関するこのような訂正は、私がそれをこれこれの仕方で（この場合、白色として）体験したという体験の事実そのものを少しも変えることはない。経験内容に関する訂正は、体験の事実そのものを撤回し「拭い去る」ことはできない。このような抹消不可能性は、新たな意味での必当然性の試金石として役立ちうる（XXXV, 402 = Ms. A I 31/ 12a）。

すでに「ロンドン講演」（一九二二年）において、フッサールは現象学的意味での必当然性を「経験の事実」に関係づけている（XXXV, 69）。この必当然性は、経験の全界域に広がっている。私がいまこれこれを思い出していること、これこれを予期していること、推測・想像・判断していること、欲していること、感じていること、等々は、必当然的に疑いえない（XXXV, 70）。しかし、この意味での必当然性は、経験されたものの意味内実・規定内実には関わらない。「私のコギトが正当であるか不当であるかということにまで、この明証を少しも拡張してはならない」（ebd.）。まさしくこの「制限」こそが、逆に、かの必当然的明証の包括的性格を保証する。たとえ私が、2×7＝15と判断したとしても、判断することの事実的体験は「必当然的に」与えられている。「自我論的に反省する知覚」（ebd.）の事実的な必当然性のみが問題となっているかぎり、経験内実が明証的であるか非明証的であるかは問題にならない。「それ［＝自我論的に反省する知覚の明証］が必当然的に確定するのは、私がこれこれの仕方で経験し、想起し、思考し、感じ、欲するという事実のみである」（ebd.）。遂行された態度決定がたとえ正しくないとしても、「それらは事実としては絶対的である」（XXXV, 321）。

こうして、「事実の必当然性」（それは唯一的な必当然性であり、エゴのエゴ自身にとっての必当然性である）と、普通の、そして特殊な意味での必当然性、あらゆる本質法則の必当然性との区別」（XXXV, 287）が帰結する。現象学的意味での必当然性は、「エゴ」とその「コギト」一般のみに属する。しかしエゴとは、経験領野のうちの確実な「島」のようなものではなく、現出することの媒体であって、つねにすでに前提されているが、対象へと方向づけられた態度においては可視的にならない。その際「前提」とは、論理的な「前提条件」の意味で理解されてはならない。エゴとは、演繹の連鎖の開始点ではなく、その他の一切の明証が現われる際の最も普遍的な「媒体」として、つねにすでに「そこにある」。「媒体」として、エゴはあらゆる明証および明証体験と不可分に「一つ」である。「世界的なものと、私にとって絶えず存在している世界一般は、エゴとしての私の存在によって仮設という仕方で条件付けられているわけではない。私が何を経験しようとも、エゴはそれと一つになって経験されているのであり、それのうちで経験されたものという仕方で、与えられているのである［……］。こうして、エゴとしての私は、私にとっておよそ存在しうるありとあらゆるものと一つになっている――この〈互いに共にあること〉が、その際立った固有性において、どのようにに解明されうるとしても」（Ms. A I 31/ 10b）。

このような意味で、事実的な「私はある、私は経験する」の必当然性は、そのうちで経験されるものから切り離せないのであるが、その意味内実は、形相的観点においては、「別様でありえない」という性格を欠くことが十分にありうる。私が２＞３と判断するとき、判断されたものそのものは明証的ではないが、私がそのように判断したという体験された事実は、抹消することができない。つまりその事実は、現象学的意味で「必当然的に確実」である。しかし、この具体的な経験事実は、ある仕方で、その経験内実を含んでいる。すなわち、直接的な体験性の観点からすれば、この内実もまた、「別様でありえない」という特別な性格をもつ。というのも、もし私が、２＞３ではなく、２＜３と判断したとしたら、それは経験の事実としては全く別のものになってしまうだろうからである。訂正の可能性も、まずもって〈必当然的に体験されていること〉を前提しているのであって、そのうちではじめて、訂正されるべき内容をそれとして操作することもできるようになるのである。経験されたものは、それが〈これこれの仕方で経験されていること〉に関しては必当然的であるが、これに対して、その経験内実の明証ないし非明証は、この原初的な必当然性とは独立に決定されねばならない。したがって、経験された内実の「かくあること（相存在）」は、ただちにその形相的－一般的妥当性を主張しうるわけではない。「われわれはエゴ・コギトを、絶対的諸認識の界域としてもつのであるが、それらの認識が相存在に関して完全であるということは決してない」（Ms. A I 31/ 29a）[28]。

このような仕方で、「私はある」「私は経験する」の必当然性は、あらゆる疑いにさえ先立つ基本的明証である。それを疑おうとしても、そこにはまだ、別様でもありうるような、意味的に差異化された内容が存在しない。疑うことそれ自体が、疑っている「エゴ・コギト」の必当然性と、疑われるべきものが必当然的に体験されていることとをすでに前提している。必当然的明証は、内容的に見るならば、まったく「要求の少ない・控えめな・中身の乏しい」(anspruchslos) ものであるが、しかし——そしてまたそれゆえに——およそ考えられるかぎり最も包括的で基本的なものである。[29] むしろ、内容的な完全性は、明証の十全性に関係している。「十全的」とは、思念されたものごとが、あらゆる観点から見て完全に認識されていることを意味する。つまり、その思念地平を成していて、しかもまだ充実されていないものは、何も残っていない状態である (vgl. Ms. A I 31/ 36b, 37a, b)。この点が、十全性を必当然性から明確に区別する。「十全的および必当然的な自己能与と、自己能与にもとづく述定。Apod‹eixis› [必当然性：ギリシア語で証示・証明] は、存在に関わる。すなわち、存在の必然性、非存在の不可能性に関わる。十全性 (十全化 Adäquation) は、内実に、相存在に関わる」(Ms. A I 31/ 31a; vgl. XIV, 433)。十全的明証は、存在の不可疑性のみでなく、相存在が内容的に〈別様でありえないこと〉を要求する。したがって、「十全的認識は必当然的であるが、すべての必当然的認識が十全的であるわけではない」(Ms. A I 31/ 37a)。

d　エゴの必当然的明証の「近さ」——パースペクティヴ的認識批判

「私はある、私は経験する」の原明証は、十全性との対比において、特有な意味での「必当然性」として際立たされた。次に、これら二つの明証 (そしてまた他の諸明証) の間の連関について考察してみたい。それによって、明証の全体的布置の内部における必当然的明証の意義が明らかになるであろう。

まず想起すべきなのは、エゴの必当然性は点的な明証ではないという点である。あたかも「エゴ」と呼ばれる一存在者 (これ自体誤った見方であるが) のみが明証的で、あらゆる他のものは不確実ないし仮象であるかのようなわけではない。フッサールにおいて「明証」は、その範囲（外延）に関していえば、「経験」一般と重なる。必当然的でない経験内実も、それが経験に与えられているかぎり、それぞれの特殊な明証において自己を与えてくる。つまり、様々な種類の明証があるわけである。

事物知覚は、「パースペクティヴ的」経験であり、本質的に推定的な性格をもっている。すなわち、その対象関係は、必然的に諸々のパースペクティヴ的呈示によって媒介されている。その際「私は決して『裸の』覆われていない〈自体〉（Selbst）に至ることはない」（XXXV, 403 = Ms. A I 31/ 12b）。しかし、このことは決して、われわれを絶望的な相対主義ないし懐疑論へと導くものではない。〈パースペクティヴ的に自己を示すこと〉は、むしろ、実在的な事物的対象の特殊な明証のあり方である。パースペクティヴ的経験のうちには、「最適状態（Optimum）の先行的把握」（XXXV, 404 = Ms. A I 31/ 13a）があり、それは、十全化を目指す努力を意味している。事物的対象の真なる「自体」は、そこにおいて「現出と現出するものとのあらゆる緊張が消滅するような」（Ms. A I 31/ 24b）、この経験プロセスの理念的「極限」（Limes）である（ebd.）[30]。それは、それに属する一切の「一面的・相対的」な諸現出が、自らを超えて指し示すような「理念」として与えられている[31]。諸現出は、まさしくそれが非究極的であるというそのあり方において——つまりその空虚な思念において——様々な道筋を示唆している。すなわち経験が、次第に高まってゆく明証を手に入れながら、十全化の理想に接近してゆく様々な道を示唆しているのである。

「世界自体」（Welt an sich）もまた、決して自己を完全に与えることはない一つの理念である。「世界自体、すなわち究極的に現実的な世界は、決して与えられてはいない」（XV, 614）。といっても、われわれが経験している世界が一つの幻想であるというわけではない。経験された世界は、いかなる位相においても「現実的」であるが、必然的にそれ自身を超えて更なる現出を指示するということがその本質には属している。したがって、理念としての「世界自体」は、世界経験の無限のプロセスの相関者である[32]。世界の経験は、決して終結することはなく、つねに「途上にある」[33]。その際、十全化は経験の「テロス」であり、決して完全な充実にもたらすことはできない。しかしこのことは、世界経験の明証性格を少しも損なうことはない。まったく反対に、まさしくこのテロスへの接近においてこそ、世界経験はその推定的明証をもつのであって、それはすべての位相において相対的に充実されている。「世界は、必当然的推定という形で自己を『証明する』のであって、この推定は、絶えず確証されていくが、ただしそれは絶えざる相対性においてである」(XXIX, 330)。ここには、「道(道程)」としての明証の性格がはっきりと示されている。明証のもつこうした「道」としての性格は、明証の「目標」性格と本質的に不可分である。[34]

ここで、エゴの根本的な必当然性が、世界経験の上記のような無限のプロセスを基づけているという点に留意すべきであろう。世界経験は、そもそもそれが経験であるかぎり、つねにエゴという「媒体」のうちで生起する。[35] 十全化へのパースペクティヴ的接近は、経験の媒体的な根源的場所としての具体的な〈私はある、私は生きる〉なしには考えられない。「このように、世界があるということを、私は推定的に確信している——私が現に生きているように生きるかぎり、それを確信している。第一の確実性：私はある、私は生きる、絶対に抹消しえない仕方で」(XIV, 442)。このような意味での(1)必当然性という最も普遍的な地盤の上ではじめて、世界経験一般の明証追求、すなわち(2)推定的な道を通って(3)十全化(十全性)という理想に接近してゆく運動が生起しうるのである。このように、必当然性・推定性・十全性の三項的構造を成すものとして、明証経験の最も一般的な構図を描くことができる。[36]

このような考察にもとづいて、世界経験のみならず、明証追求の運動一般が「パースペクティヴ的」性格をもつということを際立たせることができる。この運動は、「絶対的に近く、それ自体絶対的であるもの」から、「より遠いもの、最も遠いもの」へと進んでゆく(XXXV, 406 = Ms. A I 31/ 26b)。このような観点から、フッサールは、「超越論的経験のパースペクティヴ的批判」あるいは「パースペクティヴ的認識論」(ebd.) について語る。絶対的に近いものとは、エゴの必当然性のことを意味しており、それは生ける現在の「生き生きしていること」として理解されうる。それが明証追求を基づける性格をもっているということは、以下のように表現されている。「現在への、そしてすべての際立たされうる現在体験への還元における自我、純粋に現在的なものへと、さらにいえば、流れつつ現在的であるものと、場合によってはそのうちで構成されたこの現在的なものの統一へと還元された自我――この必当然的な絶対的近みにあるものから、それを根拠として、それを前提した上で、私、すなわちこの絶対的な還元された自我にとって、諸々の更なる必当然性への道［が通じている］」（XXXV, 406 = Ms. A I 31/ 26a）。

「近さと遠さ」に応じたパースペクティヴ的明証考察は、すでに『イデーンI』においてフッサールが「明晰性の諸段階」（Klarheitsstufen）について語るときに、前景に現われている（III/1, 141ff.）。この視角は、『イデーンIII』における「明晰化（Klärung）の方法」の叙述においても顕著である（とりわけ V, 101ff.）。それによれば、「あらゆる対象に関して、直観の近さと直観の遠さ（Anschauungsnähe und Anschauungsferne）がある、すなわち、明るい光のなかへと浮かび上がること（それによって、規定された諸要素の内的な豊かさを分析し際立たせることが可能になる）と、一切が溶け込んでゆく暗闇へと、再び沈み込んでゆくこととがある」（V, 104）。しかしそこでは、エゴの必当然性の根本的な意義は、まだはっきりとは見られない。「絶対的近さ」は、むしろ到達されるべき「理念」としての「十全化」として理解されている。『受動的総合の分析』の附論も、「明晰性の内部での近さと遠さ」（XI, 383）を扱っているが、そこでも同じことが当てはまる。「絶対的近さ」は、以下のように説明されている。「最適な現出、絶対的近さの現出は、絶対的な最適状態であり、そこでは透け輝きが終息し、現出はもはやそれ自身を通して新たなものを指示することはなく、それ自体が terminus ad quem［最終的な極限、終点］である」（XI, 383）。

しかし、このような「絶対的近さ」の捉え方は、それを必当然性として捉える見方と矛盾するわけではない。ここでの問題は、直観が何に対して「近い」のかである。「自我への近さと自我への遠さ（Ichnähe und Ichferne）」（XIII, 248; III/1, 189）というフッサールの言い方は、自我が「近さと遠さ」において、すでに最初から唯一的な「関係点」（III/1, 189）として――あるいは、より適切に言えば、「ゼロ点」として――根本的な役割を果たしているということを示唆している。想起の明証の「現象的な近さと遠さ」に関して、フッサールは、はっきりと「ゼロ点」ならびに「近接点」（Nahpunkt）（XXXIII, 148）について語っているが、この尺度設定的なゼロ点が自我を意味しているということは、以下の表現から読みとれる。「明晰でない仕方で想起されたものは、私にとって『より遠く』、明晰に想起されたものは、私にとって全く『近い』」（XXXIII, 51: 強調引用者）[37]。「近さと遠さ」は、逆転可能な関係ではなく、一義的な「方向」をもった非対称的な関係である。「絶対的近さ」とは単なる限界点ではなく、それなしには近さも遠さもありえないような、あらゆるパースペクティヴ的な方向づけと隔たりの「ゼロ点にして源泉点」である。自我とは、諸々の明証の遠近パースペクティヴ全体に対する方位づけの「ゼロ」なのである。

ここで見過ごしてはならないのは、この「ゼロ」現象が、第六章で詳述した、志向的変様と意味二重化の構造をもっているという点である。明証のあらゆる近さと遠さは、「絶対的近さ」としてのエゴの必当然性を指示しており、それらすべてが、この原様態としての必当然性に遡行的に関係している。どの近さと遠さも、「ゼロ」への関係を含蓄しているが、この「ゼロ」自身は、それらの近さや遠さに意味的に依存していない。逆に、この関係がないとしたら、あらゆる相対的な近さと遠さは、その意味を失うことになる。こうした観点から、「絶対的近さ」は「相対的近さ」から厳密に区別されねばならない。前者は、あらゆる近さと遠さがそれを通してはじめて現出しうるような媒体である[38]。しかし、「絶対的近さ」は、そのように開かれたパースペクティヴ的地平のうちで、自ら一つの位置を占める。その位置は、「ゼロ位置」としてなおも特別な性格をもつが、すでに他の諸々の位置と並列されている。「絶対的近さ」は、それによって開示されたパースペクティヴ的布置のなかに、自己自身を組み入れるのであり、いまやこの布置のなかで、「遠さ」への相対性において捉えられているのである。

志向的変様から帰結する、「近さ」のこうした「二重の意味」は、明証追求の構造のなかで、決定的な役割を果たしている。（1）先にすでに確認したことだが、どの明証も、それを「私が経験する」ということに関しては、絶対的に抹消不可能である。それはつまり、どの明証も、原始的な「近さ」において体験されるのであり、それが明証追求の媒体的基礎を意味しているということである。原始的な〈私はある、私は経験する〉としての「絶対的近さ」なしには、いかなる明証追求もありえない。（2）明証は、その内容的な「相存在」に関しては様相化されうる（vgl.

Ms. A I 31/ 29b, 36a.)。しかし、様相化されうるということは、どの明証も明証追求の体系のうちを動いているということを意味しており、そのうちでは、明証的にするための様々な「道（道程）」が、幾重にも指示されている。[39] この「明証的にすること」のうちで、第二の、相対的意味での「近さ」は、決定的な役割を果たしている。「まだ明証的ではないもの」を「明証的にする」とは、私が、認識されるべき対象を、私の「相対的近さ」へともたらすことを意味する。[40] 極限的な場合においては、私は、その対象を私の「絶対的な近さ」において経験することができるかもしれないが、ここではその「絶対的近さ」とは到達できない理念としての絶対的「十全化」を意味している。[41] しかし、この「絶対的近さ」が理念として与えられているということは、必当然的に認識されうる。[42] つまり、対象の〈即自〉（An-sich）とは、たしかにその完全な充実という点では「最も遠いもの」であるが、そもそもそれが現出し、最も広い意味で「与えられている」のであるかぎり、必然的に、必当然的「近さ」という根拠の上で、ないしその媒体のうちで、現出する。この意味で、「私はいつもすでに対象そのもののもとに居合わせている」（Ms. A I 31/ 36a）。ここには明証の「通路」性格がよく表われている。

したがって、要約的に述べるならば、エゴの必当然的明証は、いかなる明証にも（より近い明証にもより遠い明証にも、最も遠い明証にまで）、そしてそれらの内容的諸契機にも、いつもすでに「透明な媒体」として居合わせている。この必当然的媒体のうちで、明証追求一般の運動がはじめて遂行される。ここでは、「媒体的」明証の匿名性に注意すべきである。自己自身の「視ること」の媒体として、エゴの必当然性は、一方では「あらゆる近いもののうち最も近いもの」であるが、他方でそれは、この極度の近さゆえにこそ、容易には見通すことができないものである。むしろそれは、あらゆる主題化の「投錨地」ないし「媒体」としてつねに前提されているため、明証追求の通常の主題的方向においては登場しえない。哲学的な明証追求にとっても、事情は本来同じである。さらに、もう一つの困難として、この「媒体的」明証が内容的に規定された明証ではなく、内容的にそれぞれ異なった仕方で規定された明証の系列のどこかに、組み入れることができないという点がある。媒体的明証は、まさしくそのような仕方で「固定する」

ことも「眼の前にもつ」こともできないものである。それを哲学的に主題化するには、本書で繰り返し述べてきたように、「固定する」とか「眼の前にもつ」といった、通常の主題化的認識の仕方に対する反省が必要である。以下では、エゴの必当然性がもつこうした特有性を、その「自明性」との関連でさらに詳しく見ていくことにしたい。

e 「最も自明的な自明性」としての「私はある」

エゴの根源的必当然性は、私自身が思考し「視る」ことの「媒体」として、極度に見通しがたいものではあるが、それについて一切知ることができないとか、それを思弁的に構築することしかできないなどというわけではない。むしろそれは、あまりにも明らかに意識されているため、普通は、それを殊更に意識する必要がまったくないのである。[43] 最も広い意味で実践的に方向づけられた自然的な明証探求には、この「最も自明的な」明らかさを主題化しようとする一切の動機が欠けている。そもそも自然的態度のなかで、そのようなことが要求されることはまったくないからである。哲学することにおいてさえ、そのような明証は、たいていの場合暗黙の媒体にとどまっている。それゆえ、エゴの「媒体的」必当然性は、あらゆる明証追求の最深の自明性（少なくともその一つ）を成しているといえる。[44] 以下では、この自明的「知」の性格を二つの方向から若干際立たせてみたい。

（一）「媒体的」原明証の非判断的「知」

エゴの必当然性を客観的に固定することは決してできない。あらゆる客観的明証は、そもそもこの「媒体」のうちではじめて現われるからである。もし、究極的必当然性のこのような「摑みがたさ」が、その真理性を損なうように思われるなら、そこでは特定の真理概念、すなわち、真理そのものを対象的真理と端的に同一視するような真理概念が、暗黙のうちに前提されている。これに対して、すでに先ほど示されたのは、対象と見なされた真理は、最広義での「明証」の一契機であり、その広義の「明証」とは、ノエシス・ノエマ的に延び広がった「明証経験」を意味しているということであった。このような意味での「明証」なしには、対象的真理はそもそも考えられない。

ここから明らかになるのは、エゴの必当然性は、「エゴ」という名をもった存在者の実在を主張するような判断が明証的であるということではないということである。その場合、この存在者はすでに判断されるべき対象として表象されているからである。また、エゴの必当然性は、主語と述語の「真なる」結合のうちに成立しているわけでもない。なぜなら、この結合の「真理」は、そもそも「真」として洞察されうるためには、またしてもその究極的根拠を、ここで問題になっている必当然性のうちにもつのでなければならないからである。フッサールは明証を、「自己能与（何かがそれ自体を与えるということ）」としてのみでなく、「正しさの規範を与えること」(Normgebung der Richtigkeit) (Ms. A I 31/ 35a) としても性格づけている。その際フッサールは、「意見［思われ］が正当であることとしての、それの正しさ」と、「『自体』、飽和し充実された判断、テロスとしての真理、方向を与える極」(ebd.) とを区別している。後者は、「〈述定的判断が、基盤となる経験にしたがって自己を正すこと〉と混同されてはならない」(ebd.) とフッサールは強調する。[45]

したがって、究極的な必当然性とは、他の「諸々の真理」のうちで自己を主張しているようなある特定の真理ではなく、「真であること」一般にとっての、あるいは、「真として現われること」、そして「真として経験されること」一般にとっての、最も一般的な最終的根拠である。それは、どの判断においても、それが何かを「真」として主張しているかぎり、必然的に前提されている。したがって、この新たな意味での必当然性は、第二章で初期明証論を手がかりとして提示した尺度としての絶対的明証と同じものと見なされうる。それは、あらゆる明証の「尺度」として、端的に不可疑的である。しかし、この不可疑性は、それを主張するために他の諸可能性を排除しなければならないかのような、独断的な不可疑性ではない。「AはBである」という判断は、「AはBではない」、「AはもしかしたらBであるかもしれない」などといった、思考可能な他の諸々の可能性を必然的に伴っている。それらの他の可能性は、事実上、あるいはアプリオリに、不可能なこととして排除されうるとしても、やはり可能性として随伴している。しかし、必当然的な「私はある、私は生きる」の非判断的明証にとっては、実在的であれ、理念的であれ、想像的であれ、否定的に排除しうるような「他の選択肢」はそもそも存在しない（Ms. B I 5/ 17a）。あらゆる想像可能性もまた、こうした必当然性のうちに根づいている。「エイドスの変更体としての諸々の想像可能性は、自由に宙を漂っているわけではなく、私の事実における私へと構成的に関係づけられているのであって、この私は、私が事実的に生き、必当然的に見出す私の生ける現在と、そのうちにあって露呈されうる一切のものを伴っている」（XXIX, 85; vgl. auch Ms. E III 9/ 7b）。

あらゆる疑いも、「疑う」という判断を「真なる」「正しい」判断として遂行するかぎり、やはり究極的な必当然性を前提している。「一切の認識は不確実である」と主張する懐疑論さえ、暗黙のうちに、究極的必当然性の意味での「絶対的明証」という根拠にもとづいて、あるいはその媒体のうちを、動いている（vgl. XXIV, 147, 397f.; Mat III, 85）。われわれは、それを明確に意識しているか否かにかかわらず、つねにすでにこの「絶対的明証」のうちで生きている、と言わねばならないであろう。「ひとは明証のうちで生きるが、明証について反省はしない」（XXIV, 164）[46]。このことは学者・科学者にも当てはまる。「われわれが諸学問［諸科学］の内部にいてそれを素朴に遂行しているかぎり、われわれは学問的手続きの明証のうちに生きている」（XXX, 322）。「われわれが、様々な対象性に関する学問［科学］を遂行しつつ、明証のうちに生き、まさにそのような対象性の認識を要求する理性意識を遂行している間、この意識［そのもの］はわれわれの客観ではない。われわれはこの意識を体験しているのであって、認識しているのではない」（XXX, 329; vgl. auch XVII, 206; Ms. B II 22/ 4a）。つまり明証は、前学問的生および学問的な生の、匿名的な「原エレメント」なのであって、われわれの生は絶えずそのうちを動いているのである。『デカルト的省察』における特徴的な明証の定義は、そのように理解されねばならない。「最も広い意味においては、明証とは、志向的生の一般的原現象を言い表わしている」（I, 92）。フッサールは、明証を「志向的生一般の本質的な根本動向」（I, 93）とも呼んでいる。「私はある、私は生きる」の必当然性は、この明証動向が根づいている根底的な匿名的媒体である[47]。

このような仕方で、「私はある、私は生きる」の必当然性は、つねにすでに「前提されている」。この「前提」とは、「前提条件」の能動的措定、すなわち、「『それに向けて』一つの後続する措定（Nachsetzung）が生じるような能動的存在措定」（Ms. B I 5/ 22a）ではない。つまり、一つの措定に対して、それによって根拠づけられた推論という仕方で、別の措定が付け加わるという一連の流れの、開始点を意味するわけではない（ebd.）。フッサールは、「前提とは前提条件を意味するわけではない」（VII, 246 Anm.）と述べた後で、すぐに続けて、つねにすでに匿名的に自己遂行する生の先行性を指摘することによって、この点を際立たせている。「つまりわれわれは、『前提』という標題のもとに、自然的生の一般的意味、すなわち、この生そのものが、はっきりと際立たせることもなく、自らのあらゆる確信の形式として、つねに自らのうちに担っているような意味を記述してきた」（ebd.）。ここで、エゴの必当然性は、「論理的に」想定されているわけでも「思弁的に」想定されているわけでもなく[48]、つねにすでに匿名的に機能する「自己体験すること」（Selbsterleben）――そのなかで私は私自身を非対象的に「意識」ないし「自覚」している――の一つの表現である。必当然性は、私が私自身の生に原事実的・非主題的に「居合わせている」という点に成り立つ（vgl. XIV, 431）。あるいは、より正確にいえば、私が生きているかぎり、私は生のこうした特有の「自己知」ないし「自覚」を決して抹消しえないという点に、この必当然性は成り立つ。「私自身の存在は、私にとって失うことができないものである。すなわち、私の存在は、何であれ（そこでは私自身も主題に含まれているが）私が経験し意識している間、不可疑であり、抹消不可能であって、私にとって有る一切のもの――それらすべてがさしあたり私の思念の思念されたものであるかぎり――に、『居合わせて』いる」（XIV, 433）[49]。

この「私はある」の否定が「思考不可能である」ということは、「私はある」が「命題」として、あるいは「定式」として不可疑であるということを意味しているわけではない。「私はある」（Ich bin）を形式的に否定することは、いつでも可能である（「私はない［私は存在しない Ich bin nicht］」）。「私はある」という言明が、偽ではありえないなどというわけではない（XIV, 433）。「私にとって明証的に可能なこのエポケーのうちにあるこの自我を、そして私の流れる生を、疑ったり否定したりすることは、私にとって不可能である。といっても、いまや私がしようとするどんな言明も正しいはずであるとか、その言明に関しては、どんな意味であれ『客観的な』真理が存立しているとかいうことにはならない」（XIV, 436; vgl. XXXIV, 238）。これに対してフッサールは、必当然的な「私はある」においては、「絶えざる非主題的生」（XIV, 433）が問題となっているのであり、それこそがこの生自身の具体的遂行にとって根本的な媒体的地盤を提供しているということを強調している。そのかぎりで、フッサールが次のように言うとしても、それを単純に「独断的」と呼ぶことはできない。「エゴに到達するとき、ひとは、その背後に遡って問おうとすることが無意味であるような明証圏域に立っていることに気づく」（VI, 192）。これは、明証探求を恣意的に断ち切るものではなく、そのうちであらゆる明証探求――哲学することも含めて――が生起する究極的媒体の「自己意識」ないし「自覚」を表現しようとしているのである。(50)

（二）「絶対的自体の理解性」としての絶対的自明性

これまで以下の点を確認してきた。すなわち、エゴの必当然性は、一切の知の「媒体」として、あらゆる明証追求においてつねにすでに「前提されて」いるが、しかし、この〈前提すること〉は、前提条件を能動的に措定することを意味するのではなく、むしろわれわれが、主題的に意識することなく、つねにすでに「明証のうちに生きている」という原事実を示唆している、ということである。ここには、必当然的明証のもつある種の「自明性」が示されている。

とはいえ、ここで問題になっているのは、その根拠をさらに遡行的に問うことによって理解可能にしうるような類の、素朴な「見かけ上の」自明性ではなく、もはやその背後に遡って問うことができない最も自明的な自明性（少なくともその一つ）である。この点に関して、フッサールは「本来的自明性」と「非本来的自明性」（Ms. C 7/ 31b）とを区別している。「普通の意味での自明性」は、第一章で論じたように、「問われない認識地盤を使用していること」あるいは「前提が隠されていること」によって性格づけられうる（ebd.）。この意味で、最も手近な自明性は、「自己誤解」でありうる（VI, 254）。これに対して、「絶対的に理解する認識という理念を実現すること」を試みるとき、ひとは最後には、それ以上根拠を問うことがまったく無意味であるような「絶対的自明性」にぶつかる。この場合、「自明性」（Selbstverständlichkeit）とは、「絶対的自体の理解性」（絶対的なそれ自体が理解されていること Verständlichkeit des absoluten Selbst）を意味している。[51]「根源について」（一九三〇年）という論文でも、フッサールは「古くから受け継がれた先入見という見かけ上の自明性」と、「絶対的自明性、純粋な明証にもとづく証示」とを対立させている（XXVII, 131）。

この「絶対的自明性」は、明らかにこれまで論じてきた「精確な意味での必当然性」を意味している。『危機』のある附論において、フッサールは次のように強調している。「考えられうるかぎりのいかなる見解も、いかなる問いも、それに対して承認、否定、疑い、推測などいかなる立場をとることも、すでに一つの、至るところで形式的に同一の地盤を前提している。それは、上で述べたようなものが、それなしにはまったく意味をもちえず、何かを認識したと主張しようとも、その認識がそれなしにはまったく意味をもちえず、したがっていかなる現実的認識もそれなしには意味をもちえないような、絶対的に必当然的な自明性としての地盤である」（VI, 425）[52]。承認するか、疑うか、推測するかにかかわらず、ひとはつねにすでに明証の動向のうちにおり、そのかぎりにおいて、絶対的自明性から決して身を引くことができない。それは、認識する生の究極的で最も普遍的な媒体であり、自らのうちで、すべての特殊的に規定する認識を可能にし、「許容する」のである。

すでに『現象学の理念』（一九〇七年）において、フッサールは明証的な「視ること」（第二章三a参照）を「絶対的自明性」と呼んでいる（II, 50）。絶対的明証は、初期現象学では、まだ非自我論的なものとして捉えられていたが、二〇年代の自我論的転回に直面して、「エゴ」の必当然性として特徴づけられるようになる。あらゆる思考すること、問うこと、答えることの媒体である究極的な「自明性」は、「私はある、私は経験する」の必当然的明証を意味するようになる。「私はある」の端的な不可疑性に関して、フッサールは次のように述べている。「ここで、自ら省察する者である私は、実際のところ、究極的な自明性のうちに立っている。——いいかえれば、私は究極的な存在状況へと自らを連れ戻したのである。——私がそこに立つ自明性とは、私が遡行的に問うことができる最後の自明性であり、したがって、諸々の問いの普遍的な秩序にとって自体的に第一のものであり、私がこの直観的な事況に気づき、その妥当を直観的に遂行することによって、それらの問いに普遍的に、秩序だった仕方で答えるためには、自体的に第一のものである」(Ms. B I 5/ 17a [1931])[53]。ここからはっきりと読みとれるのは、「絶対的自明性」としての必当然性が点的な自我明証ではなく、そのうちに私がいるような「限界状況」(Grenzsituation) (ebd.) と見なされうるということである。それゆえ、「私はある」の必当然性「のうちに」、私はある、と言わねばならない。

このような、必当然的な「私はある」の自己関係的な自己二重化を、次の第三節で詳しく考察する。さらに、「絶対的自明性」は、自然的な明証探求においては匿名的に生き抜かれているが、哲学者にとっては——対象的ではないとしても——目覚めた明晰な「意識」にもたらされねばならない。この点は、「究極的な自明性」が「自我性」から切り離せないということの、さらにもう一つの決定的な根拠である。この点は、第四節で立ち入って扱うことにしたい。

三　「私は私自身に先立つ」——自己との差異としての原自我

a　「私はある」の異様さと「異他なるもの」の切迫

これまでの考察から明らかになったのは、エゴないし「私はある」のいわゆる必当然性が、エゴの優位を独断的に主張するような点的明証ではなく、むしろ経験する生の最も普遍的な媒体、それなしにはエゴの一切の明証体験とそれに対応する諸真理とが廃棄されてしまうような媒体を意味しているということであった。この媒体は、絶対的な近さと自明性という特徴をもつ。

だが、これだけではまだフッサールの明証論が疑惑から解放されたとはいえない。この必当然的媒体を、ほかならぬ「私はある」として規定することによって、独我論に陥る危険はないのだろうか。もし「私」があらゆる明証の唯一の原根拠であるとしたら、他者の存在はそれに比して可疑的であり、私の自我の明証に一方的に依存していることになるのではないか。

このような反論に対して、まずは第五章で論じたような、比較的陥りがちな誤解を排除することから始めたい。すなわち、「私はある」の原明証は、多数の自我のなかでの一人の自我の明証でもなく、超個体的な、普遍的自我の明証でもない。というのも、どちらの自我の捉え方も、「自我」を一つの対象としてカテゴリー的に概念把握し（begreifen）、判断して（beurteilen）いるかぎりにおいて、すでに「私はある、私は生きる」の原事実的・必当然的明証を前提しているからである。「存在であれ仮象であれ、他者の存在であれ私自身の存在であれ」（Ms. B I 5/ 16a）、私に妥当する一切のものは、体験しつつ機能する「私はある」なしには存立しえないということは、不可避的な原事実であるように見える（ebd.: vgl. auch XXXV, 267ff.）。しかし、次のような疑問が浮かんでくる。たしかに右で言われたことは正当であるように見えるが、それは本当に他者に関しても満足のいく答えになっているのだろうか。「一切は私にとってある」という、さしあたり正しいように見える言明が私のうちに呼び起こす奇異の念（Befremden）は、われわれに対して秘かに警告を発しているのであって、われわれはそれを真に受けねばならない。というのも、この秘かな警告は、さらに熟考すべき問題の所在を打ち明けているからである。先の言明が呼び起こす奇異の念を、無視したり、理論化によって無理矢理消去したりするのではなく、むしろ適切な仕方で具体的に分析可能な問題へと転化しなければならない。

他者が私の他者であるということは、彼に関する明証と経験が問題であるかぎり、たしかに正しい。「他者はもちろん私にとっての他者である」（VII, 334）。「それぞれすべての認識する者にとって、彼自身が間主観性に先行する。それは、自らのうちで他者たちを経験し認識し、そこからのみ他者について何かを知るのは、［この］私である、という仕方においてである」(Ms. B II 5/ 15a; vgl. XXXIV, 273)。他方で、他者は単に「私にとって」だけあるのではない、とも言うことができる。というのも、他者の意味のうちには、〈他者は私にとって原的に到達可能な圏域を超越している〉ということが含蓄されているからである。だが、この意味は、意味としては必然的に「私のうちに」現われ、経験されねばならない。意味が問題となっているかぎり、「一切は私にとってある」ということの明証は、無制限に妥当するように見える。私にとっておよそ有意味である一切のものごと――そのうちには、一切の「無意味」や「反意味」も特殊な意味として含まれている――は「私にとって」妥当する。(54)

他者の存在が、この明証の無制限の妥当に対して、それでも異議を申し立てるならば、おそらくこの異議は、もはや意味の圏域の内部から発しているものではない。この異議のうちには、むしろ、あらゆる有意味なものを超える何かが告げられている。もっとも、「意味」と「意味を超越するもの」との差異は、そのように表現されるならば、またしても意味として概念的に把握されうる。となると、〈意味を超越するもの〉は、有意味な仕方ではまったく「言い表わすことができない」と言いたくなる。それにもかかわらず、なおもそれについて語るならば、それは、本来はもはや有意味な言明ではありえない。先述の「奇異の念」が、それでも何かを「語る」よう促すとすれば、哲学的には、それを端的に「無意味」と切り捨てることはできないのではなかろうか。他者の側からのあの異議が、声にならない奇異の念という形で、私のうちに自らを告知してくるとき、それがなおも何ごとかを「言う・語る」ということを、どのように理解したらよいのであろうか。

こうした問いに応じるために、次の点に手がかりを求めることができる。すなわち、「他者」の問題以前に、そもそも「私はある」の必当然性それ自体が、意味の勢力圏を「半ば」脱しているという点である。というのも、この必当然性は、あらゆる妥当する意味にとっての最根源的な前提(ないし媒体)として、一方ではあらゆる意味と不可分であるが、他方、それが現出するときには、その根源的な媒体性はまたしても前提されているため、この必当然性が意味的に認識されうる圏域のうちに完全に現出することはないからである。そのかぎりで、「私はある」の必当然性は、「言うことができない」のであるが、フッサールはそのことをすでに『論理学研究』で示唆している。「私はある」という命題の明証」は、自我表象の「概念的には捉えられず、それゆえ言うことができない核」に依存しているというのである（XIX/1, 367）。超越論的間主観性の理論を展開し、すでにそれを手中にしている最後期のフッサールは、「私はある」の「言うことのできない」明証への問いをさらに先鋭化する。その際、多義性によってしかそのように名づけることのできない原自我の問題が、前景に現われてくる。「原自我」は――とりわけ第五章で明らかにしたように――その生ける機能においては、構成的現象学の内部で〈ラディカルに意味を超越するもの〉を告知しうる唯一の次元である。しかし、この次元は、それを言葉にもたらすことによって、不可避的に意味の世界のなかに受容され、「変様」される。この点は、第六章で詳述した「志向的変様」論が示している通りである。原自我の次元は、変様現象のうちで、一方では根本的な役割を果たしている。原自我のあらゆる変様態が、原様態としての原自我を意味的に遡示しているからである。他方で、原自我の次元は、その最も原始的な原様態性においては、ほかならぬこの変様現象によって隠蔽される。そこから考えられるのは、原自我の次元が、「意味的なもの」の全体系のなかでのその特異な位置ゆえに、一切の意味的なものを絶対的に逃れ出る異他なるものを、かろうじて感知させることができるのではないか、ということである。つまり「原自我」は、ラディカルな「他者」への通路、あるいはその告知の根源的「媒体」でありうるのではないか[55]。

この点を確証するために、以下ではまず、「私はある」の必当然的な原明証をさらに吟味することによって、この原明証が、まさしく一種の「差異」として自己を示すこと、そのかぎりにおいて、それがある種の「異他性」――まだただちに「他者」の異他性ではないとしても――を内に秘めていることを示していきたい。次いで、そのような解釈を、原自我と原ヒュレーとの関係を解明することによって、補強してゆく。最後に、以上の考察にもとづいて、他者のラディカルな異他性が、まさしく私自身の中心に自己を告げてくるということを、「自我」への問いの現象学的徹底化の帰結として示すことにしたい。

このような考察の途上で、純粋なテキスト解釈の枠を超えて、フッサールの分析のうちにただ含蓄的にのみ自己を告知しているような現象を明るみに出していくことが必要となる。そのような告知が可能となるのは、フッサールが、現象を強いて体系化するのではなく、彼に「見えてくる」ものを——それが彼の理論にもはや適合しない場合でも——包み隠さずに記述しているからである。

b　私は私自身に先立つ——「私であること」の自己退去と自己超越

一九二七年頃のあるテキストで、フッサールは、エゴの必当然的な前提性を、以下のような見逃すことのできない表現でもって強調している。「私に妥当する一切のものは、私と私の必然的なものを前提するのであって、私の自我は、そのようにつねに前提されているのであるが、その私の自我は、他のものに関係するものであれ、私自身に関係するものであれ、私のすべての思念にとってすでに前提されているような必然的な存在成素においてある。私は、そのようにして私自身に先立っているのであり、同時に、あらゆる非自我に先立っている」(XIV, 432; 傍点引用者)。表面的に見るならば、これは、必当然的自我の先行性についての特別珍しくもない言明であるかに見える。しかし、「私は私自身に先立つ」という言明は、三〇年代において原自我論へとつながっていった重要な思考契機の一端を表示しているように思われる。というのも、そこには、自我のラディカルな先行性が示されているのみでなく、自我が、唯一的であるにもかかわらず、意味的に二重化し自己を差異化するということが端的に表現されているからである。

「私は私自身に先立つ」という言明は、三〇年代の草稿に繰り返し登場してくる。草稿 B I 5 III (一九三一年) において、フッサールは、「私はある」の先行性(ここでは「存在優位性」と呼ばれている)が、私自身への遡行的関係において、特別な意義を獲得するということに注意を促している。「この存在優位性を、私自身の〈現に存在すること〉は、とりわけ私自身に先立って持っている。すなわち、〈自己経験とその他の自己認識作用のなかで、私自身によって認識されたもの・認識されうるもの〉としての私自身に先立って、この存在優位性を持っているのである」(Ms. B

I 5/ 14a)。先行する「自己経験」とは、「反省的な」「能動的に私自身に向かって注意を向ける」自己経験ではない(ebd./ 14b)。その「自己経験」と、主題的・客観化的な自己経験との差異がとりわけ明らかになっているのは、後者においてで私が、「他の対象に関してと同様、私自身に関しても、いくらでも思い違いをしうる」(ebd.) という点においてである。しかし、自己に関しての思い違いにも、一つの自己認識が対応している。というのも、その思い違いは、「私がそのようにではなく、別様にある、という意識として遂行される」(ebd.) からである。私が「かくあること(相存在)」の明証が様相化されるのは、この原事実的な「意識」のうちにおいてであって、この「意識」自体は、この様相化の「媒体」である以上、もはや様相化されえない[56]。そこから以下のことが帰結する。「私が思い違いをしても、私が現にあるとおりの私である (ich bin, der ich bin) という点では、私は決して惑わされることはないのであり、私が私に関して思い違いをすることも、やはりすでに、私があることを前提している。しかも、〈何であるか〉という真なる内実、私の自己誤解が捉え損なっているまさにその内実を伴って、私があるということを、やはりすでに前提しているのである」(ebd.)[57]。

しかし、この明証的優位が同時に意味していることであるが、原自我としての私は、私自身をかくかくの仕方で統覚する私の眼差しを、本質的に逃れ去る。この点に注意する必要がある。私は、原自我としての私自身を統覚的に「捉える」ことはできない。なぜなら、「私はある、私は生きる」の媒体的明証は、一切の「捉えられたもの」に、つねにすでに先行するからである。そのことはまた、私が私の根源的な〈自我であること〉それ自体を、いわば「掌中にしている＝掌握している」(im Griff haben) ことは決してできないということを意味している。「私は私自身に先立つ」という言明は、必当然性の汎通的前提性のみでなく、私自身にとって自我がラディカルに退去するということをも同時に表現している。「私は私の認識にもとづく以外に、いかなる存在ももたない。その際この語は、最も広い意味で受け取られ、いわば精確な意味において頂点に達する。私の存在は、あらゆる存在に先立ち、私自身の存在にも先立つ」(Ms. B I 5/ 15b)。

自我自身のこうした「退去性」を、フッサールは同じ草稿（B I 15）の他の箇所でも際立たせている。[58] すなわち、「自我自身」はつねに、私にとっておよそ現出する一切のものの「背後に」とどまるというのである。「私が意識体験として（単に主観的なものとして）確定し、内在的時間性の形式において、見かけ上、共在と継起の秩序において見渡すような一切のものは、すでに意識を自らの背後にもち、自我を自らの背後にもつのであって、この自我は、この空間のうちでは見えない」（XXXIV, 229f.）[59]。自我のこうした不可視性に関して、フッサールはまたしても例の言い回しを用いている。「私は、私にとっての『客体』としての私自身に先立つ。つまり、私の意識受動性と意識能動性の統一としての私自身に先立つ。この意識受動性と能動性を通して、私は、多様な〈経験すること〉等々のうちで、私にとって存在する者であり、私にとって現実的で、確証されうる同一の者である、等々」（ebd., 229）。

しかし、こうした「退去性」は、私の背後に不可視の「実体」が隠れているかのように、誤解されてはならない。現象学的な意味で究極的な「自我」は、そのラディカルな先行性にもかかわらず、どこか私の「外」にいる形而上学的自我のようなものではなく、あくまで私が事実的に生きているこの私自身であり、いま現象学しているこの私自身である。あらゆる形態における私の現象的な〈私自身〉を「超越する」のは、やはりあくまで「私自身」である。しかしこの「超越」は、対象的なものへと向かう超越からは厳密に区別されねばならない。この「超越」は、私が私自身の外に出て行くような「脱自的」（ekstatisch）超越ではなく、いわば内的な超越である（vgl. Taguchi 2006b）。まだ曖昧なこの概念は、変様理論を手引きとして、より具体化されねばならない。すなわち、最初の原様態性における原自我は、観察者としての私が自分自身を原自我の変様態と同一視するならば、私にとって「超越的」なものとして自己を示してくる。一般に、変様態は原様態に対して、超越という性格をもつ（第六章二二四頁以下参照）。もし私が、自分の視点を変様態のうちに置き入れるならば、原様態は、あたかも到達できない彼方であるかのように見える。しかしこれは、変様過程のなかで「後から」考えられ、構築された視方である。問題の「超越」（「内的超越」）は、あらゆる可視的なものを「向こう側へと」乗り越えているような、「彼方のもの」に関わっているのではない。むしろ、ここで問題となっているのは、あらゆる見ることと経験することの端的な近さであり、明確に「目標とされる」ことなく、つねにすでに「いまここで」生き抜かれている近さなのである。一切の〈志向すること〉は、それ自身、こうした自己体験することの近さという媒体のうちで遂行される。

「私は私自身に先立つ」という文は、自我のこうした「内的な自己超越」を表現している。そこでフッサールは、〈原自我のみを真正の自我として承認し、現象的自我に「仮象」の烙印を押すといった仕方で、現象を恣意的に単純化すること〉を避けようと努力している。ここで問題化されているのは、むしろ、自我の「自我性」そのものに本質的に属している、唯一の自我の内的な差異化である。「自我」とは、動かない点ではなく、生が生きしていることそれ自体を意味しており（第七章二b参照）、それは、「自己を超越すること」の別名でもある。〈立ちとどまりつつ流れること〉のうちで、私は「自己超越」のうちにある（Mat VIII, 130）（詳しくは第六章四e参照）。この自己超越即ち自己差異化は、私自身を、あらゆる現出することの「媒体」として経験させると同時に、客体性と具体的な内容充実において「摑みうる」自我としても経験させる。（それはいわば、私自身を「絶対的な近さ」においてと同時に「手の届く近さ」においても経験させる。）別の言い方をするなら、ここで問題なのは、すでに論じた自我の自己二重化であるが、しかし、それは私の自己変様と「モナド化」を意味しているだけではなく、原初的な時間的「距離化」（隔たりの創出）によって、あらゆる対象的現出を可能にすること、ないし「許容する」（zulassen）ことをも意味している。

このことを背景として、以下の点にも注意しておかねばならない。フッサールは、この根源的な自己超越を、「エゴの超えてあること」（Übersein des Ego）とも呼んでいるが、これは、「湧き出ること」と「溢れ出すこと」を連想させる。「エゴの『超えてあること』は、それ自体、絶えず原初的に流れつつ構成すること、諸々の存在者（諸世界）の様々な段階的総体（Stufenuniversa）を構成することにほかならない」（XV, 590）。エゴは、つねにすでに一つの「自己を超えて」（Über-sich）であり、それは、「溢れ出すこと＝過剰（溢れんばかりの現出）のうちで生きる」のであるが、決してそれ自身を回収することはできない。自我自身のラディカルな退去性は、あらゆる現出するもの一般が現出することおよびそれ自身を構成すること（構成されること Sich-Konstituieren）から切り離せない。明証的優位の裏面であるこの退去性によってはじめて、私は最広義における一切の現実的および可能的な存在を「受け入れる」ことができるのである。

したがって「エゴ」は、一切の現出することの「根拠」の一つと見なされうるが、この「根拠」とは、現出する一切の存在者のなかでの（それらと並び立つ）第一の存在者を意味するものではない。むしろ、「根拠」の性格は、それが存在現出の圏域から身を退《ひ》く［退去する］という点に存している。別の表現をするなら、「私に現出すること」一般は、退去する「エゴ」と、存在するものとして現出する一切のものとの間の架橋できない差異においてこそ成り立っている。『危機』の時期（一九三六年）の重要な草稿群 K III 6 において、フッサールはこの差異を際立たせているが、そこではまたしても、例の言い回しが用いられている。「なるほど私は、私の存在を疑問視することができるし、私は存在するのか、そして私は何であるのかというこの問いに決着をつけたいと思い、実際に決着をつけることができる。しかし、そのとき私は、またしても決定する［決着をつける］主体であり、私は一切の根拠を私のうちに見出す。私の存在は私の存在の根拠であり、私の存在は一切の存在に先立ち、同様に私自身の存在にも先立っている」(Ms. K III 6/ 100b)。その際、「根拠」という語は、一切の存在者を因果的に産出するような実体的「原因」の意味ではなく、「必当然的明証」の意味で理解されねばならない。私の原事実的「存在」は、私の判断的決定を一切蒙ることがない。そのような決定は、この必当然的な「存在」という媒体のうちで、はじめて生起するからである。

こうした原始的な――「媒体的」――前提性は、普通の論理的意味での「根拠づけ」（理由づけ Begründung）として捉えることもできない。この点を示唆するために、フッサールは、右に扱ったテキストの表書きで、「根拠」という語を括弧に入れている。「一切の現出の究極的『根拠』としての私」(ebd. 100a)。この点について、さらにこう述べられている。「エゴとしての私、客観性の総体に対する、世界に対する究極的根拠としての私――だが、［これは］『根拠づけ』の秩序［なのか］？」(ebd. 101a)。この問いに対して、フッサールは別の箇所で答えている。「基づけ」

とは、なるほど「推論的根拠づけ」ではないが、それでもやはり、広い意味で一種の「根拠づけ」である。[60] というのも、基づけるものなしには、基づけられるものは存立しえないからである。要するに、すでに繰り返し論じてきた、明証の目立たない、「逆転した」秩序が、ここでもまた問題になっているのである。原自我が一切の存在者にとっての「根拠」と呼ばれるとき、このような意味が込められている。

　このように、「原根拠」としてのエゴは、根底にある実体ではなく、生きた媒体であって、それは、明証として前提されているにもかかわらず（そしてまたそれゆえに）、確固とした仕方で同一化可能な客体として統握することはできない。[61] そこには、純粋に「主体的な」──すなわち、目立たず「脆い」ものでもある──生動性としてすでに特徴づけた原様態的自我の特有性が表われている。[62] これを裏書きしているのは、先に挙げた一九三六年の草稿からのある箇所である。「根拠としての私の存在は、絶対的に主体的である──それは、それ自身において、それ自身にとって存在であり、それ自身において必当然的に決定されうる。すなわち、端的にあらゆる『客体的意味』から解放されねばならず、私自身からも解放されねばならないのだが、他方でまた、あらゆる客体性に意味を与えねばならず、妥当を与えねばならないのはこの私である」(Ms. K III 6/ 100b)[63]。ここでフッサールは、原理的に客体的には現出しないあの非顕現的なもの（目立たないもの Unscheinbares）と、あらゆる客体的存在者との差異について述べているだけではない。むしろ、この言明は、私の必当然的存在が一切の客体的なものから身を退《ひ》くと同時に、あらゆる客体的なものをはじめて現出させ妥当させるということを確認してもいるのである。

　以上から帰結することだが、「私は私自身に先立つ」という言い回しでフッサールが表現しようとしているのは、私が私自身のうちに一つの根本的な差異を蔵しており、この差異は、まさしく私が私であることそれ自体の最も中心的な事柄を成しているがゆえに、乗り越えることができないということである。[64] 私とは、ある種の自己差異化すること（自己自身と異なる・ずれること Selbstdifferieren）にほかならない。私は私自身を、いつもすでに私の具体的な生の歴史において経験すると同時に、私の原様態的な自我自身を決して「眼の前に」もつことはできないからである。しかし、まさにこの退去する近さこそが、最も原始的で根本的な、「私はある、私は生きる」の必当然性を保証している。あらゆる現出するものは、この「媒体的」明証のうちに、その現出の生き生きした根源的場所を見出し、そのうちで、原事実的な抹消不可能性という最も基本的な「存在」を獲得するのである。（ただし、それだけではまだ、それらの内容的明証は保証されていないのであるが。）この最も始原的な明証は、例の退去性格をもつかぎり、私にとって「つかみえない」という点を等閑視することはできないが、それにもかかわらず、この明証は、最高の明証である。そもそも、それを「把捉する」必要はまったくない。その「確実性」は、把捉され確証されることによってはじめて確立される類のものではなく、むしろあらゆる把捉と確証に先立っているのであって、そうした把捉や確証は、それ自身、媒体としてのこの明証のうちではじめて可能となるのである。「つかみえないこと」は、「私はある」の必当然性の基本的構造に属している。なぜならそれは、「私は私自身に先立つ」という定式で表現されるあの「自己差異性」から直接に帰結することだからである。

　こうして、われわれは結局、次のように言うことを強いられる。すなわち、私は、まさしく私の本質的な核において、私自身にとって「知られていない」(unbekannt) のであり、私自身にとって「見知らぬものである」(befremdlich)。私は私自身に、いまや「異他的なもの」として出会うのである。この異他的なものは、私が「眼の前に」もつことができるような仕方で、「正面から」立ち現われてくるのではない。それはむしろ、現象学的に思考する者にとって、彼の自我自身の只中に口を開く。こうした「固有なものの異他性」を、私自身から引き剝がすことができないのは、私を私自身から引き剝がすことができないのとまったく同様である。「私はある」の「絶対的」明証が成り立つのは、認識しつつ証明したり保証したりする一切のはたらきからそれが身を退《ひ》き、そのようにして、主題的に認識する精神一般にとって「異他的＝見知らぬもの」にとどまることによってである。超越論的自我の「未知性」を、フッサールは以下のように表現しているが、それは原自我的明証のこうした「異他性」において極まるのである。「ここでは、少なくとも類型に関しては、何らかの既知性が先立っているわけではない。私は、超越論的自我としては、まだまったく知られていないものであり、まだその固有性において経験されたもの、すでに語られ、記述され、私と同様の他の者たちの間に、眼の前に与えられたものでは決してないのであって、古くから慣れ親しまれた論理的活動の基体でないのは言うまでもない。つまり、そのようなものを論理的作用のうちで認識しうるという確実性において、すでにあらかじめ統握されてはいないのである」(Ms. B II 13/ 9b)[65]。

c 「私はある」の只中にある異他性としての「原ヒュレー的なもの」

これまでの叙述では、「私自身の中心における異他性」は、主にその形式的構造において示された。しかし、そこで獲得された洞察は、抹消できない自己体験にとっての原ヒュレー的なものの意義を明るみに出すことによって、多少とも具体化することができる。以下ではまず、あらゆる現出するものの現出することが「抹消不可能」であるというのは、どのような意味であるのか、また、この抹消不可能性が、「私はある」の抹消不可能性から不可分であるのは、どのような仕方においてなのかを、より明瞭にしなければならない。それにより、原自我と原ヒュレーとの特別な一体性と「近さ」を際立たせていくことにしたい。

私にとって現出するものの「かくあること(相存在)」に関しては、それが様相化される可能性は原理的に排除できない。その内容に関しての明証は、決して究極的な性格をもつことはない。これに対して、現出するものが〈私にとって現にある〉という、生き生きした脆いあり方は、抹消不可能である。なぜなら、何であれ、何かが現出することを「なかったことにする(撤回する)」ことは、絶対にできないからである[66]。なるほど私は、ある対象が世界の中には存在しないことを証明できる場合もある。(「あそこには水はない、あれは蜃気楼だ」等々。)しかし、対象が志向された対象として「現出する」という基本的な出来事が、すでに生起した、あるいは生起しつつある場合、私はその出来事を私の経験する生から「拭い去る」ことは決してできない。もしその対象が実在しないものであることがわかったとしても、この点に変わりはない。このように基本的な、フッサール的意味で「超越論的」な〈現出すること〉を欠いている存在者は、考えられない。もしそれがないとしたら、存在者は、それがそもそも私に「関わる」ための通路をすべて失ってしまうことになるであろう。それがいかに流動的で儚いものに見えようとも、私はやはり、現出することの生き生きした全体を抹消することはできない。私があるならば、その全体もやはり現にある。この「現出する全体」は、まだ対象的世界ではないとしても、一種の「世界」とも呼ばれうる。この「世界」は、いわば絶対的に主体的で生き生きとしており、媒体的な〈生き生きしてあること〉としての「私はある、私は生きる」からまったく切り離すことができない。「世界」は、死せる基体として現出するのではなく、そのような全き生動性と運動性において現出するのであって、この生動性と運動性は、「私はある、私は生きる」の必当然的媒体性を、別の角度から呈示しているのである。「私は必当然的にあり、必当然的に世界信念のうちにある」(XV, 385)。「『私はある』と時間、世界、そしてあらゆる可能的世界――それらは不可分である」(Ms. A V 20/9b)(67)。

生ける現在への還元は、フッサールの規定によれば、一切の私に妥当することの「原主体性」(Ursubjektivität) への「最も徹底した還元」である (XXXIV, 187)。そこで問題化されているのは、一切の構成の「原源泉」であって、現出する世界は、そのうちに登場する一切のものと一緒に、そのうちに「含蓄されている」。この「含蓄」は、もちろん実的に内含されていることと見なされてはならない。むしろそれは、最も基本的な形式においては、上述のような、「私はある、私は生きる」と「私にとって抹消できないもの」との「一体性」として理解することができる。流れる原時間化のうちで、内在的な時間が――さらにその帰結として客体的な時間が――構成され、そのうちではじめて、対象的なものは、私にとって同一化されうるものとして、「一度限り存在するもの」(XXXIV, 188) として自己を示しうる。対象的なものが現出することは、必然的に「私はある」という媒体のうちで生起するが、この現出することに関して、フッサールは次のように述べている。「この『一度限り』の界域であり、同様に〈自体〉とこの時間の界域でもあるのは、私自身であり、自我、エゴである」(ebd.)。ここで問題となっているのは、抹消できない「一回性」である。一九二七年頃の草稿において、フッサールは私の「生き生きしてあること」への還元を以下のように記述している。「私にとって存在するものを、純粋な原本性においてある私と私の生（私の『意識』）へと還元することは、抹消不可能な固有存在性と『個体性』においてある、すなわち現存在の絶対的な一回性においてある私の純粋な現存在への還元である」（XIV, 434）。「一回性」という観点からすれば、およそ私に現出し、肯定的であれ否定的であれ、私に妥当する一切のものは、「私はある、私は生きる」という私の比類のない原事実から、切り離せないのである(68)。

原自我の「生き生きしていること」への還元は、主体‐客体という相関の内部での単なる抽象ではないという点にも注意しておくべきである。客体的なものは、フッサールによれば必然的に「意味」を通して現出する。その際エポケーは、意味的構成の機能を宙づりにする。それはもちろん、私にとって現出する一切のものを消去するということではない。しかし、妥当する意味的構成なしには、現出するものは認識可能な同一者としては「摑みえない」。したがって、あらゆる現出するものは、結局のところ、まだ意味的には規定されえない原ヒュレーへと還元される。

ここでは、原ヒュレーが不可解な「何か」として「正面から」出会われてくるという表象を遠ざけておかねばならない(69)。原ヒュレーは、本質的に、まだ「対‐象」（対面して立つもの）としては統握されえない。フッサールが『論理学研究』以来明らかにしているように、「実的なもの」は対象として現出するのではなく、体験されるのであって、志向されるのではなく、生き抜かれるのである（XIX/1, 359f., 387）。このことは、純粋に実的なものとしての原ヒュレーにも、さらに徹底的に当てはまる。つまりそれは、あらゆる対象的統覚から徹底して身を退《ひ》くのである。注目すべきなのは、この性格規定が、原自我の性格規定と一致するということである。原ヒュレーは、私に対峙してくるものでは決してなく、「隔たりなく」生き抜かれたものである。この意味では、原ヒュレーもまた絶対的近さの次元に属しているといってよい。

この観点から、フッサールが特に強調しているのは、「自我的なものは［……］最下のヒュレー的なものと一つになって、またそれから切り離すことができない仕方で」時間化されるという点である（Mat VIII, 53; vgl. 49f.）。ただしそれは、両者が単にミニマルな隔たりにおいて並んでいるということではない。むしろその両者は、精確な意味で「一つになっている」のである。[70]「自我はそれ自体であるもので、〈自我にとって異他なるもの〉(das Ichfremde) は自我から切り離されたものであるというわけではない。両者の間には、あえて互いへ向かうための空間は存在せず、自我と〈自我にとって異他なるもの〉とは不可分である」(Mat VIII, 351f.)。ヒュレー的なものは自我的なものの本質に属しており、またその逆でもある。ヒュレー的な「非自我」(Nicht-Ich) の領界がなければ、「いかなる自我も可能ではない」(XIV, 379)。とりわけ、「原源泉」への徹底した還元が遂行されると、この点が明瞭になる。フッサールは、あらゆる存在者の構成が「二つの原前提、二つの原源泉」をもつということを示唆している。「(1) 私の原初的自我。それは、触発と能動活動 (Affektionen und Aktionen) における機能する原自我である [……]。(2) 私の原初的非自我。それは、時間化の原初的流れであり、それ自体、時間化の原形式であって、これが一つの時間野、原事象性の時間野を構成する」(Mat VIII, 199)。この「原初的非自我」には、とりわけ原ヒュレーが属している。[71] それに続けて、フッサールは誤解しようのないほど明確にこう述べている。「しかし、これら二つの原根拠は一体であり、不可分であって、それだけで独立させて見るなら抽象的である」(ebd.)。

こうして、時間化と構成の生ける「原源泉」への徹底した還元は、不可分の一体性においてある原自我と原ヒュレーへの還元として理解されうる。フッサールが、「ラディカルに主体的なもの」への還帰として還元を性格づけるとき、この「主体的なもの」は、〈主体－客体〉相関の一方の側――他方の側を捨象したときに残るもの――としては決して捉えられない。ヒュレー的なものは、なるほど「非自我的なもの」ではあるが、自我的なものと実的に一つになっており、それゆえやはり同様に「主体的なもの」と呼ばれうる。[72] そのかぎりにおいて、私は私自身の生の「主体的な」核のうちに、まだ意味的には統握することができない「異他なるもの」をもつことになる。「内面性 (Innerlichkeit) の内部で、最初の『自我にとって異他なるもの』が、純粋な自我に対してあらかじめ与えられている。すなわち、自我を触発するもの（刺激を及ぼすもの）、ヒュレー的なものである。〈自我にとって異他なるもの〉（ある固有の意味で『外的なもの』）に依存しており、刺激されうるということが、自我の本質に属しているかぎり、そのように言える」（Ms. E III 2/ 22a）。この「外的なもの」を、超越論的圏域の内部で意味的に構成される志向的なものと見なすことはできない。ヒュレー的諸与件は、すでに原初的な意味で「構成された」ものであるが、原ヒュレーは、あらゆる超越論的構成の原素材として理解されねばならない（vgl. Mat VIII, 270; XV, 385）。

これまで「私はある」との関連で論じてきたフッサールの明証論的議論は、基本的に原ヒュレーにも妥当する。原ヒュレーは、「私はある」と厳密な意味で不可分だからである。あるいは、より適切に言えば、フッサールが「私はある」ないし「原自我」として論じているものは、本来は原自我的なものと原ヒュレー的なものとが不可分に一体になったものであるといってよい。そして、原ヒュレー的なものが、根源的な「非自我」とも呼ばれうるかぎり、私は「私はある」の絶対的近さ――私自身の最も自我的なもの――において、抹消不可能な非自我を抱えていることになる。「実在的」であると主張される諸対象は、志向されたものであって、実的なものを超えており、その明証に関してはいつでも「様相化」されうる。つまりそれらは、どんなに疑いえないように見えても、本質的に相対的である――ただし、この「推定的な」相対性も、特別な種類の明証ではあるが（第七章二d参照）。それに対して、原ヒュレーは、私にとって真の意味で「乗り越えることができない」ような原現実性を成しているものと見なすことができる。この原現実的な「非自我」は、普通の仕方で私の「自由になる」ものではない。それは、「対象」として私に対峙しているのではなく、いかなる隔たりもなく、つまり私の比類のない近さにおいて、与えられているのである。したがって、私は私自身の只中に、原現実的で自由にならない「非自我」、根源的な「私はある」としての私自身から引き剝がすことのできない「非自我」を抱えているといわねばならない(73)。原ヒュレー的なものは、私に対してある何ものかではない。私はそれをもつのではなく、それを生きるのであって、いわば私はそれである(74)。その上ではじめて、私は非自我的なものに自己自身を対立させることができる。この根源的な「自我にとって異他なるもの」は、私の前にあるのではなく、私自身のうちにあるのである。

d　自我の「無力さ」と「私の内の」他者

(一)「私は私の意のままにならない」——自我の剝き出しの開放性

以上で、原自我的なものが原ヒュレー的なものと不可分に一つであるということが示された。だがこのことは、「非自我的な」原ヒュレーが私のエゴのうちに解消されることを意味するのではない。むしろ、私はこの根源的な「自我にとって異他的なもの」に否応なく「依存している」(Ms. E III 2/ 22a) のであって、私はいわば、自己の最も内奥において、その異他的なものに曝されているのである。さらに、根本的な意味で「私が私であること」それ自体が、「私は私自身に先立つ」というあり方をしていることが示された。

このことを、ある意味で私は私自身の「意のままにならない」(unverfügbar) こととして解釈することもできる。〈意のままになること〉と〈意のままにならないこと〉との間の区別は、原活動的な自我としての私との関係において、はじめてその意味を受けとる。この点についてフッサールは、次のように述べている。「この究極的に決定する〈私はある〉として、私は私の存在において必当然的である——つまり、内的な諸々の決定を蒙らないのであって、それらの決定の存在そのものが、私のうちではじめて、それらが存在するかどうか、それらが何であるのか、決定されることを必要としているのである」(Ms. K III 6/ 100b)。このような自我は、そこから出発してはじめて、何が意のままになり何が意のままにならないかが決まる「ゼロ点」である。それゆえ、この最も原初的な意味での自我は、それにもとづく決定や区別を蒙らない。つまり、この意味では、この自我自身が「意のままにならない」ともいえる。「私が私であること」を、私は「自分の手の内に」所有してはいない。それは、私が何かを自由に意のままにしうることにおいて、つねに前提されており、そのような仕方で、〈意のままにしうること〉に先立っているからである。〈私であること〉が私自身にとって、このように根本的に「意のままにならないこと」(あるいは「原受動的であるこ

[75]と」）は、〈私であること〉が私自身にとってもつ根源的な異他性の一契機として理解することができる。この異他性は、とりわけ根本的である。なぜなら、それは、自我の力を「外から」相対化するのではなく、根源的な「私であること」それ自体を内的に捕えるからである。自我自身のこうした原受動的な異他性は、私にとって単に未知の「遠さ」、つまり、慣れ親しんだ既知性へと転換されうる「遠さ」ではなく、ほかならぬ私の最も近い「近さ」のうちにぽっかりと口を開ける。自らの原受動的な必当然性を意識している、現象学的に「目覚めた」自我は、まさしくこの必当然性そのものにおいて、私自身の自我の「意のままにならない」先存在を確認する。したがって、あらゆる明証のうち最も明晰な明証は、まさしくそれ自体において一種の「異他性」（よそよそしさ）を、すなわち、ラディカルに私に先立つことの「異他性」、あるいは私自身の〈意のままになること〉から徹底的に身を退《ひ》くという「異他性」を証示しているのである。

この帰結は、自我というものの捉え方に関して、ラディカルな視方の転換を要求する。それは、すでに本書の叙述を通して何度も告げられてきたものである。「自我（私）」とは、自己自身から決して出ることができないような閉鎖されたカプセルではなく、そのうちにあらゆる存在者が、そしておよそ一切の現象しうるものが現象する「媒体」としての、開かれた〈生き生きしていること〉である。しかし、媒体的な〈私であること〉の根本的なあり方は、私の〈意のままになること〉の埒外にある。このような観点から、根本的な「私であること」を、「覆いなく露出された」開放性と呼ぶこともできる。そのうちで私は、現出するものに対して自らを閉ざすことがまるでできないのである。「一切は私にとってある」というフッサールの明証論的確認は、私が「勝ち誇って」一切の存在者の上に君臨するような独我論の徴しではなく、根源的で「回避することのできない」開放性を意味している。つまり、私はあらゆる現出するものに否応なく「曝されている」のであり、この曝されることを、私はまったく「押しとどめる」ことができず、それに対して「身を護る」こともできないのである。現出することそれ自体が生起することを、そもそもどうやって私が回避できるというのであろうか。「自我（私）」は、閉じることのできない眼、塞ぐことのできない耳に似ている。このような意味で、私はつねにすでに一切の現出するものの現出することに為すすべもなく引き渡されており、それに「圧倒されている」のである。

（二） 私の「最も近い近さ」における他者の告知

さて、自我の視方のこうした転換は、他者の経験を考慮に入れるなら、どのように理解できるのだろうか。媒体的な「私であること」は、他者が自己を示す（現われてくる）ことに対しても、自己を閉ざすことができない。私は、他者というこのラディカルな非自我の告知にも、逃れるすべなく「曝されている」。明証論的な観点からすれば、私はあらゆる妥当の必当然的な「根源的場」として、他者が与えられてあることにも「先立っている」と言わねばならない。しかし、他者の「意味」のうちには、私のあらゆる意味的概念把握から身を退《ひ》くラディカルに異他なるものが自己を告げている。まさしく「私のうちに」――〈私であること〉という開かれた媒体のうちに――他者が自ら「自我（私）」であるような何ものかとして自己を示し、そのかぎりで、一切の現出するものに対する必当然的な媒体であらねばならないということ、それを私は「阻止する」ことはできない。[76] しかし、ここで出てきた必当然的媒体は、私が自らの「私はある」として自覚するものではない。媒体としての私の内に他者が自己を示し、その他者は私ではない必当然的媒体である。つまり、私は、私をラディカルに超越する「異他なるもの」をいわば私自身のうちに受容しなければならない。私はこの異他なるものを、私の根源的な〈私であること〉そのもののうちに「為すすべもなく受け容れ」ざるをえないのであって、この原初的な受容は、私がこの異他なるものに対して何らかの仕方で態度をとることができるということにも、すでに先立っているのである。[77]

この次元において、私は、私をラディカルに超越するものを「経験する」のであるが、この「経験」とは、自我の支配を意味するものではなく、むしろ無制限の「覆いなき」開放性であって、それは、カプセルのように互いに境を接している諸々の自我主体といったイメージを無効にする。ラディカルに異他なるものは、私の前にあるのでも私と並んであるのでもなく、まさしく私の内に「自己を与えている」のである。その際、「内に」といっても、厳密にいえば、「内に含まれている」という空間的ないし疑似空間的表象は無効である。そのような表象においては、それに対応する意味的構成が前提されているが、それはすでに妥当の外に置かれているからである。

こうしたテーゼ的な準備的考察を具体化するために、エゴの必当然性がもう一度詳しく吟味されねばならない。それは、これまでの考察によれば、あらゆる現出することの「媒体」として性格づけられうるが、抽象的・一般的・中立的な媒体ではありえない。(78)明証論的な視角からすれば、それは「私はある」「私は視る」としてのみ媒体的な意義をもちうる。そこに含意されているのは、究極的な明証としての必当然性が、単なる「誰かが視る」ではありえないということである。明証が要求しているのは、他の誰でもないこの「私」が視るということである。「つまり、われわれは、必当然的確実性を要求するやいなや、エゴへと限定されている」(XXXV. 145)。しかし、私が非－エゴについて何も知らないとしたら、どうやってエゴに「限定」できるというのであろうか。還元が徹底されるとき、最終的には、もはや他の自我に対立してはいないような原自我へと導かれるとしても、そこから一種の無差別が帰結するというわけではない（第五章二a、四c、六参照）。徹底した還元によって、私が多数の自我のうちの一つへと、つまり私の私的な自我へと自己を制限するかのような外観は、なるほど消失する。しかし、それでもなお、必当然的明証が「私は視る」でなければならず、「誰かが視る」ではありえないとすれば、この「ない」のうちに、一つの差異が自己を示している。だがこの差異は、まだ、等置された諸主体の間の統覚的に構成された区別ではありえないような差異である。ここには、まだ〈多数の他のものの間にある個別的なもの〉でもなく、かといって「すべて」でもないような、特有の意味で具体的かつ特異的（singulär）なものが指示されている。(79)「すべて」は、この特異なものの媒体を通して現出するが、この特異なものそれ自身は、「すべて」ではない。この〈すべてではないこと〉のうちに、私にとってラディカルに異他的なものが、否定的な仕方で自己を告げている。この異他的なものは、一切の現出するものが、あの特異的な「自我（私）」の媒体を通して立ち現われてくる以上、「現出する」ものではない。

「ない」としてのこの「差異」は、あの「生き生きしていること」の更なる意味を指し示している。それは、「私はある」と「私は視る」を不動の終点にすることがない。「私はある」の必当然的明証は、「等質な」「一重の」媒体ではありえない。むしろ、この媒体の媒体性は、「私は私自身に先立つ」という命題で表現される「差異（化）」のうちに成り立っている。絶対的明証を「私は視る」として性格づけることは、一方では明証論的視点から見て必然的だが、他方ではまさに、フィンクが語っているような、現象学の「内的な不安／動揺（Unruhe）」（Dok II/2, 175）を産み出している。意味の哲学者としてのフッサールは、あらゆる意味構成の究極的な場としての「私はある」を、どうしても要求せざるをえなかったのであるが、まさしくこのことが、「駆り立てる不確かさ」（Fink 1966, 184）をつくり出し、「私はある」の必当然性を確定するだけでわれわれが満足することを妨げるのである。「不安／動揺」は、究極的な明証が、もっぱら私に属する圏域でもなく、一切の個別的自我主体の上に立つ「中立的な」一般的絶対者でもないという点に存している。究極的な必当然的明証は、「私の」明証であるが、しかし「もっぱら私だけの」明証ではない。「私の」という意味は、〈私に固有なもの〉の限界づけられた圏域を突き破るが、決して一般的な「超審級」にはなりえない。こうした事態は、決して理論的な不完全性を意味するものではなく、現象学的に際立たされうる生の「原事実」なのである。[80] こうした「不安にさせる／動揺させる」（beunruhigend）原事実から、「ラディカルに異他的なもの」――フッサールはそれを感じ取っていたかもしれないが、明確に表現するには至らなかった――を読み取ることができるであろう。[81]

フッサールが直接に表現してはいないとしても、彼のテキストのうちに、ラディカルに異他的な他者の告知に関する徴候を見出すことは必ずしも不可能ではない。それどころか、そのような他者の告知は、フッサールのテキストの至るところに感じられる。というのも、それがまさに、フッサールのテキストのなかで「駆り立てる不確かさ」として働いているからである。たとえば、エゴ・コギトの界域のうちには、「他者に関する存在確実性」は含まれていない、とフッサールは書いている（XXXV, 145）。だが、他者がこの次元のうちでまったく問題にならないとしたら、私が超越論的間主観性への問いを立てる手がかりはまったくないことになってしまう。ところがフッサールは、彼の生涯の最後の時期まで、この超越論的間主観性の問題を繰り返し、どこまでもより深い次元で捉えようと倦むことなく試みたのである。このことは彼の遺稿に記録されている通りである。

ラディカルな他者の「経験」とは、もはや本来的な意味での「現象」ではない。それゆえフッサールは、他者のそのような否定的な告知について何も明確なことは言明しない。それについては、本来的意味で明証的な言明は為しえないからである。それにもかかわらず、フッサールは、「そのような告知など存在しない」と思いこむことはできなかったように思われる。というのも、彼はこのような非現出的な告知に反応しているように見えるからである。

彼は、自我の絶対的明証を主張しつつ、自我形而上学を展開することはなかった。本来ならその方が、彼の現象学は理論としてはより安定的なものになりえたかもしれないにもかかわらず、彼はその道を選ばなかった。その代わりに、彼は、他者――自ら一人の「自我」であり、自我的なものの一切の権利を分かちもつ他者――という居心地の悪い「現象」へと、繰り返し立ち戻る[82]。フッサールは、なるほど他者の「否定的現象性」を明確に言葉にもたらすことはなかったが、彼特有の率直さと腹蔵のなさゆえに、この居心地の悪い問題を理論でもって覆い隠したり、見かけの上で消去したりするのではなく、この問題が駆り立てる力となるような仕方で、自らの記述に「働きかけてくる」ことを拒まなかったのである。

このような暗示を超えて、いまや他者の「非現出的な」現象について現象学的に「語る」ことを試みたい。「他者は明証的に与えられていない」というあの言明は、フッサールの明証論の意図から切り離すことができるのであって、他者の存在を「不確実」であると宣言したり、自我であることに比べてそれを「格下げ」したりする主張としてではなく、単に純粋な記述として読むことができる。つまりそこでは、「他者」がまさしく、自己を示さないことによって私の経験のうちに自己を告知するということが、表現にもたらされているのである。もし他者が、私の自我自身と同様に私のうちに姿を現わすのだとしたら、他者の意味は廃棄されてしまうだろう。むしろ、他者の「存在」が意味しているのは、私にとっては、彼がラディカルに〈現前していない〉ということなのである（vgl. I, 144, 139; XIV, 351.）。他者の逆説的な「所与性」は、この「ない」によって際立っている。

　他者のこうした「所与性」に直面して、〈私が私であること〉を根本的に規定している「意のままにならない」という性格はさらに強まってくる。自我の無力さは、私が「一切の現出に曝されていること」のうちに現われているだけではない。他者は意味的な構成という形では現出しないにもかかわらず、他者の根源的存在は「与えられた」ものとして受容されねばならない。この点にも、自我の無力さが明確に現われている。私は、いかなる仕方でも認識によって確実なものとすることができないにもかかわらず、非現出的なもののこうした説明不可能な「所与性」を甘受しなければならないのである。

　ラディカルな他者は、現出野のうちのどこにも自己を与えることがない。現出野は、「私にとって」によって隈なく浸透されており、この「私にとって」は、根本的にエゴの必当然的明証に依拠しているからである。いかなる現出するものの現出も、明証というこの媒体を超え出てゆくことはできない。この明証の支配から身を退《ひ》くのは、すでに述べたように、ひとり媒体的な原エゴ自身のみである。ここから以下のことが帰結する。私の現出野のうちに登場しないラディカルな他者が、それにもかかわらず私に自己を告知するとき、このことが私にとって生起しうるのは、私自身の原エゴにおいてよりほかにありえない。私の認識の手の内に取り込まれることがないラディカルな他者は、私自身の根底に、いいかえれば私の絶対的な近さのうちに、自己を告げる。そこにおいて他者は、ラディカルな非自我として自己を示す。つまり私は、私の最も近い近さそのもののうちに、最も異他的なものを経験するのである[83]。

　この最も異他的なものは、「眼の前に」現前してはいないにもかかわらず、「遠さ」とは呼ばれえない。というのは、何かが「遠いもの」として与えられていることは、私がそれを距離をとって観察しうることを含蓄しているからである。安全な距離をとって眺めることは、自己を危険に曝すことなく、何かを支配し制御し意のままにする(beherrschen)一つの仕方である。しかし他者は、私がもはや「距離をとる」ことができないような何者かとして、自己を与える。

まったく不可解な、不気味な人間に遭遇したとき、そのような人間が私を困惑させるのは、彼が、私から隔たった無関係な客体としてではなく、まさしく一人の「自我」として――一つの生き生きした「私は生きる」として――登場するからにほかならない。この「私は生きる」は、私自身の自我のうちに、不可避的に一つの「振動」を引き起こす（私を「揺り動かす」）のであるが、私は彼の「内的世界」については、ほとんど何も認識し知ることができない。私は、つねにすでに、異他なる自我の自己告知によって「襲われて」いる。私はこの自己告知を、私の認識のうちに取り入れることができず、私自身の明証的体験のように生き抜くこともできないにもかかわらず、それを無視することもできない。それを無視することさえ、他者に応答する一つの仕方なのであり、そこにおいて私は、否認できない他者の顕現をつねにすでに受け容れてしまっている。いいかえれば、私が他者に対して何らかの仕方で認識しつつ反応しうるよりも前に、私は他者を〈私が私であること〉の中心へと招き入れてしまっているのである。

他者の告知は、私の原自我的な根底において私を襲う。他者は、私の核において自己を告知するにもかかわらず、決して私に属してはいない。他者のこうした「近さ」は、私にとって明証の秩序を意味しているような、近さと遠さの通常の秩序を破砕する（第七章二d）。他者は、私の原自我的な絶対的「近さ」において自己を告げるにもかかわらず、私は、他者がどこに（どのような場所に）属するのか、皆目わからない。他者は、私によって認識可能な、〈現実的なものと可能的なものの宇宙〉の内には、局在化することができないのである。他者はいわば、無場所的で非次元的（a-dimensional）なものとして自己を与えるのであり[84]、捉えることはできないが、それでも「経験されている」のである。

私の必当然的明証に根づいている、現出する普遍的宇宙の秩序を、他者は根本から攪乱する。他者との出会いは、私にとって――少なくとも潜在的には――「混乱に陥ること」（Durcheinandergeraten）である。たしかにこのことは、通常の場合、社会形成と、それによって可能となる（行動や感情などの）予測可能性によって、見かけ上無害なものとなってはいる。しかし、他者との出会いは、その不安にさせる／動揺させる性格を失わない。きわめて馴染みのある人物においてさえ、いつでも測りがたい深淵が口を開く可能性がある。この可能性がないなら、一人でいるのと同じことである。他者の共存在が意味しているのは、私の対象理解一般の場としての普遍的な秩序が、覆されうるという潜在性である。この潜在性こそ、私の生きることと経験することが、私から投影された普遍的な認識の秩序のうちで凝固しないことを保証しているのである。次節では、立ち入ってこの点を考えてみたい。

四　思惟の自己責任と「異他なるもの」への開かれ

最後に、フッサールの自我思想の、もう一つの重要な契機を考察してみたい。その契機から、現象学が、視る自我にとってラディカルに異他なるものに対して、自己を閉ざすことがないということが帰結するはずである。すなわち、思惟の「自己責任」が本節の主題である。その際、またしても明証論が決定的な役割を果たすことになる。

a　「私は視る」の自己責任——明証の拘束性と自由

すでに論じたように、すべての「意味」の理解は、最終的には必当然的な洞察性に根づいており、この洞察性とは「私は視る」を意味する。しかし、なぜ「視ること」は、何か一般的な、もはや自我的ではないものとして、性格づけられないのであろうか。この問いに答えるためには、これまで行ってきた考察に加えて、これまでは背景にとどまっていたある重要な観点が役に立つ。もし仮に、意味的‐志向的に開示されうる超越論的経験の体系が、最終的に、誰の視ることでもないある一般的な〈視ること〉に根づいているとしたら、この体系は、その外にまだ有意味に扱われうるものを何一つ残さない「完璧な」体系と見なされうる。それは、もはや誰にも訂正することも否認することもできない「完璧な理論」であることになるだろう。というのも、その理論は、「私」でもなく、「君」でもなく、その他の誰かある人でもない、超自我的な〈絶対的な視ること〉そのものによって視られ、保証されていることになるからである。

哲学的体系のこのような絶対化に対して、ひとはフッサールのうちに、体系と理論に対するまったく別の態度を見出すことができる。彼は明証的根拠としての視ることを、一貫して「私は視る」と規定している。晩年の草稿においては、次のように強調されている。「われわれは、真の責任にもとづく一つの哲学を試みる。この責任は、私自身の責任でしかありえないのであって、私から出発して、はじめて『われわれの』責任となり、『客体的な』責任になるのである」(XXIX, 331f.)。超越論的問いに対する必当然的な「応答」を与えるのは、誰か他の人ではない。それは「私自身が与え、超越論的絶対性において責任をもつ応答」(ebd., 331) である。明証が自体所与性の充実意識であるということは、明証が「私にとって現にある」という意味を必然的に含蓄していることを意味している。私は、誰かから間接的に聞いたことを、そのまま真理として受け入れることはできない。明証は、私自身から遂行されねばならない。単に記号的に、空虚な仕方で表象された真理は、なるほど、なおも確証されうるような真理の可能性ではあるが、まだ真理そのものではない。真理そのものは、その権利源泉を「視ること」「洞察すること」のうちにもっているからである。「現にここで熟考し何らかの学問を解明する者である私は、自分に対して次のように言わねばならない。私にとって存在し、およそ存在しうるはずの一切の真理は、私の認識することから、生から出発して、理解されねばならないのであり、その真理がもつ権利は、そこから解明されねばならない、と。私の生は、自体的に第一のものであり、あらゆる根拠づけが遡行的に関係づけられねばならない原根拠である」(VIII, 396)。

これを、「私が言うことはすべて真である」と主張する主観的な独断主義として理解することはできない。フッサールの強調点はむしろ、自称「客観主義」は偽装した独断主義でありうるという点にある。フッサールの関心は本来、真理の客観性を端的に主張する者のそれよりもはるかに慎ましやかである。「私はそれを真と見る、そして私の答えに責任をもつ」と言う者は、答えが結果として誤りと判明するかもしれないという可能性に対しても、責任を負う。これに対し、自分の言明が端的に「客観的」真理であると主張する者は、ある種の自己忘却のうちにあるのであって、他の誰でもない彼自身が、当の真理を真理として洞察しているということを直視していない。その真理の「明証源泉」は、彼自身の明証体験のうちにある。誰か他の人によって主張された真理を私が「真」として言明する場合も、私は、主張者の原創設的明証体験を追遂行している。[85] この追遂行――それが完全な仕方ではなされない場合も含めて、何らかの程度と範囲における追遂行――によってのみ、私は当の真理を真理として言表することができる。私の言明の真理性に責任を負うのは、私の明証体験にほかならない。「諸々の客観性のあらゆる根源的措定および学的規定の絶対的な正当化、つまりあらゆる学の根源的正当化は、認識する者が、エゴ・コギトのうちで、絶対的な正当化における絶対的自己意識を遂行することを前提する」(XXXV, 434)。

それゆえ客観的真理は、あらゆる意味で完全に終結したものではありえない。しかし、その「非究極性(非-最終妥当性 Nicht-Endgültigkeit)」は、その明証を少しも損なうことがない。単なる相対主義が主張されているわけではまったくないのである。真理は、なるほどその真理性の本質的契機を、〈別様ではありえない〉という私の明証意識から汲み取っており、それなしにいかなる真理もありえない。しかし、だからといって、何が真であり何が偽であるかを、私が恣意的に決定しうるわけではない。明証意識のうちには、BでもかまわないがAに決めるといったような恣意性の入り込む余地はない。必当然的明証において、私はむしろ、〈別様ではありえない〉という必然性に拘束されている。しかし、この明証への拘束性は、必ずしも客観的に確定されたものへの拘束性を意味しない。

この点で、明証が「展示=解釈され」(ausgelegt)、「解明=展開され」(expliziert)うるという点に留意すべきであろう。明証の最初の展示=解釈は、不十分であり訂正を必要とすることが判明するかもしれない。というのも、最初の不明確な明証が、より明瞭に自己を示したり、更なる諸明証を指示したりすることは、いつでも可能だからである。明証は、客観的に展示=解釈され確定された結果に、全く運動の余地なく固定されているわけではなく、むしろそれを超えて自己を展開してゆくということが、明証そのものに根本動向として属している。[86] 明証の展示=解釈ではなく、明証そのものが、究極的審級として自己を示すのであって、それに従って、展示=解釈は自らを方向づけねばならないのである。このように、明証が「開かれた」性格（Offenheit）をもち、それにもかかわらず拘束的でもあるということを、以下の箇所は誤解の余地なく示している。「思い違いの可能性は、経験の明証に共に属しているのであって、それが経験の明証の根本性格と能作を廃棄するということはない［……］。つまり経験の明証は、ここでつねにすでに前提されている。『それが幻想であるということが、いまならわかる［見ている、見抜いている sehen］』という根源性において、思い違いを意識的な仕方で『解消すること』は、それ自体一種の明証であって、すなわち経験されたものの無効性（Nichtigkeit）の明証、あるいは、（以前は変様されていなかった）経験明証の『廃棄』の明証である。［……］自らを必当然的と称する明証さえ、それが思い違いであることが露呈されうるのであるが、それはやはり、その代わりに同様の明証を前提しているのであって、後者の明証に当たって、前者の明証は『砕け散る』のである」（XVII, 164）[87]。要するに、必当然的明証は、媒体としてつねにすでに前提されているのであるが、明証の客観的に凝固した形態からは、原理的に区別されるのである。

さらに見過ごしてはならないのは、このように明証が客観的に確定されたものに拘束されていないことが、まさしく明証の批判を可能にするという点である。自我にとって明証とは、逃れることのできない拘束性（Verbindlichkeit）であると同時に、ある種の自由でもある。なぜなら、明証にもとづいて、私は言明され「凝固させられた」一切のことから身を振り解くことができるのであって、それをいつでも自由な批判に委ねることができるからである[88]。この「自由」は、真理の不変性を脅かすどころか、むしろ、真理がいつでも批判的に再吟味され、その結果確証されることを保証するのである。しかしその際、真理は、明証意識の相関者でありつづけるのであって、そのかぎりにおいてのみ、「疑いえない」という仕方で現出しうる。それゆえ、いかなる言明された真理も、無条件かつ「自足的に」妥当することはなく、批判を逃れることはできない。しかし、まさしくこのことによって、一つの真理は、場合によっては無限に確証されてゆくことができるのである。

以上に論じた明証の「自由」と「拘束性」は、思惟の自己責任と不可分に連関している[89]。いかなる明証と真理も、最終的には、「私は視る」に支えられている。これこそが、私の言明を「拘束力をもつ」ものにし、同時に、確定されたものへの独断的な固執から解放するのである。これに対して、客観的に確定されたと称されることを、端的に受け入れることは、自分自身の言明の真理根拠に対して何の態度もとらないことを意味する。そこに言明の無責任性がある。他方で、明証の「自由」を無制限の恣意性と混同するなら、そこから帰結するのは相対主義的な懐疑論であり、これもまた別種の無責任を意味する。自分自身の「私は視る」に訴えることによってのみ、「究極的に責任ある」言明が可能になる。そこでは、言明する者は、直接に自分自身の明証源泉の上に立つと同時に、自己自身に対して批判的に対峙することができるのである。

　フッサールによれば、すべての学者は、以下のことを洞察しなければならない。すなわち「学問は、哲学は、素朴な先入見という地盤をもつか、あるいは、絶対的な自己責任――これは私の自己責任、私の自我の反復しえない唯一性における私の自己責任である――にもとづいて、新たに自由に産み出された地盤をもつかである」。超越論的哲学は、「自己責任一般の道であり、真なる自己責任の道であって、この道は人間を自己自身へと、自らに責任をもつものとしての絶対的な『自我自身』へと、連れ戻すのである」(XXIX, 165)。そこにフッサールは、人間の究極的な自己理解という課題を見ている(VI, 275, 429f.)[90]。

　すでに示したように(第七章二e(二))、媒体的な「必当然性」とは、自然的な認識の生がいつもすでに非主題的に生き抜いている「絶対的に必当然的な自明性」(VI, 425)である。しかし、哲学にとっては、この「自明性」がそれとして主題化され、はっきりと認知されることが決定的に重要である。「この自明性の露呈とその必当然的要求は、哲学の絶対的に必当然的な地盤を生み出す」(ebd.)。もし、自らの認識全体とすべての言明が立脚する地盤を承認せず、それどころかそれを否認するならば、そのことは哲学者にとって、自己自身の認識と言明に対する根本的な無責任性を意味するであろう[91]。自己責任的な明証に訴えることによって、「古い合理主義」が再興されるわけではない(VI, 346)[92]。むしろ「自己責任」とは、思惟する者が根本的に自己を理解すること、そのうちで自己自身の「見ること」

の根拠を自覚することを意味している。「いま問われているラチオとは、普遍的な責任ある学という形での、現実的に普遍的な、そして現実的に徹底的な〈精神の自己了解（Selbstverständigung）〉にほかならない」（VI, 346）。「哲学的な自己責任の極度の徹底主義」（VI, 426）は、死んだ公式にではなく、生き生きした「私は視る」の絶対的自由へと導くのであって、[93]この自由は、すでに論じた意味で、視る者自身に「先立って」おり、あらゆる客観的に固定化された明証に対して、批判的に応じうるのである。[94]

b　他者たちと理論の「異他なるもの」

以上に論じてきたことから、次のことが帰結する。必当然的な「私は視る」への依拠は、決して独断的とは呼ばれえないのであって、むしろ反対に、現象学が「絶対的」と自称する理論へと凝固し、自らにとって「異他なるもの」に対して身を閉ざすことを決定的な仕方で妨げる。[95]「ラディカルに異他的なもの」の問題は、この観点から新たな意義を獲得する。この点を次に示したい。

あらゆる他者は、その存在を「私のうちで」証さなければならないという思想は、ラディカルな異他性においてある他者が、それでも「与えられ」うるのはいかにしてか、という問いに答えねばならないかぎりで、困難に陥るように見える。他者の異他性は、たしかに一つの「意味」と見なされうる。生ける他者が、私に完全には自己を与えないということを、私は「意味に従って」理解することができる。しかし、もし仮に私が、他者のラディカルな異他性を単に意味的に「想定する」のだとしたら、それは、原則的にいつでも抹消され、「仮象」と宣告されうるような、低い位階の明証しかもたないことになろう。これに対して、以下のように反論することができるように見える。すなわち、他者が「現実に存在すること」は、私の一切の意味的統握を超え出るのであって、いいかえれば、一切の意味的構成に先行するのである、という反論である。そうなると、普遍的な「意味解明」として自己を規定するフッサール現象学は、「現実的な」他者に到達することができず、他者が原事実的に「現に存在すること」について語ることはできないと言わねばならないのであろうか。

　このような懐疑に対して、以下のような反問によって応答することができる。他者が〈現に存在すること〉は、本当に「理論」によって保証されねばならないのであろうか、またそのようなことがそもそもできるのであろうか？　答えは否定的でなければならないであろう。なぜなら、一つの「理論」が、他者の現実的存在を自らのうちに完全に「包摂し」「吸収する」ことができると主張するとしたら、それはむしろ理論の不遜であり倨傲《ヒュブリス》であろうからである。それは、一種の偽装された独我論を意味する。なぜなら、一つの理論は諸々の言明から成り立っており、これらの言明は必然的に、それぞれの「私の」言明でなければならないからである。そのような理論が複数の研究者（「われわれ」）によって主張されているとしても、この理論の明証源泉は、最終的にはそれぞれの私による「私は視る」のうちにある。現実的な他者たちは、つねに理論の「外部に」いる。このことは、哲学理論の極端な一般化と絶対化によって容易に忘却されがちだとしても、一種の「健全な自明性」に属するといってよいであろう。ここで「他者たち」とは、私が「私の隣に」並列された仕方で見出すような他者をつねに超え出るような者たちとして理解されねばならない（vgl. VI, 346.）[96]。もし他者がそのような仕方で見出される存在者にとどまるとしたら、他者は単に意味的に統握された他者にすぎず、（原理的には）理論的に完全に規定されうるものであることになるだろう。

　意図的であるかどうかはともかく、フッサールは、あらゆる「意味」を超え出る[97]ラディカルに異他的な他者について、表明的には語っていない。このことは、フッサールが自分自身を、考えられうる一切の「意味」の分析家と見なすかぎり、一貫した態度であるといえるだろう[98]。しかし、彼が哲学的言明の「自己責任」を要求するとき、そこには少なくとも、彼が有意味に言明されたことを決して絶対化することはなかったということが示されている。むしろフッサールは、あらゆる言明が、つねにすでに必当然的明証の原事実的「媒体」に根づいており、そしてこの明証は、私の原事実的な「私は視る」として遂行されるということを、念頭に置き続けた。哲学は、言表されねばならない。語ること、言明することなしには、哲学は何ものでもない。いかなる言明からも独立な、不動の「哲学自体」なるものがあるわけではない。フッサールの「厳密な学」は、自己責任的な〈言明すること〉にどこまでも立脚しているのであって、この〈言明すること〉は、自らの権利を、〈言明する者〉の明証遂行からのみ汲み取っているのである。[99] したがってフッサールは、哲学を、つねに充実への途上にある無限の課題として理解している (vgl. VI, 273ff.; XXIX, 405)。現実化された諸哲学とその諸々の言明――フッサール自身のものも含めて――は、原理的にはいつでも訂正されうるし、それどころかまったく覆されることもありうる。[100]「諸々の哲学」、つまり複数形における哲学は、相対主義的に解釈されるべきではなく、それら自身のうちに、普遍的な目的論的理念としての哲学そのものを担っている。[101] しかし、この「理念」は、われわれを特定の方向へと強いるものではなく、われわれに対してつねに他の諸可能性を開くのであって、しかもきわめてラディカルな仕方で、他なる諸可能性を開くのである。それに気づくことのうちにも、哲学的思惟の自由と自己責任がもつ本質的な契機がある。

一つの哲学的「理論」は、いかに完全で普遍的に見えようとも、自らにとって「異他なるもの」から身を引き剝がすことは決してできない。フッサールは、事実的な諸哲学に付着しているある種の「曖昧さ」を、偶然的なものとは見なさず、むしろ「あらゆる概念形成体の宿命、普遍的にいえば、本質根拠にもとづくあらゆる哲学的概念形成の宿命」と見なす (XXIX, 405)。フッサールは続ける。「この曖昧さは、包括された一切のもののうちでなおも把捉されていないものであり、かくして未形成の深みを成しているのであるが、それを捉えるのは困難である」(XXIX, 405f.)。ここで、学派的な定義や論理計算の助けを借りようとするのは、それらも問題に属するものである以上、一種の素朴性であるとフッサールは言う。いいかえれば、ここで本来問題となっているのは、「理性の前提という謎」(XXIX, 31) であって、そのような理性の前提を、学者は、学者としての各自の理論的関心の方向においては素朴に放置している (ebd., 30f.)。それは、あらゆる理論に纏わりついている、本質的に「居心地の悪い」問いなのである (ebd.)。この「居心地の悪さ」は、明らかに、自らの原事実的な生き生きした「私は視る」の「異他性」と不可分に連関しているのであるが、この「私は視る」は、思惟の「自由」の源泉でもある。私の言明はすべて、明証意識にもとづいて「自己責任的に」要求されるという点に、自らの「拘束力ある」根拠をもつ。しかし、まさにそれゆえに、明証的な「私は視る」は、言明されたものの地平から身を退《ひ》く[102]。いかなる言明も、必然的に残り続ける「異他的なもの」に曝されているのであって、この「異他的なもの」は、私自身の批判的な「私は視る」の「自由」を通して、あるいはまた、他者のそれを通して、あらゆる言明に対峙しうるのである。フッサールが超越論的な「哲学者の共同体」について語るとき、そこで問題化されているのは、現象学的理論によってしかるべく扱いうるような間主観性のみでなく、むしろ理論のうちには決して包摂しえない理論の「異他なるもの」である。それが理論に取り込めないのは、それが理論自身の、「最も自明」で、それゆえ追い越しえない前提に属しているからである。変様論の観点からこのことを書き換えるならば、ここで問題なのは、モナド化された他者たち（つまり、私のモナドと等置された他者たち）のみではなく、モナド化することそれ自体の只中における「異他的なもの」であって、それは、すでになされたモナド化的変様によって、必然的に覆われてしまうのである。

五　結論

以上の考察にもとづいて、最終的に以下のことを確認しうる。フッサールは、現実に言明するものとしての「私自身」と他者たちとが――両者の生の原事実的現実性ともども――哲学の中にではなく、哲学に先立って、そして哲学の外に立っているという「健全な自明性」から、決して眼を逸らすことがなかった。「生は、展示＝解釈する方法につねに先立ち、この方法それ自体も生である」（XXXIV. 175; vgl. I. 177）。理論の「異他なるもの」とは、何か奇抜なことではなく、「最も自明的な」生きること、見ること、言うことであって、それは、われわれの「最も近い近さ」において生き抜かれ、それゆえ逆説的にも、理論化する眼差しからつねに身を退《ひ》くのである。

もしフッサールが、この一見「トリヴィアルな」自明性をそれでも言語にもたらそうとするとき、彼の言明は異様な、(befremdlich) 外観をとる。この不安にさせる／動揺させる「異様さ」は、克服されるべきものであるよりは、どこまでも持ちこたえられねばならないものである。フッサールは、諸々の「意味」の宇宙を、その一貫した明証構造において研究することによって、一切の意味的に言明されうるものの体系的な根拠づけを試みる。その際、「原自我」と呼ばれる問題次元が、明証構造の究極的な「投錨地」ないし「媒体」として次第に姿を現わす。それは、世界を経験する生のみでなく、現象学的に露呈することそれ自体も、そのうちに根づいているような媒体である。つまりそれは、「およそ考えられうる一切の存在の源泉であり、省察する者としての私にとって、およそ意味をもちうるかぎりの、考えられうる一切の真理の源泉」である（XXXIV. 451）。しかし、まさにこの「原自我」――そして、その「流れる現在」――こそが、諸々の「意味」の宇宙から原理的に逃れ去るものとして自らを示してくるのである。[103] 原自我は、この「意味の宇宙」の原根拠であり、同時に内的な異他者である。つまり原自我は、存在者の宇宙の中で、一つの優越した――支配的な――地位を占めるわけではなく、存在するものの一切の現出に「居合わせ」つつ、しかも同時に、この「意味に満ちた」土地から永遠に放逐されているのである。それは、「誤って」そう呼ばれる「エゴ」であるが（XV. 586）、それは、「原自我」に関しては、それにふさわしい「完全に正しい」記述は存在しないからである。なぜなら、「原自我」とは、意味的に言明されえないものをそれでも言語的表現にもたらそうとする、本質的に異常な、「規格外の」呼び名だからである。しかしこの表現は、ほかならぬその「異様さ」によってこそ、まずはとりあえず問題として「見られ」ねばならないものを表示し、そこに「眼を向けさせる」機能を担おうとしているのである。

　したがって「原自我」は、理論化と体系化にとっては本質的に「居心地の悪い」ものでありつづけるが、しかし、理論に対して異他なるものにとどまることによって、理論化と体系化に「健全な開放性」をもたらすものでありうる。それは理論を否定するわけではないし、それゆえ、真理の可能性と、意味の宇宙を露呈しつつ確定する可能性とを疑問に付すような懐疑論へと導くものではない。むしろこの「異他なるもの」に即して、一切の理論的に不変なもの（たとえば論理学のそれ）が、生を欠き凝固したものとしてではなく、根源的な生気づけにおいて、あるいは無限に生き生きとした自己更新（Selbsterneuerung）においてあるということが証示される。それこそが理論的に不変なものの「明証」を成しているのであって、この「明証」は、同一的なものの無限の変形――無限の再解釈と再定式化――を許容するのである。「原自我」という概念によって、フッサールは、「意味」の宇宙を否認することなく、「意味」を逃れ出るものについて考える手がかりを提供している。それによって、諸々の「意味」の秩序が、明証として確定されることが可能になるのであるが、その際、そのような確定が絶対的な公式へと凝固することはない。それはむしろ、自由な批判への開放性と、明証運動における「生動性（生き生きしていること）」を保持する。このことはまた、原自我のあの「居心地の悪さ」が、われわれを「目覚め」させ続けると同時に、非生動的な――そのかぎりにおいて見せかけの――「真理」がもつ硬直した不変性に魅了されて、われわれがそのなかに自己を見失うことを妨げてくれるということを意味しているのである。

こうして、本書で展開してきた考察を背景にするならば、『形式論理学と超越論的論理学』に見られる以下の言明は、もはや無理な要求とは思われないであろう。

「まず第一に、一切の考えられうるものに先立ってあるのは、私である。［……］居心地がよかろうと悪かろうと、（どのような先入見からであれ）私にとって途轍もないことに聞こえようが聞こえまいが、それは、私が持ちこたえねばならない原事実なのであって、哲学者としての私は、そこから片時も眼を離してはならないのである。それは、哲学的な子供にとっては、独我論や心理学主義、相対主義といった亡霊が徘徊する暗い片隅であるかもしれない。真の哲学者は、それらの亡霊を前にして逃げ出すかわりに、まず何にもまして、この暗い片隅を隅々まで照らし出そうとするであろう」（XVII, 243f.）。

註

序論

（1）フィンクは、フッサールの精神の「明るく澄んだ乾き」について賞賛をこめて語っている (Fink 1976, 227)。その際フィンクの念頭にあるのは、ヘラクレイトスの断片である。「乾いた魂は、最も賢く、最もよい」(Frg. B 118, Diels / Kranz 1996, 177)。

（2）本書第七章末尾に引用した一節を参照（三〇一頁）。

（3）現象学的言語の本質的な「失敗」と、フィンクの言う「失敗のロゴス」について、谷 1998, 544f. を参照されたい。

（4）本書は、フッサールに倣っていえば、「素朴な形而上学を排除するのみであって、決して形而上学一般を排除するわけではない」(I, 182)。たとえ「原自我」的問題次元が、優れた意味での「形而上学的」問題圏へ導くとしても、フッサール現象学の枠内では、「原自我」と呼ばれる次元はまずさしあたりラディカルに非形而上学的なものとして取り出されねばならない。附論参照。

（5）レヴィナスは適切にも次のように述べている。「フッサール的構成は対象の具体的存在の再構成であり、対象に向かう態度のうちで忘却されたすべてのものへの回帰である。［……］対象を発見しながらも、観想的［で技術的な］思惟は、対象へと導いたもろもろの道を知らない。それらの道が、対象の存在論的場所を、つまり、対象がそれからの一つの抽象物でしかあらぬところの〈存在〉を、構成するのである。現象学的なやり方は、これらの〈接近の道〉を――通過され、忘却されたすべての明証性を――再発見することに存する」(Lévinas 1967, 116)。「思惟のもろもろの含蓄は、この思惟を反省する以前には不可視なものであるが、そのような含蓄を忘却してしまう思惟は、諸対象を思惟する代わりに、諸対象を操作する。現象学的還元は、真理へと遡行するために、表象された諸存在者が超越論的に発現するさまを示すために、その操作を停止する」(ebd., 131)。

第一章

（1）「哲学の始まり」のあり方については、XXXIV, 481ff. 参照。フィンクは、フッサールの企画した体系的著作の草案を起草したとき、「哲学の始まり」に関する一節に次のように書き込んだ。「慣れ親しまれありふれたものは、まさにそれが慣れ親しまれありふれているということに関して、徹底的に疑わしくなる。これまで自明であり何の問題もないと見なされてきたすべてのことに対して、途方もない不信の念が湧き上がってくる」(Dok II/2, 33)。(ちなみにフッサールは、フィンクのテキスト中の「不信の念」(Misstrauen)という語を「非‐理解」(Nicht-Verstehen)に置き換えるよう指示している。)「哲学の始まり」と「驚き」については、『哲学の根本問題』講義(WS 1937/38)におけるハイデガーの立ち入った分析をも参照(GA 45, 1984, 153ff.)。また、Held 1991, 91をも参照。

(2) Vgl. XVIII, 9; XIX/1, 10; Mat III, 61; XXV, 61, 206; XXX, 339f.

(3) Vgl. auch XX/1, 274; Dok II/2, 175, 217; Fink 1966, 184. フッサール現象学の本質的な「異様さ」については、拙論 2000, 60 も参照。また、永井晋はフッサール現象学の「不気味さ」をユダヤ性との関連で考察している(永井 2007, 88ff.)。

(4) シェストフの報告によると、フッサールは次のように語ったという。「そんなところに真理を探せるとは誰も思わなかったため、これまで誰も真理を探したことのなかったところに、私は真理を探し始めました。それが私の『論理学研究』の起源です」(Dok I, 331)。Vgl. XX/1, 273.

(5) 自然的‐実証的学問への批判については、本章三bおよび第二章二aを参照。

(6) フッサールは、『危機』書の或る付論において、「自明性」を以下のように定義している。「諸々の自明性、それは、使用されてはいるが、主題的にならず、理論的考察や作業にもたらされていない存在妥当のことである」(VI, 451)。

(7) 後のフッサールは、「数学を行うことは、まだ数学を『理解すること』(その本質、それがなぜ可能であるのかを理解すること)ではない」(XXIV, 404)と強調している。Vgl. auch XXIV, 161; IX, 27, 87; VIII, 109.

(8) このような意図は、すでに『論理学研究』からも読み取れるが、後年のテキストにおいてはそれがさらに際立った仕方で提示されるようになる。たとえば以下の箇所を参照。「(認識によって確証されうるものの理念としての)志向的〈内〉は、同時に〈外〉である」(XV, 556)。Vgl. auch IX, 430ff., 436f.; XI, 392ff.

(9) 「事象そのものへ!」という原理は、「見ること」の原理をも意味している。「『洞察』(Einsicht)に従うことが、あらゆる原理中の原理である。そして、洞察とは、所与性にもとづいて、それにぴったりと身の丈を合わせつつ、判断することである」(III/2, 526)。この点、詳しくは第二章三を参照。

(10) フッサールはこの「神秘」を、一九〇七年一二月一日付のホーフマンスタール宛書簡において、「認識のスフィンクス」とも呼んでいる。「認識のスフィンクスが問いを立てた途端に、すなわち、〈主観的体験のうちで遂行されるにすぎないのに、それ自体で存在する客観性を把捉しているような認識〉がいかにして可能か、という底無しに深い問題を覗き込んだ途端に、あらかじめ与えられている一切の認識と存在に対する――一切の学と、〈現実〉と称される一切のものとに対する――われわれの態度は、根本的に異なったものとなってしまったのです。一切は疑わしく、一切は不可解で、謎めいています！」(Dok III/7, 134) Vgl. auch XXIV, 397, 516, 177; Ms. B II 1/ 44a; Dok III/5, 110; XIV, 47; XXX, 322; XXXV, 21f.

（11） 自然的態度と〈対象に向かっていること〉(Gegenstandsorientiertheit) との間の本質的な連関については、II, 19; VI, 146f.; IX, 429 参照。

（12） 主観的なものの必然的な隠蔽性については、VI, 149; XXXIV, 252f.; IX, 21 をも参照。

（13） Vgl. auch VIII, 121.

（14） さらに三〇年後、フッサールはある書簡の中で述べている。「どこにおいても、私は既知のものをそのまま引き継ぐことができません。考え方全体がいわば反自然的で、自然な学問的・哲学的素朴性に真っ向からぶつかっているのです」(Dok III/9, 76)。

（15） この点は『イデーンＩ』の序論で力説されている (III/1, 5)。フッサールはまた、哲学の「反自然性」が、その「無前提性」と連関していることを示唆している (XXIV, 165)。

（16） 周知のように、フッサールは『危機』において、この学問的（科学的）隠蔽を「理念の衣」として特徴づけた (VI, 51f.)。

（17） このモチーフは、『危機』の叙述を貫いている。フッサールにとって問題だったのは、様々な見かけ上の自明性を、伝統の中で単なる習慣へと硬化してしまった理論的な「先入見」として暴き出し、生の最も自明的な自明性へと立ち戻ることであった。フッサールにおける高次の理論的自明性と生の自明性との対比については、たとえば VI, 60 参照。高次の理論的素朴性については、VI, 35; XVII, 6, 233; I, 179 参照。

（18） 意識の「カプセル」的表象への批判については、II, 12, 71f., 74f.; III/2, 538; IX, 388, 437f.; XXIV, 151; XXVII, 239; XXXV, 122f.; Mat III, 114. 拙論 1996, 196f.; 1997, 280f.

（19） Vgl. Mat III, 81, 83f.

（20） この点について、Held 1985, 41 を参照。

（21） ここで批判されているのは、哲学すること一般ではなく、素朴な先入見を基盤として哲学することであると考えるのが妥当であるが、哲学一般に対するフッサールのある醒めた態度――哲学に没頭して我を失い、現実を見失うことに対する「健全な」覚醒性――を、ここに垣間見ることも不可能ではなかろう。哲学に対する生の優位に関しては、I, 36, 177; XVII, 242, 282; XV, 553; XXXIV, 280 をも参照。

（22） こうした関心は、初期の講義にも表われている。Vgl. Mat III, 60, 62, 64, 75; XXIV, 141ff., 148ff. すでに言及した「認識のスフィンクス」（註（10））も、自然な自明性を懐疑論的に否認しようとするものではなく、むしろそれが「まだ理解されていない」ことを際立たせようとするものである。「私は［……］知覚・経験・思考をその個々の能作に関して否認するわけではない。それらがどのようにして可能なのかが、私にはわからない［理解できない］だけなのである」（XXIV, 398）。この点については、XXIV, 405, 141, 185f.; Mat III, 90をも参照。懐疑論と認識論との関係については、XXIV, 405; XXXVI, 8参照。

（23） フッサールは『イデーン』への「あとがき」のなかで次のように書いている。「世界が現実存在すること、普遍的な一致調和性（Einstimmigkeit）へと絶えず統合されてゆく連続的経験のうちで、存在する宇宙（Universum）として与えられているということは、全く疑いえない。［だが、］生と実証科学とを担うこのような不可疑性を理解すること、その権利根拠を解明することは、それとは全く別のことである」（V, 153）。フッサールの体系的著作のための『草案』のなかで、フィンクは上記の課題を、「自明であるがゆえにわれわれから奪い去られている『自明なもの』を主題化すること」（Dok II/2, 4）と性格づけている。

（24） Vgl. XXIX, 191; I, 75; VI, 145f., 165f.; VIII, 259; IX, 387; XV, 453; XXXIV, 436f., 446f.; Mat VIII, 141, 147.

（25） われわれが「世界の没落」「この世の終わり」として思い浮かべることができるのは、せいぜい普遍的な世界秩序の崩壊であろう。しかしそれは、われわれの生にとってどんなに致命的な帰結をもたらそうとも、世界が内容面で「別様に規定されること」の一例であるにすぎない。Vgl. Ms. B I 5/Tr. VII, 17.

（26） 世界の「自明性」と「不可解さ」については、以下も参照。XXXIV, 482; Ms. B I 5/ Tr. VII, 17.

（27） Vgl. auch I, 75; VI, 146, 165; IX, 96, 429; XXXIV, 437.

（28） Vgl. IX, 528 Anm.; XXXIV, 441ff.

（29） Vgl. IX, 530; XXXIV, 443f.

（30） 以下を参照。「妥当としてのどの個別的対象も、世界内の一対象という形で、すでに志向的に世界全体の妥当を含蓄している」（Dok II/2, 92 Anm. 349）。

（31） Vgl. auch VI, 145f., 157; XXXIV, 277, 340; Ms. A I 31/ 8b; B II 13/ 18a; K III 6/ 102b.

（32） Vgl. VI, 124, 142f., 157, 465.

（33） Vgl. IX, 43; VI, 112f.; XXXIV, 447; Held 1991, 81, 83.

（34） Vgl. VI, 153; Ms. B I 14/ Tr. XIII, 38f.

（35） Vgl. auch IX, 295, 348.

（36） Vgl. I, 65; VI, 121f.; VIII, 167; IX, 289.

（37） Vgl. VI, 179; XV, 640; Dok II/1, 132 Anm.

（38） Vgl. Held 1991, 81ff.

（39） 超越論的主観性は「空虚な形而上学的要請ではなく、ある固有の、超越論的経験の所与性」（IX, 345）である。Vgl. VI, 156; Mohanty 1997, 93f.; Bernet 2004, 249. すなわち、フッサールの「超越論性」の概念は、ある新種の態度の相関概念なのであって、「超越論的」であるのは、（1）とりわけあの反自然的な態度、すなわち、そのなかで生の深層にある「自明性」がはじめて見えるようになる態度であり、（2）第二に、この態度のうちで私にとって確定されうる一切である。Vgl. XXXIV, 249; XXV, 220. 伝統的な超越論性概念とフッサールの超越論性概念との関係については、第三章註（21）および以下を参照。VI, 100ff.; Landgrebe 1973; Kern 1964, 245; Mohanty 1985, 191ff.; ders. 1997, 88ff.

（40） Vgl. XXXV, 92f.; Ms. B I 5/ Tr. III, 18.

（41） 超越論的主観性の隠蔽は、「地平性とは全く異なるもの」（XV, 389）を意味する。地平性とは単なる「規定可能な無規定性」にすぎないからである。Vgl. XXXIV, 452; VI, 180; Ms. K III 6/ 102a; B II 13, 9a, 9b; Fink 1966, 110.

（42） とりわけ以下の印象的な一節を参照。「世界と超越論性――共存するのでも共存しないのでもなく、調和するのでも相抗うのでもなく、一つの全体領域の中に一緒にあったりなかったりする諸領域でもなく、より包括的な存在総体の内での相関でもない――あらゆる自然的概念の変容」（Dok II/1, 49 Anm. 133）。

（43） Vgl. auch LV, 213 = XXXV, 76. しかし、そこで問題なのは、人間の生の外部にある第二の生であるというわけではない。還元は自己忘却を、すなわち、自らの生の超越論性に対する「盲目性」を廃棄するにすぎない。vgl. XXXIV, 225f., 233; I, 75; IX, 294; VI, 267f.; XV, 389; Mohanty 1985, 208, 222.

（44） Vgl. V, 146; Dok III/9, 78f.; VI, 100f., 275f., 346. 学的に省察する者の自己理解に関しては、第三章三ｃに関連する考察がある。

（45） Vgl. I, 117, 33; VI, 183; VIII, 432; XIV, 350; Dok III/6, 247; Dok III/7, 16f.; Dok III/9, 83.

（46） primordial については、いろいろ検討した結果、「一次的」という訳語を採用した。primordial の語源（primus+ordo ではなく primus+ordiri）からみるならば、この訳語は不適切とも考えられるが（『現象学事典』「原初的」の項［木田他 1994, 137f.］参照）、フッサール自身は、この語を用いるとき、語源を強く意識していたようには見えない。彼は最初、綴りさえ間違えて primordinal と表記していた。（*Husserliana* 版の『デカルト的省察』[I, 各所]、ならびに『間主観性の現象学』の一部にこの表記が見られる [XIV, 389f., 同所 Anm. 1 も参照 ; XV, Nr.1-3 u. Beilage I]。一九三〇年のテキストでは、すでに primordial という表記を用いている [XV, 66ff.]。）この綴り間違いは、フッサールがこの用語を用いるときに、そもそも何を念頭に置いていたかを、打ち明けてくれているように思われる。彼はおそらく、primus+ordinalis と考えて、「n」の字を入れたのではないかと推測される。ordinalis は、ordo から派生した形容詞で、"that denotes an order of succession, ordinal" といった意味をもつ（Lewis and Short: *A Latin Dictionary*）。（ちなみに、ドイツ語で Ordinale というと「序数」の意味だが、数学者フッサールにとって、この語は馴染みであったはずである。）ということは、フッサールがこの語によって意味しようとしていたことは、実はかえって「一次的（第一次的）」という訳語が喚起するものに近いという推測が成り立つ。実際、フッサールがこの語を用いる仕方を見てみると、積極的な意味での「始原」という意味合いはあまり見えてこない。むしろ、現象の諸相に見られる秩序構造のなかでの、第一次的層といったニュアンスが強く伝わってくる。それゆえ、ドイツ語の語源（それは当然、日本語の語感と正確に対応するわけではない）よりも、フッサールの意図が日本語のみによってできるだけ正確に伝わるように配慮し、「一次的」と訳すことにした。

（47） この点は、第五デカルト的省察の最終節で強調されている。「とりわけ注意しなければならないのは、［……］異他経験、他者の経験をめぐるわれわれの理論が、他者という意味の展示＝解釈（Auslegung）以外の何ものであろうともしなかったし、それ以外の何ものであってもならなかったということである」（I, 175; vgl. auch I, 122ff.）。この問題設定は、後で詳しく扱う（第五章三a、五b、第六章二a）。

（48） 他者問題をめぐる「異様さ」については、I, 120, 123; XV, 551; Ms. B I 14/161a, 168b 参照。一見「独我論的」とも疑われるフッサールの叙述が、実は他者という根本現象のきわめて真摯な受け止めにほかならないという点に関しては、デリダのレヴィナス論（「暴力と形而上学」）をも参照（Derrida 1967, 180ff.）。

（49） Vgl. z. B. VI, 188; XV, 372f., 636.

（50） 第五章では、このような解釈を詳細に論駁する。

（51） 「私に与えられていること」の自明性を、フッサールは、「あらゆる哲学に先立ち、あらゆる哲学を導かねばならない確認事項」と見なす。「この確認事項のうちに何が存しているのか、この確認事項がどのように展示＝解釈されねばならないのか、ということが、哲学の歩み全体を決するのである」（XXXIV, 280）。Vgl. auch XV, 369f., 373.

（52） Fink 1976, 220.

第二章

（1） マールバッハはこの点を際立たせ、初期現象学を「無自我的」（ichlos）現象学と呼んだ（Marbach 1973; 1974, 23ff.; vgl. dazu auch Trappe 1996, 116ff.）。しかし本書では、「非自我論的」（non-egologisch）現象学という呼称を用いることにしたい。「無自我的」

という術語は、「自我概念が欠けている」という意味に受け取られる可能性があるが、本来それが言わんとするところは、ある思想・概念のなかで、自我が本質的な役割を果たしていないということであろう。本書では、この意味をより誤解なく提示できる「非自我論的」という術語を用いる。

（2）この点を研究するにあたって、とりわけ現象学的還元の概念が結晶化してきた時期、すなわち一九〇二年から一九一〇年頃に成立したテキストを扱うことにしたい。この時期の仕事がもつ意義に関しては、モハンティの適切な示唆が参考になる。「実際のところ、一九〇五年から一〇年の数年間は、フッサールが彼の人生で最も重要な発見を行った数年間であり、それらは、その後の彼の思考全体を決定するような発見だったのである」（Mohanty 1995, 57）。私見では、一九〇二年から一九〇五年の時期をそれに付け加えることができる。この時期に、現象学の自己理解はますます明晰性を獲得し、それによって、これに続く時期の諸々の「発見」が準備されたのである。『論理学研究』以後のフッサール現象学の展開を一般的に概観したものとして、『フッサール全集』第二四巻のメレによる編者序文（XXIV, XIVff.）、同第三巻第一分冊のシューマンによる編者序文（III/1 XVIff.）ならびに、Mohanty 1995, 56-60 参照。

（3）すでに『論理学研究』においてこう言われている。「われわれの見方に従うなら、認識論とは、本来的に言えば、全く理論ではない。それは、理論的説明にもとづく統一という、精確な意味での学問ではないのである」（XIX/1, 26）。Vgl. auch XIX/1, 124 Anm.; XX/1, 283; Mat III, 59. さらにフッサールは、「理論という言い方」は、認識「論」にはうまく適合しないだけでなく、現象学全体にもうまく適合しないと考えている（XVI, 3f.）。

（4）Vgl. XIX/1, 26f.; XXIV, 12ff. 以下をも参照。「あらゆる自然科学的認識は、間接的な認識である」（XXX, 328）。

（5）Vgl. XVIII, 31f.; XXIV, 15.

（6）Vgl. auch II, 25f.; XXIV, 239. 個別科学と、「ラディカルな学問論」としての現象学との厳密な区別については、Gleixner 1986, 32ff. 参照。

（7）理論的「説明」と哲学的「解明」ないし「理解可能にすること」との対比については、以下を参照。XIX/1, 124f.; Mat III, 59f.; II, 6f., 32, 58; XXII, 206; XXX, 337ff.; Dok III/2, 123f.

（8）還元論と現象学一般にとっての「認識論」の根本的意義については、メンシュの明快な叙述を参照（Mensch 1988, 5ff.）。

（9）循環を斥けるこうした議論は、すでに『プロレゴメナ』におけるフッサールの懐疑的理論への批判において中心的な役割を果たしており（たとえば XVIII, 94）、その後も引き続き重視されている（vgl. XIII, 152）。還元論にとってこの議論がもつ意義については、とりわけローマーの立ち入った論究（Lohmar 2002a）を参照。メンシュは、エポケーが先決問題要求の虚偽（petitio principii）を回避するという要請にもとづいていることを示唆している（Mensch 1988, 12f.）。

（10）懐疑のこのような目的については、XXV, 15 参照。

（11）「前提条件」（Prämisse）と「無前提性」との関係については、以下を参照。Mat III, 89 Anm. 1, 90; XXIV, 379; Rosen 1977, 140ff.

（12）「無前提性の原理」とは、形而上学的演繹の無条件的な出発点を独断的に措定するといったこととは全く無関係である（残念ながらそのような誤解はしばしば見られるところである）。むしろそれは、ここから明確に見てとれるように、いかなる独断的措定をもエポケーしようとする批判的態度を表わしている。

（13）Vgl. Mat III, 191; XXIV, 187, 193; II, 29.

（14）Vgl. Mat III, 88; XXIV, 180, 188, 194.

（15）とりわけ XXIV, 183 を参照。また、以下をも参照。XVIII, 118ff.; Mat III, 85; XXIV, 147; XXV, 9f.; Mertens 1996, 51ff.　懐疑論論駁のこうした一典型に対して、レヴィナスは、「言うことのうちに含まれた暗黙の肯定と、この肯定が〈言われたこと〉のうちで言表する否定とを共時化すること」はできないと言う（Lévinas 1974, 213）。しかし、レヴィナスは、懐疑論をそのまま肯定するわけではない。後に述べる「無意識の懐疑論」は、自らが懐疑論であることにすら気づいていないのだから、なおさらである。拙論 2007b 参照。

（16）懐疑論としての心理学主義については、以下を参照。XVIII, 118ff.; Mat III, 9, 63; XXIV, 176; XXX, 325; Peucker 2002, 113ff.

（17）Vgl. XXIV, 186; XXXVI, 8.

（18）Vgl. auch Mat III, 89ff.; XXIV, 193, 198ff.; II, 4, 30, 33.

（19）Vgl. XXIV, 199f.; II, 30f., 33.

（20）Vgl. Mat III, 90f., 89 Anm.

（21）この点に関して、特に XXIV, 408 を参照。

（22）この点については、一九〇二／〇三年の講義に詳細な事象的分析が見られる（Mat III, 91ff.）。「内在と超越」を考慮に入れることは、テオドール・リップス宛書簡（一九〇四年）においても、デカルト的懐疑と明証に関連して重要視されている（Dok III/2, 124）。この点は、一九〇六／〇七年の講義においてさらに展開されるが（XXIV, 203ff.）、『現象学の理念』において全く新しい意味を獲得する（II, 5f., 33ff.）。その際内在概念が著しい変様と拡張を蒙っている点に注意すべきである。この点については、本章三b、cを参照。

（23）すでに『論理学研究』の付論「外的知覚と内的知覚」において、このことが示唆されている（XIX/2, 751ff.）。

(24) Vgl. XIX/2, 645ff.; Mat III, 132ff.; Tugendhat 1967, 72, 91ff.; Rosen 1977, 49f.; Heffernan 1983, 67f.

(25) Vgl. XXIV, 211ff.; II, 5ff., 39ff.; XVI, 39.

(26) Vgl. auch XXIV, 215; II, 39.

(27) Vgl. XXIV, 187f., 400f., 410; XIII, 152.

(28) Vgl. XXIV, 409; II, 6, 39.

(29) この箇所から、フッサールがこの初期の時代において「自我」と呼ぶのは、通常「経験的自我」であるということは明らかである。一九〇三年のホッキング宛書簡においても、次のように言われている。「自我とは、長靴や靴下と同様、一種の客観的な統一なのであって、ただ『物理的な事物』ではなく、まさしく一つの自我、一つの人格である、つまり［物理的な事物とは］全く別の統覚的内実をもった客観的統一であるにすぎない」(Dok III/3, 148)。そこでフッサールは、『論理学研究』第一版と同様、「純粋自我」の概念を「フィクション」であるとして斥けている (ebd.)。Vgl. auch Mat III, 89; Dok III/2, 124; XXIV, 407.

(30) Vgl. XXIV, 202ff., 210; II, 43f.

(31) Vgl. auch II, 7; X, 346; XXIV, 216.

(32) Mertens (1996, 135f.) もこの点を強調する。

(33) それを「直接性の神話」として批判するのは簡単であるが、たとえここで語られる「近さ」が一種の「仮象」であるとしても、それは、その仮象性が見抜かれたからといってただちに消えて無くなるような類の仮象ではない。むしろ一種の「必然的仮象」というべきものであろう。問題は、思考しつつ当の「仮象」のうちにどのように分け入っていくかであって、一つの仮象を捨ててただちに別の仮象の内へと逃げ込むのでは無益である。この仮象発生のプロセスについては、第六章の「変様論」において若干の準備的考察を行った。

(34) 以下の特徴的な言明を参照。「認識論において、諸々の表象とか判断とは何か？　それらはいかなる場所ももたず、時間ももたず、現実性ももたない」(XXIV, 409; vgl. 419)。

(35) Vgl. XXXVI, 14. 構成は、一方では主観的能作の性格をもつが、他方では、対象性が「自己を根源的に告知すること」(das sich Beurkunden) にほかならない。フッサールは、一九〇三年のホッキング宛書簡で、次のように述べている。「一つの作用のうちで『対象が構成される (sich constituiren [原文ノママ])』という繰り返し出てくる表現がつねに意味しているのは、対象を表象的にする (vorstellig machen) という、作用がもつ固有の性質のことです。つまり、本来の意味で『構成すること』ではありません！」(Dok III/3, 132) Vgl. auch III/1, 344ff., bes. 351; VI, 171; XXIX, 221 (von Fink); Sokolowski 1970. シューマンは、このような構成概念の二義性を次のように要約している。「構成とは、［……］本来、意識の能作であるのと同様、事象そのものの告知でもある」(Schuhmann 1971, 139)。シュトラッサーの提案する「最小限の定義」(Minimaldefinition) も示唆的である。「構成とは、現出－させること (Erscheinen-lassen) である」(Strasser 1991, 65)。

(36) 現象学の「超越論的」性格は、一九〇八年頃から前面に現われてくる。Vgl. XXIV, 424ff.; XXXVI, 3ff.; Marbach 1974, 50ff.; Melle, Einleitung zu Husserliana XXIV, XXIIIf.

(37) Vgl. auch XXIV, 173, 376f., 403; Ms. B II 1/ 47b.

(38) 〈視る〉は知覚一般よりも広範な概念である。「必ずしも知覚ではないような〈視る［こと］〉、知覚することが種としてそれに下属しているような〈視る［こと］〉が存在する」(Ms. B II 1/47a)。

(39) Vgl. XIX/2, 651ff. und besonders XXXVI, 9f.

(40) Vgl. XVIII, 183ff.; XIX/2, 656; Mat III, 95; XXIV, 7f., 156; II, 59; X, 351f.; XXX, 323ff.; III/1, 46f., 334; XVII, 165, 286, 289f.; XXXVI, 10; B II 22/ 3b; Tugendhat 1967, 101ff.; Rosen 1977, 47ff.; Heffernan 1999. フッサールの同時代人による「明証感情」の諸理論は、以下に要約されている。Rosen 1977, 44ff.; Heffernan 1999, 89ff.

(41) ローゼンは、この批判をより詳細に根拠づけている。Rosen 1977, 47f.

(42) Vgl. XVIII, 192; XXIV, 156; II, 59.

(43) この点に関して、とりわけ草稿中の以下の箇所を参照。「〈見ること［洞視すること］〉(Sehen) が本当に〈見ること〉であるということを、何らかの感情が私に言うことはできない。というのは、私が感じるとき、『いかにして〈感じること〉が〈見ること〉を本当の〈見ること〉にするのか、それを〈見ること〉として性格づけるのか』ということは不可解だからである。〈感じること〉がそのような働きをするということを、私は自らまたしても見［洞視し］なければならないであろう。そして、もし仮に、この新たな〈見ること〉が、またしても感情のうちにのみ、〈見られなかったものを何も含まない〉という印をもつとしたら、この印が本当に印であるのかどうか、といった問いをまたしても問わなければならないことになるであろう」(XXXVI, 10; vgl. XXX, 324)。

(44) Vgl. auch II, 6; XXIV, 8; XXXV, 477. この点に関するブラントの発言は的を射ている。「明証は直接的である。それについて語ることはすべて、明証をすでに前提しているし、あらゆる証明の試みは、明証をすでに前提している」(Brand 1955, 2)。

(45) 『プロレゴメナ』における明証の定義を想起されたい。「明証とは［……］真理の『体験』にほかならない」(XVIII, 193)。以下も参照。「『明証』とは、まさしくこの〈体験され気づかれた真理の意識〉である。［……］そして、まさにこの意識のうちで、私は事象の真理を把捉するのであり、事象そのものが私に、真理のなかで、また真理と共に、与えられているのである」(Mat III, 64)。「要するに明証とは、そのなかでわれわれにとって真理が意識されるに至る体験であり、しかも、最も完全な意識に至る体験である。真理はこの体験のうちで与えられる」(Mat III, 133f.)。

(46) この点に関しては、以下をも参照。「自体所与性一般を否認することは、あらゆる究極的規範、認識に意味を与える一切の根本尺度を否認することである」(II, 61)。この文脈において、メルテンスは正当にも、〈究極的根拠づけの行き止まり性(それ以上遡りえない性格)は、論証の恣意的な中断と混同されてはならない〉ことを強調している(Mertens 1996, 49f.)。

(47) Vgl. XVII, 165; dazu auch Tugendhat 1967, 103.

(48) このイメージは、明証感情論に通じるものがある。しかしながら、「光」の比喩があらゆる点で排除すべきものであるかどうかは、検討の余地がある。光は、サーチライトのような「光るもの」として捉えられるばかりでなく、そのなかに見えるものが現われるような「媒体」ないし「エレメント」として捉えることもできるからである。この点については、第七章二d、eを参照。実際、後年のフッサールは「光」という語の使用を完全には排除していない。Vgl. z. B. III/1, 142, 175, 327; V, 104; XXXV, 476.

(49) この観点から、フッサールは、「いかなる理論も、あらゆる理論の尺度であるものを取り除くことはできない。すなわち、端的な見ることの内に、つまり根源的に、与えられたものを取り除くことはできない」ことを強調している(XX/1, 283; vgl. VIII, 33)。

(50) Vgl. Tugendhat 1967, 106; Wiegerling 1984, 152.

(51) Vgl. II, 60; XXX, 326, 329; III/1, 46; Ms. B II 22/3b.

(52) この問題設定については、II, 47f., 8; XXIV, 220ff., 378; X, 349参照。

(53) この問題状況について、ローゼンが『論理学研究』の観点から行った精確な記述を参照(Rosen 1977, 55ff.)。

(54) この点については、『論理学研究』第六研究の「範疇的直観」の解明(XIX/2, bes. 657ff.)のみでなく、第二研究における理念的対象性(スペチエス)の所与性と経験主義的・唯名論的先入見についての議論(XIX/1, 111ff.)をも参照。「本質」と「範疇的直観」については、Tugendhat 1967, 107-168; Sokolowski 1974, 31-85; Kersten 1975, 61-92; Rosen 1977, 55-136; De Boer 1978, 234-269; Lohmar 1998, 178-273; ders. 2002b, 125-145参照。本質論の詳細には、ここでは立ち入らない。所与性圏域の明証論的拡張を解明するという目的のためには、本質が明証的な〈視る〉の内で与えられるということを確認するだけで十分である。

(55) そこで問題となっているのは、「赤」の意味の最も単純な核であり、「赤」についてのいかなる語りにおいても前提されていなければならない単純な〈何〉(Was)である(vgl. XIX/1, 117ff.)。その際、それを事実的対象へと超越化的に関係づけることは、保留されたままでなければならない。

(56) Vgl. XXV, 32f.; XXXVI, 6.

(57) 本質視［本質直観］(Wesensschau) に関する諸々の誤解については、Rosen 1977, 72ff. 参照。

(58) Vgl. auch II, 56; XXV, 36; XX/1, 282; Kersten 1975, 90ff.; Sokolowski 1974, 69.

(59) 一九〇二／〇三年の講義には、変様されたデカルト的明証である「このこれ」(Dies-da) が、「すでに最下の段階の理念視 (Ideation) である」(Mat III, 78) という見解が見られる。「体験」は、現象学においてはいわば「体験－理念 (Erlebnis-Idee) あるいは体験－本質 (Erlebnis-Wesen, Erlebnis-Essenz) を意味する」(ebd.)。一九〇六／〇七年の講義においても、次のように言われている。「『このこれ』は、時間的に個別的な〈このこれ〉であるのではなく、すでに一つの理念視を、しかも最下の段階の理念視を意味する」(XXIV, 386)。Vgl. auch XXIV, 225ff.; XXV, 32f., 36; III/1, 12f. このことは、フッサールの言う「下からの哲学」(Philosophie von unten) (XXV, 41; vgl. Dok III/3, 160; Dok III/5, 15; Dok III/6, 99) が、決して単なる経験主義的な試みと同一視されえないことを示している。フッサールは、ナトルプ宛書簡 (1909) の中で、次のように示唆している。「われわれの考えでは、単に事実的な経験的・心理学主義的〈下〉があるのみでなく、真に観念論的［イデア主義的］な〈下〉もまたあるのであって、そこから出発して、一歩一歩高みへと作業しつつ登ってゆくことができるのです」(Dok III/5, 110)。

(60) Vgl. II, 11, 71f.; X, 347f.

(61) 「現象」の二義性と、超越論的現象学にとってのその意義については、II, 12, 14; XXIV, 425; X, 336, 348; Held 1980, 90 参照。

(62) この点は、後の著作において強調されている。Vgl. I, 182; V, 140f.; VI, 192; Dok III/9, 83f.

(63) このように明証が特定の客体に依存しないということを、シュトレーカーも指摘している (Ströker 1978, 7f.)。

(64) この引用文には、すでに、還元を「態度変更」として性格づける後年の成熟した還元思想の響きがある。一旦遮断したあらゆる所与性を「取り戻す」というモチーフは、後年の著作において強調的に現れる (vgl. III/1, 159; I, 183; VIII, 166ff.)。ここで見逃してはならないのは、「態度変更」としての還元の規定が、そもそも初期における明証論的考察によってはじめて可能になったという点である。

(65) Vgl. III/1, 46; XXIV, 155; XXX, 325. この論点は、「明証感情」批判の文脈で、繰り返し登場する (vgl. XVIII, 192, 194; XIX/2, 656; Mat III, 95; XXIV, 155f.; II, 59f.; XXX, 325; XXXVI, 10)。

(66) この点に関しては、とりわけ XXXVI, 10; Ms. B II 1/ 47b; XXIV, 155 を参照。

(67) とりわけ XVII, 170 を参照。シュトレーカーも強調するように、「志向と充実」の関係は明証論にとって根本的な役割を果たしている (Ströker 1978, 9f.)。この点については、ローゼン (Rosen 1977, 26ff.) およびヘファナン (Heffernan 1983, 49ff.) の立ち入った論究をも参照。

（68）志向的意識連関の「目的論的」意義については、II, 13, 57f.; XXV, 16 をも参照。

（69）Vgl. XIX/2, 646ff., bes. 651; XVIII, 29f.; Mat III, 133; XXIV, 154f.; Heffernan 1983, 62ff.; Lohmar 2000, 195ff.

（70）「志向と充実」に関する「認識の諸段階」については、XIX/2, 596ff. 参照。

（71）Vgl. Mat III, 61f., 132ff.; XXIV, 320f., 324f., 430ff.

（72）フッサールはこの遠近法的比喩を、たとえば以下の箇所で明示的に用いている。III/1, 141f.; V, 103f.; XI, 383; XXXV, 406; Ms. A I 31/ 35b-38a.

第三章

（1）Schuhmann 1973, 162. 『論理学研究』第二版の注（XIX/1, 374 Anm.）と比較せよ（本書九〇頁参照）。

（2）「現象学する自我」という語に関しては、序論八頁をも参照。

（3）本質研究が強調されている文脈でも、自我の遮断に関しては、とりわけそれが自体的に与えられていない点が強調されている。Vgl. dazu Dok III/2, 124; XXII, 207. マールバッハも、経験的自我の遮断は本質論への移行から帰結するわけではないとしている（Marbach 1974, 31 Anm.）。Vgl. Bouckaert 2001, 295ff.

（4）第二章で示したように、本質研究は、明証批判によってはじめて正当化されうる。明証批判から帰結する明証一般は、形相的なものの圏域を遥かに超えて広がっている。それゆえ、明証一般を形相的なものとして性格づけることはできない。そもそも、事実的なものと形相的なものとの記述的区別は、明証としての〈視る〉においてはじめて確定されうる。それについては本章三c参照。

（5）以下の言明（一九〇八年頃）をも参照。「私に与えられた流れ、直接にかつ絶対的に措定されたもの、このこれ！――〈私に〉と言ったが、しかしまだ心理学的意味での個体としての私にではない」（XIII, 5）。一人称単数を示す「コギト」（cogito）という語も、一九〇九年の講義のなかに同様の二義性をもって登場する。この語は、一方では否定的に、他方では肯定的に用いられている（X, 346, 353）。

（6）同様の表現は、他の箇所にも見られる。Vgl. XXIV, 118, 146, 168, 234.

（7）Vgl. auch XXIV, 200f. 認識論のこうした回帰的関係が、循環の誤りを犯しているのではないかという疑いを、インガルデンは一九二一年に著わした「認識論における先決問題要求の虚偽（petitio principii）の危険について」という論文で根本から排除している（Ingarden 1994, 201ff.）。メルテンスも、現象学的な究極的根拠づけが、必然的に循環性ないし自己関係性をもつことを指摘し、そこに先決問題要求の虚偽や循環論証といった論証の誤りを見ることはできないとしている（Mertens 1996, 49f., 132f.）。Ms. A I 24/5b も参照。そこでフッサールは、哲学そのものが、自己関係的循環においてしか可能ではないと指摘している。

（8） Vgl. auch Mat III, 92; II, 43-46.

（9） フッサールは、一九〇八—〇九年頃の草稿において、現象学的記述の中に登場する「自我」への問いを立てている。「自我に関しては私はどう言ったらよいのだろうか。［……］いつも私は〈私〉と言い、私が見ること、私の疑い、等々と言うのであって、それを眼差しつつ見出す」（Ms. A VI 8/104a: zitiert nach Marbach 1974, 63f.）。この「現象学する自我」の問題は、マールバッハが示すように、フッサールを「困惑させる」が、さしあたり彼は、この問題と主題的に対決することは避ける（Marbach 1974, 59ff.）。カーは、すでに『論理学研究』において、方法的な〈「私」の視点〉が、潜在的だが決定的な役割を果たしていることを指摘している。「『論理学研究』においてフッサールが行うことはすべて、潜在的に、決して主題化されることなく、すでに一人称の視点を含んでいる」（Carr 1999, 74）。スミートもこの点を強調する（Smid 1978, 34f., 60ff.）。

（10） そのような試みは以下の箇所に見られる。XIII, 19f., 241ff., 245, 247.

（11） 「自我の発見」をめぐる以下の研究では、現象学する自我の問題に議論を集中させ、自我問題の一般的な発展史には立ち入らない。後者の点に関しては、以下の先行研究を参照されたい。Marbach 1974, 74ff.; Schuhmann 1973, 40ff., 60ff., 85ff., 154ff.; Sakakibara 1997, 21ff.

（12） マールバッハは、フッサールを純粋自我の承認へと導いた動機を明らかにするために、やはりこの同じ講義を分析している。その際マールバッハにとって問題なのは、純粋自我を「意識流の統一の原理」として際立たせることである（Marbach 1974, 87ff.）。拙論では、この事象的分析を、別の（主に方法的な）側面から補完したい。「自我」が現象学の方法を根本的に規定するとしたら、それは現象学の単なる部分問題ではなく、現象学全体の存立にとって決定的な問題であることになる。

（13） Vgl. XIII, 164, 179, 182.「超越論的経験」概念の発展と意義については、Trappe 1996, 特に 100ff. を参照。

（14） この語は、「感情移入」「自己移入」などと訳されるが、これらの訳語は、原語と比較するなら、どちらも余計な要素を付け加えている。「移す」「自己」といった意味契機は、原語には含まれていない。ein-「入る」、fühlen「感じる」という原語のニュアンスをそのまま生かすために、筆者は「感入」という訳語を採用している。ちなみにこの訳語は、すでに鬼頭英一の訳書で用いられている（鬼頭 1933）。Einfühlung の訳語をめぐる問題点については、浜渦 1995，246-247 頁参照。浜渦は、「感じ入る＝感じ取る」と補足的に訳すことも考えたと記しているが、「感入」という訳語は、これを端的に術語化することを意図している。

（15）もし仮に、私が他者の体験を直接に、それ自体として体験しうるとしたら、他者の他者性は廃棄されてしまう。この論点をフッサールは繰り返し強調している。「もちろん、他者の感覚を私は感覚できず、ただ感入できるだけである。もし仮に私が他者の感覚を感覚できるとしたら、他者の身体は私の身体であり、私と汝との区別は何の意味ももたないことになろう」（XIII, 11）。「もし仮に、他者の固有本質的なものが直接的な仕方で到達可能であるとしたら、それは単に私の固有本質の契機であることになろうし、結局は他者自身と私自身とが一つの同じものであることになるだろう」（I, 139）。Vgl. auch XIII, 2, 18 Anm.; XV, 338.

（16）Vgl. XIII, 2; XIV, 244, 248f., 274, 360f.

（17）Vgl. auch XIV, 245f., 93, 128; IX, 181ff., 431.

（18）Vgl. III/1, 92, 351; XIV, 349f.

（19）他者の自己経験は、私には原的に与えられえないが、それでもそれなりの仕方で——つまり、ラディカルに「非‐原本的なもの」として——他者経験のなかで「与えられて」いる。そこで他者は、自己自身を体験する自我として自らを告知している。だがその際、私が原的に〈視ること〉の不可能性が、他者の存在妥当を廃棄することは決してない。むしろこの不可能性は、他者経験の本質的規定に属する。「経験しえないものの原理的な指示を伴ったこの経験は、経験しえない自我と心的生の経験であるが、それなりの確証様式を伴っていて、私はそれをいつでも試すことができる」（XIV, 351）。「原本的に接近不可能なものの、この種の確証されうる接近可能性のうちに、存在する異他なるものの性格がもとづいている」（I, 144）。Vgl. auch I, 139. この点の詳細については Taguchi 2002 をも参照。

（20）『イデーンI』（1913）には、まだ自我論（Egologie）の明確な強調は見られない。一九一七年に行われたフライブルク大学就任講義（XXV, 68ff.）や同年の論文（XXV, 82ff., 125ff.）に関しても同様である。還元によって得られる現象学的地盤は、「エゴ」ではなく「純粋意識」と呼ばれる。これに対し、一九二二年の「ロンドン講演」からは、自我論的現象学への方向づけがはっきりと読みとれる（XXXV, 311ff.）。

（21）この点に関してぜひ指摘しておかねばならないのは、フッサールの「超越論性」の概念が、その伝統的な概念から大きく逸脱しているという点である（vgl. Landgrebe 1973, 320）。フッサールは、「超越論的なもの」を「普遍的」ないし「本質必然的」なものと見なす伝統的定義を拒否する。「超越論的意識」は、フッサールにとって、経験的意識の「本質」であるわけではなく（vgl. Mohanty 1985, 192, 211; Waldenfels 1971, 40）、「現象学的経験」の具体的圏域であって、この圏域は本質論に先立ち、それこそが本質論にはじめて「作業領野」を提供するのである（IX, 345; Dok III/6, 458f.）。すでに「根本問題」講義においてフッサールが明らかにしているように、現象学を最初から本質論と見なすことはできない（XIII, 111 Anm., 162 Anm., 174）。超越論的還元と形相的還元の区別については、Held 1985, 40f. を参照。

（22） 一九二九年の以下のような言明も参照。「現象学は超越論的に還元されたエゴの学として――私の、現象学的に哲学する者の学として始まる」（III/2, 641）。

（23） この点については、とりわけ VIII, 436 Anm. を参照。

（24） Vgl. VI, 191; I, 77; XV, 17; XXXIV, 203; Dok II/1, 203.

（25） これについては、Husserliana XV のケルンによる編者序文（XV, XXXIII）を参照。この言葉はメルロ＝ポンティに帰せられることがあるが、すでにフッサールがたびたび同趣旨のことを書き残している。たとえば XV, 73, 74f.

（26） Vgl. I, 35, 69f.; V, 153; VIII, 173ff., 433ff.; IX, 245f., 283f., 320f., 345; XVII, 244ff.; Ms. B III 8/ 11a, b. たとえば、インガルデン宛書簡（1924）に見られる以下の箇所が典型的である。「現象学が独我論的であるのは見かけ上のことだけであって、完全な超越論的還元は、エゴを超えて、エゴと共同態のうちにある開かれた自我－総体（Ich-All）を帰結する」（Dok III/3, 224）。

（27） Vgl. VIII, 190, 505f.; I, 176f.; XV, 194, 366, 370, 377, 382ff., 587ff., 635; Dok III/3, 486. フッサールによれば、世界は、超越論的主観性の多数性に関係づけられた仕方で、本質的にモナド論的パースペクティヴ性において現出する。その際、「一なる」世界が間主観的に多様な仕方で現出することは、あらゆる経験の「理念」としての「同一的自然」によって媒介されている。「世界が還元される先である絶対的なものは、エゴの絶対的多数性であることが判明する。それらのエゴは、互いに方向づけられた仕方で現出し、詳しく言えば、自然の中にある身体の内に自己を表現しつつ、自然に媒介されてのみ互いにとって現出しうる」（XXXV, 283）。Vgl. auch VIII, 189f.; I, 36, 176, 182; XIV, 244ff.; XV, 192ff., 362ff., 586ff.; XXXV, 304, u.v.a. ここではフッサールのモナド論の構造には立ち入らない。これについては以下を参照。Meist 1980; Strasser 1975; ders. 1989; Nitta 1978a; 新田 1978b, 142ff.; Cristin 1990; Römpp 1992; Iribarne 1994; Zahavi 1996, 53ff.; 谷 1998, 602ff.; 拙論 1996, 1997.

（28） この点に関して、ケルンによる Husserliana XV の編者序文（XV, XXXIII）参照。

（29） もう一つ別の理由としては、「意識流の統一」をめぐる分析の進展が挙げられる。マールバッハの指摘を参照（Marbach 1974, 74ff.）。

（30） 「第五デカルト的省察」の第一稿（1929）では、次のように言われている。「超越論的還元の後、最初に措定された超越論的エゴは、まだ無規定であって、本質的にそのエゴ自身の内に存している諸区別をまだ欠いており、超越論的間主観性についてはまだ何も理解していない。超越論的間主観性は、前提的な仕方で客観的世界を経験するエゴとしてのこのエゴのうちに、志向的に含まれていなければならないのであるが」（XV, 17）。Vgl. auch IX, 345; III/2, 641; I, 175f.

(31) 『デカルト的省察』は一九二九年に書かれ（vgl. Strassers Einleitung des Herausgebers zu I, XXVI）、内容的にはまだ二〇年代の思考圏に属する。

(32) 『デカルト的省察』の「結語」では次のように言われている。「最高の意味で究極的に根拠づけられた認識への、あるいは同じことだが、哲学的認識への必然的な道は、普遍的な自己認識の道であって、まずはモナド的な、次いで間モナド的な自己認識の道である」（I, 182）。Vgl. I, 102f. また、同書でフッサールが引いているアウグスティヌスからの引用も、「自己省察」への方向性を強調している（I, 183）。

(33) 純粋自我そのものの詳細な主題的論究には立ち入らない。それについては以下の諸論考を参照。Broekman 1963, 188ff.; Marbach 1974, 98ff.; Heinsen 1982; Mensch 1988, 80ff.; Benoist 1994, 13ff.; Sakakibara 1997.

(34) Vgl. VI, 173ff., 182f., 186; I, 100; V, 158f.

(35) 「私」が「私自身」を考察する、というのが自我考察の基本形態である。「自我」を「自我」として理解するということは、自ら自我であるような経験する者が、自分自身を自我として経験するということを原様態的に前提しているからである。自ら自我であることなしに、「自我」というものを理解することはできない。第六章の「変様論」、特に第三節を参照。

(36) Vgl. IV, 105（auch 101, 111）; Ms. F III 1/ 6a（zitiert in Marbach 1974, 208f.）.

(37) 同じく以下も参照。「一つの自我は、類的な事象的固有性質をもたず、それ自体においては全く空虚である。それは、単にコギトのエゴであり、一切の内実を放棄して、体験流へと関係づけられている。それはまた、体験流に対して非自立的であり、体験流もまたそれに対して非自立的である」（XIV, 23; vgl. XIV, 29, 43; XXXIII, 280）。

(38) 純粋自我のこのような性格規定は、「原理的にもはや『強められる』ことも『弱められる』こともありえない」（III/1, 321）という十全的明証の規定と合致する。純粋自我の「自己知覚」は、それ以上さらに充実されうるような空虚志向を含まない。

(39) この両者の区別に関しては、以下を参照。Ms. A VI 8 I（zitiert in Marbach 1974, 156 Anm. 68）; Orth 1999, 90ff.

(40) Vgl. III/1, 123; IV, 103; XXXIII, 280. フッサールによれば、純粋自我には「登場」（Auftritt）と「退出」（Abgang）はある。だが、それによってフッサールが言おうとしているのは、純粋自我に特有の機能が顕在的になったり潜在的になったりしうるということにすぎない（vgl. IV, 103f., 107f.）。

(41) 自我の実体化に対するフッサールの批判については、VII, 103ff.; XXXIV, 189 参照。

(42) 純粋自我の所与性と対象の所与性との間の根本的な差異については、以下をも参照。XIV, 30, 51; III/2, 562; XXXIII, 287; XXXV, 92. 自我の「無名性」は、一九二二／二三年の「哲学入門」講義でも言及されている。「特殊的に自我的なものに関しては、残念ながらわれわれはどのような名前をも持たない」（XXXV, 91）。

　ところでフッサールは、『イデーンII』のなかで、次のように述べている。「純粋自我とは、〈決して客観になりえない主観〉ではまるでない。［……］純粋自我は、純粋自我、同一的に同じこの自我によって、対象的に措定可能である」（IV, 101）。だがこのことは、純粋自我が対象にもなりうると述べているだけであって、純粋自我がまず第一に対象として構成されるものであることを意味しない。それを対象化しうるには、現象学的な考察を通して、新たな「所与性」への明証的視が開かれねばならない。ここで述べられている純粋自我の対象化の可能性は、「原的自己把握の可能性」（IV, 101）を意味しているのであって、つまりは独特の明証的所与性としての純粋自我の現象学的性格を述べているものにほかならない。

（43）　この点で、フッサールが純粋自我を「遍時間的」（XXXIII, 286; VIII, 471f.）とか「超時間的」（überzeitlich）（XXXIII, 277）と呼んでいるのは誤解を招く。というのも、フッサールの後年の用語法に従うならば、これらの術語は本質一般性に関係するからである（vgl. EU, 309ff., bes. 313; Held 1966, 49ff.）。

（44）　Vgl. III/1, 124, 180.　これに対し、自我は遅くとも二〇年代の初めには見紛う余地もなく前面に現われてくる。とりわけ「ロンドン講演」（XXXV, 311ff.）参照。この講演の重要性については、ゴーセンスによる「序論」を参照（LV, 183ff.; XXXV, XXIff.）。『イデーンII』における純粋自我の主題的分析は、この新しい展開をすでに準備している（IV, 97ff., 297ff.）。インガルデンによれば、フッサールはすでに一九一六年には「純粋自我の同一性の問題がもつ重要性を完全に意識して」いた（Ingarden 1968, 132）。

（45）　この点については、Smid 1978, 60ff. 参照。

（46）　同様に以下も参照。「しかし今、始まりの哲学者としての私にとって、すべての他のエゴは括弧に入れられている。つまり私は、私自身のエゴという地盤の上で、しかもこのエゴのもつ諸々の必当然的所与性の枠内で、学としての自我論を企図するという課題の前に立っている。それはすなわち、単に主観的なもの、超越論的で必当然的に明証的な主観性の学であり、この主観性とはもっぱら私の主観性である！　したがって、あの共通の客観性についてはもはや語られない」（XXXV, 148）。

（47）　この究極的な「合理性」（Rationalität）ないし「理性性」（Vernünftigkeit）は、フッサールが初期から強調しているように、〈視る〉としての明証において成り立つ（II, 62; XXXV, 288ff.）。この点については第五章二b参照。〈視る〉の各私的（jemeinig）明証遂行は、すでに初期の明証思想において潜勢的に一つの役割を果たしていた。たとえば『現象学の理念』の以下の箇所を参照。「私が認識の本質を明晰さにもたらすことができるのは、ただ、私が私自身で認識を見つめるときだけであり、そして、認識が〈視ること〉のうちで、私に、あるがままにそれ自体与えられているときだけである」（II, 46）。

（48）　Vgl. XXXV, 49, 59f., 93f., 148f., 164ff.; VIII, 10ff., 21ff., 40.

(49) 思惟の「自己責任」については、第七章四で詳しく扱う。

(50) Vgl. VII, 73; I, 63; VIII, 75. これはフッサールのデカルト批判の中心点でもあった。Vgl. XXXV, 60; IX, 329f.; XVII, 235ff.; I, 48f.; VI, 80ff., 414f.

(51) 「エゴ・コギトの必当然的明証」は、この意味で「単に一つの始まりにすぎないのであって、終点ではない」(VIII, 169)。「〈私はある〉の必当然性に、形式的な仕方で依拠する」のであってはならない。「〈私はある〉の必当然性は、むしろそれを理解し、さしあたってはその具体的意味を明らかにするための、手引きでなければならない」(XV, 449)。Vgl. auch I, 77; VI, 191; Dok II/1, 203.

(52) Vgl. auch XXXV, 93, 330; VIII, 5, 123; Ms. F I 44/ 11b.

(53) 「見ることを学ぶ」というモチーフは、しばしばフッサールの著作中に見られる。Vgl. XXXV, 82, 98, 100; VII, 251, 279; VI, 251; XXIX, 129, 425. メッツガー宛書簡 (1919) の中でフッサールは、「自分の人生全体は、純粋に見ることを学びかつ習練し、そのような見ることの根源的権利を貫徹することだった」(Dok III/4, 413) と記している。

(54) Vgl. XXXV, 321f. 詳しくは第七章二を参照。

(55) とりわけ XXXV, 433f. ならびに以下をも参照。「一つのアプリオリ、何らかの本質法則が把捉されるに至ったとしても、それは内在の枠内にある形成体である。[……] 理念的なもの、しかもあらゆる種類の理念的なものは、一つのエゴの枠内に理念的存在をもつ。すなわち、本質的に当の諸形成を、同一的内実のそれとして、自らのうちでいつでも遂行しうるようなエゴの枠内に、理念的存在をもつ」(XXXV, 258)。

第四章

(1) Vgl. VI, 173ff. 『危機』のより詳細な概観は、たとえば Gurwitsch 1956/57; Orth 1999; Möckel 1998, 270ff. に見られる。(ただし、Gurwitsch は「原自我」にまったく触れていない。)

(2) フッサールはこの課題を、一九二二／二三年の『哲学入門』講義において、とりわけ詳細に取り上げている (XXXV, 115ff.)。『第一哲学』の特徴的な叙述 (VIII, 169ff.) にも注意すべきである。その最初の部分は、『危機』の上に挙げた箇所とよく似た仕方で書かれている。間主観性の問題は、『危機』における「原自我」の問題化にとって中心的な役割を果たしているが、『第一哲学』においても、超越論的「自己批判」の文脈において間主観性が前面に現われている点を見逃すことができない (VIII, 173ff.)。

(3) フッサールは「主観性の逆説」を、様々な研究草稿のなかでも繰り返し考察している。たとえば後で扱う草稿 E I 5 (XV, Nr.

31, bes. 546ff.) や、「謎。諸々の逆説」という表題をもった大部の草稿群 B I 14（とりわけ IV と VII：これについては Sebastian Luft による Husserliana XXXIV, 544f. の記述を参照）などがある。XXXIV, 256f.; Ms. B I 5/14a も参照。

（4）この「組み直し」(Neugestaltung) は、後に第五五節で語られる最初のエポケーの「改造」(Umgestaltung)、すなわち「絶対的エゴへの還元」による改造を暗示しているように見える (VI, 190)。このことは、「人間的主観性の逆説」が、「原自我」の問題化にとって直接的な動機をなしているということを裏書きしている。

（5）フッサールはこの「逆説」に、早い時期から注意を促している。Vgl. III/1, 116; VII, 277f.; XXXV, 23. しかしフッサールは、『危機』において、彼の最後の立場に立脚しつつ、この「逆説」から最もラディカルな帰結を引き出そうとしている。この文脈で、「循環」の回避というモチーフが重要な役割を果たしているという点にも、注意すべきである (vgl. XXXIV, 288)。この点は第五章で立ち入って論ずることにしたい。

（6）フッサールが、単なる「自然さ」で満足することも、伝統的な意味での超越論性によって話を打ち切りにすることもなかったということは、『第一哲学』のある箇所が示している。自然的‐実証的な世界認識と超越論的世界認識との間の「鋭い矛盾」を示唆した後、フッサールは、自然的思考の側の懸念に対する、超越論哲学の通常の回答は、満足のいくものではないと指摘する (VII, 277f.)。真の理解は、「事象から遠く離れた一般性の内を動く、単に論証的な考察」からは生じてこないのである。Vgl. auch VI, 203ff.

（7）この核心的な点は、以下でもはっきりと表現されている。「能作する普遍的生――世界一般と人間としての自我とは、そこでの能作形成体である――を営んでいる普遍的に能作するエゴは、自我‐人間という形成体から際立つ。しかし、このような対照においても、それはやはり自我であり、私はエゴとしても人間的人格としても、同じ者である」(XV, 540)。XXXIV, 200f., 220, 222f. も参照。

（8）Vgl. auch I, 75; XXXIV, 155; Brand 1955, 46; Broekman 1963, 185f. 自然性と超越論性との関係、隠蔽と露呈の関係に関しては、拙論 1998, 14ff. をも参照。

（9）ここで「解決」と称されたものは、むしろエゴを「一つの逆説に、あらゆる謎中の最大の謎に」(VI, 82) する。「しかし、もしかすると多くが、いや哲学にとっては一切が、この謎に懸かっているのである」(ebd.)。

（10）フッサールは、ドイツ観念論の本来の方向性を高く評価しているが、その超越論主義は形而上学的構築の混入を防げなかったと見る。その理由は、そこでの超越論主義が、超越論的自我と経験的自我とのあまりにもきっぱりとした分離から出発している点にあるとフッサールは考える。その結果、二つの自我の関係が理解不可能になり、同時に、超越論的次元への直観的通路が失われてしまったというのである。Vgl. VI, 116-120, 201ff. bes. 205; XXIX, 117. 形而上学へのスタンスに関しては、序論末尾の附論を参照。

(11) トラッペも、フィンクが「構成する」能作と「現象学する」能作とをきわめて強く対立させている点を取り上げて、それがあまりフッサール的ではないという見解を示している。「超越論的経験」は、「一切の解釈から解放されている」と見なされる必要はない。むしろそれは、最初から反省的契機を含んでいる。〈現象学すること〉は、〈構成すること〉でもある。だがそれは、世界を構成する能作ではないという点で、際立っているのである（Trappe 1996, 171f.）。

(12) エポケーの遂行に関するフィンクの記述には、三人称で書かれ、幾分形而上学的に響く部分があるが、これをフッサールは、一貫して一人称で書き直している（Dok II/1, 43 Anm.）。

(13) 私の具体的エゴは、原理的に匿名的に機能している現象学する作用－自我と共にあってのみ主題となりうることをフッサールは示唆している（Dok II/1, 205）。なるほどフィンクもまた、世界を構成する自我と現象学する自我との相互的な前提性について語っている（Dok II/1, 65）が、「三つの自我」という語り方が適切であるのかどうかという懸念は残る。

(14) この点に関しては、以下の注記をも参照。「私が関与しないというのは、あらゆる世界的関心――それを私はなおも保持している――を『差し控える』かぎりにおいてである。つまり、自我――哲学する者――として、あらゆる世界的関心を超えたところに自己を置き、それらの関心を眺め（zuschauen）、一般に私の超越論的エゴと同様に、記述のテーマとして受け取るかぎりにおいてである」（I, 16）。I, 72ff.; IX, 189, ならびに『第一哲学』における詳述をも参照（VIII, 86ff., bes. 96ff.）。

(15) とりわけ以下を参照。「超越論的－反省的態度への移行が意味しているのは、［……］この［意識］生の遂行仕方の、ある新たな様態でもある」（XV, 537）。あるいはまた、以下のようにも言われる。「現象学すること」とは、「それ自体、構成する能作の特別な態度・あり方にほかならない」（Dok II/1, 192）。Vgl. auch VI, 209.

(16) 以下の箇所も、自我のもつ三つの局面の不可分の統一をはっきりと示している。「私が自らを現象学する自我として確立するとき、［……］私は私の人間的現存在（とりわけ世界的な現存在）を、〈以前は匿名的で非主題的であった諸能作の普遍的連関のうちにある、私の志向的能作の形成体〉として、はじめて発見するのであって、こうした能作のうちで、世界は絶えず、一致調和的意識総合の諸々の同一性極の体系としての、私にとって構成された妥当形成体である」（XV, 540）。

(17) ブレークマンも同様の議論を展開している（Broekman 1963, 181ff.）。その際彼は、「原自我」という語を出すことはないが、すでにこの問題に触れている。たとえば「多義性」（Äquivokation）についての言明（184）を参照。

(18) 論証的循環を回避するという動機が、『危機』のこの箇所にもはっきりと見て取れる点に注目すべきである。Vgl. XXXIV, 299.

エポケーと還元の特徴づけに関しては、第二章二参照。

（19） オルトは原自我が「人格」的性格をもつと言うが（Orth 1999, 94）、persönliche Undeklinierbarkeit の persönlich は「人称的」の意味であると思われる。つまり、ここで問題になっているのは、「人格の同一性」ではない。

（20） 草稿における自己批判と改訂の試みを参照（XV, 70ff.）。『デカルト的省察』の修正・拡張計画は、結局完遂されなかった。

（21） フッサールはたとえば「脱-異他化」の能作の特殊性を以下のように記述している。「かくして、一つの『他なる』自我が、共現前的（kompräsent）なものとして、私のうちで存在妥当に至るのであるが、それはそれなりの明証的な確証の仕方をもっているのであって、この確証の仕方は、『感性的』知覚のそれとは明らかに全く異なる」（VI, 189）。

（22） 他者と間主観性が、その「自明な」存在妥当において理解可能にされるとき、それはもはや素朴に前提された妥当ではなく、批判的に検証された真理となる。つい先ほど引用した文に、フッサールはこう付け加えている。「方法上は不当であったとしても、そこにはやはり一つの真理があったのである」（VI, 190）。

（23） フッサールがこの問題を、「志向的変様」という観点から提示している点に注目すべきである（VI, 191）。

（24） フッサールがここで点的な明証ではなく「明証圏域」について語っている点に注意すべきである。

（25） すでに見たように、この点は、フッサールが初期から繰り返し強調してきた論点である。第二章四九頁参照。

（26） Vgl. VI, 9ff. 273ff.　オルトも、自己省察と自己解明が『危機』書の根本モチーフであると指摘している（Orth 1999, 95ff.）。

第五章

（1） 「先入見」の隠蔽性格に関連して、フッサールは、哲学への導入に含まれているのは、〈真なる哲学とその方法とを発見する道を示す〉という課題だけではないと指摘している。「事象的かつ徹底的な根拠づけを盲目にするような先入見を、効果的に働きの外に置くことが、不可避的にそれと絡み合っている」（VI, 439）。

（2） Vgl. Dok II/2, 216f. (Fink).「現象学的言語」の問題にはここでは立ち入ることができない。それについては、フィンクの『第六デカルト的省察』（Dok II/1, 93ff.）; Hülsmann 1964; Kaiser 1997, 212f.; Luft 2002, 209ff. 参照。

（3） Vgl. auch Mat VIII, 4.　それゆえ、フッサールによれば、現象学的言明は「公式のように型にはまった仕方で」（formelhaft）読まれてはならない（Dok III/4, 24）という。現象学的言明は、それを読む者が、自ら経験しつつ反省することによって、その意味を自ら直観的に充実することを要求する。この点に関してフィンクは、あらゆる超越論的言明における「激烈な緊張と内的な不安定」を指摘している（Dok II/2, 217）。「したがって、既知の普通の語義を素朴に信頼してはならないために、超越論的解明＝展開を後から理解することも、〈超越論的直観の準現在化を自ら達成する〉ということをつねに要求するのである」（ebd.）。それに対するフッサールの注（ebd. 127）、ならびに Landgrebe 1963, 137 をも参照。

（4） ラントグレーベのこのような見解を裏づけているのは、たとえばフッサールの次のような言明である。すなわち、「エイドス」は、「洞視された、あるいは洞視可能な一般者」として、「語義という意味におけるあらゆる概念以前に」存しているのであって、概念の方が、「むしろ純粋な概念としては、［洞視＝直観されたものとしての］エイドスに適合する形で形成されねばならないのである」（I, 105）。Vgl. Dok III/3, 146; XXXV, 75f.

（5） この点については、Fink 1976, 282 をも参照。

（6） フッサールは、還元後の思惟の歩みにおいて、「自己誤解の誘惑がいかに大きいか、どれほど多くが、究極的なものにまで至る自己省察の明晰さに懸かっているか、いや結局は、超越論的哲学の本当の成功がいかにそれに懸かっているか」（VI, 156）を強調している。Vgl. VI, 183, 253ff.

（7） Vgl. z. B. XIII, 407f.（1918）; XXXIII, 286（1917/18）; Mat VIII, 2; XXXIV, 300［= Ms. C 2/3a, 8b（1931）］; Mat VIII, 197-199［= Ms. C 10/ 14a, 14b, 15b（1931）］; Ms. M III 3 III 1 II/ Tr. 35（etwa 1922）; B III 1/ Tr. 19（1929）: ; A V 5/ 6b, 7b（1933）.

（8） XV, 14（1929）; Mat VIII, 4, 7［= Ms. C 2/ 5a, 10b（1931）］; Ms. A V 5/ 5a（1933）; A V 20/ 9b（1935）; C 3/ 5a（1930）［Hua Mat 版には載っていないが、ここには Ur-Ego という語を含む削除されたテキストがある］.

（9） Vgl. Mat VIII, 2; XXXIV, 300［= Ms. C 2/3a, 8b（1931）］; Mat VIII, 199［= Ms. C 10/ 15b（1931）］; Ms. A V 5/ 7b.

（10） Vgl. Mat VIII, 7［= Ms. C 2/ 10b（1931）］; C 3/ 5a（1930）.

（11） 「エゴ・コギトの極としての立ちとどまる原エゴ」（Ms. A V 5/ 5a）という表現も見られる。「自我極」という用語に関して言えば、この「柔軟な」用語法が、実は事象に即した直観を孕んでいる可能性があるということを、後で考察する（第七章二b）。

（12） この点はエンブリーも示唆している（Embree 1973, 243）。

（13） 工藤和男は、「エゴ」という語の特別の含意に一貫して注目しつつ、フッサール現象学の理路を読み取ろうとしている。工藤 2001 参照。

（14） 「エゴ」という語が明らかに「原自我」として理解できる箇所がある。このことは、エゴという語に引用符が付せられていることからわかる（XXXIV, 489; XV, 586f.）。『危機』のある箇所では、「エゴ」は明らかに「原自我」の意味を籠めて用いられている（VI, 84）。

（15） とりわけ以下を参照。「機能する自我、原自我としての、私の原初的自我」（Mat VIII, 199）。

（16） Vgl. Mat VIII, 20-22 [= Ms. C 2/ 23b, 24b]; I, 167; XV, 591, 636; Ms. A V 20/ 9b（1935）.

（17） 以下の引用を参照。「視る認識こそが理性であり、それは悟性をまさしく理性へともたらそうとする」（II, 62）。XXXV, 288 も参照。「視る」の理性性格については、とりわけアギーレの解釈を参照（Aguirre 1972）。

（18） Vgl. XXXV, 288, 474. アギーレが書いているように、フッサール現象学は「古典的な合理主義に対する明確な離反」（Aguirre 1972, 104）であり、理性の新たな理解を形づくることを試みているのであって、その際明証的な「視ること」が中心的な役割を果たしている（ebd. 105ff.）。拙論 2009 も参照。レヴィナスもエポケーにおける最高度の「覚醒性」（veille, Wachheit）ないし「警戒」（vigilance, Wachsamkeit）を強調し、その上、明証を超えてさらに進むためにこれを援用していることは興味深い（Lévinas 1982, 34ff.）。レヴィナスの「覚醒」概念については、拙論 2005 も参照。

（19） エポケーのこうした認識論的モチーフについては、第二章二参照。

（20） 「時間化」と原自我については第六章四および五を参照。原自我の明証の「近さ」については、第七章二ｄにおける主題的論究を参照。

（21） Vgl. XXIV, 384f.; I, 130f., 159; IX, 247f., 266, 288, 342ff.; V, 146ff.; VI, 208ff., 261ff.

（22） Vgl. VI, 238ff.; IX, 328ff.; XV, 535f.; Ms. A VI 20/ 11bff., 29aff.

（23） これら二つの自我概念を厳密には区別しない解釈者としては、たとえばディーマー（Diemer 1965, 99）、ホーレンシュタイン（Holenstein 1972, 221）が挙げられる。この点については、Lee 1993, 214f. を参照。

（24） ザハヴィの適切な叙述を参照（Zahavi 1999, 152f.）。

（25） この点について、たとえばフッサールの以下のような言明を参照。「全く際立ちがなく、自我が完全に眠っているところでは、連合さえも全く不可能である」（XXXV, 143 Anm. 1）。「自我的能動性は、受動性を前提する――すなわち、自我的受動性を前提する」（Mat VIII, 53）。Vgl. auch XXXV, 128f.; Bernet / Kern / Marbach 1989, 194.

（26） 実際フッサールは、このテキストの続きで、先時間的な「原象」（Urstand）としての「自我」について語っている。この「原象」としての自我は、根源的な体験流に絶えず居合わせ続けているが、その内に実的な契機として登場することはない（XXXIII, 277f.）。本書第三章３ｂも参照。没自我性の抽象的性格については、Zahavi 1996, 59 も参照。

（27） この点は、草稿中のある箇所（XIV, 46）で誤解の余地なく明らかにされている。そこでは、「自我という中心」は目覚めていようがいまいが、つねに現存する「本質的な相互関係性ないし共属性」であると言われている。そして、「ある種の潜在性」が「没自我的な」意識と、目覚めた自我の意識とを結びつけているという。

(28)「先自我」の概念については、リーの体系的叙述を参照。Lee 1993, 122ff, 164ff, 214ff.

(29) 本能レベルの自我中心化については、以下も参照。「原始源(根源的誕生)におけるエゴは、すでに方向をもった本能の自我である」(Ms. B III 3/ 35a)。Vgl. Lee 1993, 164.

(30) フッサールは、Person という語を、「動物的ペルゾーン」という言い方も可能であるような、習慣性を介して形成される持続的中心化の一般形態に対して用いる。Vgl. I, 101; XIV, 61; EU 158.

(31) リーも原自我の「近さ」を強調している(Lee 1993, 214)。

(32) それは、単に時間的意味で過ぎ去ったものというだけでなく、超越論的に過ぎ去ったものを意味している。

(33) フッサールは、「客観的」秩序を「基づけの主観的存在秩序」と対比させている。『客観的』存在における第一のもの、世界的な存在における第一のもの(理念的な諸実在の圏域における第一のものも含めて)は、構成的存在における第一のものではない。客観性の存在圏域に対して構成的に先行しているのは、基づけの主観的存在秩序においてある主観的存在圏域であって、まさにそれとともに、われわれは超越論的主観性の全体のうちに立っている」(Ms B I 5/ 23b)。原自我の「唯一性」と「格変化不可能性」を際立たせることができるのは、妥当基づけの分析によってである。「現象学的還元の方法と、そこから出発して、この還元を遂行するなかで、諸々の妥当基づけを分析しモナド的諸能作全体を反省的に分析する方法とが発見され遂行されないかぎり、絶対的に唯一的なエゴ[……]と、いわば人称的に格変化する自我[……]との差異は、照明されることも理解されることもありえない」(VI, 417)。

(34) たしかに、フッサールの感入の記述は、ときに、「他者」という意味の発生を問いつつ、独我論的自我について語っているかのように見える場合がある。しかし、そういった場合に問題となっているのは、いわゆる「仮構的発生」(fiktive Genesis)であって、すなわち、分析の中で区別されるべき諸々の構成層の実験的「解体」である。「私が仮構的発生と言ったのは、他者統覚の発生が、異他なる主観性のいない周囲世界の先行的発生を前提する[……]ということを、最初から主張することはできないからである」(XIV, 477)。

(35) 一九三二年のある草稿のうちで、フッサールは次のような問いを立てている。「したがって、具体的な流れる現在は、どのように始まったり終わったりするのだろうか? 私は、その現在のうちで生き生きと生きているのであるが、その私は、どのようにして始まったり終わったりしうるのだろうか?」(Ms. B I 14/ 89a)。この問いには、次のように答えることができるかもしれない。「私は私の幼児期と身体的成長を想起するし、その時期以前にも——つまりその時期というのは、想起の時間の向こう側にまで遡るのだが——おそらく私は成長してきたのであろう」(ebd. 90a-b)。そこでフッサールは問いを発する。「だが、まさしく、私はこの〈私が想起しうる時間以前〉についてどこから知るのであろうか」(ebd., 90b)。少し後で、フッサールは以下の点を指摘する。「決定的な諸明証は、われわれ自身の明証である」。そして、一切の「可能性」は、「われわれをすでにその担い手として前提している」(ebd., 92a)。さらにその帰結として、以下のように言わねばならない。「しかし、より詳しく見てみると、私にとって、私が現にある通りにある私は、この〈われわれ〉に先行し、世界の存在に先行しているのであって、われわれにとっての世界は、ただ『われわれ』が私の〈われわれ〉であることによってのみ、存在する」(ebd., 92a-b)。これは、明証論的な視方にもとづく典型的な思考過程といえるが、これについては第七章で詳しく扱うことにする。

(36) 先存在のこのような「事後的な」再構築については、XXXIX, 470ff.; XXXIV, 181 参照。

(37) 「存在」の明証と「相存在」の明証との区別については、第七章二c(二)を参照。

(38) 第六章一b、四b、第七章一参照。明証の秩序全般については、第七章二参照。

(39) フッサールは『危機』において、「他の人間たちの間での私という人間の優位」が、人称代名詞の区別と秩序全体と共に、エポケーのうちで「現象となる」のでなければならない、と明確に述べている(VI, 188)。

(40) ヴァルデンフェルスは、原自我論のもつこのような側面を示唆している(Waldenfels 1971, 43, 49)。原自我と自己責任性との関係に関しては、第七章四参照。

(41) フッサールのこのような関心は、『危機』の叙述全体に表われている。たとえば VI, 190ff. を参照。

(42) ザハヴィはこの箇所でアギーレの解釈を批判しているが、本文中に引用した彼の解釈からすれば、この批判は必ずしも妥当ではないように思われる。この点については、Taguchi 2006a, 125, Anm. 51 参照。

(43) ザハヴィはもう一つの理由を挙げている。自我は一つの「層」として他者から抽象されうるのであるが、具体的なものとしては、他者なしには全く不可能である、というのがその理由である(ebd. 67)。この示唆は、事象的には全く適切であるが、原自我論が間主観性論と相容れる理由としては、ここにはうまく合わないように思われる。なぜなら、原自我は抽象的な意識層ではなく、——ザハヴィ自身も引用しているように(ebd. 66)——「あらゆる具体態に先立つ『具体態』」(XV, 586)を意味しているからである。フッサールによれば、このような具体態においてある「自我」こそが、それに対しては「他のエゴというのが何の意味もない」ような自我なのである(ebd.)。

(44) この点に関して、アギーレが次のことを指摘している。一つのモナドは「ここでは、誰に対しても上位に位置づけられて(vorgeordnet)はいない。なぜなら、そこでは、そのモナドの後に来たり背後に来たりするような者は誰もおらず、下位に位置づけられるものは誰もいないからである——端的に言ってまだ何もなく、すべてはこれから為されねばならないからである」

（Aguirre 1982, 43）。「これから為されねばならない」というのは、意味構成を指しているのであって、一切を実体的に産出するということではない。

（45） このことは、別の箇所にも当てはまる。「先時間的な機能現在」は、「他の諸々の同様に唯一的な自我現在を排除するわけではない」（Held 1966, 162）。

（46） Vgl. I, 182. 第三章二cも参照。

（47） モナド論的間主観性は、現象学の究極的審級ではないということを、フッサールは以下の箇所で誤解の余地なく明言している。「モナド的存在はまだ究極的なものではなく、それは『構成されている』」（Dok II/1, 84 Anm.）。「諸々のモナド『世界』の存在は、自体的に先なるものだが、それ自体において第一のものであるのは私であり、今生き生きと流れているこの現在（原初的な流れること）である」（XV, 591）。

（48） Zahavi 1994では、より詳細なフィンク批判が展開されている。

（49） フィンクもこの点を全く無視しているわけではない。Vgl. Fink 1976, 224; Taguchi 2006a, 130 Anm. 61.

（50） ハートもこの点を示唆している（Hart 1992, 275f.）。彼によれば、複数性は、たしかに世界構成にとっては究極的なものであるが、意識の究極的構成ないし複数化にとっては、究極的なものの一歩手前であるにすぎない。

（51） リクールもまた、一般的なものという道を通って、自我複数性へと至る通路はない、と指摘しているが（Ricœur 1967, 92）、このことが少しも自我の閉鎖性を意味しないという点を正当に見抜いている。

（52） テュッセンも引用している『デカルト的省察』第三四節には、はっきりと以下のように示唆されている。「私のエゴからエゴ一般への移行においては、他者たちの範囲の現実性も可能性も前提されていないことに注意すべきであろう」（I, 106）。つまり、エイドス－エゴの問題は、間主観性問題からはさしあたり独立である。

（53） 典型的かつ古典的な例は、シュッツによる批判である。彼はフッサールの間主観性への問いを以下のように理解している。「私自身の意識生の様々な志向性から世界の間主観性を導出することはいかにして可能なのであろうか」（Schutz 1975, 57）。アンリによる同様の問題設定も参照（Henry 1990, 137ff.）。ケーラーもフッサールのモナド論を批判しているが、その際、超越論的還元を個体的モナドへの制限として解釈しているようである（Kaehler 1995, 694）。したがってフッサールのモナド論は、諸モナドの「調和」を、個体的モナドから出発して、（ライプニッツにおける神のような）何らかの「超審級」を引き合いに出すことなく説明する試みと見なされている（ebd. 695, 709）。しかしフッサールは、最初から個体的モナドの多元論を前提しているわけではなく、むしろ彼の出発点は、超越論的主観性の「沈黙した具体態」であって、すでに述べたように、それを私の私的な自我と混同してはならない（第三章二b、二c参照）。さらに、原自我の問題化が明らかにしているのは、フッサールの思惟が最終的には、諸モナドの「一と多」（統一性と数多性）という概念枠を超え出てゆくということである。

(54)「観取されたもの」（I, 105）としてのエイドスは、原事実的な「視ること」を前提する。第三章一、七五頁参照。

(55) 以下の引用はこの点を明確に示している。「しかし私、すなわち思考の中で事実を様々に変容させ、事実的現実性から自らを解放してゆく者は、必当然的に、事実的現実性の自我である［……］。エイドスの変更体（Varianten）としての想像可能性は、自由に宙を漂っているわけではなく、私の事実における私へと構成的に関係づけられているのであって、この私は、私が事実的に生き、必当然的に見出す私の生ける現在と、そのうちにあって露呈されうる一切のものを伴っている」（XXIX, 85）。本書二六二―二六三頁も参照。

(56) 前章で示したように、超越論的に構成する自我と現象学する自我とは、二つの別々の審級とは見なされない。第四章三参照。

(57) Ms. E III 9/ 7bff. における詳しい解明を参照。通常の場合、本質は現実存在に先立つ。「しかし、エゴの必当然性に関しては、それこそが必然的に先なるものなのであって、それが本質の必当然性をはじめて洞察可能にするのである」（Ms. E III 9/ 7b）。「実存は本質に先立つ」というサルトルの有名な思想は、洞察としてはすでにフッサールに見られるといってよいだろう。

(58) このテキストからは、多くの論者が「目的論」に関する一節をしばしば強調的に取り上げている。しかし、より広いコンテクストを注意深く読み取るならば、諸々の目的論的原構造がエゴの原事実に根づいているという点に、フッサールが少なくとも同じくらいの強調点を置いていることがわかる。

(59) この点は、すでに超越論的他者に関連して確認された（第三章二a参照）が、ここに再び先鋭化された仕方で浮上してくる。

(60) このような仕方で「絶対者」について語られるとき、結局のところ絶対的エゴが問題となっているということは、Ms. E III 9/ 8b において確証することができる。ここでは、以下の欄外注のみを引用しておく。「私の絶対的エイドスのうちには、必当然的に、あらゆるエイドスが含まれている。私の絶対的存在のうちには、一切の存在が含まれている」（ebd.）。

(61) 同じテキストの中で、フッサールは、形相的研究を行うかぎり、私は存在論のうちに立っていると指摘している（XV, 385）。フッサール的意味での「存在論」の全体は、「原事実」のうちに根を下ろしている。Vgl. Ms. E III 9/ 4b, 5a.

(62) 自我の「必当然性」と「原事実性」については、第七章でさらに立ち入って考察する。

(63) フィンク解釈に関しては、基本的に彼の一九三〇年代の思想に限定して論じたい。ただし、一九五九年になって書かれた論文「フライブルク時代のフッサール後期哲学」（Fink 1976, 205-227）も、内容的に見れば、しかもフッサール解釈に限定していえば、この思想圏に入ると見てよいと思われる。

（64） ヴァルデンフェルスも、このように「原自我を〈それ〉的な原根拠へと解釈し変えること」に対して疑念を表明している (Waldenfels 1971, 41)。

（65） フィンクが当時（一九三一―三二年）すでに彼の「非存在論」の考え、そして原エゴに先立つ絶対者の考えを抱いていたことは間違いない。ケアンズの報告（Cairns 1976, 57, 67）、とりわけ以下の箇所を参照。「彼［＝フィンク］が示唆したところによれば、持続するエゴがそのうちで構成される原エゴ、原今は、おそらくは絶対者ではなく、絶対者の最初の流出（emanation）である」(ebd., 95)。

（66） フッサールが『危機』で「原自我」を導入したとき、「われわれの最初の歩みの素朴性」(VI, 185) と、「哲学するものとしての我々自身の自己忘却」(VI, 187) をとりわけ強調していたことを想起されたい（第四章四ａ、ｂ（一）、一二〇頁）。また、以下のことが「自己反省」にさえ妥当することに注意すべきである。「究極的に機能する者としての私も（反省する者としての私も同様だが）、そのように機能することにおいて根源的な自己忘却のうちにあるのであり、まさしく〈目標的な全体に没頭している〉という様態にある」(Mat VIII, 278)。

（67） 流れることと自我を一直線上に並べた上で、流れることによって自我が可能になり、自我によって流れることが可能になると考えるなら、単に循環ないし無限退行に落ち込むだけであろう (vgl. XXXIV, 181)。

（68） このような考察にもとづいて、フッサールは遅くとも一九三二年には、時間性は「いかなる仕方においても自我能作である」という見解に到達する。「諸体験の流れの明証的な時間的所与性のうちで前提され遂行されている現実的な時間化は、超越論的に現象学する自我の時間化である」(XXXIV, 181; vgl. auch 184)。

（69） もちろん「いま、ここ」もまた、客観的な、空間時間的に局在化されうる点として理解されてはならない。フッサールは、究極的に「個体化するもの」が一切の何性に先立つとしている。Vgl. Taguchi 2002, 57ff.

（70） 「絶対者（絶対的なもの）」とは、フッサールにおいては依然として「自我」を意味するということも、同じ箇所から明らかである (Dok II/1, 216)。

（71） 後期の草稿のなかで、フッサールは「直線的に哲学することの素朴性」(XXIX, 413) を際立たせている。そのような素朴性においては、哲学すること自身の自明的な諸前提を、批判的に主題化することができない (XXIX, 415ff.)。そこでは、哲学する自我が重要な役割を果たしている。フッサールによれば、「〈私〉という一人称の語り方をことごとく避け、無色になった〈われわれ〉という言い方さえも含めて、できるかぎりすべての主体関係性（Subjektbezogenheit）を遮断する」というのが、学者たちの普通の「習慣」となっているが、「主観性」を超越論的に主題化する際には、この「習慣」を放擲しなければならないという (XXXIV,

292)。そのような習慣は、なるほど実証科学においては正当な意義をもつであろうが、エポケーと〈私は視る〉とによって規定された「ラディカルに主観的な」超越論的学においては、もはやそうとはいえない。この学を特徴的に際立たせているのは、この学の遂行主体が、自らの行う学的叙述のなかに登場し、さらには、まさしく自らの考察の遂行主体としての自己を、主題的に考察しさえする点である。

(72) エゴと生ける現在のこうした多義性は、第六章（とりわけ四b）で詳しく論じる。「私はある」が「根源的場」ないし「媒体」として前提されていることについては、第七章二参照。

第六章

(1) 以下では、原自我の志向的変様の、最も重要な核となる構造だけに議論を絞る。このテーマに関しては、さらなる体系的分析が必要であるが、フッサール自身はそれを十分には仕上げていないように思われる。このテーマは、筆者の知るかぎり、研究文献の中ではほとんど扱われていない。一つの例外が、田島節夫による粗描的だが示唆的な試みである（田島 1996, 421ff.）。そこでは、原自我と志向的変様との連関が示唆されており、本章を準備するにあたって示唆を受けた。しかし、原自我を無限定で一般的な主体と解釈する方向性（428ff.）は、原自我を超個体的で非人称的な主体と解してしまう危険を十分排除していないように思われる。第五章六参照。

(2) 「変様」の概念は、すでに『論理学研究』において重要な役割を果たしている（XIX/1, 487f., 499ff.; vgl. Belussi 1990, 24ff.）。一九〇五年の「時間講義」には、時間的変様の立ち入った分析が見られる（vgl. X, 29ff., 63ff., 99ff. u.v.a.）が、その端緒は初期の覚え書き（一九〇〇年）にまで遡る（vgl. X, 166f., 170ff.）。変様概念は、準現在化の分析にとっても不可欠である（vgl. bes. XXIII, 241ff., 265f., 301ff.）。さらに「志向的変様」論は、『イデーンI』（一九一三年）において一つの体系的形態にまで発展させられた（vgl. Belussi 1990, 48ff.）。『ベルナウ草稿』（一九一七／一八年）においては、変様概念が単に頻繁に使用されるだけでなく、それ自体主題的に考察されている点も見逃せない（vgl. bes. XXXIII, 142ff., 172ff.）。後期のテキストになると、この概念はさらに重要性を増している（vgl. XXXIV, 189ff.; XVII, 314ff.; XV, 543f.; IX, 425）。変様論は、フッサール現象学の展開に決定的な仕方で寄与しているといっても過言ではない（vgl. Belussi 1990, 19ff.）。

(3) Vgl. auch XIII, 61; XXXIII, 144.

(4) 志向的変様の定義については、XXXIII, 176 も参照。ヘルトは、原本性の志向的指示が、「充実」との関連において根本的な意義をもつと見ている（Held 1986, 9ff.）。Vgl. auch Belussi 1990, 18.

(5) 反省と変様との連関については、すでにカント講演(一九二四年)においても語られている(VII, 263ff.)。

(6) 「意識変様」に関する以下のような性格づけをも参照。「それゆえ、疑わしくあること、推測されてあること、存在しないこと、たしかに実際にあること、〈いや、やはり実際には存在しない〉、〈場合によっては、それでもやはりないわけではない〉、等々のうちには、繰り返し、最も根源的な存在[=あること]、端的な存在が、含蓄態として、また変様された形で含まれているのであって、それなしには、一切の様相はわれわれにとって意味を失う」(XXXIV, 347)。

(7) Vgl. auch Belussi 1990, 111 (Taguchi 2006a, 151 Anm. 14).

(8) Vgl. dazu auch Ms. B I 14/Tr. VII, 35f.; UKL, 31ff.

(9) 第五章一五二頁以下、一七七―一七八頁参照。フッサールは、ここでいう「二つの秩序」を、自然事実的・自然科学的世界観の「逆転」のモチーフとともに、繰り返し強調している。「あらゆる動物種も、人間に依存していること、まだ人間がいなかった時代に生きていた、すでに絶滅してしまった諸々の動物種が、それらから生じてきた人間に依存していること――先なるものによる後なるものの奇妙な因果性、等々」(Ms. B I 14/ 11a; vgl. XV, 667; Ms. K III 6/ 101a; B I 14/ Tr. VII, 28ff.)。(最後の部分は、「後なるものによる先なるものの奇妙な因果性」としなければ、文脈に合わない。フッサールの誤記であろう。)順序の「逆転」は、世界と主観性との間にも見られる。これに関しては、たとえば以下を参照。「こうして人間の存在も、あらかじめ存在している世界のうちにある。現象学においては、この〈あらかじめ存在すること〉(Im-voraus-Sein) それ自体が問題であり、諸モナドはあらかじめ存在している世界のうちにいるわけではなく、世界を構成し、[世界が]絶えず先立って存在することを構成する主体である。こうして、諸モナド自身が先立っている――つまり世界に対して先立っているのであるが、素朴な自然性のうちでは、世界が先立っている」(Dok II/1, 190)。「身体性は死ぬ――それは単なる物体になる。ある種の具体的構造を持った物体性は、生命の条件であり、自我存在の条件である。しかし、生命なしに、自我存在なしに、世界はなく、物体性もなく、空間時間性もない、等々」(XXIX, 334)。

(10) 第五省察の叙述は、そもそも、はるかに広範な研究草稿をもとにして生まれ出てきたものであり、それらの研究草稿においては、他者経験はすでに変様という観点から考察されていた。すでに一九〇五年の判断論講義において、フッサールは「感入」を一種の「変様」として扱っている。ただし、変様は他者経験にのみ関係づけられているわけではなく、あらゆる作用一般に関して言われている(Mat V, 136ff.; dazu Ravalli 2003, 204ff.)。他者経験に特有の変様性格は、遅くとも一九一四年か一五年には認識されている(XIII, 341f.)。「カント講演」もこの側面を明確化している(VII, 265)。

(11) 他者の超越の「謎」は、すでに他者の「意味」を前提しており、私と他者との区別は、この意味にもとづいてはじめて理解されうる（I, 150)。〈異他なる心的なもの〉の非‐直接的な（in-direkt）経験可能性は、「他者経験の価値をめぐる懐疑」とは何の関係もないのであって、それはむしろ、他者経験がもつ「非‐根源性」という本質的性格を表現しているのである（Ms. A VI 20/27b)。

(12) 問題となっている他者の「意味」とは、「まだ客観的な、世界的に存在する他者の意味ではない」ということをフッサールは強調する（I, 124; vgl. 138)。

(13) Vgl. XVII, 247.「変様」の構造をより明確に示している箇所として、以下を参照。「結局のところ、他のエゴ（alter ego）という意味は、このような純粋性における私自身のエゴを遡示している。その際、他者（alter）という語は、その意味のうちで、与えられ方そのもののうちに存しているある種の変様を指示しており、この変様は、私自身の自己を、まさに『変様』という仕方で、志向的に内に含んでいる」（XV, 13)。

(14) といっても、他者の実在的な現実存在が、私の実在的な現実存在から出てくるというわけではない。ここで問題なのは、もっぱら他者の「意味」である。フッサールは、「他者という意味は、私を［……］前提する」（XV, 616）と書き、次のように注記している。「だが、『前提する』とは『発出してくる』ということではない！」（ebd. Anm.）。

(15) しかし、この原様態的なものとは、普通の言語使用にとどまるかぎり、少しも「私に固有」ではないような次元である。「私に固有なもの」は、通常は相対的意味でのみ理解される（ただし、相対的意味は原様態的意味を含蓄的に指し示してはいるが）。原様態的意味は、顕在的な言語使用においては、匿名的・含蓄的にとどまる（本章三を参照）。

(16) 「人間的主観性の逆説」は、『危機』において、原自我の問題化へと導入する役割を果たしているが、フッサールはこの問題性を、すでに「第五省察」においてはっきりと見据えている（vgl. I, 129)。

(17) Vgl. VI, 186. フッサールは、「私の」身体を、その原様態性においてではなく、他の諸々の身体と相対的に等置されたあり方において名指すために、「一つの身体」（*ein* Leib）という表現をも用いる。この意味では、私自身が、他者からみれば「自分の他者」であり、またその逆でもある（Mat VIII, 15)。

(18) フッサールが強調するように、「自我」の複数化的変様は、次のように進行するわけではない。「あたかも自我が、まずは偶然的に、一つの個別例として私の知覚領野のうちに登場し、それからこの領野のうちで、同じ者たちが、いわばお互いに自我布置を形成しながら、先の自我と集い合うといったわけではない。板の上の一つの球に、他の諸々の球が一緒に加わり、同じ球あるいは似た球として一緒に現存し、布置を形成しているといったケースとは違うのである」（Ms. B I 14/ 128a)。Vgl. auch XV, 645. ちなみに、等置を逃れ去る次元は、レヴィナスのいう「共時性」（synchronie）に対する「隔時性」（anachronie）の次元に関わっていると考えられる。

(19) 「私」という語は、いつでも「保証された指示」(garantierte Referenz)(Holenstein 1985, 61) をもつが、それによって「私」という語の意味が汲み尽くされるわけではない。本文中の例に出てきた紙片（「私はここにいました」）を読むとき、私はすでに、それを書いた人が、「私」という語で自分自身を表わしているということを理解している。なるほどこの意味では、指示は保証されている。しかし、それだけでは、この表現によって喚び起こされた志向が完全に充実されることはない（XIX/1, 88）。

(20) といっても、自我の原的自己経験が他者経験に時間的に先行しているなどと言っているわけでは全くない。ここで問題なのは、単語の事実的な習得過程ではなく、基づけの意味関係である。

(21) 語ることは、本質的に間主観的な行為である。それゆえ表現されたかぎりでの言語の分析は、間主観性の妥当意味を徹底的に解明することはできない。解明されるべき間主観性の意味を、それはすでに前提しているからである。

(22) ヴィトゲンシュタインは、『哲学探究』のなかで、「知っている」(wissen) という語は、通常、問題となっていることを疑うこともできる場合にのみ使用されると言っている (Wittgenstein 1960, 391)。「知っている」という明示的な語が、つねにすでに変様された意味を担っているかぎりにおいて、彼の言うことは正しい。しかし、「知っている」という語は、原様態的な意味ももっている。それは、「原信念」(Urglaube) に対応し、諸作用の地盤として至るところで前提されているが、そのようなものであるがゆえに、明示的に名指される必要がない。もし私が、「……と私は信じる（思う）」(Ich glaube...) と殊更に言明するならば、それはもはや「原信念」の表現ではなく、むしろ、自分が思い違いをしている可能性を私が意識していることを示している（「彼はKさんだと思う［＝……と私は信じている］」„Ich glaube, er ist Herr K.“）。ここには「変様」が起こっており、他の諸様態との「等置」が生じている。ちなみにヴィトゲンシュタインは、同書第二部第一〇節で、「信念」の非明示的原様態の問題に触れているように見える (ebd. 499ff.)。また、『確実性の問題』には、至るところに非明示的な原信念の分析が見られる（特に第一〇、八八、九三、一〇三、一〇五、四一一、四六六、四七三、五五四節等を参照）。Vgl. auch Tugendhat 1979, 132ff.; Holenstein 1985, 66.

(23) 「他の自我」という意味に対する「自我」という意味の原様態性は、幼児が「私」という語（「ぼく」「あたし」等、一人称の代名詞）の使用を比較的遅く習得するという事実には反映していない。というのも、「私」と言表することは、ホーレンシュタインが示しているように、メタ言語的な関係づけの能力を前提するからである (Holenstein 1985, 60ff.)。これに対して、「私」という意味の原様態は、非明示的な「経験意味」であって、これは、言表することによって必然的に変様されてしまうものである。この「意味」は、「私」という語をまだ使うことができない幼児もまた、たとえば固有名を使って自分を指し示そうとするときには、前提しなければならないものである。「私」の原様態的「意味」は、幼児における間主観的関係の「自己中心的」理解のうちにも示されている（「私」という語の未発達の使用法にも、この特徴が見られる）。これらの発達心理学的所見については、Holenstein 1985, 68参照。ただしホーレンシュタインは、含蓄的な自己意識が、「私」という語の正しい使用の必然的前提であるとは考えていない。

（24） フッサールは「変容」（Abwandlung）という語を「変様」（Modifikation）の同義語として用いる。ちなみに、引用した箇所では、変様による「隠蔽」についても語られているので、参照されたい（XIV, 527）。なおこの箇所では、einfühlen という語は批判的に通常の意味で用いられているので、「感情移入」と訳した。

（25） 以下の箇所も特徴的である。「すべての意味での、諸々の時間、諸々の対象、諸々の世界は、究極的には、その根源を生ける現在の根源的な流れることのうちにもつ――あるいは、より適切に言えば、超越論的原エゴのうちにもっている」（Mat VIII, 4; vgl. 49）。

（26） ヴァルデンフェルスは、「異他的なもの」（Fremdes）に関して、同じ点を指摘している。Waldenfels 1997, 28.

（27） 自我の媒体性格については、第七章二a、bで詳述する。

（28） Vgl. XXXIV, 185ff., 298; Mat VIII, 3.

（29） 第五章一五二―一五三頁、第六章一b参照。フッサールはこの「秩序」を、「含蓄の秩序」とも呼んでいる（Mat VIII, 21）。ここで言われているのは、「妥当地盤」が時間的に先行しているということでは決してなく、むしろ「超越論的な同時性」（transzendentale Simultaneität）である。「私の過去が私の現在に含蓄されてあること、他のモナドが私のモナドに、私の流れる現在に含蓄されてあること。超越論的に同時的な出来事としての含蓄」（Mat VIII, 22）。

（30） Vgl. Mat VIII, 3; XV, 383 Anm., 590.

（31） 仮に「私の」という意味を前提しないとしたら、「私の死後生き続ける他者」の妥当さえ、意味を失ってしまうだろう。この「私の」は、対応する「自我」を指示している。すなわち、当該の他者を「私の他者」として表象し、（現実に・身体的にではないが）そのような表象という仕方で、彼に「共に居合わせている」自我を指示しているのである。

（32） 原様態的「現在」は、「非本来的な意味での『現在』」とも呼ばれうる（Mat VIII, 6）。フッサールは次のように敷衍する。「というのも、原形態における超越論的存在としてのその固有の存在は、（拡大されてはいても）通常の意味で一つの現在ではない。つまり、共に流れる過去と未来に対する、流れつつ流れ去る中間項としての現在ではない」（ebd.）。「今」が（1）「一切を包摂するもの」（XXXIII, 45）と、（2）「中間項」という二重の意味をもつことについては、Mat VIII, 128f. も参照。この点に関連して、Mat VIII, 58f. における「現在の二義性」も参照。

(33) Vgl. XV, 583f., 668; Dok II/1, 63 Anm.

(34) 第五章六における、現象学する自我の「近さ」に関する議論を参照。

(35) 「〈たったいま過ぎ去った〉とは、〈たったいま過ぎ去った今〉といったことを意味している」(XXXIII, 142)。「今」という意味は、そのうちに「『変様された仕方で』含まれている」(ebd.)。「〈変様された仕方で〉というのは、つまりこういうことである。すなわち、過ぎ去ったものは、今はなく、今は『もはやなく』、過ぎ去った今［である］」(XXXIII, 143)。Vgl. auch XXXIII, 41; X, 34.

(36) このように、等置によって「今」が「遡及的」に規定され、意味二重化が起こるという事態を、フッサールは以下のように記述している。「今点の全体、原的印象の全体は、いまや過去変様を蒙るのであるが、それによってはじめて、われわれは今の概念全体を汲み尽くす。というのも、今の概念は、一つの相対的な概念であって、『過ぎ去った［過去の］』ということを指示しており、同様に『過ぎ去った』は『今』を指示しているからである」(X, 68)。つまり、把持的変様によって生じるのは、「たった今－あった」という変様された時間様態のみではなく、「変様された原様態」もまたそこから生じるのであり、それは、過ぎ去ったいずれの現在とも同様に、「自らの変様に対する相対的原現前」(XXXIII, 220) と呼ばれねばならないのである。現在の意味二重化については、XXXIII, 143 も参照。

(37) 〈流れること〉は、絶えず「自己自身を変様すること」にほかならない (Mat VIII, 129)。Vgl. auch XXXIII, 143f.; Ms. A V 20/17b.

(38) これと同じ変様的二重化の構造を、メンシュは或る箇所で感入に関して記述しているように思われる (Mensch 2001, 236)。

(39) 自我中心化と現在中心化の不可分性については、Mat VIII, 57 を参照。

(40) 諸々の自我主観の完全な等置は、自我主観の擬似的な事物化を前提するような高次の抽象としてしか可能ではないであろう。現象学における第三者の視点の排除については、Tengelyi 1998, 189, 200f. 参照。とりわけ以下の一節を参照。「比較による同一化の視点とも呼びうるようなものを体系的に排除することにおいてこそ、現象学的な自己の解釈学における本来的に現象学的なものが存立しているといってよいであろう」(ebd. 189)。

(41) 客観主義は俯瞰する第三者の視点を暗黙のうちに前提している。それゆえ、哲学する「観視者」(Zuschauer) への還帰は、客観主義一般の克服と本質的に連関している。Vgl. VI, 346.

(42) とはいえ、このような「近さから身を遠ざけること」は、単に思考の上で（あるいは生の解釈として）抽象的に遂行されるにすぎず、それゆえ生の自己忘却と同じ事態を指している。実際には、原事実的な生の「近さ」から距離をとることは決してできない。というのも、この「近さ」はあらゆる生の「媒体」であって、思考の上で自己をそこから遠ざけるということも、この「媒体」のなかで生起することだからである。原事実的生の媒体性格については、第七章二を参照。

(43) 変様されたものは、原様態的なものを「もはや全く含蓄しない」ような、完全に「別様になったもの」ではない。意識変様とはむしろ「変様されたものそのものの意識であり、それゆえ他の意識の意識なのであるが、その〈他の意識〉とは、変様された意識のうちで意識されたものとしてのそれなのである」(XXXIV, 190)。また、「『把持』の統一は一切を貫いている」(XXXIII, 53)という言葉は、把持の統一創設的機能を端的に表現している。

(44) 他の自我は、「他者という様態においてであれ、やはり自我と呼ばれるような存在意味」をもっている。「したがって、私の今の存在は私の過去の存在を含蓄し、すべての過去の存在はそのまた過去の存在を含蓄しているが、時間的恒続の同一性においてそれらと必然的に一つになっているのと同様に、私の自我は他の自我をそれぞれ含蓄するのみではなく、この他の自我は、自我であるかぎり、『自我』に属する存在意味をすでに一人で備えているのである」(Ms. B I 14/ 161b.)。Vgl. auch Mat VIII, 13f.

(45) 「対化」に見られるような、互いに合致する二重化の構造を、フッサールは「鏡映」(Spiegelung)とも呼んでいる(vgl. XIV, 502)。この術語は、ライプニッツのモナド論から単に受け継がれたものとしてではなく、変様論のコンテクストにおいて理解されねばならない。フッサールはこの術語を使って、先に論じた脱現在化と異他化との平行関係について語っている。フッサールは、想起的準現在化のうちに現在が「鏡映」していることと、そこにおける「同一化と区別の総合」とを指摘した上で、次のように言う。「具体的な原初態(Primordium)、すなわち根源的な流れることにおいて、他性化(Alteration)という第二の鏡映[が起こる]、すなわち自己を映すことではなく、自己時間化でもなく、私は他者たちに対する、他性化に対する鏡である」(Mat VIII, 374)。

(46) 以下の特徴的な箇所を参照。「諸々の心の個体性は、ある意味で架橋不可能な分離を意味している。すなわち、決して連続的な結合にはなりえないような[……]別様であり互いに外的であること(空間的意味ではなく論理的意味で)を意味している。他方でこの分離は、諸モナドが互いに『合致』しうること、いいかえれば共同態のうちにありうることを妨げないどころか、そのことを可能にする条件なのである」(XV, 335; 傍点引用者)。フッサールがいくつかの箇所(XIV, 143, 147f., 153)で論究している「相抗うことにおける合致」(Deckung im Widerstreit)という特有の構造については、拙論 2002, 66ff. を参照。

(47) この現象は、時間化一般の根本的特性を反映しているように思われる。それは以下のように記述される。「時間化とは単一化(Unifikation)と複数化(Pluralisierung)[一化と多化]とが一つになったものである」(XV, 317)。Vgl. Mat VIII, 76f.

(48) Vgl. dazu auch VI, 259f., 346. ここで論じられている相互内在的な入れ子構造は、優越的な立脚点から平等に見渡されたものではないという点に注意すべきである。他性化的変様のラディカルな非連続性は、そのような仕方では理解されえない。この点を際立たせるために、フッサールは、本文に引用した箇所で、ただちに以下のように注記している。「だが、この相互外在がやはり私から、すなわち、私にとって存在する一切のものの構成的源泉として、この相互外在を私の内に担っているような［……］私から見られている以上、上記の記述では十分でない」(Ms. B I 14/ 162a)。

(49) あらゆる現出することは、それぞれの仕方で一つの時間化であり、それゆえ変様という性格を含んでいるので、「透け輝き」を現出すること一般の根本性格と見なすことができる。それゆえフッサールは、現出するものが諸々の現出を通して自己自身を呈示するという対象現出の志向的構造を扱う際にも、「透け輝き」について語っている (XI, 383f.)。

(50) Vgl. XV, 589, 636ff.; Dok II/1, 188f., 191ff.; VI, 417.

(51) これについては、さらに、絶対的エゴを「原モナド」(Ur-Monade) と呼んでいる以下の草稿の箇所を参照。「モナドとしての、私の立ちとどまりつつ流れる生は、原モナドなのであって、〈全モナドのうちでの一つのモナド〉としての私のモナドは、すでにそのうちに含蓄されたものである。この全モナドのうちでは、どのモナドも、私のうちに真なるものとして存在しつつ含蓄されたものとして、私と同様のモナドである。いずれも、それ自身からして、究極的には原モナドであり、私を、すなわち私のモナドを、そしてすべての他のモナドを、含蓄している」(Mat VIII, 22)。Vgl. auch Ms. A V 20/ 9b; XV, 591, 636. ただし「原モナド」とは、成立した複数化を前提しつつ、諸モナドの側から振り返って原様態を名付けたものである点に注意する必要がある。でなければ、「いずれのモナドも」原モナドであるとの言明は出てこないであろう。

(52) フィンクの『第六省察』への附論においても、フッサールは、「モナド化することと世界化することさえ、それ自体またしてもモナド化され世界化される」(Dok II/1, 192) と述べている。流れる時間化も、それに応じた遡及的構造をもっており、そのうちで時間化は自己自身を同時に時間客観化しているのであって (Mat VIII, 50, 56)、その結果〈時間化するもの〉そのものが、必然的に〈時間化されたもの〉として現われる (Mat VIII, 33)。

(53) 以下を参照。「どの身体も、その身体の自我およびその身体的統御と固く『結びついて』いるのであって、最終的には、当のモナドのモナド的生全体に固く『結びついて』いるのである」(XV, 637)。

(54) 「自然化」と「世界化」は、非常に重要なテーマであるが、本書のテーマ設定を大幅に超え出るため、ここで詳細に扱うことはできない。この点については、ドイツ語版拙著の184頁注89に引用した一節、ならびにXV, 368, 373等を参照されたい。さらに、生ける現在の自己局在化については、Mensch 2001, 232f. をも参照。

(55) Vgl. XV, 589, 640; Dok II/1, 192ff.

(56) Vgl. X, 210f., 215, 34; XXXIII, 12. 後期の草稿においても、「時間的構成」は「生き生きした根源的反復」と呼ばれている (Mat

VIII, 148)。

（57） Vgl. I, 155. 準現在化における「反復」については、XXXIV, 169f. も参照。

（58） 異他化的変様は、単に現在の反復的増殖を意味するだけでなく、現在に属している脱現在化的反復の反復をも意味している。自己想起（現在－過去）の反復構造全体が、変様された他の一次性において反復される（XV, 237; vgl. auch XV, 641f.）。

（59） 以上に関しては、Mat VIII, 57 にも関連する叙述があるので参照。

（60） 自我と他の自我との「合致」と「比較」について、フッサールは、次のように述べている。「ここでは合致こそが根源的なものである。私は、他の自我と私の顕在的自我とを、横並びの仕方で、あるいはきっぱり分け隔てられた仕方で手に入れることができた後で、はじめて［両者を］重ね合わせる合致を遂行するというわけではない。［むしろ］ここには、直観的には合致のみがある」（XIV, 142）。「しかし、異他なる主体は、そもそも私に与えられているとしたら、合致においてのみ与えられていることが可能なのであり、私はまず［前もって］比較する必要などない」（XIV, 143）。この点については、Taguchi 2002, 63ff. 参照。

（61） Vgl. auch XV, 237. 相互に入れ子状になった反復の構造は、以下の箇所ではっきりと語られている。「他の自我がいるとき、その自我は私から、私のうちで構成された妥当統一であるが、しかしそれでも他の自我であって、そうであるかぎり、その自我は、一切が彼から、彼によってあり、私自身もまた彼から、彼によってあるような一人の自我である。このように、私自身は私から、私によって自我であるが、この自我は、他の自我によって、また他の自我のうちでのみ、それが現にあるところのものであり、この他の自我の方も、私にとって、また私から、こうした他の自我である」（XV, 370）。

（62） 「円環運動」は、根本的にはすでに、流れる現在の「根源的に生み出しつつ－根源的に生み出される」（urzeugend-urgezeugt）構造、ないし「時間化しつつ－時間化される」（zeitigend-gezeitigt）構造のうちに見出すことができる（vgl. XV, 348; Mat VIII, 197, 352; Ms. B I 14/ 135a）。流れる現在は、本来的に遡及的自己構成によって性格づけられている。「私は流れる現在としてあるが、私が私にとってあることは、それ自体、この流れる現在のうちで構成されている――生ける現在は、自己自身を生ける現在として構成しつつ存在している」（Mat VIII, 56）。こうした円環運動と「反復」との間の直接的連関は、以下の箇所で明らかにされている。「私がどのような自我論的時間点を考察しようとも、私はいつも同じ形式を、すなわち、絶えず反復されるものとしての、私の生の時間化しつつ－時間化される形式を見出す。まさしくこの――連続的な――反復によって、そのつど、源泉点今において、時間的現存在が統一的なものとして連続的に構成される」（Mat VIII, 148）。したがって私は、「流れつつ時間化しながら時間化される主体的なもの」（Mat VIII, 361）である。

第七章

(1) Mat VIII, 40も参照(註(16)で引用)。

(2) III/2, 632も参照。とりわけ以下の箇所。「もし仮に自然が存在しないとしたら、人間も存在しないだろう――私、つまりこの人間も、やはり存在しないだろう――しかしそれでも、私はある。この破壊しえない〈私はある〉は、具体的な固有本質性における自我であり自我生である」。

(3) Vgl. Dok II/1, 190. 第六章一b(一九〇―一九一頁)も参照。

(4) Vgl. auch VI, 465. フッサールは、すでに『イデーンI』において、ドクサの明証性格・理性性格を見抜いている。「真理とは、明らかに原ドクサの、信念確実性の完全な理性性格の相関者である」(III/1, 323)。

(5) 「居合わせていること」としての明証は、主観的な観点からいえば、「混濁した仕方で、空虚に前もって思念しつつ何かを思いやるのではなく、それ自体のもとに居合わせ、それ自体を眼差し、見、洞察する」(I, 93)ことを意味している。Vgl. auch I, 51f.; VI, 367; Mat III, 64, 146.

(6) Vgl. III/1, 316f.; Wiegerling 1984, 144f.

(7) Vgl. Fink 1966, 201. この箇所は正確には「理性」(ならびに「原的意識」)について述べた箇所であるが、すでに述べたように、フッサールにおいて勝義の「理性」は「明証」を意味する。明証の「通路」性格については、Rosen 1977, 153f. も参照。

(8) あらゆる所与性が、「事象の近さ」としての本原性へと差し向けられていることについて、Held 1986, 9ff. を参照。

(9) Vgl. I, 63ff.; VI, 82, 414f.; XVII, 235, 238; Ms. B I 14/ 154b, 155a; Benoist 1994, 14. レヴィナス的な「彼方」ないし「外部」について語るためにも、まずはいったん、こうした超越論的考察が徹底されねばならない。でなければわれわれは、レヴィナスの用語を用いつつ、容易に単なる独断的な超越的客観主義に逆戻りしてしまうであろう。

(10) Vgl. auch Mat VIII, 183, 187, 57.

(11) ある草稿の欄外には「原自我=機能する自我」(Mat VIII, 198 Anm. 1)と書かれている。

(12) この一節については、Lévinas 1982, 39 をも参照。

(13) 以下の記述も参照。「私の自我と私にとって固有なあらゆるもの――[……]〈私のもの〉(das Meine)は、その私性(Meinheit)をこの自我中心化[……]のうちにもつ」(XV, 351)。Vgl. auch Benoist 1994, 13ff.

(14) 自我の生ける中心化と非実体性に関しては、Mat VIII, 3, 122; XXXIV, 189. 自我の生ける唯一性の「脆さ」については、Held 1966, 171f.

（15）　フッサールによる以下の言明は、この意味で理解されうるのであって、何らかの自我形而上学の意味では理解しえない。「この根源的に流れる出来事の全体は、死せる出来事ではなく、『自我的』能作こそが最も内的な動因（Motor）なのである」（Mat VIII, 199）。

（16）　以下を参照。「われわれは現象学的態度をとり、超越論的エゴへと還元する。すなわち、流れつつ生き生きしていることへと還元する。それは、私が現にそれである自我であり、あらゆる妥当の主体であって、それらの妥当を通して、私にとって存在するありとあらゆるものが、［それゆえ］私自身もまた、まさしく私にとってあり、私に妥当するのである」（Mat VIII, 40）。

（17）　以下も参照。「具体的な自我存在（目覚めた自我のそれ）は、自我極［……］を伴った生ける時間化である」（Mat VIII, 49）。

（18）　以下も参照。「『絶えざる』構成、絶えざる時間化としてのこの原－生動性は、私にとって顕在的に現在的なものであるようなありとあらゆるものが、それによって存在するような時間化である」（Mat VIII, 49）。

（19）　「エゴ」と呼ばれているものは、「生きる」（小文字の leben）とも書き換えられるかもしれない。ブノワによれば、自我とは、「生」（la vie）や「体験（生きられたもの）」（le vécu）との対比において、「生きる」（le « vivre »）とも呼ばれうる（Benoist 1994, 72-75, 69）。「生きる」としての自我と、一つの統一体として構成された「生」とは、もちろん互いに切り離せない。この意味で、自我と生（意識流）とは、互いに他方の媒体を成している。フッサールが強調しているように、純粋自我は、「これらの体験から切り離されたもの、彼の『生』から切り離されたものとしては考えられない――また逆に、これらの体験のほうも、自我生の媒体としてよりほかには考えられない」（IV, 99）。Vgl. XIV, 45f.; IX, 323; XXIX, 254; XXXIV, 190-192; Taguchi 2006b, 52ff.

（20）　Vgl. auch I, 52; XVII, 169.　また、とりわけ以下を参照。「第一の意味での明証とは『経験』であり、『純粋な明証』とは、（本来的に経験されたものへと還元された）純粋な経験である」（XXXV, 404）。

（21）　以下の特徴的な箇所をも参照。「絶対的主観性、『超越論的』主観性へと遡行することは、原存在（Ursein）を確認することである。すなわち、絶対的に正当化することができ、一切の正当化されうる存在に必然的に先立ってあるような原存在を確認することである。［それによって］まさしく明らかになってくるのは、あらゆる他の存在が、この原存在――超越論的主観性の原存在――のうちで思念されたものであり、それがもし現実的であるならば、この原存在のうちで正当に証示されうるものとしてあるということである」（VIII, 377）。

（22）　Vgl. dazu Melle 1996, 624ff.

（23）　『論理学研究』におけるこれら二つの概念の区別については、Heffernan 1983, 65 Anm.

（24）　『イデーンI』でも、これら二つの術語が使われてはいるが、それらの区別は後期のテキストにおける区別とは異なっている

(III/1, 317ff. Tugendhat 1967, 207 Anm. 20)。一九二二年の「ロンドン講演」では、十全性と必当然性は「等値である」(XXXV, 318; vgl. auch 63, 286, 383f.) と言われている。『第一哲学』(1923/24) でも同じことが言われているが、彼は同時に、両者の意味の区別に注意を促している (VIII, 35)。二〇年代初めの講義や講演は、すでに潜在的には、二つの明証の決定的区別へと導くような考察を含んでいる。

(25) その一部は、現在 XXXV, 401-406, 410-411 に公開されている。

(26) 必当然性が場合によっては非十全的でもありうるということは、「私はある」の明証との関連で明確化された (XXXV, 401 = Ms. A I 31/ 11a)。

(27) Vgl. III/1, 19; III/2, 619; XXXV, 411 = Ms. A I 31/ 27b.

(28) Vgl. auch XXXV, 411 = Ms. A I 31/ 27b.

(29) 必当然性の行き止まり性に関しては、とりわけ以下の箇所を参照。「必当然的な不可疑性という意味での絶対的な明証は、事象そのものによって、つまりまさしくそのような明証への移行によって、自己自身を正当化する。これらすべての明証は『不可疑的』であり、疑問の余地なく妥当しているのであって、その妥当の根拠をさらに問うことは不合理である。そしてこのこともまた、私はまさしく同じ仕方で洞察するのである」(Ms. A I 31/ 29a)。

(30) Vgl. auch Ms. A I 31/ 31a, 33a, 36b, 38a; XI, 431.

(31) Vgl. XIV, 245f., 286f.; IX, 180, 186, 431.

(32) 「極限」一般の与えられ方については、以下を参照。「このように、極限とはそれ自体与えられていないものであるが、[その]構成部分のいずれも、近似化のどの位相も、十全的に与えられており、そのような位相が一つの目標をもつということは、必当然的である」(Ms. A I 31/ 31a)。

(33) 自然的認識の本質的にパースペクティヴ的な性格については、XXXV, 406 = Ms. A I 31/ 26b ならびに以下の箇所を参照。「人間的現存在、人間的生は、それ自身にとって地平的にあるものとして、既知性と未知性、近さと遠さの絶えず動きつつある恒常的緊張のうちで生起している」(XV, 395)。

(34) 明証の「通路」性格も想起されたい。第七章二a (二四二頁) 参照。ブラントは適切にも次のように述べている。「明証とは原理、方法、目標が一つになったものである」(Brand 1955, 5)。フッサール自身は、「真理」を「目標」にして「道」であるとして性格づけている (Ms. A I 31/ 19a, b)。Vgl. auch Lohmar 2000, 196.

(35) フッサールはエゴの媒体性格を、次のような仕方でも敷衍している。「客観性は、主観性のうちで目標として達成されうるもの

(Erzielbares) であるかぎり、まさしく主観性の意識界域そのものにおいてよりほかに、どこにも居場所をもたない」(VII, 84)。

(36) これを新田義弘は、「明証のトリアーデ的構図」と呼んでいる。新田 2006, 353f. を参照。経験の推定性からは、明証の「相対性」をはっきり読みとることができる。しかし、この「相対性」は、第一に、「絶対的」必当然性を地盤としてのみ可能であり、第二に、志向的指示と変様の体系(そのうちで、すべての「相対的」明証が一定の「位置価」をもちうるような志向的体系)を体現しているということが、見過ごされてはならない。そのかぎりにおいて、いわゆる明証の「相対性理論」に対して懐疑的相対主義の疑いをかけるのは正当ではない。このテーマについては、以下を参照。VIII, 34; XVII, 284ff.; Heffernan 1983, 166ff.; ders. 1998, 55ff.; Lohmar 2000, 195ff. 明証の「段階性」については、Ms. A I 31/ 35bff., 38a ならびに第二章三c(六八—六九頁)を参照。

(37) 「想起の近さと遠さ」に関しては、Mat VIII, 291 も参照。

(38) フッサールは、「顕在的な現在」を「根源的近さ」(Urnähe) として、すなわち、諸々の時間的な近さと遠さに対する「原様態」として性格づけている (Mat VIII, 292)。そこから、「絶対的近さ」の変様論的意義がはっきりと読みとれる。これは、時間論のみならず、明証論における「絶対的近さ」にも当てはまる。

(39) フィンクの適切な記述を参照。「原的な意識の仕方と原的でない意識の仕方とは、横並びの仕方で、別々に、無関係にあるわけではなく、一つの意味統一、意味連関、共属的体系を形成している」(Fink 1966, 206)。

(40) これは、「より近くにもたらすこと」(V, 104)、「〈自体〉に近づくこと」(Ms. A I 31/ 35b) あるいは傾向的・相対的充実としての「近づくこと」(XXXIV, 166) とも呼ばれている。

(41) 十全的最適状態の意味での、この「絶対的近さ」については、Ms. A I 31/ 24b; Mat VIII, 289-291 参照。それが一つの理想にすぎず、たとえ最小限であっても、何らかの「自我に対する遠さをもっている」(VIII, 13) ということを見逃してはならない。この意味では、真の「近さ」は自我的「ゼロ」の必当然性のみがもつといえる。

(42) 以下を参照。「あらゆるものは、[したがって] 遠さもまた、明晰に見られ [洞察され] うるのであって、明晰性それ自体が、相対的〈自体〉の無限の極限を指示している」(Ms. A I 31/ 35b)。

(43) エゴの必当然的明証は、アリストテレス的にいえば、「自体的に第一のもの」であるが、「われわれにとっては後なるもの」である (vgl. Aristoteles: *Physik* I 1, 184a 17ff.; *Metaphysik* VII 3, 1029b 1-12)。こうした視方は、すでに初期からフッサールにとっては馴染みのものだった。Vgl. XVIII, 255 (1900); Mat III, 81 (1902/03); XXIV, 249 Anm. 1 (1906/07); dazu auch Ströker 1988, 261. 時期的に見るなら、この点に関してハイデガーの影響は考えられないが、後にフッサールが彼と共同作業を行ったことによって、こうした視方がより注目されるようになった可能性は排除できない。Vgl. Heidegger 1927, 15, 43; 1975, 220; 1976, 331f.

（44）　以下も参照。「『私は機能する』の匿名的事実は、かくも『自明的』で、それゆえにこそ理解しがたい『先所与性』である」(Held 1966, 162)。

（45）　明証一般と判断的明証とを同一視することを、フッサールは厳しく批判する。「明証と『論理的』明証とが同じ一つのものであり、間接的明証とは論理的に演繹的な明証というようなものを、直接的明証とは公理的明証、『直接的に明証的な言明』というようなものを意味しているというのは、巷間に流布しているあらゆる先入見のなかでも最も有害な先入見である」(『判断』(XXIX, 150)。

（46）　非主題的に生きられた明証と、反省された明証との区別については、以下を参照。XXIV, 432, 374 (auch 123, 125); Ms. K III 6/103b.

（47）　そのかぎりで、明証は「概念的な」圏域だけに関係しているのではなく、私がまだいかなる言明もしないような「先概念的な」圏域にも関係している (Ms. A I 31/ 24a)。

（48）　私は私の存在を「仮設として」措定するわけではない (Ms. B I 5/ 15a; vgl. B III 1/Tr. 8)

（49）　非対象的な自己意識については、Kern 1989; Ni 1998, そしてとりわけ Zahavi 1999 を参照。ケルンは、その非自我論的性格を強調している。それに対してザハヴィは、サルトル批判を援用しつつ、非自我論的な意識概念の難点を指摘している (138ff.)。その際、ザハヴィは適切にも、こういった見解の相違が「自我」の多義性によるということを示している (142ff.)。

（50）　この点に関連して、ブラントは現象学することの「循環性」(Zirkelhaftigkeit) を示唆している (Brand 1955, 51)。これについては、第三章註（７）（三二五―三二六頁）も参照。ローゼンは、認識批判的検証そのものが「明証という媒体のうちで」遂行されねばならないという点に、絶対的確実性を追求する努力の「独断的動機」が存すると指摘している。「明証の純粋な内在は、現象学的研究の媒体として要求されているが、それは、明証の批判が徹底的であろうとするからである。したがって、独断的動機は、偶然に、あるいは気ままな思いつきから、批判的動機に付け加わるわけではなく、まさしく批判の徹底主義こそが独断的な確実性の地盤を要求するのである」(Rosen 1977, 147)。このように見るならば、フッサールにおける必当然的明証が「独断的」であるというトゥーゲントハットの批判は、正当化されえない (Tugendhat 1967, 208ff.)。フッサールが、この明証をさらに根拠づけようとはしないのは、何らかの過失というわけではなく、それが無意味だからである。なぜならば、そのような根拠づけを行うためには、またしても当の必当然的明証に依拠しなければならないからである。後に、トゥーゲントハット自身、ヴィトゲンシュタインの「私はφ」文 („ich φ"-Sätze) の分析を解釈しつつ、「何らかの確認――何らかの認識すること――にもとづかないような知」がある、という見解を表明している (Tugendhat 1979, 133)。このようなタイプの「知」においては、『われわれはそれをどうやって知るのか』という問いを繰り返すのは無意味であろう」（ebd.）。この議論が「文法的な正しさ」に依拠しているかぎりでは、ここでのわれわれの主張とは異なるが、根拠づけにもとづかない知と、主観性との関連を指摘している点では、形式的な類似性がある。究極的根拠づけの行き止まり性については、Mertens 1996, 49f. も参照。

（51） ここではこの箇所を、速記草稿の古いトランスクリプションにしたがって解釈する。新しいトランスクリプションでは、„Idee der Selbstverständlichkeit als Verständlichkeit des Absoluten selbst" となっている。速記には大文字・小文字の区別がないため、どちらの解釈も可能である。筆者には、絶対的な「自－明性」（Selbst-verständlichkeit）とは、〈それを理解するために、それ自体（es selbst）以外の何ものも必要としないもの〉の理解性（Verständlichkeit）を意味しているように思われる。つまり、自己自身（sich selbst）を絶対的に理解可能にするものの理解性である。別の箇所でフッサールは、十全的所与性を絶対的自体（das absolute Selbst）の限界と呼んでいる（Ms. A I 31/ 24b）。すでに『論理学研究』でも、フッサールは同じ表現を同じ意味で用いている（XIX/2, 647）。XXXV, 404; Ms. A I 31/36a; B II 22/2b. も参照。「自体」が「事象そのもの」と等置されている箇所もある（Mat VIII, 146）。なお、同じ箇所からわかるとおり、「自体」（Selbst）には、最終的には「自己」（「自我－自身」）の意味も読み込まれている（ebd.）。

（52） 『哲学入門』講義（1922/23）においても、フッサールは「必当然的自明性」について語っており、それを演繹的証明に対立させている（XXXV, 166）。

（53） 「私はある」があらゆる問うことと答えることに先立っているということについては、以下の箇所を参照。「純粋な主観性へと、エゴ・コギトへと遡行することは、究極的に疑問なきもの、究極的に疑いないものを自覚することであり、それの方は、あらゆる疑問に付すこと、疑いをかけることにおいて前提されている」（VII, 167）。

（54） Vgl. I, 117. 第七章二aも参照。

（55） この点をメンシュも、生ける現在の「不安・不穏」との関連で指摘している。「いまやわれわれはこう言うことができるのであるが、不安［不穏・動揺 disquiet］が生起するのは、私のものとしての現在が、私のものではありえないという事実からである」（Mensch 2001, 235）。ベルネは、自我論的な超越論的意識の現象学に対してその根底にあるとされるフッサールの時間分析が、逆説的にも、「倫理的な」他者の現象学へと導く諸契機を含んでいるという（Bernet 2004, 247f.）。すなわち、フッサールによる時間経験の記述は、それ自体のうちに、「フッサールによって設定された哲学的枠組みを内側から超越する萌芽」（ebd., 247）を秘めているのである。これらの論者が示唆しているように、「エゴ」の分析の徹底化がラディカルな「他者」への道を開くということを、フッサールの記述そのものが「徴候的に」示しているのである。Vgl. auch Taguchi 2006b.

（56）私にとってある一切の「存在者」の妥当は、「様相化されうるし、場合によっては抹消されうる」。しかし、「〈私はある〉それ自身は、そのような出来事の場として、これらの様相化や抹消を少しも蒙らない」（Ms. B I 5/ 68b; 強調引用者）。

（57）この点について詳しくは Ms. B I 5/ 16a を参照。

（58）Ms. B I 5 IX aus dem Jahr 1930 = XXXIV, 228-254 (Nr. 15).

（59）以下も参照。「私が私自身をテーマにするとき、私は、まさしく私をテーマにしているほうの私であり、私へと関係づけられた私の意識は、またしても匿名的である。したがって、あらゆる客体経験は、自我をそれ自身の背後にもつのであって、手前にではない」（IX, 385）。「私の存在は、あらゆる〈私にとってある存在〉に先立つ」（Ms. B I 5/ 23a）。Vgl. auch XXXIV, 451.

（60）文全体を引用しておく。「妥当の基づけ、それは構成的解明＝展開の洞察であるが、推論的根拠づけではない。とはいえ、それでも根拠づけである」（Ms. B I 5/ 23b）。

（61）同一化とは、最も原始的ではあっても、一種の客体化であるが、原自我は、その同一化にすら先行している。「絶えざる自我は、絶えず原源泉であり、『同一化』によって同一的であるのではなく、原初的な先存在のうちにありつつ、原一的にあること（Ureinig-Sein）として、同一的である」（Ms. A V 5/ 6b; vgl. auch XV, 289）。

（62）第七章二b（二四七頁）参照。ここで、単なる「ドクサ」と思われたものを最高位の明証へと転化する秩序の「逆転」を想起することもできる。この点に関しては、以下の特徴的な箇所を参照されたい。「存在者が、いつもと変わらず妥当していても、場合によっては、まったく十分な意味で、私の表象作用の偶然性等々に対する〈自体〉として私に妥当していようとも、——この妥当が意味をもつ場としての意識生とともに、私自身が疑問のなさと抹消不可能性において共に居合わせているのでなければ、その存在者は私にとって妥当することができない」（Ms. B I 5/ 17a）。

（63）ここで原自我の「自由（Freiheit）」（ないし「開放性」）が示唆されているが、それについては、以下四節aでもう一度扱うことにする。

（64）ヘルトの指摘によれば、原自我性の本質は、生き生きと自己を一つにしてゆく距離化（Distanzierung）にある。「先対象的な自己同一化によって、私の原自我は、不変の仕方で立ちとどまっているものであり、先対象的な自己距離化によって、私の原自我は生き生きと流れるものである［……］。このように、私の自我は、その最深の次元においては生き生きとした存在であり、そのうちでは、『立ちとどまること』と『流れること』とは一つである」（Held 1986, 30）。

（65）この点に関しては、XXXIV, 451f.; Ms. K III 6/ 102a も参照。

（66）Vgl. XIV, 433f.; Ms. E III 9/ 8b. 第七章二c（二）、二五二頁以下も参照。

(67) 「私はある」と客体性一般との不可分の一体性については、I, 117; XIV, 439 参照。

(68) モナドの一回性とその抹消不可能な「個体性」をも参照。その可能性（ないし本質 Essenz）は現実性（実在 Existenz）なしには考えられないとされる。Vgl. XIV, 159f., auch 98, 139; XV, 374ff.

(69) 触発に関して、フッサールは以下の点に注意を促している。「内容が『語りかけてくること』(Ansprechen) は、何かへの呼びかけではなく、自我が感じつつ居合わせていることであって、しかも、はじめてそこまでやってきて到着することによって居合わせるというわけではない」(Mat VIII, 351)。

(70) ザハヴィもこの点を指摘する。「これら二つの側面は、区別はされうるが、切り離すことはできない」(Zahavi 1999, 124)。

(71) 一九二一年の草稿には、「時間構成の原要素」に関する、上記に対応する言明が見られる。その「原要素」は、二つの側面から提示される。「(a)根源的に自我にとって異他なる側面、ヒュレー的側面、(b)根源的に自我的な側面、根源的な自我作用と自我の振る舞い方」(Ms. E III 2/ 24b)。

(72) 以下の明確な言明を参照。「自我がヒュレーなしに意識をもつことが思考不可能であり、ヒュレーが自我的なものと実的に一つになったものとして自己を与えてくる以上、ヒュレーもまた主体的と呼ばれる」(XIV, 52)。

(73) 原ヒュレーと原自我との一体性を、ヴァルデンフェルスは以下で適切に記述している。その際、「私はある」が私自身に先立つということが指摘されている点は注目に値する。「この〈すでにある〉(Schon-sein) は、世界の先所与性と自己の先所与性とが一つになったものを意味している。それはさしあたり、〈世界と自我とがすでに現にあった〉という外的な先行性 (Prius) としてではなく、〈私は私に先立ってあり、一つの世界をもつ〉という内的な先行性として理解されねばならない」(Waldenfels 1971, 127)。

(74) フッサールは、以下の箇所で、ヒュレー的で不随意的なものが、構成された能動的自我から「湧き出る」ことはないが、しかしそれは原自我から「湧き出る」のだと述べている。「自我は不随意的なものにおいて端的に受動的で、あらゆる意味で不活性的であるわけではない。むしろ不随意的なものは、自我から、すなわち原自我から湧き出るのである（しかし、自我－人間、汝－人間から湧き出るのではない）」(Ms. M III 3 III 1 II/ Tr. 35)。このことは、原ヒュレー的なものを自我へと還元できるという意味で理解することはできない。むしろそれは、自我が原ヒュレー的なものから根本的に不可分であり、それから逃れることができないということを意味している。「不随意的なもの」に対してさえ、自我は最も深いレベルにおいては「無関心」ではいられないのであり、それは、この「不随意的なもの」が、私自身の只中に湧き出しているからなのである。

(75) 自我の原受動性と「私は機能する」の「自己甘受」については、Held 1966, 162ff.

(76) 媒体的な〈私であること〉における、私を超越するものの告知を、フッサールは以下のように表現している（ただし、彼の分析はまだ意味的「確証」を目指してはいるが）。「他者たちが超越論的自我主体として私から超越論的に接近可能であるはずだとすれば、私は私自身の存在と共に先行しているのであって、接近可能性とは、次のようなことを意味することになるだろう。すなわち、私自身に固有の意識は、他者として、一つの超越的な、私の固有存在を乗り越える措定、私を超えて思念することを遂行する。もっともそれは、やはり確証に至ることができる――超越論的に」（XV, 115）。

(77) この帰結から言えることだが、レヴィナスが際立たせている他者の「他者性」は、フッサールの「原自我」の思想と少しも矛盾するものではなく、むしろ後者を突き詰めれば必然的に帰結するものである。レヴィナス自身も――留保付きではあれ――この点を認めるのではないか。とりわけ後期の著作においては、「主体性」と「私であること」を容赦なく突き詰める執拗な考察が際立った特徴を成している。フッサールの自我論とレヴィナスの主体性論に関しては、きわめて概略的ではあるが、拙論 2005、2007a の試論的な考察を参照されたい。

(78) この点に関しては、第五章、四および六における「共通の根源」という考え方の批判を参照。

(79) これは、第六章四ｄですでに「原パースペクティヴ」との関連で示唆した点である。二二〇頁以下参照。

(80) これは、第二部の全体が追求してきたテーマである。

(81) ここに述べたようなことを、フッサールが以下の叙述において念頭に置いていることは、なるほどありえないことではない。「私の事実的存在を、私は乗り越えることができないのであり、そのうちに志向的に含まれた他者の共存在等々を、つまり絶対的現実性を、私は乗り越えられない」（XV, 386）。しかし、「志向的内含」が語られている以上、ここではすでに、おそらく意味的に理解可能な他者が考察の目標とされているのであって、他者における「ラディカルに異他的なもの」について語ることが目論まれているわけではないと思われる。

(82) ヴァルデンフェルスの適切な言明を参照。「身を退《ひ》くことによってのみ自己を示すものは、現象学的な問いの仕方を要求する。この問いの仕方は、〈言うこと〉と〈自己を示すこと〉との間の亀裂を閉じないだけでなく、むしろそこから出発し、繰り返しこの亀裂へと立ち戻るのである」（Waldenfels 2001, 37）。

(83) この点を時間的個体化の観点からより詳細に論じたものとして、Taguchi 2002（とりわけ 66ff.）がある。また、田口 2005 では、それを若干簡略化して論じている。この議論は、レヴィナスにおける他者の「近さ」の思想（Lévinas 1974, 102ff.）を、現象学的に確証するために役立ちうるように思われる。たとえばレヴィナスは、「私の内なる他者、私の同一化そのものの只中における他者」（ebd. 160）について語っている。西田幾多郎もまた、私が絶対的他としての汝を私自身の存在の原根拠において見出すということを繰り返し強調している（西田 1948, 380ff.）。この点を木村敏は、精神病理学的考察によって確認している（木村 1990,

290ff.)。

(84) ここで、レヴィナスが「近さ」を、「非場所」(non-lieu)「無場所」(utopie) として規定していることを想起できる (Lévinas 1974, 58, 103, 229)。

(85) 「幾何学の起源」として知られている『危機』の附論Ⅲを参照 (VI, 365ff.)。

(86) このプロセスの理念的相関者が、完全に客観的な真理であって、その十全化は「無限の理念」ないし「極限」である (第七章二、二五六頁以下参照)。必当然性と十全性との間の区別によって、拘束するものではあるが、拘束されてはいないという明証の性格が、理解可能になるという点にも注意されたい。

(87) フッサールは次のように述べている。「素朴な明証は、非相対的なものとして自己を与える――それは、転倒した合理主義へと導く。素朴な明証は、相対化されねばならない」(Ms. A I 31/ 20b; vgl. Ms. B I 14/ 149b)。独断的であるのは、素朴な明証の方である。フッサールの超越論的意味での必当然的明証は、相対的明証に対立する絶対的明証ではなく、解明＝展開の相対性と多様性を本質的に含蓄している。

(88) この「自由」とエポケーとは不可分に結びついているのであって、エポケーは最終的に、必当然性における自己責任的な「私は考える」へと導いてゆく。フッサールによれば、「自由なエポケー」において、私は、「あらゆる哲学の関与しない観察者であり、したがってまた、自己自身の哲学の関与しない観察者でもある」(XXIX, 419; vgl. XXIX, 374f., 416.)。

(89) 自由と自己責任の連関については、XXIX, 377 参照。ヘルトは、フッサールにおける「自由」を、「超越論的原自我としての私が所有し、いかなる対象化によっても回収できない責任性」として解している (Held 1986, 47)。

(90) この観点からすれば、原自我の唯一性と格変化不可能性とは、「人間を際立たせる徴」(Aguirre 1982, 46) であるというアギーレの見解に、フッサールは賛意を表するだろう。ただしその際、人間という概念は、人間学的ないし人間主義的にではなく、超越論的概念として理解されねばならない。

(91) この章の冒頭に掲げた重要な一節を参照 (VI, 439)。Vgl. auch VI, 115; I, 118.

(92) アギーレに倣っていえば、フッサールの現象学は「古典的合理主義からの明確な離反」である (Aguirre 1972, 103f.)。

(93) フッサールは、ケアンズに宛ててこう書いている。「私の著作がもたらすのは、公式的に読まれるべき成果ではなく、自ら築き上げることができるための基盤であり、自ら作業することができるための方法であり、自ら解かねばならない問題であるということを、よく考えてください」(Dok III/4, 24)。

(94) 「自己責任性」という語が表わしているのは、明証がもつ次のような独特のあり方である。すなわち、明証は、つねに「私にとっての」明証であり、その一回的で特異な性格を決して失わないにもかかわらず、それなしには「客観的」明証も不可能であるような知の「尺度」として機能する。ここでひとは、いわば相対主義と独断主義の彼岸にいる。ちなみにこの点を、ニーチェのパースペクティヴ主義との関連でより詳しく考察してみることもできるだろう。この点に関しては、村井 2000 参照。

(95) ラントグレーベはそこに、必然的に先行する「エゴ」についてのフッサールの思惟と、絶対的観念論との決定的な差異を見ている (Landgrebe 1963, 196)。

(96) レヴィナスが、「共時化」(synchronisation) を逸脱する「隔時性」(diachronie, dia-chronie) として「隣人の近さ」を描いていることを想起されたい。Vgl. Lévinas 1974, 107, 113, u.v.a.

(97) ここでの「意味」とは、「自我にとって構成された意味」を意味する。これに対し、レヴィナスは、まったく違った意味で「意味」(sens)「意味作用」(signification) という語を用いる。レヴィナスにとっては、他者との関係こそが「意味」の源泉である。しかし、この「倫理的」含意をもった「意味」は、「自我にとって構成された意味」からはやはり区別されうるだろう。したがって、他者が「自我にとって構成された意味」を超えているということは、術語を変更すればレヴィナスにおいても成り立つかもしれないが、ここでは詳論は避ける。右記の二つの意味の区別については、中 2004, 158 参照。

(98) Vgl. XVII, 13; I, 117ff.; Dok III/9, 83f. フッサールが、初期ヴィトゲンシュタインと同様、「有意味に」語り出すことのできないものについては意図的に沈黙したということも、考えられないことではない。その際、フッサールはヴィトゲンシュタインよりもさらに徹底していた可能性がある。というのも、フッサールは、沈黙しなければならないと言うかわりに、実際に沈黙したからである。この点に関連して、以下の事実を想起することができる。すなわち、フッサールは、ほとんど全生涯を通じて、宗教的問題に深い関心を抱いていたが、彼の理論的な著作においては、禁欲的な自制の態度を貫いたという事実である。この点に関しては、多くの資料がある。Vgl. Dok III/3, 83, 419; Dok III/4, 408; Dok III/7, 237; Dok III/9, 124; Cairns 1976, 23, 46f.

(99) Vgl. Brand 1955, 52; Ströker 1988, 263.

(100) この点に関して、以下の特徴的な箇所を参照。「現象学は真理を目指すが、ただし、絶え間ない運動のうちにある真理を目指すのであり、到達された一切の真理が、相対的なものとして、能力的な体系的完全化の地平のうちにあるということを予料しつつ、それを目指すのである」(Ms. K III 6/ 59; zit. nach Brand 1955, 51)。Vgl. Ms. K III 6/ 100a; VIII, 406; XXXIV, 431ff. フィンクがフッサールについて述べた次のような言葉も参照。「フッサールは、もし事象が別様に自己を示すとしたら、認識のあらゆる獲得物、あらゆる定理的な理論的成果を、いつでも放擲する用意があった」(Fink 1976, 225)。Vgl. Dok III/4, 23; Dok III/3, 269f.

(101) Vgl. XXIX, 403ff.; Hoyos Vásquez, 1976, 196; Nitta 1978b, 178ff.; Melle 1988, 59. フッサールは、ある書簡のなかで述べている。「構

成的な諸々の無限性の構造は、それ自体運動のうちにある無限性であり、諸々の発展可能性および発展現実性の地平を伴っているのであって、この地平は、なるほど全包括的な予描を含んではいるが、有限な公理系において終結しうるような、存在論的構造および理論をもってはいない」(Dok III/3. 497f.: 強調引用者)。そこでフッサールは「目的論の無限性」について語っているが、それが意味するのは「単線的ないし複線的な無限性ではない。それは、諸々の無限性の無限の放射体系である」(ebd. 498)。

(102) ヘルトも、自由な責任ある自己批判の可能性を、原自我の匿名性に結びつけている (Held 1966. 182)。

(103) 「原初的な流れること」について、フッサールは次のように述べる。「それは先存在として経験不可能であり、言うことができない。言いえないものないし経験しえないものが証示された途端に、つまりやはり経験され、言明の主題にされた途端に、それはまさに存在者化されている」(Mat VIII. 269)。「それ自体存在するものとして要求され、呼び表わされ、語り出され、それどころか記述されたとき」、エゴはもはや「原初的なエゴ」ではない (XV. 584)。

あとがき

本書の原形は、二〇〇三年にドイツ・ヴッパータール大学に提出された博士論文にまで遡る。この論文は、修正を加えた上で、その後二〇〇六年に叢書 Phaenomenologica の一冊として Springer 社より *Das Problem des ,Ur-Ich' bei Edmund Husserl. Die Frage nach der selbstverständlichen ,Nähe' des Selbst* (Dordrecht 2006) という書名で刊行された。本書は、このドイツ語拙著の内容をほぼ踏襲しているが、各所に細かい修正を加え、一部、議論の内容にも変更を加えた箇所がある。母語としての日本語は筆者にとって表現の自由度が高いので、表現上は、各所を自由に翻案してある。したがって本書は、厳密に言えばドイツ語拙著の日本語訳ではない。ただし、全体としての論旨そのものにはほとんど変更を加えなかった。また、枚数の関係で、日本語文献への言及も最小限にとどめざるをえなかった。

一九九八年にドイツに渡ったとき、筆者の念頭にあったのは、フッサールの「モナド論」(Monadologie) の研究をさらに先へと進めることであった。その後まもなくして、ドイツでの博士論文執筆を決意したとき、筆者のテーマは依然としてモナド論であったが、モナド論的な間主観性の等根源的性格を脅かすかに見える「原自我」の問題は、筆者に対決を迫る「居心地の悪い」問題としてすでに念頭にあった。この懸案の問題に関して何らかの解釈を示さざるをえないと感じていた筆者は、博士論文の計画の中に、「原自我」に関する一章を組み込んでおいた。

当時、筆者にとって「原自我」問題の解釈は、モナド論的間主観性論の難点を回避するという意味しかもっていなかったわけだが、筆者の指導教授であったクラウス・ヘルト教授は、筆者がまだ本格的に着手していなかったこの「原自我」の問題に、まず第一に取り組むことを勧めた。そこから、「原自我」問題への取り組みが始まったわけだが、次第に深くこの問題圏へと入り込むうちに、いつしかこの問題は、「モナド論」解釈の補足という位置づけから、博士論文の中心テーマとなっていった。このことは、「原自我」の問題が、「モナド論」的間主観性の理論に吸収され尽くすことのない、一段深い問題事象に関わっていることが見えてきたからでもある。これによって、フッサールが最晩年の『危機』書において、せっかく確立したモナド論的間主観性の理論を脅かすかのような発言をしている理由が、初めて納得できるようになった。

晩年のフッサールには、「原自我」の詳細な理論を形成する時間は残されていなかったが、ある意味で「原自我」の概念は、一九二〇年代以降、自我論を強調し始めたフッサールの思考をつねに根底で支えつづけたものを、概念の形に結晶化させたものであると考えられる。このことを示すために、本書では、自我論という主題的限定を超えた、現象学そのものの解釈に取り組むことを避けることができなかった。現象学全体の根本動向としての自明性論（第一章）や、フッサール現象学の発展を支えつづけた「明証」と「還元」の解釈（第二章）は、この意味で、筆者にとっては「原自我」論と不可分の結びつきをもっている。もとより、フッサールの思考を文献学的・歴史的に再構築する作業としては、全く不十分であることは間違いないが、第一部の一見発展史的に見える考察はむしろ、筆者の意図としては、事象的な考察の一部を成している。というのも、本書で問題となっている事象に関しては、その「視方」を一歩ずつ準備することが、当の事象を実際に「視る」ことそのものにとって本質的な役割を果たすからである。本書の全体が、あるきわめて見透しにくい問題事象を、わずかなりとも指し示すことを目論んでいるのである。（たとえこの問題事象を完全に明示することができないとしても、それが通常の主題的明示の方法にそもそも適合しているのかどうかは、それ自体考察すべきテーマであるといえる。）

その問題事象は、われわれの生が「主体的なもの」、さらにいえば「一人称的なもの」に規定されているということをどこまでも真に受けるとき、浮上してくるものである。このような一人称パースペクティヴによる規定性が、ある体系的布置のうちにその相対的関係項の一つとして簡単に組み込まれうるものではなく、むしろ〈根底的に規定するもの〉の一つとしてつねに前提されざるをえないとすれば、その問題化は、体系的な概観のうちに位置づけるという通常の学問的・哲学的理解の方法そのものに対する反省を必要とする。「原自我」の問題において、また、それを秘かに根底にもつ現象学の自己理解において、フッサールが逢着していたのは、そのような問題でもあったと考えられる。

この大きな問題に対して、本書が十分に答えうるはずもないが、少なくともそれに答えるための最初の手がかりとなるアプローチを提示することはできたかもしれない。セーアン・オーアゴー（Søren Overgaard）によるドイツ語拙著の書評（*Husserl Studies* 25, 89-95）からは、本書で提示した「原自我」をめぐる問題系が、「一人称パースペクティヴ」というより広い問題系の内部で、有意義に議論されうることを学んだ。また、二〇〇九年一〇月にコペンハーゲン大学で行われた「自己・自我・人格」に関するフッサール記念学会（Conference: "Self, Ego, Person: Commemorating Husserl's 150th anniversary", Center for Subjectivity Research, University of Copenhagen）においても、「原自我」は、ダン・ザハヴィ（Dan Zahavi）の発表で主題的に取り上げられたのをはじめ、最も頻繁に論じられた話題の一つだった。日本語で上梓する本書もまた、こうした議論が踏みしめ踏み越えてゆく最初の足がかりとなれば、その役割を十分に果たしたことになるだろう。

＊　＊　＊

ここで、現在の観点から振り返って、本書の提示する解釈について若干の特徴を述べ、補足的説明を加えてみたい。

1.「自明性」論の含意

第一に、「原自我」とは、慣れ親しんだ「私」や「われわれ」を産み出す、未知の超越的根源であるといった解釈を、本書では首尾一貫して否定することを試みた。そのために、「自明性」論の観点を重視した。

自明性には、二つの面がある。(1) 自明だから信頼できる、少なくとも事実的にそれを信用して生きてしまっている、という面。(2) 自明だからこそ、よく見ない、批判しない、鵜呑みにしてしまう、という面。そこに何らかの素朴性を無批判的に放置してしまう可能性がある。

ここには、「認識」をめぐる「近さと遠さ」の問題が含まれている。認識にとって最も手近なものが、思惟する主体にとって最も近いとはかぎらない。事実的に最も近いものが、認識にとっては最も遠いものでありうる(第七章註 (43) 参照)。

上記二つの点を念頭に置きつつ、(A)「原自我」とは、われわれが自明的に前提し頼りきっているが、それゆえによく「視る」ことのない経験次元、思惟する主体にとって無批判的な素朴性にとどまる危険性が最も高い経験次元であるということ、(B)「原自我」とは、思惟する主体にとって事実上最も「近い」次元を形成しているが、それゆえに最も認識しがたいということ、この二点を浮き彫りにすることを試みた。これにより、原自我を「私自身」の彼方に位置するような超越的審級として解釈する試みは、少なくとも無効であることを示し得たのではないかと思う。

他方、それを単に「よく知っている私のことなのだ」と考えるだけなら、それは自明性を追認しているにすぎず、自明性の意味を批判的に解明することにはならない。自明性を追認するだけでは、何も理解したことにはならず、「私とは私のことだ」というトートロジーから一歩も出ることはない。

この自明性そのものが、批判的眼差しを拒否する素朴性の隠れ家であるということを、まず第一に見抜く必要がある。エポケーとは、その作業を意味するものにほかならない。

2. 自我の根源的仮象性と「脆い」原明証

「私」なるものを、われわれは通常まったく「あたりまえ」と見なしているが、「私」とはいったい何を意味しているのか、自分はそれをどう理解しているのかを問うとき、「確かに理解しているはずなのだが、自分がまるで説明する言葉をもたない」ということに気づく。この「奇妙な不可解さ」へと変貌した「自明性」を前にして、自明であるかぎりでの自明性へとただちに逃げ戻り、「それは自明だから問わなくてもよいのだ」と宣言するのは、哲学的な態度とはいえない。また、われわれが説明する言葉をもたない事象に直面して、「だから自我などというものはないのだ」と、そこで顕在化しかけていた問題そのものを消去しようとする態度は、「自我」なるものの支配力を批判するようでいて、実は「自我」なるものがもたらす可能的な陥穽に対して、最も無力である。なるほど本書も、「自我」を実体的な審級として解釈することに対しては、様々な形で異議を提出してきた。場合によっては、「自我」を一種の「仮象」と呼ぶこともできないわけではない。だがそれは、仮象であることが見抜かれたからといって、ただちに消え去り、その力を失うようなタイプ（幽霊だと思ったものが、単なる布きれであった、といったタイプ）の仮象ではない。それはいわば「生の根源的仮象」であって、これ（すなわち、「自我」と呼ばれるもの）と対決することが、洋の東西を問わず、何世紀にも渡る膨大な哲学的・宗教的努力に発展したのも、あながち不思議なことではない。単に無視すれば、その力から逃れられるというものではない。むしろ、「自我」と対決するには、きわめて自覚的な方法的努力と反省を必要とするのである。フッサールの「原自我」論は、エポケーを方法としつつ、この「必然的仮象」のメカニズムに迫ろうとしたものであると考えることができる。

他方で本書は、フッサールの「原自我」論が、生にとっての「絶対的明証」と呼ばれるものと不可分に結びついていることを示してきた。この「絶対的明証」は、「必然的仮象」という見方とはやはり折り合わないのではないか。この問いに対しては、次のように答えたい。本書第六章で論じた「変様論」が示しているように、フッサールの原自我論は、〈脆く目立たないが、消し去ることもできない生の原パースペクティヴ性〉が、〈現象平面に等置された諸項の間に位置する一項としての、いわゆる「自我」〉へと変質する意味変様の現象を主題化している。根源的仮象性は、この意味変様の現象のうちに宿っている。他方、この仮象性そのものが発生する媒質的次元として、「絶対的明証」と呼ばれる生の原明証のレベルを理解することができる。（ただしこれを、「根源からの派生」という単線的モデルで理解することができないことは、第六章で詳論した。）

「絶対的明証」などと言っても、それが真と偽を一義的に決定するのに資するのでないならば、何の役にも立たないではないか、という非難もありうるかもしれない。しかし、そのような非難は、第一に、明証を道具的に理解している（第二章三参照）。明証は視るための道具ではなく、第一義的には、「視る」という出来事それ自体である。つまり、何らかの意味で、およそ最も広い意味で「洞察する」という出来事である。真が偽から区別されるときにも、真が「紛れもない、ほかならぬ」真として、偽が「ほかならぬ」偽として洞察されるということが起こっている。この「ほかならぬ＝別様でありえない」という洞察のあり方が、必当然性の名で呼ばれているのである。そこで「真理の洞察」が生起しているかぎり、この洞察の出来事は、「明らかさ」の生起として、「明証」の出来事である。そして、「明証」の出来事があるところ、その必然的性格として、「必当然性」が含まれている。

第二に、「必当然性」とか「絶対的明証」などといっても、その内実は曖昧模糊としていて、よくわからない、はっきりしない、しっかりと確保できないではないか、と批判する論者は、はっきりくっきりとした明確さ、しかも対象的に動かない仕方でピンで留められ確保されていることを「正しさ」の一つの基準としているように思われる。これに対し、「正しさ」と「明らかさ」をどこまでも問いつめてゆくとき、人はそのようなレベルでの「確実さ」を超え出て行かざるをえないということが、フッサールの明証論の帰結に含まれている。

絶対的明証という言葉で、何か眼の前に不動の仕方で留まっている固定観念のようなものを思い浮かべるなら、それはわれわれ自身の明証考察が派生的な明証のレベルに留まっていることを示している。そのようなものは、明証を前提にして示しうるものにすぎないのである。はっきり捉えられるものと、はっきり捉えられないものという対立自体が、明証において「洞察」されている。それゆえ、明証そのものをこの対立の上で捉えようとすることは不適切である。

以上に示唆されたとおり、「絶対的明証」と呼ばれるものは、見かけに反して、他人の批判や反論を断固として受け入れない頑迷さのようなものとはかけ離れている。その絶対性は、他の何かと並んで自己を主張しうるようなものではなく、むしろおよそ何ものとも並びえず、それゆえ何かと対立することもできないようなものであり、われわれの前に頑迷に立ちはだかるどころか、摑もうとしても摑みえないもの、にもかかわらずこれ以上「確か」ではありえないようなものである。そこに一種の「脆さ」を見ることも不可能ではないが、この「脆さ」ないし「可動性」(Labilität, Beweglichkeit)の上にこそ、われわれの一切の生と経験が成り立っているとしたらどうであろうか。何かが「全く確かなもの」として立ち現われてくることも、「生動性」(Lebendigkeit)としてのこの「脆さ」の上でしか成立しないとしたらどうであろうか。

このような視方の転換を迫っているものとして、フッサールの明証論を理解したい。そして、その明証論の最も極端な帰結の一つが、「原自我」の概念であると言うことができるだろう。

＊　＊　＊

最後になるが、筆者が本書の執筆にあたって多大な恩恵を被った方々に、不十分ながら謝辞を述べておきたい。本書のもとになった博士論文をご指導頂いたクラウス・ヘルト教授(ヴッパータール大学)、フッサール文庫での未公開草稿研究をいつもサポートしてくださったディーター・ローマー教授(ケルン大学)には、特にお礼申し上げたい。ドイツでは、数多くの先生方、友人たちにお世話になったが、その名を挙げ尽くすことはできない。日本でお世話になった方々はもっと多いが、そもそも哲学研究の道に引き入れてくださり、公私に渡って惜しみなくご援助を与えてくださった恩師、遠藤弘先生（早稲田大学）、修士課程の学生時代から御著書と個人的アドバイスを通じて絶えず筆者の研究を導いてくださった新田義弘先生には、特にお礼申し上げたい。新田先生のご指導がなければ、筆者の研究は遙かに低い水準のものにとどまっていたであろう。というのも、ドイツでの研究中も、筆者の中に内在化された新田先生の眼が、筆者の研究に絶えざる批判的・理念的導きを与えてくださったからである。谷徹先生（立命館大学）、斎藤慶典先生（慶應義塾大学）、榊原哲也先生（東京大学）には、様々なコメントや批評を通じてご指導頂いた。また、ドイツでの学位取得を勧めてくださった浜渦辰二先生（大阪大学）にも、この機会にお礼申し上げたい。

本書の出版にあたっては、板橋勇仁氏（立正大学）に、特にお礼申し上げたい。氏からは、十数年もの間、数多くの議論を通じて多大な刺激を頂いてきたが、今回は、本書の価値を認めてくださった上、法政大学出版局にご推薦頂いた。武内大氏（東洋大学）は、同じく十数年来の議論の相手だが、氏との議論を通じて、本書の基礎となる発想の幾つかを吟味することができた。村上靖彦氏（大阪大学）との議論からは、本書の可能的意義を自ら反省する際に、様々な示唆を頂いた。セーアン・オーアゴー氏（コペンハーゲン大学）、ライナー・シェーファー氏（ハイデルベルク大学）からは、ドイツ語拙著への書評（*Husserl Studies 25*; *Phänomenologische Forschungen*, Bd. 2008）や討論を通じて、本書の内容を反省的に見直す機縁を与えて頂いた。ルイス・ニール氏（ケルン大学）、中村拓也氏（同志社大学）のコメントにも感謝する。また、執筆・校正作業を間接的に支えてくれた妻千尋にも感謝したい。なお、拙い本書を、両親に捧げることをお許し頂きたい。肉親への献辞は、あまり好きではなかったのだが、山内志朗先生（慶應義塾大学）の『天使の記号学』（岩波書店、二〇〇一年）「あとがき」を拝読して、考えが変わった。この「あとがき」は、筆者が眼にしえたあとがきのなかで、最も感動的なものの一つであるといまでも思う。

最後に、法政大学出版局の郷間雅俊氏には、いつもながら、緻密かつ丁寧なお仕事でもって支えて頂いた。心から感謝したい。

なお、本書は、平成二一年度科学研究費補助金（研究成果公開促進費）の助成を受けて刊行するものである。

二〇〇九年一一月

山形にて

田口　茂

存在と共同 ハイデガー哲学の構造と展開
轟孝夫……………………………………………………………………… 6800円

ハイデガー『哲学への寄与』研究
山本英輔……………………………………………………………………… 5300円

ドイツ哲学史 1831-1933
H. シュネーデルバッハ／舟山俊明・朴順南・内藤貴・渡邊福太郎 訳……… 5000円

カントの航跡のなかで 二十世紀の哲学
T. ロックモア／牧野英二 監訳 ……………………………………………… 4800円

*

ヘーゲル読本
加藤尚武 編 ………………………………………………………………… 3300円

カント読本
浜田義文 編 ………………………………………………………………… 3300円

シェリング読本
西川富雄 監修　高山守 編 ………………………………………………… 3000円

ウィトゲンシュタイン読本
飯田隆 編 …………………………………………………………………… 3300円

続・ヘーゲル読本
加藤尚武・座小田豊 編訳 ………………………………………………… 2800円

デカルト読本
野田又夫 監修　湯川佳一郎・小林道夫 編 ……………………………… 3300円

ヒューム読本
中才敏郎 編 ………………………………………………………………… 3300円

ベルクソン読本
我孫子信・久米博・中田光雄 編 …………………………………………… 3300円

ショーペンハウアー読本
齋藤智志・高橋陽一郎・板橋勇仁 編 ……………………………………… 3500円

＊表示価格は税別です＊

●著者紹介

田口　茂（たぐち・しげる）

1967年生．早稲田大学大学院文学研究科修士課程修了，同研究科博士後期課程にて単位取得後，1998年よりDAAD奨学生としてドイツ・ヴッパータール大学に留学，2003年同大学にて哲学博士号（Dr. phil.）取得．早稲田大学，慶應義塾大学非常勤講師を経て，2005年より山形大学地域教育文化学部准教授．著書に *Das Problem des ‚Ur-Ich‘ bei Edmund Husserl*（Phaenomenologica 178, Springer, 2006），主要論文に「〈私であること〉の自明性――フッサールにおける方法的視の深化と原自我の問題」（『思想』第916号，2000），「否定性としての自己――生の自己性をめぐる現象学的解釈の試み」（『現代思想』第29-17号，2001），「覚醒する理性――レヴィナスとフッサールにおける認識と『倫理』」（『フランス哲学・思想研究』第10号，2005）など．

フッサールにおける〈原自我〉の問題

自己の自明な〈近さ〉への問い

2010年2月22日　初版第1刷発行

著　者　田口　茂

発行所　財団法人 法政大学出版局

〒102-0073 東京都千代田区九段北3-2-7

電話03（5214）5540　振替00160-6-95814

印刷：平文社　製本：誠製本

ISBN978-4-588-15061-6

人名索引

あ 行

アウグスティヌス　Augustinus　319
アギーレ　Aguirre, Antonio　156, 161, 326, 328-29, 350
アリストテレス　Aristoteles　344
アンリ　Henry, Michel　329
イリバルネ　Iribarne, Julia V.　318
インガルデン　Ingarden, Roman　315-16, 318, 320
ヴァルデンフェルス　Waldenfels, Bernhard　317, 328, 331, 336, 348-49
ヴィーガーリング　Wiegerling, Klaus　313, 341
ヴィトゲンシュタイン　Wittgenstein, Ludwig　335, 345, 351
エンブリー　Embree, Lester E.　325
オルト　Orth, Ernst Wolfgang　319, 321, 324

か 行

カー　Carr, David　316
カイザー　Kaiser, Ulrich　324
カント　Kant, Immanuel　333
木田元　307
鬼頭英一　316
木村敏　349
工藤和男　325
グライクスナー　Gleixner, Wolfgang H.　309
クランツ　Kranz, Walther　303
クリスティン　Cristin, Renato　318
グルヴィッチ　Gurwitsch, Aron　321
ケアンズ　Cairns, Dorion　12, 331, 350-51
ケーラー　Kaehler, Klaus Erich　329
ケルステン　Kersten, Fred　313-14
ケルン　Kern, Iso　307, 318, 326, 345
ゴーセンス　Goossens, Berndt　320
コペルニクス　Kopernikus, Nikolaus　190

さ 行

榊原哲也　316, 319
ザハヴィ　Zahavi, Dan　158, 161-62, 318, 326, 328-29, 345, 348
サルトル　Sartre, Jean-Paul　330, 345
シェストフ　Shestov, Lev　304
シューマン　Schuhmann, Karl　309, 311-12, 315-16
シュッツ　Schutz, Alfred　329
シュトラッサー　Strasser, Stephan　235, 312, 318-19
シュトレーカー　Ströker, Elisabeth　61-62, 314, 344, 351
シュリーマン　Schliemann, Heinrich　23
スミート　Smid, Reinhold Nikolaus　316, 320
ソコロウスキー　Sokolowski, Robert　311, 313-14

た 行

田島節夫　332
谷徹　303, 318
ディーマー　Diemer, Alwin　326
ディールス　Diels, Hermann　303
デカルト　Descartes René　48-49, 63, 92, 101, 122, 132, 167, 243, 310, 314, 321
デ・ボーア　De Boer, Theodore　313
デューラー　Dürer, Albrecht　4
テュッセン　Thyssen, Johannes　166-68, 329
デリダ　Derrida, Jacques　308
テンゲイ　Tengelyi, László　337
トイニッセン　Theunissen, Michael　155-56
トゥーゲントハット　Tugendhat, Ernst　311-13, 335, 343, 345
トラッペ　Trappe, Tobias　308, 316, 323

な 行

中真生　351
永井晋　304
ナトルプ　Natorp, Paul　314
ニー　Ni Liangkang　345
ニーチェ　Nietzsche, Friedrich　351

西田幾多郎　349
新田義弘　318, 344, 351

は 行

ハート　Hart, James G.　329
ハイデガー　Heidegger, Martin　304, 344
ハインゼン　Heinsen, Douglas　319
浜渦辰二　316
ヒュルスマン　Hülsmann, Heinz　324
フィヒテ　Fichte, Johann Gottlieb　167
フィンク　Fink, Eugen　18, 114, 161-64, 171-73, 179, 182-83, 242, 287, 303-04, 306-08, 311, 323-24, 325, 329-31, 339, 341, 344, 351
ブッケルト　Bouckaert, Bertrand　315
ブノワ　Benoist, Jocelyn　319, 341-42
ブラント　Brand, Gerd　312, 322, 343, 345, 351
ブレークマン　Broekman, Jan M.　94, 319, 322, 323
ブレンターノ　Brentano, Franz　21
ヘファナン　Heffernan, George　311-12, 314-15, 342, 344
ヘラクレイトス　Heraklit　63, 73, 303
ベルッシ　Belussi, Felix　332-33
ヘルト　Held, Klaus　159, 304-07, 314, 318, 320, 329, 332, 341, 345, 347-48, 350, 352
ベルネ　Bernet, Rudolf　vii, 307, 326, 346
ポイカー　Peucker, Henning　310
ホーフマンスタール　Hofmannsthal, Hugo von 304
ホーレンシュタイン　Holenstein, Elmar　326, 335-36
ホッキング　Hocking, William　57, 311
ホヨス・バスケス　Hoyos Vásquez, Guillermo 351

ま 行

マールバッハ　Marbach, Eduard　308, 312, 315-16, 318-19, 326
マイスト　Meist, Kurt Rainer　318
村井則夫　351
メッケル　Möckel Christian　321
メッツガー　Metzger, Arnold　321
メルテンス　Mertens, Karl　310-11, 313, 316, 346
メルロ＝ポンティ　Merleau-Ponty, Maurice 318
メレ　Melle, Ullrich　309, 312, 342, 351
メンシュ　Mensch, James Richard　309-10, 319, 337, 339, 346
モハンティ　Mohanty, J. N.　307, 309, 317

ら 行

ライプニッツ　Leibniz, Gottfried Wilhelm　88, 329, 338
ラヴァッリ　Ravalli, Paolo　333
ラントグレーベ　Landgrebe, Ludwig　vii, 12, 139, 307, 317, 325, 351
リー　Lee, Nam-In　152, 326-27
リクール　Ricœur, Paul　329
リップス　Theodor Lipps　310
ルフト　Luft, Sebastian　322, 324
レヴィナス　Lévinas, Emmanuel　303, 308, 310, 326, 334, 341, 349-51
レンプ　Römpp, Georg　318
ローゼン　Rosen, Klaus　310-14, 341, 345
ローマー　Lohmar, Dieter　309, 313, 315, 343-44

事項索引

あ 行

あらゆる原理中の原理　Prinzip aller Prinzipien　90, 102, 304
居合わせ（ていること）　Dabeisein　74, 76, 93, 149, 194, 205, 216, 241-42, 244, 260, 264, 300, 326, 336, 341, 347-48
生ける現在　lebendige Gegenwart　159, 210, 212-20, 224-25, 234, 238-39, 257, 263, 279, 330, 332, 336, 339-40, 346
意識　Bewußtsein
　或るものの——　von etwas　22, 242
　……の——　von　66
　自然的——　19, 26, 37, 102, 175, 222
　純粋——　55-56, 63, 67, 317
　絶対的——　54-56, 77
　超越論的——　148, 317, 346
　——生　→生
　——のカプセル的表象　28, 284-85, 305
　——発生／発展　145, 148-49, 152, 154
　——変様　333, 338
　——流　Bewußtseinsstrom　79, 85, 141, 251, 316, 318, 342
異他化　Entfremdung　126, 194, 211, 225, 228-31, 233-34, 324, 338, 340
異他性　Fremdheit　10, 136, 270, 277-78, 284, 296, 298
一次性　Primordialität　125, 233, 340
一次的　primordial　36, 85, 87, 125, 195-97, 205, 221, 224, 236, 307-08
　——還元　→還元
一人称　erste Person　8, 76, 81, 97, 99, 124, 179, 207, 315-16, 323, 331, 335
　——の語り方　→私
意のままにならない　unverfügbar　283-84, 289
意味二重化　Sinnesverdoppelung　210, 216-17, 221, 259, 337
　原様態の——　→原様態
異様さ　Fremdartigkeit　2, 17, 19, 23-25, 27, 29, 32-33, 37, 39, 111, 267, 300, 304, 308
隠蔽　Verdeckung　7, 26, 137, 206, 227, 305, 307, 322, 324, 336
エイドス（形相）　Eidos　165-66, 168-70, 263, 325, 330
　エイドス－エゴ　Eidos-Ego　165-67, 169, 329
エゴ　Ego　99, 130-32, 140-42, 247, 252-54, 274-76, 342
　エゴ・コギト　99, 101-02, 131-32, 252, 254-55, 287, 293, 321, 325, 346
　エイドス－——　→エイドス
　還元の（最初の／具体的）——　88, 164, 209, 222-23
　具体的——　222-23, 229, 323
　原——　140-42, 205, 289, 325, 331, 336
　絶対的——　103, 129, 140-41, 147, 161, 166, 229-31, 322, 330, 339
　他の——　alter ego / Alterego　88, 148, 162, 195, 209, 320, 328, 334
　——の原事実　247, 280, 330
　——の自己責任　98, 295
　——の必当然的明証／必当然性　10, 100, 130-34, 151, 240, 248, 251-71, 286, 289, 321, 330, 344
　——への還元　→還元
エポケー　Epoché　24-33, 46-48, 119-25
　最初の——の改造　129, 322
　超越論的——　33, 139
　徹底化された——　121-22, 134, 146-48, 155-61, 180, 183, 185-86, 196, 210
　反自然的——　26-27, 29, 32
　——と循環の回避　→循環
　——のエゴ　122, 124, 223
　——を行う者　122, 151, 164, 181, 185, 223

か 行

懐疑　Skepsis
　——論　Skeptizismus　46-48, 256, 263, 295, 300, 306, 310

方法としての——　45-48, 51-52
解明　Aufklärung
意味——　44, 160, 192, 296
説明（Erklärung）と——　44-45, 309
解明＝展開　Explikation　84-85, 139, 158, 293, 324, 347, 350
各私的　jemeinig, je-meinig　95, 158, 320
覚醒（性）　Wachheit　120, 144, 179, 305, 326
格変化不可能性　Undeklinierbarkeit　124-25, 158, 219, 327, 350
学問／科学　Wissenschaft
学問批判　Wissenschaftskritik　26-29
学問論　Wissenschaftslehre　309
自然科学　Naturwissenschaft　45-46, 48, 55, 146, 309, 333
自然的学問　natürliche Wissenschaft　42-45, 304-05
還元　Reduktion
一次的——　196-97
エゴへの——　83, 129, 141, 147, 322
間主観的——　78, 82, 86
現象学的——　7, 28, 35, 41-42, 51, 55-56, 67, 81, 85-88, 97, 99, 106, 110, 303, 309, 327
自我論的——　82, 86
態度変更としての　33-34, 113-16, 314
超越論的——　29, 33-35, 54, 88, 101, 112-13, 115, 136, 147-48, 317-18, 329
徹底化された——　9, 39, 178, 182, 197, 279-81
二重の——　78, 84
非自我論的（無自我的）——　54, 57, 78, 82
観視者／観察者　Zuschauer / Betrachter　111, 115, 223, 273, 337, 350
関与しない——　unbeteiligter　115, 323, 350
無関心の——　uninteressierter　111, 223
間主観性　Intersubjektivität　1, 77-89, 117-27, 329
——の意味／意味構造　136, 141, 143, 146, 154, 157, 164, 335
間主観的還元　→還元
間主観的現象学　87
間主観的複数性／多数性　120, 125, 151, 155, 161, 163, 167
間主観的転回　70, 83, 87
感入　Einfühlung　79-82, 84-85, 87-88, 126, 194-95, 233, 316-17, 327, 333, 337
鏡映　Spiegelung　84, 86, 88, 234, 338
偶因的な表現　okkasioneller Ausdruck　203
具体態　Konkretion　35, 84-85, 88, 130, 142-43, 166-67, 328-29
沈黙した——　stumme　85, 130, 142-43, 329
形而上学　Metaphysik　11-13, 37-38, 90, 112-13, 161, 164, 174-75, 192-93, 303
原事実　Urfaktum　169-71, 182, 223, 277, 287, 301
現象学的経験　78, 83-84, 87, 317
現象学的所与性の拡大　62-66, 78, 100, 133
原信念　Urglaube　189, 195, 335
原ドクサ　Urdoxa　189, 341
原ヒュレー　Urhyle　270, 278, 280-83, 348
原本　Original　194, 205
——的　original　126, 194, 205, 214, 225, 235
——性　Originalität　151, 218, 280, 332
原－——的なもの　das Uroriginale　218, 233
非－——的なもの　Nicht-Original　317
原様態　Urmodus　187-91, 273
隠蔽された——　194, 209, 227
（遡及的に）変様された——　189-90, 208, 218, 337
——性　Urmodalität　198, 210, 213, 221, 227-28, 270, 273, 334-35
——的意味　188-89, 191, 196, 198-203, 206, 208-10, 219, 334
——的現在　213-18, 224, 233, 336
——的自我／エゴ　214, 221, 227, 230, 276
——的唯一性　190-91, 199
——の多重化　195, 230, 233-34
——の二重性格　195-98
——の意味二重化　217, 221
構成　Konstitution　66-67, 191-92, 275, 303, 311-12, 323
原——　Urkonstitution　127, 193, 198, 209
コギタチオ　cogitatio
——の明証　49, 73-74, 240
他者の——　73-74
私の——　53, 74
個体　Individuum　163-64, 201, 315
——化　Individuation　171-72, 331, 349
——性　Individualität　64, 169, 172, 180-82, 200-02, 228, 280, 338, 348
——的自我　79, 155, 172

超——的　über-individuell　79, 81, 83, 155, 163-65, 167, 185, 268, 332
孤独　Einsamkeit
哲学的——　8, 97, 120-21, 123, 134-35, 181
個別性　Einzelheit　68, 200-01

さ 行

再想起　Wiedererinnerung　78, 126, 134, 186, 218, 224-25, 248
他者経験と——との類比　126, 134, 224-25
産出モデル　Produktionsmodell　9, 210-11, 216, 218-19
自我　Ich（→「私」も見よ）
——極／極としての——　Ichpol　119, 122-23, 127-28, 141, 150, 244-46, 325, 342
——の開放性　Offenheit des Ich　283-85, 347
——の無力さ　Machtlosigkeit des Ich　5, 289
経験的——　empirisches Ich　7, 8, 52, 56, 73-74, 76-77, 81, 90, 311, 315, 322
現象学する——　phänomenologisierendes Ich　8, 72, 75-83, 86-89, 95-103, 107, 113-16, 120-22, 134-35, 169-70, 176-82, 223, 315-16, 323, 330-31, 337
純粋——　reines Ich　8, 71-72, 89-98, 106-07, 311, 316, 319-20, 342
先——　Vor-Ich　9, 142, 148-54, 172-74, 176, 327
——中心化　Ichzentrierung　149-50, 246-47, 327, 337, 341
哲学する——　→哲学する
人間-——　Menschen-Ich　107, 113-15
一人の——　ein Ich　96, 121, 125, 128, 182, 185, 199-202, 213-14, 219, 226, 228-30, 238, 268, 340
三つの——　drei Iche　113-16, 134, 323
自我論的　egologisch
——態度　99, 132
現象学の——転回　7, 56-57, 70-71, 83-89, 95-98, 102
時間化　Zeitigung　146, 161, 175, 338-39
原——　Urzeitigung　174-77, 185, 214, 279
自己——　Selbstzeitigung　126, 159, 238, 338
時間化しつつ-時間化される　zeitigend-gezeitigt　340
自己　Selbst
——関係（性）　Selbstbezüglichkeit　73-74, 76, 95-97, 267, 316
——組み込み　Selbsteingliederung　216, 220-23, 230
——差異化　Selbstdifferieren　271, 274, 276
——省察　Selbstbesinnung　89, 112, 118, 133-34, 319, 324-25
——責任　Selbstverantwortung/-lichkeit　10, 95, 98-100, 102, 157, 179, 181, 240, 291, 294-99, 321, 328, 350
——統覚　→統覚
——能与　Selbstgebung　241, 248, 255, 262
——忘却　Selbstvergessenheit　34, 82, 120, 129, 144, 176, 181, 292, 307, 331, 337
——理解　Selbstverständnis　25, 35, 66-67, 77, 87-89, 107, 112, 114-16, 118, 120, 133-34, 136, 144, 147, 171, 243, 295, 307, 309
——了解　Selbstverständigung　76, 81, 179, 296
事実性　Faktizität　73, 89, 95, 100-02, 170
原——　Urfaktizität　171, 330
自然化　Naturalisierung　64, 231-32, 339
自然的　natürlich
——自我　111, 113
——世界　→世界
——態度　7, 29, 31-35, 37, 52, 111, 114-15, 132, 261, 305
自然性の権利　27-30
反自然的　widernatürlich　26-27, 29, 32, 305, 307
自体　Selbst / An-sich / an sich　80, 256, 262, 266, 279, 344, 346-47
——所与性　Selbstgegebenheit　58, 64-67, 292, 313
——的　an sich　43, 50, 59, 80-81, 88, 145-46, 226, 251, 267, 292, 315, 329, 344
世界——　→世界
絶対的——　das absolute Selbst　265-66, 346
視点　Gesichtspunkt / Blickpunkt / Perspektive　66, 99, 180, 246, 316
生ける視点　221, 223
第三者の視点　202, 221, 337
鳥瞰的視点　Vogelperspektive　222-23, 228, 235

自明性　Selbstverständlichkeit
——の学／自明なものの学　19-21, 24
——の二義性　19, 24
——の理解　6-7, 30-32, 37, 130, 133
——の主題化と異様さ　7, 18-25, 27, 299-300
——をめぐる二重の批判　24
絶対的——　61, 265-67, 295, 346
最も自明的な——　28, 261, 265, 305
尺度　Maß　57, 59, 60-62, 258, 262, 313, 351
自由　Freiheit　10, 347, 350
——と自己責任　294-99, 350
明証の——　294-95
十全化　Adäquation　50, 56, 58, 69, 255-58, 260, 350
十全性　Adäquatheit　255, 257, 343, 350
主観性　Subjektivität
私的な——　private　36, 83, 286, 329
超越論的——　34-36, 85-87, 89, 101, 110, 116, 128, 141-42, 144, 160, 162, 231-32, 307, 318, 327, 329, 342
——の逆説　Paradoxie der　109-12, 117, 134, 321-22, 334
受動的　passiv　149, 152, 258, 348
原受動的／性　283-84, 348
受動性　Passivität　273, 326, 348
種と個別例　Spezies und Exemplar　168-69, 171, 200-02
循環　Zirkel　160, 243, 331
——論証（悪循環）　circulus vitiosus　46, 59, 146, 156, 316
——の回避　45, 48, 51, 54, 309, 322-23
現象学の——性　Zirkularität / Zirkelhaftigkeit der Phänomenologie　315-16, 345
準現在化　Vergegenwärtigung　85, 126, 225, 233, 325, 332, 338, 340
衝動　Trieb　150, 152
人格／ペルゾーン　Person　52, 55, 75, 150-51, 153, 223, 245, 311, 322, 324, 327
——の同一性　→同一性
身体　Leib　190-91, 194, 205, 208, 231, 239
原——　Urleib　191
——物体　Leib-Körper　190, 231-32
真理　Wahrheit　59-60, 68, 261-62, 292-95, 304, 312-13, 341, 343
客観的——　265, 292-93, 350
——の生動性と不変性　294, 300-01, 351
神話的　mythisch　144, 174, 176
透け輝き／透け輝くこと　Durchscheinen　223, 227-28, 258, 339
生　Leben
意識——　Bewußtseinsleben　9-10, 19, 25, 35, 154, 178, 186-87, 228, 232, 243, 245-46, 250-51, 329, 347
経験する——　Erfahrungsleben　7, 21, 25-26, 30, 34, 102, 114, 159, 267, 278, 300
絶対的／根源的——　161, 171-74, 177-78
生動性（生き生きしていること）　Lebendigkeit / Lebendigsein　10, 174, 218, 224-25, 230, 246-48, 251, 257, 274, 276, 279-80, 284, 287, 301, 342, 359
——としての自我　246-48, 251, 276
世界　Welt　29-34, 249-50, 279, 306-07, 333
自然的——　33
周囲——　Umwelt　231, 327
生——　Lebenswelt　110, 247
——化　Mundanisierung / Verweltlichen　232, 339
——自体　Welt an sich　256
——信念／——確信　Weltglaube / Weltgewißheit　31-33, 279
地平としての——　30, 32, 34-35, 249
ゼロ点　Nullpunkt　231, 235, 239, 258-59, 283
前提条件　Prämisse　46, 48, 51, 100, 131-32, 153-54, 253, 264-65, 310
先入見　Vorurteil　27, 29, 32-34, 37, 65, 85, 99, 100, 121, 137, 266, 295, 301, 305, 313, 324-45
先行判断　Vorurteil / Vor-Urteil　32-34
増殖　Multiplikation　232-33, 340
モナド的——　232
反復的——　233, 340
相存在（かくある）　Sosein　243, 252, 254-55, 259, 272, 278, 328
相対主義　Relativismus　256, 293, 295, 298, 301, 344, 351
遡及的　rückwirkend
——自己変様　190
——変様　191, 195, 217-18, 229-30, 337
——働きかけ　Rückwirkung　9, 220, 234, 236
遡示する／遡行的に指示する　zurückweisen / zurückverweisen　187-88, 191, 194, 202-03,

205, 213, 216-17, 229, 231, 235, 242, 270, 334
素朴性　Naivität　19, 24, 29, 91, 99, 117, 123-24, 127-29, 134, 143-44, 146, 157, 176, 179-80, 298, 305, 331, 356
存在者化　Ontifikation　161, 180, 223, 244-47, 352

た 行

多義性　Äquivokation　121-24, 134, 143-43, 182-83, 185-86, 195, 210, 217, 230, 236, 323
他者　der Andere / alter
　——経験　Fremderfahrung　37, 77, 80-81, 84, 125-27, 134, 188, 192-95, 198, 208-09, 211, 221, 224-25, 227, 317, 333-35
　——性　Andersheit　36, 79-81, 202, 221, 223, 240, 317, 349
　他性　Anderheit　234
　他なるもの　alter　235
　他のエゴ　→エゴ
　——の「意味」　127, 146, 152, 168, 192, 197, 285, 288, 333-34
　——の近さ　289-90, 349, 351
多数化／多重化　Vervielfältigung　158-59, 193, 195, 222, 228, 230, 233-34
多数性　Vielheit　20, 36, 200, 219-22, 318
　自我——　83, 122, 220, 236
他性化　alterieren / Alteration　225-26, 338
　——的変様　→変様
単数性　Singularität　160, 162, 200
近さ　Nähe
　——と遠さ　Nähe und Ferne　69, 239, 258-59, 290, 343-44, 356
　——の明証　92, 96, 258-60
　生の自明な——　7-8, 42, 54, 106, 153, 223, 337
　絶対的——　55-57, 186, 236, 258-60, 274, 280, 282, 289, 344
　他者の——　→他者
地平性　Horizonthaftigkeit　307
超越　Transzendenz
　——的なもの　51, 63-64, 224
　意味を——するもの　269-70
　自己——　223-24, 271, 274
　他者の——　36, 38, 168, 192, 225, 228, 269, 285, 333
　内在と——　49, 65-66, 226, 310
　内的な——　273
　認識の——　51
　変様の——性格　223-28, 273
超越化　Transzendieren　50-55, 61, 63, 74, 78, 133, 313
超越論性　Transzendentalität　238, 307, 317, 322
超越論的　transzendental
　——還元・エポケー　29, 33-35, 39, 54, 88, 101, 112-13, 115, 136, 139, 147-48, 317-18, 329
　——シンボル　137-38, 140
　——他者　35, 37, 77, 86-87, 117, 125, 139, 219, 330
　——同時性　Simultaneität　236, 336
直観　Anschauung / Intuition　13-14
　——と思惟　26, 139
　本質——　→本質
対化　Paarung　195, 205, 338
哲学者の共同体　Philosophengemeinschaft　299
哲学する　philosophieren
　——エゴ　123, 128, 144
　——こと　5, 25, 98, 261, 265, 305, 331
　——自我　121, 136, 331
　——者　98-99, 120, 133, 176, 180, 318, 323
　——私　103, 120, 129, 153, 237
転移（転化・翻案・伝染）　Übertragung
　意味——　195, 230
　統覚的——　194
展示＝解釈　Auslegung　37, 130, 142, 178, 193, 293, 299, 308
同一性　Identität
　自我の——　93, 111, 113, 320
　人格の——　93, 324
　対象の——　22-23
統覚　Apperzeption
　自我——　52, 54, 56, 74
　自己——　53, 69, 75, 147, 153, 180, 231
　類比化的——　analogisierende　194
等根源的／等根源性　gleichursprünglich / Gleichursprünglichkeit　94, 155-57, 175
同質化　Homogenisierung　191, 201-03, 221, 247
等置　Gleichstellung　188-91, 195-98, 201-03, 206, 208, 211, 217-22, 228-35, 247, 334-35, 337

投錨地　Ankergrund　57, 62, 77, 98, 107, 110, 121, 260, 300
独我論　Solipsismus　36-37, 56, 86, 89, 107, 123, 155-56, 159, 163, 268, 284, 297, 301, 308, 318, 327
ドクサ　Doxa　131, 240, 341, 347
——の復権　237, 240
原——　Urdoxa　→原ドクサ

な　行

流れること　Strömen　176-78, 216, 218, 224, 226, 274, 329, 331, 336-38, 347, 352
二重の意味　Doppelsinn　232, 259
二重の還元　Doppelte Reduktion　→還元
認識の「意味」　43, 45
認識倫理（的）　erkenntnisethisch　98-99
人称代名詞　Personalpronomina　121-22, 124, 145, 208, 328

は　行

媒体　Medium　10-11, 131, 227-28, 244-48, 253-54, 257, 274-75, 279, 284-87
パースペクティヴ　Perspektive
——性　Perspektivität　9, 81, 220-23, 232, 235, 318, 357
——的認識批判　255
——の転換　Perspektivenwechsel　54
明証の——的秩序　237, 239, 258-59
発生　Genesis　9, 72, 145-54, 182, 187-88, 210, 327
反省　Reflexion　43-44, 74, 91, 99-101, 230, 323
意識生の——性　Reflexivität des Bewußtseinslebens　187
反復　Wiederholung　216, 229-36, 339-40
非自我論的　non-egologisch　7, 41-42, 56-57, 71-72, 76-78, 82, 85, 87, 266, 345
——現象学　71-72, 76, 106-07, 308
——還元　→還元
非対称性　Asymmetrie　2, 197-98, 202, 219-21, 223, 232, 235
必当然性　Apodiktizität　10, 130-34, 240, 250-55, 257-67, 269, 277, 286-87, 343-44, 350
エゴの——　→エゴ
比類のなさ　Einzigartigkeit　159, 198, 200-02, 221, 235
複数　Plural
単数と——　160-64, 200
複数化　Pluralisierung　120, 142, 161, 220, 229-30, 329, 338-39
意味的——　158, 186
自我——　126, 158, 183
モナド的——　9, 229
——的変様　→変様
複数性　Pluralität
数え上げられる——　160-62
間主観的——　120, 125, 151, 155, 161, 163, 167
自我——　126, 175, 206, 222, 229, 231, 329
変様　Modifikation
異他化的——　229-30, 233-34, 340
意味——　Sinnesmodifikation　188, 192, 230, 236, 358
逆——　Rückmodifikation　190, 217
時間的——　215, 223, 332
自己——　Selbstmodifikation　190, 209, 219, 221, 274
志向的——　9, 108, 118, 123, 125-27, 129, 134, 183, 185-89, 192-96, 198, 209-11, 214, 216, 220-21, 223-27, 232-33, 236-37, 259, 270, 324, 332
遡及的——　→遡及的
遡及的自己——　→遡及的
他性化的——　alterierende　225-26, 338
複数化的——　230, 334
モナド化的——　234-35, 299
——されていないもの　das Un-modifizierte　187-89, 191, 196-97
没自我性／没自我的　Ichlosigkeit / ichlos　149-50, 326
本原性　Originarität　213, 233, 341
本質　Wesen　63-66, 73-75, 170, 252, 313-15, 317, 330, 348
——視　Wesensschau　64, 167, 314
——直観　Wesensanschauung　64, 248, 314
本能　Instinkt　150, 152, 154, 327

ま　行

視方　Sichtweise　6, 37, 66-67, 106, 119, 131-34, 177
——の転換　Perpektivenwechsel　6, 51, 54, 57, 65, 67, 139-40, 197, 284, 359

視る　schauen / Schauen
——こと　Schauen　41, 58, 61-62, 75, 80, 98, 100, 112, 144, 155, 181, 260, 266, 291-92, 317, 320, 326, 330
——者　Schauender　72-73, 75, 80, 83, 107, 296
——としての理性　→理性
私は——　Ich-schaue　81, 100, 155, 175-76, 179, 181, 185-86, 286-87, 291-92, 295-99, 332
私は経験し——　Ich erfahre und schaue　242-44
見る　sehen / Sehen
——こと　Sehen　60, 85, 180, 182, 295, 304, 312-13
——者　Sehender　131
——ことを学ぶ　sehen lernen　35, 100, 135, 321
無自我的　ichlos　308
明証　Evidenz
経験としての——　242, 248-50, 253-57, 342
原——　Urevidenz　153, 240-42, 248, 251, 255, 261, 268, 270, 357-58
十全的——　adäquate　51, 69, 73, 92, 96, 248, 251-52, 255, 319
推定的——　präsumtive　257
絶対的——　absolute　59, 62, 69, 77, 92, 98, 107, 240, 262-63, 266, 287-88, 350, 357-59
通路／道としての——　77, 114, 242, 248, 257, 260, 341, 343
媒体的／媒体としての——　153, 260-61, 265-69, 272, 277, 297
判断的——　urteilende　176, 262-63, 345
必当然的——　apodiktische　100, 108, 129, 132, 134, 181, 237, 248, 251-55, 260, 265-66, 268, 275, 286-87, 289-90, 293-94, 297, 321, 344-45, 350
必当然的原——　240-41, 251
目立たない——　unscheinbare　154, 276
——意識　Evidenzbewußtsein　58, 61-62, 66, 68, 293-94, 298
——感情（論）Evidenzgefühl　58-60, 312-14
——遂行　Evidenzvollzug　75, 101-02, 175, 182, 298, 320
——探求　Evidenzsuche　181, 261, 265, 267
——追求　Evidenzstreben/-ung　257, 259-61, 265
——と「光」の隠喩　60, 313
——の行き止まり性　Unhintergehbarkeit der　10, 57-58, 102, 343
——の相対性　Relativität der　257, 282, 344, 350
——の段階性　Gradualität der　61, 68-69, 344
——の秩序　Ordnung der　148, 154, 239-40, 290, 328
——批判　Evidenzkritik　7, 10, 49, 51-52, 54, 57, 67, 100, 248-49, 251, 315
——論　Evidenzlehre/-theorie　42, 57, 66, 68-69, 71-73, 176, 248, 268, 291
——論的な〈視方の転換〉　57, 65, 67
目立たない／非顕現的　unscheinbar　3, 6, 154, 192, 236, 240, 276
モナド　Monade
——論的間主観性　2, 88-89, 161, 166, 329
——化　Monadisierung　9, 142, 161, 211, 229-38, 274, 299, 339
——化の——化　Monadisierung des Monadisierens　229-31, 234-35, 339
原——　Ur-Monade　141, 339
全——　Monadenall　174, 222, 339
モナドロジー　Monadologie　86, 88
モナド論　Monadologie / Monadenlehre　318, 329, 338

や　行

唯一性　Einzigkeit　1, 9, 97, 123-25, 128, 134-35, 155, 158-61, 165, 190-91, 198-99, 219, 221-22, 228, 240, 295, 327, 341, 350
様相化　Modalisierung　23, 242, 249, 259-60, 272, 278, 282, 347

ら　行

理性　Vernunft　29, 50, 139, 144, 150, 152, 263, 298, 320, 326, 341
〈視る〉としての——　144, 320, 326
合理性　Rationalität　48, 98, 144, 320
理念　Idee　64, 80, 256, 258, 260, 298, 305, 314, 318, 350
——視　Ideation　314
——的　ideal　4, 23, 51, 66, 101, 250, 256, 263, 313, 321, 327, 350
理論　Theorie　42-47, 291-92, 296-300, 309, 313

——化　Theoretisierung　45, 54, 268, 299-300
——的構築　theoretische Konstruktion　18, 35, 37, 138, 170
——的自明性　305
——的説明　24, 43-47, 309
——的素朴性　298, 305
——の「異他なるもの」　das ‚Fremde‘ der Theorie　296-300
自然的——　42
類比体　Analogon　234

わ 行

私　ich / Ich（→「自我」も見よ）
「——」という／一人称の語り方　Ichrede　74, 76, 81, 97, 99, 134, 179, 202, 207, 331
——はある　Ich bin / Ich-bin　9, 97, 100, 102, 107, 134, 151-52, 170, 182, 238, 251, 254-55, 259, 261, 264-71, 277-79, 282-83, 285-87, 321, 332, 341, 343, 346-48
——はある、私は生きる　Ich bin, ich lebe　96, 215, 251, 257, 263-64, 268, 272, 277, 279-80
——は視る　→視る
——は私自身に先立つ　Ich gehe mir selbst voran / vorher　10, 267, 271-74, 276-77, 283-84, 287, 347-48

文献一覧

1. フッサールの著作

1.1 フッサール全集（*Husserliana*）

Husserl, Edmund: Husserliana. Gesammelte Werke, Den Haag/ Dordrecht 1950ff.

I: *Cartesianische Meditationen und Pariser Vorträge.* Hrsg. v. Strasser, Stephan, 1950.

II: *Die Idee der Phänomenologie. Fünf Vorlesungen.* Hrsg. v. Biemel, Walter, 1973.

III/1: *Ideen zu einer reinen Phänomenologie und phänomenologischen Philosophie.* Erstes Buch: Allgemeine Einführung in die reine Phänomenologie. 1. Halbband. Neu hrsg. v. Schuhmann, Karl, 1976.

III/2: *Ideen zu einer reinen Phänomenologie und phänomenologischen Philosophie.* Erstes Buch: Allgemeine Einführung in die reine Phänomenologie. 2. Halbband: Ergänzende Texte（1912-1929）. Neu hrsg. v. Schuhmann, Karl, 1976.

IV: *Ideen zu einer reinen Phänomenologie und phänomenologischen Philosophie.* Zweites Buch: Phänomenologische Untersuchungen zur Konstitution. Hrsg. v. Biemel, Marly, 1952.

V: *Ideen zu einer reinen Phänomenologie und phänomenologischen Philosophie.* Drittes Buch: Die Phänomenologie und die Fundamente der Wissenschaften. Hrsg. v. Biemel, Marly, 1952.

VI: *Die Krisis der europäischen Wissenschaften und die transzendentale Phänomenologie.* Eine Einleitung in die phänomenologische Philosophie. Hrsg. v. Biemel, Walter, 1954.

VII: *Erste Philosophie (1923/24).* Erster Teil: Kritische Ideengeschichte. Hrsg. v. Boehm, Rudolf, 1956.

VIII: *Erste Philosophie (1923/24).* Zweiter Teil: Theorie der phänomenologischen Reduktion. Hrsg. v. Boehm, Rudolf, 1956.

IX: *Phänomenologische Psychologie.* Vorlesungen Sommersemester 1925. Hrsg. v. Biemel, Walter, 1962.

X: *Zur Phänomenologie des inneren Zeitbewusstseins (1893-1917).* Hrsg. v. Boehm,

Rudolf, 1966.

XI: *Analysen zur passiven Synthesis.* Aus Vorlesungs- und Forschungsmanuskripten (1918-1926). Hrsg. v. Fleischer, Margot, 1966.

XII: *Philosophie der Arithmetik.* Mit ergänzenden Texten (1890-1901). Hrsg. v. Eley, Lothar, 1970.

XIII: *Zur Phänomenologie der Intersubjektivität.* Texte aus dem Nachlass. Erster Teil: 1905-1920. Hrsg. v. Kern, Iso, 1973.

XIV: *Zur Phänomenologie der Intersubjektivität.* Texte aus dem Nachlass. Zweiter Teil: 1921-1928. Hrsg. v. Kern, Iso, 1973.

XV: *Zur Phänomenologie der Intersubjektivität.* Texte aus dem Nachlass. Dritter Teil: 1929-1935. Hrsg. v. Kern, Iso, 1973.

XVI: *Ding und Raum.* Vorlesungen 1907. Hrsg. v. Claesges, Ulrich, 1973.

XVII: *Formale und transzendentale Logik.* Versuch einer Kritik der logischen Vernunft. Mit ergänzenden Texten. Hrsg. v. Janssen, Paul, 1974.

XVIII: *Logische Untersuchungen.* Erster Band: Prolegomena zur reinen Logik. Hrsg. v. Holenstein, Elmar, 1975.

XIX/1: *Logische Untersuchungen.* Zweiter Band: Untersuchungen zur Phänomenologie und Theorie der Erkenntnis. I. Teil. Hrsg. v. Panzer, Ursula, 1984.

XIX/2: *Logische Untersuchungen.* Zweiter Band: Untersuchungen zur Phänomenologie und Theorie der Erkenntnis. II. Teil. Hrsg. v. Panzer, Ursula, 1984.

XX/1: *Logische Untersuchungen.* Ergänzungsband. Erster Teil. Entwürfe zur Umarbeitung der VI. Untersuchung und zur Vorrede für die Neuauflage der Logischen Untersuchungen (Sommer 1913). Hrsg. v. Melle, Ullrich, 2002.

XXIII: *Phantasie, Bildbewusstsein, Erinnerung.* Zur Phänomenologie der anschaulichen Vergegenwärtigungen. Texte aus dem Nachlass (1898-1925). Hrsg. v. Marbach, Eduard, 1980.

XXIV: *Einleitung in die Logik und Erkenntnistheorie.* Vorlesungen 1906/07. Hrsg. v. Melle, Ullrich, 1984.

XXV: *Aufsätze und Vorträge (1911-1921).* Hrsg. v. Nenon, Thomas; Sepp, Hans Rainer, 1987.

XXVII: *Aufsätze und Vorträge (1922-1937).* Hrsg. v. Nenon, Thomas; Sepp, Hans Rainer, 1989.

XXVIII: *Vorlesungen über Ethik und Wertlehre (1908-1914).* Hrsg. v. Melle, Ullrich, 1988.

XXIX: *Die Krisis der europäischen Wissenschaften und die transzendentale Phänomenologie. Ergänzungsband. Texte aus dem Nachlass 1934-1937,* Hrsg. v. Smid, Reinhold N., 1993.

XXX: *Logik und allgemeine Wissenschaftstheorie.* Hrsg. v. Panzer, Ursula, 1996.
XXXI: *Aktive Synthesen: Aus der Vorlesung ‚Transzendentale Logik‘ 1920/21.* Hrsg. v. Breeur, Roland, 2000.
XXXII: *Natur und Geist. Vorlesungen 1927.* Hrsg. v. Weiler, Michael, 2001.
XXXIII: *Die ‚Bernauer Manuskripte‘ über das Zeitbewusstsein (1917/18).* Hrsg. v. Bernet, Rudolf; Lohmar, Dieter, 2001.
XXXIV: *Zur phänomenologischen Reduktion. Texte aus dem Nachlaß (1926-35).* Hrsg. v. Luft, Sebastian, 2002.
XXXV: *Einleitung in die Philosophie. Vorlesungen 1922/23.* Hrsg. v. Goossens, Berndt, 2002.
XXXVI: *Transzendentaler Idealismus.* Texte aus dem Nachlass (1908-1921). Hrsg. v. Rollinger, R. D., 2004.
XXXVIII: *Wahrnehmung und Aufmerksamkeit.* Texte aus dem Nachlass (1893-1912). Hrsg. v. Vongehr, Th., Giuliani, R., 2004.

1.2 未公開草稿

A I 31 (1924-26), A V 5 (1933), A V 20 (1934/35), A VI 20 (1925/26)
B I 5 (1922-33), B I 6 (1930-33), B I 14 (1923-35), B II 1 (1907/08), B II 6 (1930-33), B II 13 (1930-34), B II 22 (1913-26), B III 1 (1929), B III 3 (1931), B III 8 (1930)
C 2 (1931/32), C 3 (1930), C 5 (1930), C 7 (1932), C 10 (1931), C 13 (1934), C 14 (1933), C 16 (1931/32), C 17 (1930-32)
E III 2 (1921), E III 9 (1931-33)
F I 44 (1916-28)
K III 6 (1936)
M III 3 III 1 II (etwa 1922)

1.3 フッサール全集・記録篇 (*Husserliana Dokumente*)

Husserliana Dokumente. Den Haag/ Dordrecht 1977ff.
Dok I: Schuhmann, Karl: *Husserl-Chronik. Denk- und Lebensweg Edmund Husserls,* 1977.
Dok II/1: Fink, Eugen: *VI. Cartesianische Meditation.* Teil I. Die Idee einer transzendentalen Methodenlehre. Hrsg. v. Ebeling, Hans; Holl, Jann; Kerckhoven, Guy van, 1988.
Dok II/2: Fink, Eugen: *VI. Cartesianische Meditation.* Teil II: Ergänzungsband. Hrsg. v. Kerckhoven, Guy van, 1988.
Dok III: Edmund Husserl: Briefwechsel. Hrsg. v. Schuhmann, Elisabeth in Ver-

bindung mit Schuhmann, Karl, 1994.

Dok III/2: Die Münchener Phänomenologen.

Dok III/3: Die Göttinger Schule.

Dok III/4: Die Freiburger Schüler.

Dok III/5: Die Neukantianer.

Dok III/6: Philosophenbriefe.

Dok III/7: Wissenschaftlerkorrespondenz.

Dok III/9: Familienbriefe.

1.4 フッサール全集・資料篇（*Husserliana Materialienbände*）

Mat III: *Allgemeine Erkenntnistheorie.* Vorlesung 1902/03. Hrsg. v. Schuhmann, Elisabeth, Dordrecht 2001.

Mat V: *Urteilstheorie.* Vorlesung 1905. Hrsg. v. Schuhmann, Elisabeth, Dordrecht 2002.

Mat VII: *Einführung in die Phänomenologie der Erkenntnis.* Vorlesung 1909. Hrsg. v. Schuhmann, Elisabeth, Dordrecht 2005.

Mat VIII: *Späte Texte über Zeitkonstitution (1929-1934).* Die C-Manuskripte. Hrsg. v. Lohmar, Dieter, Dordrecht 2006.

1.5 その他のフッサール著作

UKL *Grundlegende Untersuchungen zum phänomenologischen Ursprung der Räumlichkeit der Natur*（„Umsturz der kopernikanischen Lehre“）. Hrsg. v. Schutz, Alfred, in: Farber, Marvin（ed.）: *Philosophical Essays in Memory of Edmund Husserl*, Cambridge（MA）1940, 307-325.

EU *Erfahrung und Urteil.* Untersuchungen zur Genealogie der Logik. Redigiert u. hrsg. v. Landgrebe, Ludwig, mit Nachwort u. Register v. Eley, Lothar, Hamburg 1972.

LV *Phänomenologische Methode und phänomenologische Philosophie.* ‹Londoner Vorträge 1922›. Hrsg. v. Goossens, Berndt, in: *Husserl Studies* 16, 1999, 183-254.

2. 参考文献（欧語）

Aguirre, Antonio (1970): *Genetische Phänomenologie und Reduktion.* Zur Letztbegründung der Wissenschaft aus der radikalen Skepsis im Denken E. Husserls (*Phaenomenologica* 38), Den Haag 1970.

—— (1972): „Transzendentalphänomenologischer Rationalismus", in: Claesges, Ulrich/ Held, Klaus (Hg.): *Perspektiven transzendentalphänomenologischer Forschung* (*Phaenomenologica* 49), Den Haag 1972, 102-128.

—— (1982): *Die Phänomenologie Husserls im Licht ihrer gegenwärtigen Interpretation und Kritik*, Darmstadt 1982.

Aristoteles (1970): *The Physics*, Vol. 1 (The Loeb Classical Library), London 1970 (1929[1])

——(1968): *The Metaphysics*, Vol. 1, (The Loeb Classical Library), London 1968 (1933[1])

Belussi, Felix (1990): *Die modaltheoretischen Grundlagen der Husserlschen Phänomenologie*, Freiburg/ München 1990.

Benoist, Jocelyn (1994): *Autour de Husserl. L'ego et la raison*, Paris 1994.

Bernet, Rudolf (2004): *Conscience et existence. Perspectives phénoménologiques*, Paris 2004.

Bernet, Rudolf / Kern, Iso / Marbach, Eduard (1989): *Edmund Husserl. Darstellung seines Denkens*, Hamburg 1989.

Bouckaert, Bertrand (2001): « Solitude et pureté du sujet phénoménologique. Hypothèses au sujet de l'origine historique de la réduction du sujet empirique », in: *Alter*, N° 9, 2001, 281-297.

Brand, Gerd (1955): *Welt, Ich und Zeit. Nach unveröffentlichten Manuskripten Edmund Husserls*, Den Haag 1955.

—— (1971): *Lebenswelt. Eine Philosophie des konkreten Apriori*, Berlin 1971.

Broekman, Jan M. (1963): *Phänomenologie und Egologie.* Faktisches und transzendentales Ego bei Edmund Husserl (*Phaenomenologica* 12), Den Haag 1963.

Cairns, Dorion (1976): *Conversations with Husserl and Fink* (*Phaenomenologica* 66), Den Haag 1976.

Carr, David (1999): *The Paradox of Subjectivity.* The Self in the Transcendental Tradition, New York/ Oxford 1999.

Cristin, Renato (1990): „Phänomenologie und Monadologie. Husserl und Leibniz", in: *Studia Leibnitiana* XXII/2, 1990, 163-174.

De Boer, Theodore (1978): *The Development of Husserl's Thought*, translated by

Plantinga, Theodore (*Phaenomenologica* 76), Den Haag 1978.
Derrida, Jacques (1967): *L'écriture et la différence*, Éditions du Seuil, Paris, 1967.
Diemer, Alwin (1965): *Edmund Husserl. Versuch einer systematischen Darstellung seiner Phänomenologie*, Meisenheim am Glan 1965.
Diels, Hermann / Kranz, Walther (1996): *Die Fragmente der Vorsokratiker*, Erster Band, Zürich 1996 (Nachdruck der 6. Aufl. 1951).
Embree, Lester E. (1973): "Reflection on the ego", in: Carr, David / Casey, Ed (ed.): *Explorations in Phenomenology*, Den Haag, 243-252.
Fink, Eugen (1966): *Studien zur Phänomenologie 1930-1939* (*Phaenomenologica* 21), Den Haag 1966.
—— (1976): *Nähe und Distanz*. Phänomenologische Vorträge und Aufsätze, Freiburg/München 1976.
Gleixner, Wolfgang H. (1986): *Die transzendentale Phänomenologie als philosophische Grundlagenforschung*, dargestellt am Leitfaden der Husserlschen Wissenschaftstheorie, Berlin 1986.
Gurwitsch, Aron (1956/57): "The Last Work of Edmund Husserl", in: *Philosophy and Phenomenological Research* XVI, 1956, 380-399; XVII, 1957, 370-398.
—— (1966): *Studies in Phenomenology and Psychology*, Evanston 1966.
Hart, James G. (1992): *The Person and the Common Life: Studies in a Husserlian Social Ethics*, Dordrecht 1992.
Heffernan, George (1983): *Bedeutung und Evidenz bei Edmund Husserl*, Bonn 1983.
—— (1998): "Miscellaneous Lucubrations on Husserl's Answer to the Question 'was die Evidenz sei': A Contribution to the Phenomenology of Evidence on the Occasion of the Publication of Husserliana Volume XXX", in: *Husserl Studies* 15, 1998, 1-75.
—— (1999): "A Study in the Sedimented Origins of Evidence: Husserl and His Contemporaries Engaged in a Collective Essay in the Phenomenology and Psychology of Epistemic Justification", in: *Husserl Studies* 16, 1999, 83-181.
Heidegger, Martin (1927): *Sein und Zeit*, Tübingen 1927 (16. Aufl., 1986).
—— (1975): *Die Grundprobleme der Phänomenologie*, Gesamtausgabe Bd. 24, Frankfurt am Main 1975.
—— (1976): *Wegmarken*, Gesamtausgabe Bd. 9, Frankfurt am Main 1976.
—— (1984): *Grundfragen der Philosophie*, Gesamtausgabe Bd. 45, Frankfurt am Main 1984.
Heinsen, Douglas (1982): "Husserl's Theory of the Pure Ego", in: Dreyfus, Hubert L.; Hall, Harrison (ed.): *Husserl, Intentionality and Cognitive Science*, Cambridge (MA) 1982, 147-167.

Held, Klaus (1966): *Lebendige Gegenwart.* Die Frage nach der Seinsweise des transzendentalen Ich bei Edmund Husserl. Entwickelt am Leitfaden der Zeitproblematik (*Phaenomenologica* 23), Den Haag 1966.

—— (1980): „Husserls Rückgang auf das phainómenon und die geschichtliche Stellung der Phänomenologie“, in: *Phänomenologische Forschungen* 10, 1980, 89-145.

—— (1985): „Einleitung“, in: Held, Klaus (Hg.): *Edmund Husserl, Die phänomenologische Methode.* Ausgewählte Texte I, Stuttgart 1985.

—— (1986): „Einleitung“, in: Held, Klaus (Hg.): *Edmund Husserl, Phänomenologie der Lebenswelt.* Ausgewählte Texte II, Stuttgart 1986.

—— (1991): „Husserls neue Einführung in die Philosophie“: der Begriff der Lebenswelt, in: Gethmann, C. F. (Hg.): *Lebenswelt und Wissenschaft,* Bonn 1991, 79-113.

Henry, Michel (1990): *Phénoménologie matérielle,* Paris 1990.

Holenstein, Elmar (1972): *Phänomenologie der Assoziation. Zur Struktur und Funktion eines Grundprinzips der passiven Genesis bei E. Husserl,* Den Haag 1972.

—— (1985): *Menschliches Selbstverständnis. Ichbewußtsein – Intersubjektive Verantwortung – Interkulturelle Verständigung,* Frankfurt am Main 1985.

Hoyos Vásquez, Guillermo (1976): *Intentionalität als Verantwortung.* Geschichtsteleologie und Teleologie der Intentionalität bei Husserl (*Phaenomenologica* 67), Den Haag 1976.

Hülsmann, Heinz (1964): *Zur Theorie der Sprache bei Edmund Husserl,* München 1964.

Ingarden, Roman (1968): „Meine Erinnerungen an Edmund Husserl“, in: Husserl, Edmund: *Briefe an Roman Ingarden* (*Phaenomenologica* 25), Den Haag 1968.

—— (1994): „Über die Gefahr einer petitio principii in der Erkenntnistheorie“, in: Ingarden, Roman: *Gesammelte Werke. Bd. 6: Frühe Schriften zur Erkenntnistheorie,* hrsg. v. Galewicz, Włodzimierz, Tübingen 1994, 201-275 [Erstveröffentlichung in: *Jahrbuch für Philosophie und phänomenologische Forschung,* Bd. 4, Halle 1921, 545-568].

Iribarne, Julia V. (1994): *Husserls Theorie der Intersubjektivität,* München 1994.

Kaehler, Klaus Erich (1995): „Die Monade in Husserls Phänomenologie der Intersubjektivität“, in: *Tijdschrift voor Filosofie,* 57, 1995, 692-709.

Kaiser, Ulrich (1997): *Das Motiv der Hemmung in Husserls Phänomenologie,* München 1997.

Kern, Iso (1964): *Husserl und Kant. Eine Untersuchung über Husserls Verhältnis zu Kant und zum Neukantianismus* (*Phaenomenologica* 16), Den Haag 1964.

—— (1989): „Selbstbewußtsein und Ich bei Husserl“, in: Funke, Gerhard (Hg.): *Husserl Symposion Mainz 25.6/4.7.1988,* Wiesbaden 1989, 51-63.

Kersten, Fred (1975): “The Occasion and Novelty of Husserl’s Phenomenology of

Essence", in: Bossert, Philip J. (ed.): *Phenomenological Perspectives. Historical and systematic essays in honor of Herbert Spiegelberg*, Den Haag 1975, 61-92.

Landgrebe, Ludwig (1963): *Der Weg der Phänomenologie*, Gütersloh 1963.

—— (1973): „Ist Husserls Phänomenologie eine Transzendentalphilosophie?", in: Noack, Hermann (Hg.): *Husserl*, Darmstadt 1973, 316-324.

—— (1977): „Lebenswelt und Geschichtlichkeit des menschlichen Daseins", in: Waldenfels, Bernhard; Broekman, Jan M.; Pažanin, Ante (Hg.) *Phänomenologie und Marxismus II.*, Frankfurt am Main 1977.

—— (1982): *Faktizität und Individuation*, Hamburg 1982.

Lee, Nam-In (1993): *Edmund Husserls Phänomenologie der Instinkte* (*Phaenomenologica* 128), Dordrecht 1993.

Lévinas, Emmanuel (1967): *En découvrant l'existence avec Husserl et Heidegger*, J. Vrin, Paris, 1967.

—— (1974): *Autrement qu'être ou au-delà de l'essence*, Den Haag 1974.

—— (1982): *De Dieu qui vient à l'idée*, Paris 1982.

Lohmar, Dieter (1998): *Erfahrung und kategoriales Denken* (*Phaenomenologica* 147), Dordrecht 1998.

—— (2000): *Edmund Husserls ›Formale und Transzendentale Logik‹*, Darmstadt 2000.

—— (2002a): „Die Idee der Reduktion. Husserls Reduktionen – und ihr gemeinsamer, methodischer Sinn", in: Hüni, Heinrich; Trawny, Peter (Hg.): *Die erscheinende Welt. Festschrift für Klaus Held*, Berlin 2002.

—— (2002b): "Husserl's Concept of Categorial Intuition", in: Zahavi, D.; Stjernfelt, F. (eds.): *One Hundred Years of Phenomenology* (*Phaenomenologica* 164), Dordrecht 2002, 125-145.

Luft, Sebastian (2002): *»Phänomenologie der Phänomenologie«. Systematik und Methodologie der Phänomenologie in der Auseinandersetzung zwischen Husserl und Fink* (*Phaenomenologica* 166), Dordrecht 2002.

Marbach, Eduard (1973): „Ichlose Phänomenologie bei Husserl", in: *Tijdschrift voor Filosofie* 35, 1973, 518-559.

—— (1974): *Das Problem des Ich in der Phänomenologie Husserls* (*Phaenomenologica* 59), Den Haag 1974.

Meist, Kurt Rainer (1980): „Monadologische Intersubjektivität. Zum Konstitutionsproblem von Welt und Geschichte bei Husserl", in: *Zeitschrift für philosophische Forschung* 34, 1980, 561-589.

Melle, Ullrich (1988): „Die Phänomenologie Edmund Husserls als Philosophie der Letztbegründung und radikalen Selbstverantwortung", in: *Edmund Husserl und die phänomenologische Bewegung*. Zeugnisse in Text und Bild, hrsg. v. Sepp, Hans

Rainer, Freiburg/ München, 1988, 45-59.
—— (1996): „Apodiktische Reduktion: Die Kritik der transzendentalen Erfahrung und die Cartesianische Idee der Philosophie“, in: *Cogito humana – Dynamik des Wissens und der Werte*, hrsg. v. Hubig, C. und Poser, H., XVII. Deutscher Kongreß für Philosophie, Leipzig 1996, Workshop Beiträge Bd.1, Berlin 1996, 620-627.
Mensch, James Richard (1988): *Intersubjectivity and Transcendental Idealism*, New York 1988.
—— (2001): *Postfoundational Phenomenology: Husserlian Reflections on Presence and Embodiment*, Pennsylvania 2001.
Mertens, Karl (1996): *Zwischen Letztbegründung und Skepsis: Kritische Untersuchungen zum Selbstverständnis der transzendentalen Phänomenologie Edmund Husserls*, Freiburg/ München 1996.
Möckel, Christian (1998): *Einführung in die transzendentale Phänomenologie*, München 1998.
Mohanty, J. N. (1985): *The Possibility of Transcendental Philosophy* (*Phaenomenologica* 98), Dordrecht 1985.
—— (1995): “The Development of Husserl's Thought”, in: Smith, Barry; Smith, David Woodruff (ed.): *The Cambridge Companion to Husserl*, Cambridge 1995, 45-77.
—— (1997): *Phenomenology: Between Essentialism and Transcendental Philosophy*, Evanston 1997.
Ni, Liangkang (1998): „Urbewußtsein und Reflexion bei Husserl“, in: *Husserl Studies* 15, 1998, 77-99.
Nitta, Yoshihiro (1978a): “Husserl's Manuscript ‘A Nocturnal Conversation’: His Phenomenology of Intersubjectivity”, in: Nitta, Yoshihiro; Tatematsu, Hirotaka (ed.): *Analecta Husserliana* VIII, Dordrecht 1978, 21-36.
Orth, Ernst Wolfgang (1999): *Edmund Husserls “Krisis der Europäischen Wissenschaften und die transzendentale Phänomenologie“*, Darmstadt 1999.
Peucker, Henning (2002): *Von der Psychologie zur Phänomenologie*. Husserls Weg in die Phänomenologie der „Logischen Untersuchungen“, Hamburg 2002.
Ravalli, Paolo (2003): *Husserls Phänomenologie der Intersubjektivität in den Göttinger Jahren*. Eine kritisch-historische Darstellung, Utrecht 2003.
Ricœur, Paul (1967): *Husserl: An Analysis of His Phenomenology*, translated by Ballard, E. G.; Embree, L., Evanston 1967.
Rosen, Klaus (1977): *Evidenz in Husserls deskriptiver Transzendentalphilosophie*, Meisenheim am Glan 1977.
Römpp, Georg (1992): *Husserls Phänomenologie der Intersubjektivität* (*Phaenomenologica*

123), Dordrecht 1992.

Sakakibara, Tetsuya (1997): „Das Problem des Ich und der Ursprung der genetischen Phänomenologie bei Husserl“, in: *Husserl Studies* 14, 1997, 21-39.

Schuhmann, Karl (1971): *Die Fundamentalbetrachtung der Phänomenologie. Zum Weltproblem in der Philosophie Edmund Husserls* (*Phaenomenologica* 42), Den Haag 1971.

——(1973): *Die Dialektik der Phänomenologie I: Husserl über Pfänder* (*Phaenomenologica* 56), Den Haag 1973.

Schutz, Alfred (1975): *Collected Papers, III. Studies in Phenomenological Philosophy*, hg. v. Schutz, I. (*Phaenomenologica* 22), 1966; 1975^{2}.

Sepp, Hans Rainer (1997): *Praxis und Theoria,* Freiburg/ München 1997.

Smid, Reinhold Nikolaus (1978): *‚Mein reines Ich‘ und die Probleme der Subjektivität. Eine Studie zum Anfang der Phänomenologie Edmund Husserls*, Köln 1978.

Sokolowski, Robert (1970): *The Formation of Husserl's Concept of Constitution* (*Phaenomenologica* 18), Den Haag 1970.

—— (1974): *Husserlian Meditations*, Evanston 1974.

Strasser, Stephan (1975): „Grundgedanken der Sozialontologie Edmund Husserls“, in: *Zeitschrift für philosophische Forschung* 29, 1975, 3-33.

—— (1989): „Monadologie und Teleologie in der Philosophie Edmund Husserls“, in *Phänomenologische Forschungen* 22, 1989, 217-235.

—— (1991): *Welt in Widerspruch.* Gedanken zu einer Phänomenologie als ethischer Fundamentalphilosophie (*Phaenomenologica* 124), Dordrecht 1991.

Ströker, Elisabeth (1978): „Husserls Evidenzprinzip. Sinn und Grenzen einer methodischen Norm der Phänomenologie als Wissenschaft“, in: *Zeitschrift für philosophische Forschung* 32, 1978, 3-30.

—— (1988): „Phenomenology as First Philosophy: Reflections on Husserl“, in: Sokolowski, Robert (ed.): *Edmund Husserl and the Phenomenological Tradition: Essays in Phenomenology*, Washington D. C. 1988.

Taguchi, Shigeru (2002): „Individuation und Ich-Gemeinschaft. Das Problem der Vielheit der ichlichen Individuen bei Husserl“, in: Carr, David; Lotz, Christian (Hg.): *Subjektivität – Verantwortung – Wahrheit. Neue Aspekte der Phänomenologie Edmund Husserls*, Frankfurt am Main/ New York 2002, 57-73.*

—— (2006a): *Das Problem des ‚Ur-Ich‘ bei Edmund Husserl. Die Frage nach der selbstverständlichen ‚Nähe‘ des Selbst* (*Phaenomenologica* 178), Dordrecht 2006.

* この機会に，非常に重大な誤植を訂正しておきたい．同論文 (Taguchi 2002) 72 頁最終行の „abgehoben“ は，„aufgehoben“ の誤りである．

—— (2006b): „Die doppelte Transzendenz des Lebens. Die Transzendenz des Ich und die Erfahrung des Anderen bei Husserl“, in: Sepp, Hans Rainer; Yamaguchi, Ichiro (Hg.): *Leben als Phänomen* (Orbis Phaenomenologicus Perspektiven Neue Folge Bd. 13), Würzburg 2006, 46-59.

—— (2010): „Die Medialität der Evidenz und das Fremde der Vernunft. Eine Überlegung anhand des Immanenz- und Transzendenzbegriffs bei Husserl“, in: Nitta, Y./Tani, T. (Hg.): *Aufnahme und Antwort. Phänomenologie in Japan I*, Würzburg 2010 (im Druck).

Tengelyi, László (1998): *Der Zwitterbegriff Lebensgeschichte*, München 1998.

Theunissen, Michael (1965): *Der Andere. Studien zur Sozialontologie der Gegenwart*, Berlin 1965.

Thyssen, Johannes (1953): „Wege aus dem geschlossenen System von Husserls Monadologie“, in: *Actes du XIème Congrès International de Philosophie, Vol. I: Théorie de la philosophie*, Amsterdam 1953 (Reprint 1970), 188-194.

Trappe, Tobias (1996): *Transzendentale Erfahrung. Vorstudien zu einer transzendentalen Methodenlehre*, Basel 1996.

Tugendhat, Ernst (1967): *Der Wahrheitsbegriff bei Husserl und Heidegger*, Berlin 1967.

—— (1979): *Selbstbewußtsein und Selbstbestimmung. Sprachanalytische Interpretation*, Frankfurt am Main 1979.

Waldenfels, Bernhard (1971): *Das Zwischenreich des Dialogs. Sozialphilosophische Untersuchungen in Anschluss an Edmund Husserl*, Den Haag 1971.

—— (1997): *Topographie des Fremden*, Frankfurt am Main 1997.

—— (2001): *Verfremdung der Moderne. Phänomenologische Grenzgänge*, Göttingen 2001.

Wiegerling, Klaus (1984): *Husserls Begriff der Potentialität. Eine Untersuchung über Sinn und Grenze der transzendentalen Phänomenologie als universaler Methode*, Bonn 1984.

Wittgenstein, Ludwig (1960): *Schriften: Tractatus logico-philosophicus; Tagebücher 1914-1916; Philosophische Untersuchungen*, Frankfurt am Main 1960.

—— (1984): *Über Gewißheit*, Frankfurt am Main 1984.

Zahavi, Dan (1994): “The Self-Pluralisation of the Primal Life: A Problem in Fink’s Husserl-Interpretation”, in: *Recherches husserliennes*, vol. 2, 1994, 3-18.

—— (1996): *Husserl und die transzendentale Intersubjektivität. Eine Antwort auf die sprachpragmatische Kritik* (*Phaenomenologica* 135), Dordrecht 1996.

—— (1999): *Self-Awareness and Alterity. A Phenomenological Investigation*, Evanston, Illinois 1999.

3. 参考文献（邦語）

（下記の他，多くの邦語文献を参考にさせて頂いたが，紙数の問題もあり，
ここで挙げるのは直接引用・参照指示・訳文の借用を行った文献に絞った．）

木田他（1994）:『現象学事典』木田元・野家啓一・村田純一・鷲田清一編，弘文堂．
鬼頭英一（訳, 1933）: フッセル著『純正現象学及び現象学的哲学観』春秋社．
木村　敏（1990）:「自己の病理と絶対の他」，上田閑照編『西田哲学への問い』岩波書店，283-315.
工藤和男（2001）:『フッサール現象学の理路――『デカルト的省察』研究』晃洋書房．
佐藤真理人・小川昌宏・三谷嗣・河合孝昭（訳, 1996）: E・レヴィナス『実存の発見』法政大学出版局．
田口　茂（1996）:「フッサールの『モナド』概念――相関と現実化」『現象学年報』第 11 号，日本現象学会編，193-204.
――（1997）:「モナドと『窓』――フッサール相互主観性論への一視角」『哲学』第 48 号，日本哲学会編，278-287.
――（1998）:「還元と生ならざるもの――フッサールの現象学的還元をめぐる一考察」『理想』第 661 号，理想社，13-23.
――（2000）:「〈私であること〉の自明性――フッサールにおける方法的視の深化と原自我の問題」『思想』第 916 号，岩波書店，60-79.
――（2005）:「覚醒する理性――レヴィナスとフッサールにおける認識と『倫理』」『フランス哲学・思想研究』第 10 号，日仏哲学会編，170-182.
――（2007a）:「現象学における『理性』概念の変容――フッサールとレヴィナスを手がかりにして」『東北哲学会年報』第 23 号，東北哲学会編，33-45.
――（2007b）:「懐疑論と理性――フッサールとレヴィナスにおける現象学的思惟の動性」『哲学論集』第 36 号，上智哲学会編，17-36.
――（2009）:「〈視ること〉の倫理――フッサールにおける『理性』概念の再定義」『現代思想』Vol. 37-16, 36-50.
田島節夫（1996）:『フッサール』講談社学術文庫．
谷　徹（1998）:『意識の自然』勁草書房．
中　真生「レヴィナスにおける苦しみについて」『フランス哲学・思想研究』第 9 号，144-158.
永井　晋（2007）:『現象学の転回――「顕現しないもの」に向けて』知泉書館．
西田幾多郎（1948）:『西田幾多郎全集』第六巻，岩波書店．

新田義弘（1978b）:『現象学』岩波書店.
――（2006）:『現象学と解釈学』ちくま学芸文庫.
浜渦辰二（1995）:『フッサール間主観性の現象学』創文社.
村井則夫（2000）:「仮象としての世界――ニーチェにおける現象と表現」『思想』第919号，岩波書店，97-121.